Demain l'océan

Hugo Verlomme

Demain l'océan

Des milliers d'initiatives pour sauver la mer… et l'humanité

Illustrations : Sander Pouw

Albin Michel

Ouvrage publié sous la direction
de Patrice Van Eersel

« J'ai décidé d'être heureux parce que c'est bon pour la santé. »
Voltaire

« S'attaquer aux solutions plutôt qu'aux problèmes. »
Catherine Chabaud

Sommaire

Introduction

Colibris des mers

Révélation

Je suis né et rené de la mer. Âgé d'à peine quelques mois, je me trouve déjà nu, assis sur le sable chaud d'une plage sauvage. Non loin, les vagues écumantes grondent, menaçantes et rassurantes à la fois. Un pacte sacré s'opère en moi cet été-là, une sorte de baptême cosmique. Je ne sais pas encore marcher, mais l'eau salée pénètre dans mon âme pour toujours. Je ne possède pas encore le langage, mais la mer tout entière me parle, et jamais ce dialogue ne s'éteindra. Où que je sois, je l'entends, dans le creux d'un coquillage, dans la blancheur du silence, je la sens, je la devine ou l'invoque, cette présence immense et si vivante, l'Entité océanique, que Victor Hugo et Jules Verne nommaient conjointement « l'infini vivant ».

La première empreinte ne s'efface jamais, elle prend racine. Après cette révélation face aux vagues d'Hossegor, toute ma vie a été guidée, sous-tendue par la mer. Quoi que je fasse, c'est toujours elle qui est là et revient, obsessionnelle, initiatique, me bouscule, m'influence, m'ensorcelle, m'attire, et cela dans tous les domaines de l'existence. L'océan est un et je l'aime dans son entièreté : j'aime autant nager que surfer, plonger que naviguer, voire simplement le contempler, pour mieux renaître encore et encore. Comme l'écrivait Paul Valéry, un poète qui aimait se laisser rouler par les vagues : « La mer, la mer, toujours recommencée... » Rien ne me meut plus, ne me motive plus que cette immensité vivante dont je perçois chaque jour un peu plus la dimension spirituelle. Je vais vers elle comme d'autres vont vers Dieu.

Cette empreinte océanique que je porte dans mon ADN devient ma fontaine de Jouvence, la formule magique qui m'aide à ne jamais perdre le nord. Au bout du compte, il y a finalement bien peu de choses dont nous soyons vraiment sûrs ici bas, hormis notre mortalité, mais je suis pourtant sûr de la mer. Dès lors, je vais la chercher partout, même là où elle n'est pas supposée être, et partout je vais la dénicher. Dans les ruisseaux de montagne et les flocons de neige, dans les fossiles marins des murs de Paris et les sables du désert parsemés de dents de requin, dans l'intérieur de mon corps et au fin fond de mon esprit... Je vois désormais le monde par le prisme de la mer. Et lorsque mon instituteur m'avait demandé : « Que rêves-tu de faire plus tard ? », je n'avais eu aucun mal à lui répondre : « Écrire des livres et aller aux îles Marquises. » Tout est dit. Les mots, la mer, l'amour, indissociablement liés. Ne le sont-ils pas déjà dans les premiers mots de la création du monde selon la Bible ? « Au commencement, l'esprit de Dieu planait sur les eaux... » L'esprit et l'eau, indissociables, tout comme l'eau qui compose plus de 80 % de notre cerveau.

Jamais je n'ai douté de la mer. Elle est ma lumière toujours vivante, le feu liquide qui m'anime, la perspective qui me guide. Je sais qu'au bout du chemin il y aura cette longue plage de sable blanc écrasée par le soleil de midi, battue par les rouleaux tubulaires qui rugissent telle une meute de dragons. C'est un monde nouveau qui s'entrouvre chaque jour. Je suis un cosmonaute ayant traversé des années-lumière pour amerrir enfin sur cette planète bleue qui m'attire depuis si longtemps, la planète originelle, source de toute vie... Je sais que lorsque je serai grand, je partirai à la découverte de cet immense territoire sans commencement ni fin, qui m'enchante sous toutes ses coutures, là où réside la clé de nos origines. J'ai toujours trouvé sidérant que cet univers extraterrestre soit à portée de nos mains, et que l'humanité s'y intéresse si peu. On ne connaît rien des mers. Rien. Et ce vide me plaît, m'excite, me stimule pour aller plus loin encore. Un petit coup de palme et je glisse sous la surface, je passe cette frontière aussi énorme qu'intangible, avec le même plaisir que nos frères dauphins...

Lanceurs d'espoir

Mais comment évoquer la mer aujourd'hui sans avoir à l'esprit tous les maux qui la ravagent ? Surpêche, pollutions chimiques ou bactériennes, plastiques et soupes de microdéchets, acidification de l'eau, blanchissement des coraux, filets de pêche sur des kilomètres, espèces menacées (requins, baleines, dauphins, thons, tortues...), extraction minière, radioactivité, pollutions sonores, anthropisation du littoral, n'en jetez plus ! Ces fléaux et ces menaces existent bel et bien ; chaque jour l'océan s'affaiblit un peu plus et certains de ses défenseurs estiment même qu'il risque d'arriver à un point critique où nos destructions dépassent, de par leur intensité, ses pouvoirs de résilience. Si jamais ce seuil venait à être franchi, cela pourrait entraîner une rupture massive de la biomasse terrestre, car comme tous les marins le savent : « Une chaîne n'est pas plus forte que le plus faible de ses maillons. » C'est pourquoi une course contre la montre est engagée pour préserver la biodiversité marine, qui représente – ne l'oublions pas – l'essentiel de la vie sur Terre. D'autant que 95 % de l'océan demeurent inexplorés, et que plus de 70 % des espèces marines n'ont pas encore été découvertes... Sauver la mer, c'est donc nous sauver nous-mêmes, car sans elle, plus aucune vie n'est concevable.

Demain, le film de Cyril Dion et Mélanie Laurent, nous a montré qu'une autre relation avec la nature est possible et qu'il existe de multiples solutions accessibles, durables, aussi bonnes pour la Terre que pour les humains et déjà mises en œuvre un peu partout dans le monde. Avec ferveur et inventivité, les lanceurs d'espoir témoignent de leurs initiatives, de leurs expériences, devenant à leur tour sources d'inspiration.

Car l'océan global demeure le grand oublié de l'histoire, alors qu'il représente à lui seul 71 % de la planète... C'est pourquoi ce livre vise à rétablir l'équilibre, en montrant qu'il existe un formidable mouvement qui se lève de par le monde pour protéger l'océan, le chérir, le choyer, de mille et une façons. Le grand retour à la mer a commencé.

La gravité des menaces qui pèsent sur l'océan réveille les consciences et les vocations; en bonne synchronicité, ses protecteurs fleurissent sur toutes les mers, les océans, les îles et les littoraux, générant des initiatives, individuelles ou collectives, destinées à le restaurer, à le comprendre et à réapprendre à vivre en symbiose avec lui. Non seulement l'océan n'est pas mort, mais son pouvoir de résilience représente notre plus grand espoir pour le futur, à condition que nous changions rapidement de mode de vie. Il ne s'agit pas de se priver, mais de réapprendre à jouir de ce monde tout en le protégeant pendant la courte période de notre existence. Sachons préserver l'océan et il nous le rendra au centuple: il recèle quantité de ressources inépuisables, de solutions durables à nos problèmes et de réponses à nos questions, concrètes ou spirituelles. Sachons l'aimer et le respecter, et pourrait alors débuter l'une des plus belles aventures humaines de tous les temps, plus belle encore que la conquête spatiale. En effet, chaque jour, les passionnés de mer sont plus nombreux, et nous voyons se multiplier des exploits (parfois accomplis par des jeunes) qui semblaient impossibles il y a peu: tours du monde à la voile en solitaire, plongées en apnée à 200 m, surfeurs perchés sur des vagues de 30 m, tout cela ouvre des perspectives vertigineuses en matière d'exploration et d'adaptation humaine.

Et tandis que le monde rétrécit, le futur va s'écrire sur cette partie de la planète qui n'appartient à personne (et donc à tous) : les eaux internationales, hors des lois et des frontières, représentant à elles seules 45 % du globe ! À terre, une grande majorité de l'humanité vit sur le littoral ou à proximité de la mer. C'est là que ça se passe... Retrouver le lien avec la Terre signifie forcément une nouvelle alliance avec notre mère la mer.

Écoutons le message des dauphins, eux qui ont su vivre pendant des millions d'années en bonne intelligence avec l'océan sans le saccager, sans s'entretuer, en appliquant les grands principes de leur philosophie : solidarité, amour, jeu.

Avec ce livre foisonnant de témoignages, d'innovations, de contacts, de pistes et de nouveaux métiers, nous créons un outil totalement inédit, véritable « catalogue des ressources » mondial des initiatives, grandes ou petites, individuelles ou collectives, positives pour l'océan et les humains. De même que le minuscule « colibri » de Pierre Rabhi accomplit sa part des choses avec quelques gouttes d'eau pour éteindre le vaste incendie, de même un nombre croissant d'individus, simples « gouttes d'eau », colibris des mers, se lancent à leur tour dans l'aventure de l'océanisation, avec des résultats spectaculaires. Aimer la mer suppose qu'on la protège, sinon ce n'est pas vraiment de l'amour !

L'ère des loisirs innocents est finie. Place à la passion mise au service de l'écocitoyenneté et de l'environnement, place aux sciences participatives qui transforment plongeurs, navigateurs ou internautes en antennes pour les scientifiques, place aussi au *crowdsourcing* qui met en commun les données globales pour le respect et la protection du milieu marin... Certains sauvent des requins, des baleines ou des hippocampes, d'autres inventent des moyens inédits pour guérir l'océan, le dépolluer, coexister avec lui, capter sa fantastique énergie, il en est qui cultivent le corail ou les algues, d'autres encore déchiffrent le langage des cachalots, communiquent avec les orques ou traquent les gigantesques vagues scélérates, sans oublier ceux qui se battent corps et âme pour créer des sanctuaires marins, quand ils ne courent pas aux quatre coins du monde, donnant une voix à l'océan silencieux dans les conférences internationales.

L'économie de l'océan et sa gouvernance ne peuvent qu'être solidaires, puisque toutes les eaux circulent et ruissellent sans limites. De nouveaux métiers, de nouvelles vocations, inventions, découvertes, se multiplient chaque jour en lien avec l'océan ; et notre relation avec le monde marin est en pleine mutation. Les chercheurs de l'Institut pour le futur estiment même que 85 % des métiers à l'horizon 2030 n'existent pas encore ! De nouveaux outils apparaissent, à la portée de tous, pour mieux l'explorer sous toutes les latitudes. Ce livre non exhaustif explore des pistes, ouvre des portes, propose des directions, des témoignages, tout en sachant que la mer est en perpétuelle transformation. Ces 71 % de notre planète concernent tout le monde, partout sur Terre, car toute vie dépend de l'eau.

Nous sommes à l'aube d'une nouvelle ère, l'océanisation de l'humanité, et c'est une véritable armée pacifique qui se lève sur la planète pour l'océan. Chacun agit à sa façon, parfois avec une simple planche de surf, un voilier, voire à la nage, d'autres fois en armada, en groupes, ou sur Internet. Que ce soit pour sauver des dauphins, stopper la surpêche, dépolluer les mers ou régénérer les milieux marins, les amoureux de l'océan obtiennent d'innombrables victoires. Face au pessimisme ambiant, nous proposons ici « 20 000 *mieux* sous les mers », un guide à la fois pratique, ludique et spirituel, pour que l'humanité retrouve enfin ses racines océanes. Quel plus beau but que l'océan ?

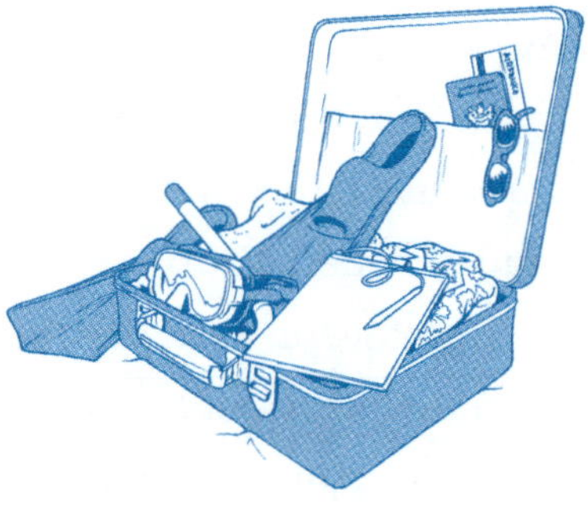

1.

Subaquatique

Jamais je n'oublie que nous sommes tous sortis de la mer. Ce souvenir d'un âge d'or amphibien flotte en chacun de nous ; il suffit, pour s'en convaincre, de voir la joie déclenchée par les bains de mer sur les grands et les petits. Notre archétype du paradis est bien souvent celui d'une plage tropicale... mais voilà, devenus des bipèdes terrestres, nous lui avons tourné le dos pendant trop longtemps, nous coupant ainsi de nos racines aquatiques. Or, après des siècles d'oubli, l'océan s'impose à nouveau à nous, alors même que la technologie nous offre enfin les outils qui le rendent accessible. Fascinés par la frontière immatérielle que représente la surface de l'eau, nous cherchons à comprendre comment deux univers si différents peuvent cohabiter de part et d'autre d'une interface aussi impalpable que transparente. Attirés par ce monde sombre et mystérieux, nous n'avons de cesse d'y plonger et d'y replonger, en apnée, en scaphandre, ou à bord de submersibles.

Voler, planer entre deux eaux avec la grâce d'une raie manta, ouvrir les yeux sur ce royaume infini et méconnu, tel est le plus vieux rêve de l'humanité. Pouvoir évoluer sous l'eau comme un poisson ou, mieux encore, comme un dauphin. Du *Nautilus* à Cousteau, en passant par la légendaire Atlantide, le mythe de l'homme amphibie a beaucoup évolué en quelques générations. Naviguer au grand large, affronter des vagues énormes, plonger vers les abysses, ce qui était considéré comme un exploit au siècle dernier est devenu banal avec la démocratisation des embarcations légères, des planches ou des outils de plongée, à commencer par la trilogie de base, « PMT » – Palmes/Masque/Tuba.

Avant l'utilisation des polymères et du plastique, l'humain était fort démuni sous l'eau, sans palmes ni masque. Ces outils qui nous paraissent aujourd'hui si simples, et qu'on peut acheter en supermarché, ont pourtant représenté une révolution majeure, dont les années Cousteau sont à la fois le témoin et le marqueur. Armés de ces seuls accessoires, les apnéistes se sont engouffrés dans le sillage de Jacques Mayol, du *Grand Bleu* et des dauphins. Au fil des années, ils repoussent les limites de l'apnée et en popularisent l'usage à grande échelle. C'est en cessant d'être des terriens aveugles et en regardant sous la surface que nous avons découvert la beauté de ce monde, mais aussi les saccages que nous lui infligeons. Si l'on veut aider l'océan, le protéger, le premier pas n'est-il pas d'entrouvrir les portes de son royaume ? Le seul fait de plonger la tête sous l'eau avec des lunettes ou un masque est déjà une telle révélation que certains, bouleversés par cet univers sous-marin, ont décidé de lui vouer leur vie et de le défendre corps et âme.

Apnée positive

Nomades des mers

Immanquablement, l'apnée nous reconnecte avec nos frères aquatiques, les mammifères marins, en particulier les dauphins dont nous nous sentons instinctivement si proches. Il est vrai que leur cerveau ressemble au nôtre, qu'ils disposent de poumons, mettent leurs petits vivants au monde, les allaitent, et doivent même retenir leur souffle pour sonder, tout comme nous. Lorsque nous plongeons sous la sur-

Les Moken, qui habitent sur leurs bateaux (kabangs) en mer d'Andaman, ne vivent que par l'océan et pour l'océan.

face, nous redevenons amphibies, nous retrouvons nos origines océanes. Sans doute avons-nous perdu beaucoup de nos capacités aquatiques lors de notre passage sur terre, et pourtant notre instinct originel ne demande qu'à resurgir, comme on le voit avec le succès de l'apnée, devenue phénomène de société.

Ainsi, certaines peuplades ayant continué à vivre sur et sous l'eau ont-elles conservé de remarquables aptitudes subaquatiques, et elles nous apportent aujourd'hui de riches enseignements. Il existe, entre l'Indonésie, la Thaïlande et les Philippines, quelques tribus évoluant en symbiose avec l'océan, les « nomades des mers » (dont le mode de vie est menacé par la « civilisation »). Parmi eux, les Suku Laut d'Indonésie ou les Bajau, vivant de la chasse au harpon et de la cueillette sous-marine (en particulier l'holothurie), passant parfois 60 % de leur temps dans l'eau et plongeant aisément – et sans palmes – à plusieurs dizaines de mètres de profondeur. Chez les Bajau, les femmes enceintes continuent à pratiquer l'apnée sans problème et les nourrissons sont immergés dès l'âge de trois jours.

D'autres nomades des mers, les Moken, évoluent en mer d'Andaman à bord de leurs bateaux en bois, les kabangs. Ne vivant que sur la mer et par la mer, les enfants moken ont développé une adaptabilité qui a attiré l'attention des chercheurs. En effet, ces enfants plongeurs ont la capacité de voir précisément sous l'eau sans masque ! Cette extraordinaire aptitude a passionné Anna Gislen, chercheuse suédoise de l'université de Lund, qui est allée plusieurs fois sur place pour en comprendre les mécanismes. Ses recherches ont permis de montrer que les yeux des enfants moken réagissent comme ceux des dauphins ou des phoques, avec un rétrécissement maximal de la pupille et un changement de forme du cristallin. Mieux, Anna Gislen a réussi à obtenir des résultats similaires sur des enfants européens en les faisant plonger régulièrement pendant un mois seulement.

Fragilisés et appauvris par le tsunami de 2004, menacés de disparaître parce que n'ayant pas d'existence légale, les Moken se battent pour survivre et maintenir leur mode de vie traditionnel. Ils sont aidés par un cinéaste norvégien, Runar Jarle Wiik, qui a créé Project Moken. Il est au cœur de cette belle aventure depuis 2007 et a tourné un film très fort sur eux, et avec eux : *No Word for Worry* (dans la langue moken, il n'existe pas de mot pour « souci »). Avec l'appui d'une équipe de tournage norvégienne, les Moken participent à d'autres films pour tenter de garder vivante leur mémoire, mais aussi de conserver leurs traditions ou leurs bateaux. Project Moken s'implique aussi dans des campagnes écologiques (contre le plastique en mer, par exemple) et propose de l'écotourisme.

Ces peuples de l'eau nous offrent de nombreuses pistes pour une future adaptation à l'océan, mais leur mode de vie, leurs traditions, sont menacés par la civilisation et par un manque de reconnaissance. Il en va de même pour les fameuses Amas au Japon (on en comptait 70 000 en 1950), qui plongent toute leur vie en quête d'aliments (pieuvres, algues, coquillages, ormeaux, homards), jusqu'à une vingtaine de mètres sans palmes, parfois jusqu'à plus de 80 ans.

Project Moken : projectmoken.com

Vision sous-marine des Moken :

www.sciencedirect.com/science/article/pii/S0960982203002902

La révolution PMT

Pour nous autres terriens, plonger sous l'eau sans palmes ni masque ne nous mène pas très loin. Il faut attendre les débuts de la technologie au XXe siècle, en particulier les matières plastiques, pour pouvoir enfin partir à la conquête de notre élément originel. À ce titre, la France a tenu une place prédominante dans l'avènement de la plongée moderne. Les premiers prototypes de palmes modernes sont réalisés dans les années 1914 par un militaire français, le capitaine de corvette Louis de Corlieu, qui a fait bien des émules, notamment lorsqu'il a présenté ses palmes à d'autres officiers, et parmi eux le pionnier de la plongée autonome, le commandant Yves Le Prieur (p. 37). Ce génial inventeur d'engins volants et flottants mettra au point les premières bouteilles de plongée dès 1926, principe amélioré et popularisé par Cousteau et Gagnan après la guerre.

Dans les années 1930, l'Américain Owen Churchill rachète à de Corlieu la licence pour ses palmes, afin de les produire aux États-Unis. Ces mêmes palmes seront utilisées par les nageurs de combat américains lors du débarquement en Normandie pendant la Seconde Guerre mondiale. Pour ce qui est du masque sous-marin, on peut certes mentionner les tribus qui polissaient des écailles de tortue pour en faire des « verres » de lunettes adaptables sur des montures en bois, et l'on peut aussi préciser que les premières lunettes de plongée ont été réalisées par Maurice Fernez dans les années 1920, mais c'est l'apparition du masque « mono-verre » moderne qui marque le grand tournant. Ces masques ont d'abord été bricolés avec de la chambre à air par des plongeurs (sans doute simultanément en divers endroits du globe, selon le principe de synchronicité, cher à Rupert Sheldrake), comme on peut le voir au musée Frédéric-Dumas de Sanary-sur-Mer, avec un modèle fabriqué en 1937.

L'arrivée du masque « mono-verre » permet le développement de la chasse sous-marine et les premiers clubs fleurissent dans le sud de la France et aux États-Unis dès les années 1930. Enfin, le troisième accessoire de cette fameuse trilogie PMT (Palmes/Masque/Tuba) est le tuba, qui se popularise aussi à cette époque, plébiscité par les chasseurs sous-marins. Ces trois outils tout simples, développés très tôt en France, vont nous ouvrir les portes du plus grand royaume de la planète. En leur adjoignant un quatrième outil, on obtient le cocktail détonant qui va révolutionner notre vision du monde marin. Et ce nouvel outil, c'est l'image, d'abord la photographie, puis le film. Dès que les plongeurs et chasseurs sous-marins vont immortaliser leurs exploits subaquatiques, des millions de rêveurs de par le monde vont vouloir les imiter.

L'un des pionniers légendaires de la plongée et de la chasse sous-marine qui m'a fait rêver fut l'Allemand Hans Hass, accompagné de sa gracieuse femme, Lotte. Ce docteur en zoologie (proche de l'éthologue Konrad Lorenz) a écumé les océans de la planète pour en rapporter des images (dès la fin des années 1930) et des livres, tout en effectuant des conférences qui ont généré de nombreuses vocations. Dans ce même sillage, Jacques-Yves Cousteau, initié à la plongée sous-marine à Toulon par Philippe Tailliez, réalise son premier film subaquatique en 1942. Suivent d'autres valeureux pionniers tels que Jean Foucher-Créteau, plongeur et cinéaste, ou, dans les années 1950, l'extraordinaire odyssée d'un petit voilier de 12 m autour du monde (*Les 4 du Moana*), avec quatre plongeurs et chasseurs sous-marins menés par Bernard Gorsky, qui rapporteront un livre, des photos et un film au retentissement mondial.

Mais c'est en 1956 que se produit le saut quantique, avec le film de Cousteau et Louis Malle, *Le Monde du silence*, qui reçoit la palme d'or (jamais si bien nommée) du Festival de Cannes. Dès lors, la popularisation de la plongée en scaphandre autonome va occulter l'apnée pendant des années. La démocratisation des accessoires (PMT + combinaison) va remettre l'apnée à l'honneur, notamment à travers l'épopée de Jacques Mayol, qui propulsera cette discipline dans les hautes sphères. Mayol, l'*Homo delphinus*, fait du yoga et parle aux dauphins; il est surtout le premier homme à oser passer la barre des 100 m en 1976, malgré l'avis des scientifiques lui prédisant qu'il aurait la cage thoracique écrasée par la pression. Puis vient le film culte de Luc Besson inspiré (très ou trop librement) de la vie de Mayol, *Le Grand Bleu* (1988). À la suite de ce film, l'apnée sous surveillance médicale se développe dans le monde entier et les records vont peu à peu tomber, jusqu'à dépasser les 200 m. Pour certains c'est un sport extrême, pour d'autres un loisir, et il en est qui considèrent l'apnée comme un état se rapprochant du yoga, de la méditation et de la spiritualité. Bien pratiquée, elle peut également apporter de grands bénéfices physiques et mentaux.

Dans le processus d'océanisation de l'humanité, c'est sans doute le premier pas, peut-être le plus important. Dans un monde en quête de naturel et de simplicité, l'apnée séduit, car elle traduit le besoin d'une connexion spirituelle avec l'océan, les dauphins. L'apnée est l'un des rares « sports aquatiques » que l'on puisse pratiquer sans le moindre accessoire. C'est sans doute pourquoi, au cours des dernières décennies, cette discipline 100 % écolo a fini par prendre le pas sur la plongée-scaphandre. L'apnée permet d'initier les plus jeunes aux beautés et aux fragilités de l'océan ; sa pratique ne cesse de se populariser.

Le lien entre écologie et apnée se traduit désormais par l'engagement de nombreux grands apnéistes pour des causes en rapport avec la protection des océans. Autant d'initiatives qui émanent parfois d'une seule personne mais qui rayonnent sur toutes les mers du globe... L'océan est aussi un formidable guérisseur et certaines histoires individuelles montrent comment il peut transformer une vie.

Yoram Zekri : « L'apnée m'a sauvé »

Enfant, Yoram Zekri était asthmatique, il ne s'épanouissait pas dans le système scolaire, mais trouvait son bonheur sous l'eau. Nageur de compétition à 8 ans, puis plongeur avec bouteille à 12, le jeune garçon rêve de devenir cétologue et de faire partie de l'Équipe Cousteau. À 13 ans, lorsqu'il voit le film *Le Grand Bleu*, c'est la révélation : il décide de devenir apnéiste et s'entraîne à retenir son souffle, dans son lit ou sa baignoire, tout en rêvant de cohabiter avec les dauphins, comme dans mon propre roman *Mermere*, qui l'a également inspiré. Doué d'une vaste capacité pulmonaire (9 litres), cet athlète de 1,95 m a la chance de s'entraîner dans le sud de la France avec l'un des maîtres de l'apnée, Claude Chapuis. À ses côtés, d'autres apnéistes qui deviendront célèbres, Pierre Frolla ou le regretté Loïc Leferme. Yoram entre dans la cour des grands grâce à trois records de France et un titre de vice-champion du monde. Avec émotion et sincérité, il décrit comment la mer a bouleversé sa trajectoire de vie, en l'aidant à surmonter les moments les plus difficiles :

« Aussi loin que je me souvienne, j'ai toujours été attiré par l'eau. J'avais 6 ans lorsque mes parents se sont séparés d'une manière traumatisante pour moi. L'immersion dans l'élément eau, doux et silencieux, était mon refuge, ma thérapie, ma matrice reconstructrice. Mon adolescence a été partagée entre une vie de famille déplorable et des rêves d'enfant plein la tête, accompagnés d'une certitude inébranlable : j'allais devenir champion d'apnée ! Je ne vivais que pour ça. Sans cette obsession, les dauphins et l'océan en général, je me serais peut-être tourné vers d'autres façons de m'évader, la drogue ou des comportements destructeurs. L'eau a sauvé ma vie, ainsi que le jeune homme que j'étais.

« Depuis 2011, j'enseigne l'apnée à Tahiti, puis en Australie. J'ai ouvert un Freediving Village à Bali (Ocean Prana), où je marie yoga et apnée. J'ai repris la compétition, qui me stimule beaucoup. Et je m'occupe aussi de mon fils, Océan, en Australie. Je voudrais aussi parler de lui et de sa connexion particulière avec l'eau. C'est un petit garçon qui souffre de paralysie cérébrale et du syndrome de l'X fragile. Il a de gros retards sur le plan physique et mental. Je me laisse croire qu'il a hérité de moi son amour pour l'eau. Il adore se baigner et je suis certain qu'il saura nager avant même de pouvoir marcher. Pour lui, l'eau est sa thérapie, comme elle l'a été pour moi.

« Le développement de l'apnée ces dernières années est phénoménal. Les publics et les motivations ont énormément évolué. Les champs d'application de l'apnée sont devenus assez vastes pour que tout le monde y trouve son compte. L'apnée n'est pas seulement une question de temps, de profondeur : le chasseur sous-marin vient se former aux techniques de sécurité et de sauvetage, ou aux techniques de palmage pour attraper plus de poissons. Le surfeur y trouve le moyen de se relâcher sous l'eau lors d'une chute et apprend à passer d'un état de stress à un état de relaxation.

« Pour un sportif de haut niveau, tous sports confondus, la pratique de l'apnée a sur son organisme le même effet qu'un entraînement en altitude, favorisant la fixation d'oxygène dans le sang et améliorant ainsi les capacités respiratoires. Le businessman y trouve des outils pour apprendre à gérer et contrôler le stress et maximiser la performance dans le monde du travail. Pour l'asthmatique (comme je l'ai été), l'apnée et les techniques de respiration associées sont une véritable rééducation respiratoire, essentielle à son confort et sa qualité de vie. Et puis il y a ceux qui font de l'apnée pour l'apnée. La sensation de bien-être, d'apesanteur, de lâcher-prise et d'abandon, est absolue. Se liquéfier, se dissoudre dans l'eau, s'abandonner... Autant de verbes qui décrivent pourquoi on plonge. Il arrive même que certains, tels que moi, aient une révélation et quittent tout pour se consacrer à l'apnée, qui devient alors leur motivation vitale. »

Blue Shift : www.blueshiftfreediving.com

Ocean Prana : www.oceanprana.com

Bernard Gardette, adaptation et *Homo apneus*

Ancien directeur scientifique de la COMEX (entreprise de plongée mondialement connue) basée à Marseille, Bernard Gardette est non seulement l'un des meilleurs chercheurs dans le domaine, mais il est lui-même apnéiste et plongeur hyperbare. L'opération Hydra 8, dont il a été l'un des artisans, a mené des plongeurs appareillés à la profondeur incroyable de moins 534 m en mer. Travaillant avec des organismes comme l'ESA (Agence spatiale européenne), la DGA (Direction générale de l'armement), le CNRS (Centre national de recherche scientifique) ou l'INPP (Institut national de plongée professionnelle), ce chercheur passionné nous explique comment et pourquoi il s'intéresse à la plus simple, la plus pure des plongées, l'apnée :

« Les recherches montrent qu'on ne connaît pas vraiment les limites humaines. Par le passé, on affirmait que l'homme ne plongerait jamais à plus de 50 m, on a prétendu ensuite qu'il ne dépasserait pas la barrière des 100 m, puis on a dit la même chose des 150 m alors qu'aujourd'hui on va peut-être vers les 300 m...

« L'apnée s'ouvre à un vaste public et l'on a même tendance à sectoriser la question ; on parle désormais d'apnée pour les enfants, pour les personnes âgées ou les handicapés. Quant aux femmes, si elles sont nombreuses à pratiquer la plongée-scaphandre (plus de 30 % actuellement contre quelques rares cas il y a quelques dizaines d'années), elles sont également présentes au niveau compétitif dans toutes les disciplines de l'apnée. Comme dans beaucoup de sports, leurs performances sont légèrement inférieures à celles des hommes, en revanche leur progression est plus rapide. En "*no limit*", elles atteignent les mêmes profondeurs que les hommes (Audrey Mestre, épouse du célèbre champion "Pipin", est décédée lors d'une tentative à 175 m).

« Je pense qu'il y aura quand même une limite et je me garderai bien de la fixer, car je ne veux pas faire comme mes prédécesseurs, en affirmant par exemple qu'on ne dépassera jamais 200 m ou les 10 minutes d'apnée sans artifices. Ce qui est sûr, c'est qu'on va compter de plus en plus de pratiquants, car l'apnée reste une approche naturelle de la mer qui s'inscrit dans l'air du temps. L'évolution probable, c'est que l'apnée va se banaliser. Effectuer une apnée à 30 m il y a trente ans était réservé à une élite, c'était exceptionnel. Dans les années à venir, évoluer en apnée à 20 ou 30 m sera devenu commun. Or, cette tranche de zéro à 30 m constitue précisément celle où l'on trouve le plus de choses à observer sous l'eau : c'est là que sont la lumière et la vie. Peu d'équipes de recherche dans le monde étudient l'apnée. Mais comme le sujet est neuf, les découvertes sont nombreuses :

«Au niveau d'une adaptation humaine, on a pu observer des différences notables entre apnéistes experts ou débutants. Avec de l'entraînement, le plongeur montre une adaptation à l'hypoxie (manque d'oxygène dans le sang) ainsi que l'apparition plus rapide de la bradycardie (réaction liée à l'apnée et l'immersion, ralentissement de la fréquence cardiaque permettant d'économiser l'oxygène). Même observation pour la vasoconstriction périphérique plus rapide, qui permet une économie d'O_2, et une résistance accrue au CO_2. Cela montre qu'avec de l'entraînement, l'apnéiste peut se rapprocher des mammifères plongeurs. Ces études ont permis de mieux comprendre l'origine des apnées du sommeil ou de la mort subite du nourrisson. Mais aussi d'augmenter les performances d'autres sportifs, nageurs, triathlètes...

«L'éducation à l'apnée est certainement importante pour l'enfant, pour sa sécurité s'il tombe à l'eau (le réflexe d'apnée existe chez le nouveau-né), pour prendre conscience de son corps et avoir une meilleure connaissance de soi (cela est aussi vrai pour l'adulte), pour la découverte d'un monde nouveau, le monde sous-marin, sans appareillage et, bien sûr, pour le plaisir. Le handicapé moteur profitera de la suppression de toute sensation de pesanteur (même sans pratiquer l'apnée).

«On pourrait aussi apprendre aux nageurs à mieux supporter l'eau froide, surtout si l'on en connaît les bienfaits, essentiellement cardiovasculaires, avec renouvellement du milieu intérieur (drainage lymphatique), effets relaxants et apaisants après le bain, et une meilleure qualité du sommeil.»

Pour les athlètes en particulier, les bénéfices de l'eau froide sont tels (meilleure immunité, résistance à la douleur et au stress) que de grands sportifs tels que David Beckham, Johnny Wilkinson ou Kobe Bryant utilisent des bains glacés pour leur entraînement ou pour accélérer la guérison après une blessure.

En savoir plus sur l'apnée : un livre très complet, incontournable pour les débutants comme pour les plongeurs confirmés, *L'Apnée,* *de la théorie à la pratique* de Frédéric Lemaître (avec la collaboration d'Umberto Pelizzari), Presses universitaires de Rouen et du Havre, 2015.

Craig Foster, l'eau froide et les shamans

L'apprentissage au froid montre que nous sommes capables de nous adapter afin de mieux y résister, en particulier sous l'eau. Pour le célèbre explorateur et cinéaste sud-africain Craig Foster (appelé l'« Amphibien » par le *National Geographic*), la nage en eau froide sans combinaison est le moyen de se rapprocher du mode de vie des premiers *Homo sapiens* ayant vécu sur le littoral d'Afrique du Sud, pêchant, cueillant et plongeant parmi les forêts de kelp (voir p. 159). Craig estime qu'une combinaison de plongée perturbe beaucoup les réactions naturelles du corps à l'environnement marin et au froid. C'est peut-être le long de ces côtes poissonneuses que se sont épanouies les premières tribus humaines. Selon Foster, c'est durant cette période que les *Homo sapiens* ont été les plus performants en développant leur esprit innovant. C'est peut-être là aussi qu'a commencé le grand retour à la mer...

En nageant ainsi presque nu toute l'année dans les eaux glacées et agitées de son pays, parmi phoques et méduses mortelles, Craig a apprivoisé le froid. Il s'est non seulement rapproché de ce passé mythique, mais aussi des animaux, requins ou crocodiles. Ses plongées régulières lui permettent d'étudier la faune locale et de mieux communiquer avec elle. Lors de son parcours atypique, Foster a partagé la vie et les initiations des Bushmen, chasseurs et shamans, des guérisseurs zoulous, des sorciers dogons ou des hommes et femmes capables de communiquer à très haut niveau avec différentes espèces animales (telle l'incroyable Anna Breytenbach). À leur contact, Craig développe une relation supérieure avec les animaux, qui lui permet, par exemple, d'étudier comment les requins répondent au toucher humain, mais aussi leur habilité à apprécier des états altérés de conscience.

Craig Foster et son frère Damon ont tourné de nombreux documentaires primés plus de 50 fois par des jurys internationaux. Ils font aussi partie du projet (archéologique et audiovisuel) Sea Change destiné à retrouver le lien originel entre les humains et l'océan.

Projet Sea Change : www.seachangeproject.com
Foster Brothers Production : www.senseafrica.com

Fred Buyle, les requins, la photo en apnée

Ce plongeur belge a très tôt découvert la mer à bord du voilier familial, et sa passion pour la plongée est née dès l'âge de 10 ans. Il va fonder une école d'apnée, participer à la fédération internationale d'apnée (AIDA, Association internationale pour le développement de l'apnée), puis battre plusieurs records du monde et même pratiquer son sport en plongeant jusqu'au pôle Nord géographique, voire en Antarctique.

Au fil du temps, Fred Buyle a pris conscience que ses capacités en apnée lui ouvraient d'autres horizons. Il faut bien comprendre qu'un apnéiste peut descendre à plusieurs dizaines de mètres et remonter sans aucun palier, contrairement aux plongeurs avec bouteille pour qui cela est impossible. Cette capacité à plonger rapidement jusqu'à 60 m intéresse tout particulièrement les scientifiques lorsqu'ils veulent approcher un animal sauvage, comme des requins ou des cétacés.

Désireux de protéger l'océan et ses habitants, Fred s'est mis au service des scientifiques (Colombie, Mexique, France, Royaume-Uni, Philippines, Afrique du Sud) pour approcher ces animaux marins dans toutes les mers du globe, lors de missions d'études télémétriques, de marquage des requins, de prélèvements d'ADN ou de recherches sur l'acoustique des cétacés (l'apnée est également silencieuse, contrairement aux bouteilles). Devenu expert des requins, il pratique de nombreux marquages, notamment sur les grands blancs dans le cadre du Watermen Project, destiné à protéger les requins, fondé par le Canadien William Winram (lui-même champion d'apnée, surfeur, défenseur de

L'apnée permet d'approcher les requins plus facilement qu'avec un scaphandre, et Fred Buyle profite de ses aptitudes pour observer de plus près ces seigneurs des mers.

l'environnement). Fred a également marqué des requins dans des lieux où surviennent des accidents avec des surfeurs, comme la Réunion ou l'Afrique du Sud.

Outre ses capacités subaquatiques (il passe 150 jours par an dans l'eau), il est l'arrière-petit-fils de Ferdinand Buyle, pionnier de la photographie au XIXe siècle, et le fils de Robert Buyle, peintre et photographe du XXe siècle. Fred va continuer dans la lignée familiale, mais il pousse la photo (et le film) dans leurs limites extrêmes, en choisissant exclusivement l'apnée. La plupart de ses photos sont prises entre 0 et 30 m, avec des apnées allant de 2 à 5 minutes. Cette approche, très « zen », fait que les animaux viennent spontanément à lui, et cela donne des photos qui seraient impossibles à réaliser autrement. Grâce à son travail sportif, scientifique et artistique, Fred Buyle développe dans ses cours d'apnée, ses conférences, ses films, une vision positive du monde marin à l'opposé du catastrophisme ambiant.

Fred Buyle : www.nektos.net

The Watermen Project de William Winram :

www.thewatermen.org

Des apnéistes engagés

Le Monégasque Pierre Frolla, quadruple recordman du monde, est l'un des grands représentants de l'apnée mondiale et une véritable référence en matière d'enseignement ou d'entraînement. Depuis 2005, ce sportif de haut niveau participe à des missions humanitaires et à de nombreux films de sensibilisation au monde marin, notamment les requins.

Pierre Frolla veut montrer que les requins ne sont pas cruels et agressifs, mais qu'ils sont utiles à l'écosystème, et il souhaite attirer l'attention sur les massacres qu'ils subissent. C'est ainsi qu'il s'est immergé au milieu de 25 requins dans l'aquarium du Trocadéro face au public, pour dénoncer la surpêche et l'hécatombe des requins tués pour leurs ailerons.

Quadruple champion du monde d'apnée, le Niçois Guillaume Néry a cessé la compétition après un accident (suite à une erreur de marquage de la profondeur) qui aurait pu être fatal, lors d'une tentative de record à Chypre en 2015. Cette frayeur l'a décidé à changer de vie avec sa femme, l'apnéiste et réalisatrice subaquatique Julie Gautier, et leur fille. Ensemble, ils plongent, produisent et réalisent des films (Les Films engloutis) comme le fascinant *Free Fall* où Guillaume plonge dans le « trou bleu » des Bahamas, vu plus de 25 millions de fois (et aussi le clip sous-marin de la chanteuse Beyoncé, *Runnin'*).

Pour Néry, l'apnée n'est pas seulement une discipline, c'est aussi un mode de vie, une hygiène physique et mentale, une véritable thérapie, voire un « voyage intérieur ». Comme il le dit : « Arrêter de respirer, c'est se dévêtir de tout, diluer son ego, n'être plus qu'une goutte d'eau parmi des milliards de gouttes d'eau, retrouver l'animal qu'on est. Se déconnecter de ce qui pollue, se reconnecter à ce qui régénère. Vous le verrez, vous le savez, l'eau a un pouvoir, un pouvoir puissant. »

C'est l'apnée qui lui a donné une conscience écologique, l'envie de protéger la mer et, comme tout est lié, le plongeur s'efforce aussi de manger une nourriture saine, biologique, récoltée à moins de 5 km de chez lui et provenant d'une AMAP (association pour le maintien d'une agriculture paysanne), il n'hésite pas à se mettre en marge d'EDF pour son électricité et pratique la chasse sous-marine plutôt que d'acheter des produits de la pêche industrielle.

Free Fall, YouTube :
www.bit.ly/free-fall-youtube

Tout comme Guillaume Néry et bien d'autres, la championne aux nombreux titres et records Aurore Asso a appris les arcanes de l'apnée avec Claude Chapuis, ce maître discret qui a structuré la discipline avec son école niçoise de plongée, la création de l'AIDA (fédération internationale d'apnée), mais aussi la formation de grands champions respectueux de l'environnement. Pour Aurore, cette prise de conscience écologique fait partie intégrante de ses projets et de ses plongées.

Aurore n'est pas seulement apnéiste et ingénieure agronome de formation, elle est aussi devenue cinéaste et ardente défenseuse des milieux marins menacés, comme les fameuses cénotes, ces grottes aquifères du Yucatán où l'on trouve une eau d'une pureté extraordinaire. C'est là qu'elle a battu le record de la plus longue plongée horizontale en apnée dans une grotte (120 m), de façon à aider à la protection de ces lieux. C'est dans le même esprit qu'elle a établi deux records mondiaux sous la banquise du Groenland, pour faire comprendre l'importance de protéger les pôles de la pollution et du changement climatique. Ces événements sportifs et environnementaux ont donné deux films : *Un souffle pour les cénotes* et *Un souffle pour l'Arctique*. Inspirée par le mode de vie des Inuit du Groenland, Aurore essaye de vivre en consommant moins, en devenant écoresponsable et en retrouvant au maximum le lien originel avec la nature, car elle estime que « la rupture de l'homme avec la nature est la source de toutes les crises écologiques et même du mal-être des citadins ».

Un souffle pour l'Arctique, teaser :
www.bit.ly/un-souffle-pour-l-arctique

Il semble que le monde des glaces exerce une certaine attirance sur les apnéistes, comme on le voit aussi avec L'Âme bleue, créée par Laurent Marie, pompier brestois apnéiste et moniteur de plongée. Depuis 2013, son association organise des expéditions polaires (Antarctique et Arctique) en voilier et en apnée. Missions scientifiques (notamment sur le plancton), rencontre des mammifères marins, des populations inuit, tournage de films (*Le Monde de glace*), toutes ces informations, ces images, sont répercutées non seulement aux scientifiques, mais aussi aux nombreuses écoles qui suivent les voyages par Internet et interagissent au fur et à mesure.

L'Âme bleue : www.amebleue.fr

L'histoire du plongeur autrichien Herbert Nitsch est exemplaire, en ce sens qu'il a repoussé ses propres limites à l'extrême, en devenant « l'homme le plus profond du monde » avec ses 32 records mondiaux dans toutes les disciplines de l'apnée, jusqu'à son ultime record de 253 m qui faillit lui coûter la vie en 2012. À la suite de son accident, on lui a dit qu'il ne plongerait plus jamais et qu'il risquait même de rester paralysé. Mais sa passion pour l'océan et l'apnée demeure plus forte que tout : non seulement Herbert Nitsch a pu replonger (moins profond), mais à la suite de cet accident, il s'est investi dans la protection des océans.

Pilote de ligne de formation, Nitsch a surtout pratiqué la mer sous toutes ses formes : dès son plus jeune âge sur le catamaran de son père, puis la nage, la plongée, le windsurf et la navigation, car ce navigateur confirmé est capable de skipper de grands monocoques et multicoques. Avec sa compagne et manager Jeannette, il travaille aussi sur un catamaran expérimental d'une vingtaine de mètres « zéro émission », propulsé grâce à l'énergie solaire.

Après avoir lutté contre la captivité des dauphins auprès de l'association PETA (Pour une éthique dans le traitement des animaux), Nitsch s'engage aux côtés du légendaire pionnier Enzo Maiorca contre les braconniers de la mer en Sicile, puis il s'associe à l'association Sea Shepherd de Paul Watson (p. 106) pour faire cesser les massacres de dauphins à Taiji, au Japon. La surpêche, la pollution des microplastiques, la destruction des récifs, toutes ces menaces qui pèsent sur les océans font désormais partie de sa réflexion et de sa pédagogie et Herbert Nitsch s'efforce, dans ses cours, ses interviews ou ses conférences, d'éveiller les consciences.

Herbert Nitsch : www.herbertnitsch.com

Estrella et la mer de Cortez

Avant de se lancer dans l'apnée, la Mexicaine Estrella Navarro Holm a d'abord accompli son parcours universitaire en obtenant une maîtrise en biologie marine à l'Université autonome de Basse-Californie à La Paz, considérée comme dispensant l'un des meilleurs enseignements du pays. Ses qualifications lui permettent de mener de véritables observations et de publier dans des revues scientifiques pour mieux protéger l'océan et ses habitants.

Ce n'est qu'à 24 ans qu'Estrella se lance dans les compétitions d'apnée, et en quelques années cette femme remarquable au physique de mannequin devient une grande championne titrée. Comme bien d'autres, elle trouve dans l'apnée une forme d'extase spirituelle : « Après 30 m, la chute libre commence, c'est comme si ma combinaison et ma propre peau s'en allaient, et l'eau de mon corps fusionne avec l'eau de l'océan. Je ressens intensément chaque molécule d'eau. C'est comme voler, mais au ralenti. La chute libre sous-marine est l'expérience la plus belle et la plus spirituelle qui soit - c'est ce qui rend les plongeurs de véritables junkies de l'apnée ! »

Mais que ce soit à travers son travail de scientifique ou sa passion de l'apnée, toute l'énergie d'Estrella s'est focalisée pour faire connaître et protéger la mer près de laquelle elle vit : la mer de Cortez (golfe de Californie, au Mexique), l'un des endroits du monde les plus riches en biodiversité marine, qui a fasciné l'écrivain John Steinbeck (*Dans la mer de Cortez*) ou Peter Benchley (l'auteur des *Dents de la mer*) ou encore le cinéaste John Huston (*La Nuit de l'iguane*). Un lieu magique, classé au patrimoine mondial, où Estrella peut nager avec des requins-marteaux, des raies mantas, des requins-pèlerins, des tortues, des dauphins, des baleines, des lions de mer... Pour faire connaître et protéger ce joyau, Estrella, en lien avec le ministère du Tourisme de Basse-Californie, a organisé dès 2015 un grand événement d'apnée, le programme Big Blue.

Vingt-quatre athlètes de niveau mondial sont venus participer à des plongées (des records furent battus), tout en devenant à leur tour des ambassadeurs pour promouvoir des mesures de protection océanique dans leurs pays respectifs. Parallèlement, Estrella Navarro a publié les résultats de sa recherche, *Valeur économique globale de l'écotourisme-requins*. À lui seul, l'écotourisme-requins (en pleine croissance) génère chaque année dans le monde plus de 300 millions de dollars, pour plus de 10 000 emplois. Ainsi, en mer de Cortez, l'écotourisme rapporte bien plus que la pêche. Comme l'exprime la chercheuse, qu'on appelle aussi « l'Étoile de la mer de Cortez » : « D'une façon générale, que ce soit la faune ou la flore, le vivant, les ressources respirantes du monde, tous ont beaucoup plus de valeur vivants que morts pour l'humanité ! »

Programme Big Blue : www.bigblue.com.mx

Mon prof est un dauphin

Longue ou courte, profonde ou pas, l'apnée ouvre aujourd'hui les portes d'autres domaines, pour mieux se connaître soi-même ou explorer le monde marin, car l'essentiel de l'activité marine se concentre dans les 20 ou 30 premiers mètres, profondeur accessible à de nombreux apnéistes entraînés. Nous pouvons ainsi nous approcher des performances moyennes d'un dauphin, qui ne demeure sous l'eau que quelques minutes et reste généralement à quelques dizaines de mètres de la surface. Les clubs d'apnée ont fleuri un peu partout et l'on en compte de nombreux rien qu'en France, pays où la discipline est très bien structurée.

On oublie trop souvent qu'en ce qui concerne l'apnée, nous sommes équipés de façon similaire, les mammifères marins et nous autres mammifères humains : deux narines et deux poumons. Tout comme nous, les dauphins doivent retenir leur souffle sous la surface et leurs performances sont aujourd'hui presque égalées par certains plongeurs. La plupart des apnéistes profonds vous diront que leur connexion avec les dauphins est essentielle dans leur art. Le pionnier, Jacques Mayol, nous racontait souvent comment il s'identifiait aux dauphins, comment son esprit se delphinisait pour lui permettre de descendre là où aucun homme avant lui n'était allé. Aujourd'hui, les liens entre humains et dauphins se resserrent et s'affinent, la communication s'intensifie et nous apprenons beaucoup de nos frères cétacés, que ce soit pour l'apnée, le jeu ou la méditation. C'est ce que certains appellent l'« apnée delphinienne », telle qu'elle est pratiquée et enseignée par Frédéric Chotard (p. 99) ou Leina Sato (p. 86).

Quant aux procédés techniques censés prolonger les apnées, voire permettre de « respirer » sous l'eau, ils relèvent encore de la science-fiction ou présentent des risques. Les possibilités du corps et de l'esprit humains sont plus infinies que celles de la technologie ; personne n'imaginait, au début du XXe siècle, qu'un apnéiste franchirait la barre des 100 m, puis des 200 m. Tout comme l'apnée s'est banalisée et perfectionnée, la plongée appareillée connaît un fort développement populaire. Que ce soit pour les énergies marines renouvelables, la culture des algues ou la protection des récifs, le monde ne pourra se développer sans l'aide des plongeurs, quelle que soit leur spécialité – océanographie, biologie, géologie, photographie, soudure, etc. Avec l'océanisation progressive de l'humanité, tous, apnéistes ou appareillés, ont un rôle clé à jouer.

Scaphandre : l'ère des écoplongeurs

Il a fallu bien du courage aux premiers explorateurs pour oser se lancer à la conquête du monde sous-marin. Certes, les plongeurs de l'Antiquité s'étaient déjà inspirés de modèles naturels, comme le rappelle Aristote à propos des plongeurs « imitant les éléphants » (dont la trompe leur sert de tuba lorsqu'ils nagent en pleine eau). Mais le tuba ne permet pas de respirer sous l'eau. Il faut attendre pour cela les études magistrales de Paul Bert en 1878 ; ce fondateur de la physiologie des aviateurs et des scaphandriers évoquait déjà les effets narcotiques de la pression. La vraie liberté du plongeur, enivrante, arrive grâce au scaphandre autonome du commandant Yves Le Prieur, inventeur et génie méconnu, dont parle avec émotion cet autre pionnier de la plongée, Philippe Diolé : « C'est le commandant Le Prieur qui, après une éclipse de deux mille ans, a retrouvé le chemin des profondeurs où l'homme peut s'aventurer seul. Son influence et son rayonnement auront eu autant de prix que ses inventions techniques. »

Dès 1926, Le Prieur teste son procédé à la piscine des Tournelles avant de s'exhiber ludiquement en 1934 dans l'aquarium du Trocadéro face à une presse ébahie ! Son scaphandre sera très vite adopté par la marine et les pompiers. Ce créateur (qui s'est également illustré en aéronautique) n'a jamais oublié le principe de plaisir et s'est même amusé à tourner les premiers films sous-marins avec son ami cinéaste Jean Painlevé. Tous deux fondèrent le premier club de plongée nommé avec humour « Club des sous-l'eau », où l'on vit plonger, entre autres, Jean Cocteau.

Après la Seconde Guerre mondiale, quelques plongeurs découvrent les joies de la liberté sous-marine grâce à un matériel de plus en plus performant (amélioré par Jacques-Yves Cousteau et Émile Gagnan, alors ingénieur à Air Liquide). Dès lors, les pionniers français se lancent à corps perdu dans l'aventure et créent, toujours avec un zeste de fantaisie, le Club des Mousquemers, où l'on trouve Philippe Tailliez, Frédéric

Dumas, Cousteau et le plongeur poète Philippe Diolé. Pour faire découvrir au grand public les merveilles de ce monde sous-marin, il n'existait alors qu'un seul vecteur : le film. C'est à travers l'image que l'engouement pour la plongée est né au cours des « Trente Glorieuses ». La clé du succès de Cousteau, c'est qu'il se définissait lui-même non comme océanographe, mais comme cinéaste ! *Le Monde du silence*, coréalisé avec Louis Malle, palme d'or du meilleur film à Cannes en 1956, fut un événement de portée planétaire et un fabuleux tremplin pour l'exploration sous-marine dans le monde entier.

Avec les progrès de la technologie du matériel, le succès de la plongée appareillée occulte le développement de l'apnée. En cette seconde moitié du XXe siècle, la conscience écologique n'étant pas encore développée, ce type de plongée entraîne de nombreux saccages, volontaires ou pas. Les braconniers ont pu s'en donner à cœur joie pour ramasser les oursins et autres fruits de mer, ormeaux et coquillages lucratifs, tandis que les apprentis plongeurs dérangeaient gravement la faune, la flore et les micro-organismes en palmant, en soulevant des rochers, ou en prélevant de la vie animale.

Le monde a changé. Non seulement on admet enfin que toute vie a droit de cité, mais on ne veut plus vivre idiot. Les plongeurs d'aujourd'hui souhaitent connaître le monde marin, minimiser leur impact sur l'environnement, et si possible se rendre utiles pour la protection de l'océan. La plupart des clubs de plongée dignes de ce nom sont devenus des ambassadeurs du monde marin, des pédagogues pour apprendre à y évoluer sans le perturber, et certains clubs et associations protègent activement requins, baleines, dauphins, récifs, des sites remarquables ou la mer en général, en lien avec les scientifiques.

Si l'on veut défendre l'océan, le dépolluer, installer des hydroliennes ou surveiller la biodiversité, on devra disposer de nombreux plongeurs. Pour tous ces nouveaux métiers liés aux ressources marines ou à la protection du milieu marin, savoir plonger devient presque indispensable. En notre époque troublée, où la biodiversité est menacée sur terre comme sur mer, il semble impossible d'aimer authentiquement l'océan sans le protéger d'une façon ou d'une autre. Dans cette dynamique, aucune action n'est trop petite et chaque goutte compte.

Plonger Aware avec PADI

La tendance consistant à impliquer chaque plongeur dans la protection océane s'amorce dès la fin du XXe siècle, comme on le voit avec Project Aware, fondé par la plus grande organisation internationale de formation des plongeurs, PADI (Professional Association of Diving Instructors). Avec des clubs et des instructeurs dans 175 pays, PADI certifie près d'un million de licences de plongée par an. Cette certification occupe à elle seule plus de 50 % du marché mondial pour la plongée loisir. Une telle puissance de feu permet des actions de protection qui peuvent avoir un véritable impact.

Mais PADI est avant tout une entreprise commerciale de grande ampleur, et son émanation écolo, Project Aware, fut fondée aux États-Unis en 1989 avant de devenir prééminente au début des années 2000. De nombreux programmes ont été mis en place, mobilisant des éco-volontaires et des plongeurs dans des dizaines de pays pour nettoyer des plages ou des fonds marins, surveiller la santé des récifs, protéger les requins ou faire du lobbying pour la protection de l'environnement marin. Un programme de biosurveillance des récifs coralliens a été mis en place avec les scientifiques de l'association internationale Reef Check et les plongeurs deviennent ainsi écoacteurs de leur milieu.

Depuis 2011, Project Aware s'est focalisé sur deux grands sujets sensibles pour l'océan et les plongeurs : la protection des requins et des raies, ainsi que les débris marins (avec le programme Dive Against Debris). Pour les déchets marins, Project Aware dispose même d'une carte interactive des débris sous-marins découverts puis ramassés par des plongeurs du monde entier et propose, en outre, des kits et des procédures pour que les plongeurs puissent gérer les débris. Project Aware se déploie en fournissant des outils pédagogiques et à travers des plates-formes Internet ou les réseaux sociaux.

PADI environnement :
www2.padi.com/blog/category/environment
Project Aware en français :
www.projectaware.org/project-aware-en-francais-0
Project Aware contre les débris :
www.projectaware.org/diveagainstdebrismap

François Sarano et la résilience océanique

Il suffit parfois d'un seul homme, d'une simple étincelle, pour mettre le feu à la plaine et susciter une moisson de vocations. La mer porte en elle une telle puissance qu'elle peut radicalement transformer les humains les plus fragiles ou les mieux trempés, qui deviendront, à leur tour, des exemples, des innovateurs, des inspirateurs... Dès son plus jeune âge, François Sarano se passionne pour la mer sur les plages de ses vacances, dans les eaux claires et poissonneuses des Issambres, face au golfe de Saint-Tropez. À 6 ans, son père lui offre un masque sous-marin et c'est une véritable révélation. Les portes du royaume subaquatique s'ouvrent à lui et François est fasciné par les poulpes. Dès l'adolescence, il s'inscrit au Cercle Valence Plongée où il s'initie à cette activité auprès d'autres passionnés.

Féru de biologie, le jeune homme se lance dans un doctorat de biologie et physiologie animales, lors duquel il rencontre une doctorante en océanographie, Véronique Simon. Cette jeune chercheuse deviendra son épouse, équipière, coauteur, collaboratrice, et à eux deux ils vont former un véritable binôme océanique. Véronique lui fait découvrir d'autres horizons, les traversées à la voile ou un embarquement à ses côtés sur le navire de recherche *Marion Dufresne* dans les mers australes. Puis, afin de compléter sa thèse sur la reproduction du merlu, François décide d'embarquer pour plusieurs campagnes à bord d'un navire de pêche.

Comme il le dira plus tard : « Fernand Voisin et l'équipage du *Petrouchka* m'ont offert ma thèse de doctorat et mon vrai baptême de l'océan. »

Fort de ces expériences, Sarano rencontre le commandant Cousteau au bon moment, en 1985, lorsque celui-ci s'inscrit dans une démarche écologique. Il intègre alors la prestigieuse équipe et s'embarque pour treize années de voyages à bord de la *Calypso* et de l'*Alcyone*, participant à une bonne vingtaine de missions dans toutes les mers du globe comme plongeur, cinéaste, réalisateur, conseiller scientifique, puis chef d'expédition. La mer exige des acteurs polyvalents. Au décès du commandant Cousteau en 1997, François Sarano poursuit son parcours « panocéanique ». Au cours d'un voyage pour le programme Deep Ocean Odyssey (en compagnie du plongeur et réalisateur Christian Pétron), il rencontre le grand requin blanc en Afrique du Sud. Aux côtés de Jean-Michel Cousteau, tous deux réalisent les premières plongées libres sans cage face à l'énorme prédateur. Dès le début des années 2000, François fonde, avec sa femme Véronique, l'association Longitude 181 Nature, afin de créer une Charte internationale du plongeur responsable pour la préservation du milieu marin et le partage équitable des ressources. Il est alors soutenu par le photographe voyageur Vincent Ohl et son ami et ancien équipier, le légendaire plongeur Albert Falco.

À l'époque, les notions de plongée respectueuse, de pêche durable, ou de boycott des ailerons de requin, alors propagées par l'association, ne sont guère développées. Devenu responsable du département « Pêche et ressources halieutiques » pour le WWF France, François Sarano constate l'ampleur des ravages causés par la surpêche. C'est pourquoi il crée, avec Laurent Debas, un outil de gestion pour une pêche durable, les unités d'exploitation et de gestion concertées (UEGC). En 2004, commence la collaboration avec le réalisateur Jacques Perrin (p. 186) pour le tournage du film *Océans*. L'aventure dure plus de quatre ans et mène Sarano au plus près de la vie marine dans le monde entier. Mais c'est surtout l'approche du cinéaste et son profond ressenti qui vont transformer sa vision du monde marin : « Jacques Perrin a complètement changé ma

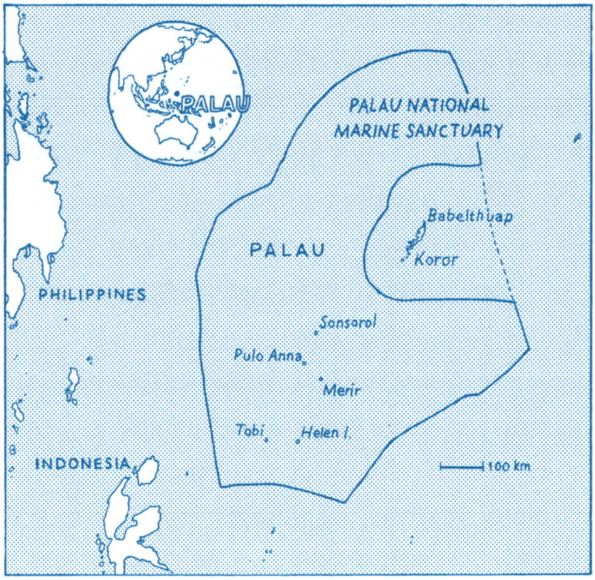

Longtemps pillé par les pêcheurs pirates, l'archipel des Palaos (Palau) est désormais devenu un fantastique sanctuaire marin sur 80 % de sa superficie ! (p. 255)

façon de voir la mer. J'ai plus appris avec lui sur l'océan et ses créatures que pendant mon doctorat d'océanographie et à bord de la *Calypso*. »

Dès 2003, les époux Sarano et Longitude 181 se mobilisent pour que les requins soient protégés dans les eaux polynésiennes ; leurs efforts sont récompensés en 2006 lorsqu'ils obtiennent leur protection en Polynésie française. « Les gouvernants, explique François au *Parisien*, ont compris qu'un requin vivant rapportait beaucoup plus d'argent qu'un requin mort. Le club de plongée Phocea Mexico, par exemple, a passé un accord avec les pêcheurs pour qu'ils ne les capturent pas. Au lieu de gagner quelques dollars en vendant un requin mort, les pêcheurs touchent une rente inépuisable, car les requins-bouledogues sont observés par des millions de plongeurs. Autre exemple, l'archipel des Palaos est devenu un immense sanctuaire en 2001, pour mettre fin à la pratique du *shark finning* (découpe des ailerons). Sur 600 000 km², soit la superficie de la France, 135 espèces de requins et de raies vulnérables vivent sans être inquiétées, attirant de plus en plus de visiteurs. » En 2014, les Sarano et Longitude 181 lancent le programme Requin blanc Méditerranée, dernière tentative pour enrayer l'extinction en Méditerranée de ce grand prédateur victime de la surpêche, et maillon essentiel dans la chaîne du vivant.

Outre les squales, l'homme-océan a un faible pour d'autres géants des mers qu'il côtoie assidûment depuis des années : les cachalots, qu'il étudie en compagnie de René Heuzey et Hugues Vitry. Ayant réalisé (avec sa fille Marion) des fiches d'identification, François peut ainsi distinguer individuellement plus de 45 cachalots ! Longitude 181 travaille dans l'océan Indien sur leur langage et leur société matriarcale, avec l'accord des autorités de l'île Maurice. Pour mieux connaître et reconnaître les cachalots, les chercheurs ont attribué des noms à certains d'entre eux, Eliott, Arthur, Lucie, Germine, ou Irène « gueule tordue ». François Sarano a même son chouchou en la personne d'Eliott car des années auparavant, un lien très fort s'est noué entre le plongeur et le cachalot : « Se dressant tout à coup dans l'eau, il a ouvert grand la gueule... et s'est approché de moi. Interloqué, je n'ai d'abord pas compris son attitude. Puis, en regardant dans sa gueule largement ouverte, avec ses grosses dents sur la mâchoire inférieure, j'ai vu un énorme hameçon planté dans sa gencive. Je le lui ai enlevé aussitôt, le plus délicatement possible... » En essayant de superposer l'image visuelle du cétacé et les clics sonores, on cherche à identifier la signature et l'individualité pour chaque cachalot et une forme de langage. Grâce à ce travail entrepris depuis 2012 avec des écovolontaires, plus de 70 cachalots ont pu être identifiés et observés au travers de leurs clics. Ce programme donne lieu, bien sûr, au tournage de plusieurs films.

Dix ans après sa fondation, la Charte internationale du plongeur responsable (disponible en 24 langues), mise en place par les Sarano et leur association, se devait d'évoluer. C'est ainsi qu'a été créé en 2012 le *Guide international des centres de plongée écoresponsables*. Cela pour aider plongeurs et voyageurs du monde entier à mieux choisir leurs lieux et clubs de plongée, en fonction de critères bons pour l'environnement.

Au-delà des recherches sur les requins ou les cachalots, au-delà du travail entrepris pour instaurer une forme de plongée durable et responsable, l'association Longitude 181 a mené d'autres campagnes : contre l'extraction du sable en baie de Lannion, pour un moratoire sur la chasse au mérou et au corb en Méditerranée, pour encourager les espaces protégés (parc marin d'Iroise, parc national des Calanques), mais aussi contre les rejets des boues rouges à Gardanne ou l'éradication des requins à la Réunion.

On le voit, l'impulsion d'un individu, soutenu et entouré, peut générer de formidables développements positifs pour l'océan. François Sarano croit en la résilience marine : « On dit toujours que l'océan est en train de se dégrader, mais il y a aussi beaucoup de choses positives, formidables. C'est pour ça qu'il y a de l'espoir et qu'il faut se battre pour protéger l'océan. Par exemple, si vous m'aviez demandé de nager avec des baleines ou des cachalots il y a quarante ans, je vous aurais dit que c'était impossible, les hommes les ayant trop chassés. Aujourd'hui, après trente années de protection, il redevient possible de les voir un peu partout, et c'est un vrai bonheur de nager avec eux. Cela montre bien que lorsqu'on laisse la nature reprendre ses droits, elle revient nous enchanter. » Cet homme-océan, homme de la résilience, nous apprend à nous réconcilier avec notre élément originel en nous donnant les clés pour renouer le dialogue.

Livre de François Sarano : *Le retour de Moby Dick (ou ce que les cachalots nous enseignent sur les océans et les hommes)*, Actes Sud, 2017.

Longitude 181 : www.longitude181.org

Plonger sur un récif

Quoi de plus beau, en plongée, qu'un récif de corail ? C'est l'image archétypique qui vient en tête de tout amateur de plongée : évoluer dans des eaux translucides au-dessus de l'univers corallien, grouillant de vie, multicolore, recelant une multitude de créatures fascinantes...

C'est la première destination de plongée dans le monde. Oui mais voilà, cet organisme extraordinaire est menacé par quantité de facteurs : pollutions, changement climatique, acidification, surpêche, tourisme, etc. Les récifs n'occupent peut-être que 1 % de l'océan, mais à eux seuls ils recèlent 25 % de la biodiversité marine (p. 198).

Face à une telle situation, de nombreux plongeurs, clubs et associations, œuvrent afin que la plongée de loisir ne dégrade pas ce milieu fragile, ou mieux encore, pour que les plongeurs puissent eux-mêmes s'impliquer auprès des scientifiques dans sa protection. Dès lors, tous les opérateurs de plongée sur les récifs donnent aujourd'hui des conseils de base aux apprentis plongeurs, d'autant que les études récentes montrent que cet ensemble de polypes connectés les uns aux autres est extrêmement sensible au stress : le corail est un superorganisme appartenant au monde animal.

Panneau réalisé par Green Fins pour indiquer aux plongeurs ce qu'il faut faire ou ne pas faire lors d'une plongée.

QUELQUES INSTRUCTIONS DE BASE AVANT DE PLONGER SUR UN RÉCIF

~ Le plongeur doit s'efforcer de rester en flottaison stable et horizontale, en évitant de toucher quoi que ce soit. Il est demandé de ne pas porter de gants : sur un récif, tout est vivant, fragile, parfois même piquant ou urticant. Si le plongeur doit se tenir, il doit choisir un rocher ou du corail mort plutôt que des récifs cassants qui ont mis des années à croître.

~ De même, on évite de palmer trop fort pour ne rien perturber, et ne pas soulever de particules. En demeurant stable et en économisant ses mouvements pour mieux observer la faune et la flore, on dérange moins l'environnement et l'on fait également durer sa réserve d'air.

~ Lorsque nous entrons dans la mer, au pays des poissons, nous pénétrons dans leur territoire, leur chambre à coucher ou leur cuisine. Connaissant encore mal la biodiversité marine, nous devons prendre garde à ne pas interférer avec ce qu'on ne comprend pas et ne pas effrayer, toucher ou pourchasser les créatures que l'on rencontre, petites ou grandes.

~ Sur fond de sable, il est essentiel de ne pas palmer à proximité, pour ne pas le soulever et le déplacer. En retombant sur le corail, le sable peut étouffer les polypes ; par ailleurs, le fond sableux est un milieu très riche en bestioles passionnantes à observer.

~ De nombreux outils existent aujourd'hui pour ne pas plonger idiot. Vous pouvez vous munir de fiches d'identification sous-marines pour mieux déchiffrer le monde complexe du récif.

~ Ne pas interférer avec le milieu signifie aussi ne pas nourrir les poissons et, cela va sans dire, ne le polluer d'aucune façon. Et si, à l'occasion, vous pouvez ramasser l'éventuel détritus qui traîne, plastique, cannette ou autre, ce sera aussi une petite goutte allant dans le bon sens du courant.

~ À terre, il est demandé aux touristes de ne pas emporter ni acheter de souvenirs du monde marin du type coquillages ou animaux morts, pour éviter d'encourager les saccages et d'être hors la loi.

Green Fins et les récifs d'Asie, une approche holistique

C'est dans cet esprit de pédagogie et de protection des récifs que le PNUE (Programme des Nations unies pour l'environnement) a pris l'initiative de créer Green Fins en 2004, une vaste structure internationale pour mieux encadrer les comportements des plongeurs, tout en évaluant la qualité écologique des clubs de plongée (PMT et bouteille) dans les eaux très populaires d'Asie.

Ce programme de « sciences citoyennes » se veut un cercle vertueux entre défenseurs locaux de l'environnement, protecteurs des récifs, plongeurs, scientifiques, pêcheurs, villageois. Green Fins (palmes vertes) est placé sous l'égide de la fondation britannique Reef-World qui, depuis 1999, apporte des notions d'écologie des récifs aux villages de pêcheurs et aux communautés tropicales d'Asie (Thaïlande, Malaisie, Indonésie, Philippines, Vietnam, Maldives).

Green Fins : www.greenfins.net/en
Reef-World : www.reef-world.org/green-fins

Devenir écoplongeur

Ce concept de « tourisme responsable » et de sciences participatives prend de l'ampleur dans le monde du voyage, des vacances, des randonnées ou de la plongée : chacun peut désormais pratiquer son loisir tout en devenant un écocitoyen utile, ce qui rend le loisir d'autant plus enrichissant et stimulant. Les outils connectés et les applications de nos smartphones nous permettent aujourd'hui de transmettre instantanément images ou informations sur telle ou telle espèce, où que nous nous trouvions. Il s'agit de nouer des liens entre le simple citoyen, le voyageur ou le touriste, et des organisations qui travaillent à la protection animale. Cela permet de créer des banques de données irremplaçables, du *big data*, et de disposer d'informations en temps réel. Ce principe existe pour tous les milieux, terrestres et marins, comme sur la grande plate-forme de iNaturalist (p. 178).

Pour mieux comprendre le fonctionnement de la vie marine, les chercheurs manquent cruellement de plongeurs capables d'effectuer des observations, voire des prélèvements, dans le monde entier, en particulier sur les récifs. Chercheurs et associations ont donc créé les outils permettant de jouer un rôle utile là où ils plongent (même en PMT), sans qu'il soit besoin pour cela d'être expert ou scientifique. Dès lors, pourquoi ne pas choisir une destination de plongée en fonction d'un programme qui vous tient à cœur, soit par le site, soit pour protéger une espèce en particulier ? Comptez un voyage d'au minimum 15 jours, comprenant une semaine de formation.

Quelques exemples d'écomissions

Mexique

Avec le Mexico Diving Volunteer Project, les écoplongeurs auront l'autorisation d'évoluer dans la réserve très surveillée de Sian Ka'an, tout en évaluant la bonne santé du corail, de la faune et de la flore. Rencontres occasionnelles avec des dauphins, des tortues, des lamantins, des raies ou des requins.

www.gviusa.com/programs/
marine-conservation-expedition-mexico

Seychelles

Seychelles Marine Conservation Expedition propose aux écoplongeurs des programmes de surveillance du récif et des prélèvements de plancton, ainsi qu'un travail sur les tortues marines.

www.gviusa.com/programs/
marine-conservation-expedition-seychelles

Îles Fidji

Dans le décor extraordinaire de récifs des îles Yasawa, un travail de biosurveillance est proposé aux écoplongeurs, ainsi que des échanges avec des communautés locales et des écoles pour expliquer l'importance d'établir des aires marines protégées.

www.gviusa.com/programs/marine-conservation-expedition-fiji

Madagascar

Les communautés côtières du sud-ouest de Madagascar dépendent des récifs pour leur subsistance. Les écoplongeurs de Blue Ventures effectuent une biosurveillance des récifs en lien avec des scientifiques, mais aussi avec les pêcheurs et les villageois du littoral.

www.blueventures.org/volunteer/madagascar

Belize

Les côtes de ce petit pays d'Amérique centrale recèlent l'une des plus grandes barrières de corail du monde, dans la réserve marine de Bacalar Chico. Les écoplongeurs de Blue Ventures vont veiller sur la biodiversité du récif, mais aussi des mangroves.

www.blueventures.org/volunteer/belize

Indonésie

Ce programme de l'opération Wallacea se concentre sur la biodiversité des récifs de la station marine Hoga. Les écoplongeurs apprennent à effectuer des relevés en vidéo-stéréo, puis à les analyser en laboratoire. Le travail porte aussi sur un certain type d'étoile de mer très invasive.

www.opwall.com/locations/indonesia

Cuba

Les écoplongeurs peuvent participer à divers programmes de l'opération Wallacea sur les côtes cubaines, en lien avec les récifs, les espèces côtières, les requins, les lamantins de la mangrove ou encore la très invasive rascasse volante (*lionfish*) (p. 181).

www.opwall.com/locations/cuba

Honduras

Les écoplongeurs évoluent dans les îles de Cayos Cochinos et apprennent à effectuer des relevés sous-marins et à collecter des données, en particulier concernant des oursins menacés.

www.opwall.com/locations/honduras

Maldives

En lien avec le Centre de recherche marin du gouvernement des Maldives, vous pouvez vous proposer pour répertorier des tortues, mais aussi des requins de récif ou des requins-baleines et participer ainsi à un meilleur recensement de la faune marine locale.

www.mrc.gov.mv

Récifs

Vous pouvez devenir un écoplongeur certifié pour l'observation des récifs avec un programme tel que Reef Check Ecodiver, en apprenant les bons comportements, mais aussi en sachant identifier les espèces ou le blanchiment du corail. Il existe de nombreux programmes de ce type, que ce soit dans les Caraïbes ou en Asie, auxquels vous pouvez souscrire ; des kits sont fournis pour vous aider dans votre travail d'écoplongeur.

www.reefcheck.org/ecodiver/reef-check-ecodiver

Hippocampes

Certains programmes de recherche scientifiques/plongeurs sont ouverts à tous (pas nécessairement plongeurs) en se focalisant sur un milieu ou un animal spécifique, comme c'est le cas pour les hippocampes avec iSeahorse (existe aussi en application), qui collecte les informations de plongeurs du monde entier. C'est un programme mondial, piloté par l'université de Colombie-Britannique et le projet international Project Seahorse (hippocampe) (p. 177).

www.iseahorse.org/?q=home

www.projectseahorse.org/training-conservationists

Les hippocampes sont des poissons emblématiques qui ravissent les plongeurs et les amoureux de la biodiversité.

Requins-baleines

Si vous avez la chance de croiser un requin-baleine et que vous pouvez le prendre en photo, mettez-vous en contact avec la banque de données scientifique Wildbook for Whalesharks, qui répertorie les *Rhincodon typus* dans le monde entier. Cette identification est rendue possible par un algorithme utilisé en astronomie pour les constellations célestes ! En effet, le corps du requin-baleine est constellé de points blancs qui sont différents chez chaque individu. Même si l'animal grandit de plusieurs mètres, l'algorithme peut dire s'il se trouve dans la base de données, ce qui permet de suivre ses migrations.

www.whaleshark.org

Raies mantas

Sur le même principe, il existe aussi une banque de données pour les deux espèces de raies mantas. Ces dernières peuvent également être identifiées grâce aux points sombres de leur ventre, qui sont une signature unique de chaque individu. D'où la nécessité de photographier le ventre pour soumettre la photo au programme MantaMatcher destiné à mieux les connaître et les protéger.

www.mantamatcher.org/photographing.jsp

Le portail sous-marin des sciences participatives

Nous vivons une époque où les citoyens souhaitent – légitimement – reprendre la main sur leurs destinées et se rendre utiles pour protéger leur environnement immédiat. Désormais la science ne se pratique plus seulement dans un laboratoire clos, mais elle s'ouvre à tout un chacun, qui peut ainsi apporter son écot. On appelle ce processus d'échange les « sciences participatives », ou « sciences citoyennes », rendues possibles par nos moyens de communication transmettant l'information et l'image en temps réel, ce qui nous permet de mieux comprendre et protéger la biodiversité. Tout citoyen équipé d'un simple smartphone devient une antenne susceptible de capter et partager ce qu'il voit. Les programmes d'étude s'enrichissent ainsi du travail sur le terrain des bénévoles.

Sciences participatives : www.aires-marines.fr/Connaitre/Sciences-participatives

Voir aussi BioObs (Base pour l'inventaire des observations subaquatiques) : www.bioobs.fr

Un projet fantastique : Vigie-Mer

Dans le cas des plongeurs et des clubs de plongée, il est évident qu'ils peuvent apporter une précieuse contribution. Au lieu de menacer les biotopes par leur présence, les plongeurs avertis relaient auprès des scientifiques ce qu'ils sont les seuls à avoir pu observer sous la surface. Forte de ces principes, l'Agence française pour la biodiversité (anciennement Agence des aires marines protégées) a établi en 2010 un partenariat avec la Fédération française d'études et de sports sous-marins (FFESSM) pour un « développement concerté des activités subaquatiques et de la production de la biodiversité d'écosystèmes sous-marins ». Cette mutualisation des informations permet aux projets, programmes ou études d'avancer beaucoup plus vite.

Cette initiative est ouverte à tous, plongeurs en scaphandre, apnéistes, simples nageurs munis de PMT, de façon à créer un réseau d'observateurs subaquatiques. L'idée développée par l'Agence : « Améliorer la connaissance du milieu marin et partager l'ensemble des initiatives en matière d'observations et des suivis par les citoyens amateurs de pratiques subaquatiques. L'objectif principal est d'être un "portail", référencement d'initiatives sous forme de fiches, vers d'autres sites de sciences participatives. Il vise également à promouvoir des méthodologies et protocoles simplifiés d'observation d'une partie de la biodiversité sous-marine en lien avec les gestionnaires d'aires marines protégées et des questions que se posent des scientifiques. Il s'agit de la déclinaison "20 000 yeux sous les mers", progressivement remplacée par le projet Vigie-Mer » :

www.observateurs-plongee.fr/initiatives-recensees/20000yeuxsouslesmers.html

L'Agence fournit un document très précieux pour les amateurs de science et de plongée, un inventaire détaillé (région par région, espèce par espèce, activité par activité) des sciences participatives marines en France :

www.observateurs-plongee.fr/images/vigiemer/spmarinesfr.pdf

La dynamique des cercles vertueux

Une simple initiative peut suffire pour générer un mouvement puissant dans une dynamique de cercles vertueux. Vers la fin des années

1990, les clubs de plongée de la mer Rouge sont les premiers témoins d'énormes dégâts sur les fonds marins causés par les ancres des bateaux. Le travail qu'ils vont accomplir au fil des ans va mener à la création d'un organisme de protection beaucoup plus vaste.

HEPCA en mer Rouge : cette association pour la protection de l'environnement d'Hurghada est née à la fin du XXe siècle en réaction aux dégâts sur l'environnement causés par l'ancrage des bateaux au mouillage, détruisant les fonds sur leur passage, y compris le précieux corail. Il a donc fallu installer des centaines de mouillages permanents dans les sites les plus remarquables (plus de 1 000 en 2016), constitués de blocs de béton, afin d'éviter l'utilisation aveugle des ancres. Cette technique de préservation des fonds a été adoptée en Arabie saoudite, à Aqaba et en Jordanie.

HEPCA est devenue une agence internationale ayant accompli de nombreuses actions sur le terrain pour préserver les beautés naturelles de la mer Rouge et créer un tourisme durable, en collaboration avec le gouvernement égyptien, mais aussi avec de grandes associations internationales et des scientifiques et plongeurs du monde entier. Son action s'étend désormais à de nombreux autres domaines que les mouillages des bateaux, car HEPCA participe à l'installation de stations d'épuration, à la protection du corail, des dugongs de mer Rouge, elle surveille les éventuelles pollutions, lutte contre les delphinariums, les sacs en plastique, donne des consignes pour les rencontres avec les dauphins, les requins ou les tortues, mais elle participe aussi, auprès des communautés locales, à encourager une pêche durable.

HEPCA : www.hepca.org

Formation des jeunes aux métiers de protection marine

Il existe tant de jeunes passionnés d'océan, de plongeurs qui rêvent de se rendre utiles pour protéger l'environnement marin mais qui ne savent pas par où commencer… Aussi, plus nous aurons de jeunes formés aux métiers de la protection marine, plus la pédagogie ou l'exemplarité porteront leurs fruits. Encore faut-il qu'il existe des centres de formation adaptés susceptibles de prodiguer l'enseignement et l'expérience nécessaires. C'est le but de Zoox (du nom de la *Zooxanthella*, ce dinoflagellé qui vit en symbiose avec le corail), qui travaille avec Green Fins (p. 47), organisation britannique opérant principalement dans les eaux de trois pays : Thaïlande, Philippines, Vietnam. Le travail se fait en collaboration avec des universitaires. Les stages durent 8 semaines et donnent les bases et l'expérience nécessaires pour postuler à certains postes en lien avec la protection du monde marin.

Zoox : www.projectaware.org/diver/zoox

Sandra Bessudo, la sirène de Malpelo

Toute jeune déjà, la Franco-Colombienne Sandra Bessudo adorait la plongée, et c'est cette passion qui va la mettre sur le devant de la scène et faire d'elle un symbole vivant de la protection océane. À elle seule, la jeune femme a convaincu le président de Colombie ainsi que d'autres instances internationales de protéger l'extraordinaire archipel de Malpelo.

L'histoire commence lorsqu'elle a 4 ans et que son père lui offre un masque, un tuba et des palmes. Pour Sandra, c'est l'émerveillement de la découverte, d'autant que le monde marin de la côte colombienne caraïbe est riche et spectaculaire. Poussée par sa passion, la jeune femme va obtenir son master en sciences de la vie et de la Terre à l'École des hautes études de Perpignan, avant de s'inscrire à l'université de Bogota pour devenir biologiste. Cela ne l'empêche pas de continuer à plonger jusqu'au niveau professionnel (plus jeune monitrice d'Amérique latine). En 1989, dans les eaux du Pacifique, sa vie bascule lorsqu'elle explore un îlot volcanique situé à 506 km de la côte colombienne. Ses tombants descendant à 4 000 m abritent une faune impressionnante, avec de nombreuses espèces rares ou menacées. Fascinée, Sandra plonge dans ces eaux « qui fourmillent de vie », au milieu des dauphins et des requins-marteaux. C'est un véritable coup de foudre, mais en même temps elle voit aussi les pêcheurs, leurs ancres qui cassent le corail, leurs filets destructeurs, et surtout les corps des requins morts entassés sur les ponts de bateaux... Sandra devient alors animée par la conviction qu'il faut à tout prix sauver ces eaux merveilleuses avant qu'il ne soit trop tard.

La jeune plongeuse biologiste va s'activer et faire signer des pétitions, mais c'est une rencontre inattendue qui change tout. En 1992, alors qu'elle plonge dans un site interdit (les eaux d'une île appartenant au président), elle est interpellée par un commando, car il se trouve que le président Trujillo plonge lui aussi non loin. La rencontre se fait et Sandra ne se démonte pas : entre amoureux de la plongée, elle exhorte le président à sauver Malpelo et ses requins. Sa voix sera entendue. Deux ans plus tard, alors qu'elle donne un cours, des gardes arrivent dans sa classe et l'on craint le pire... Mais ils viennent la chercher, car le président souhaite qu'elle l'emmène dès maintenant plonger à Malpelo !

Le processus de protection est en route, repris par le président suivant, Ernesto Samper. En 1995, Malpelo devient un sanctuaire, mais comme il n'y a aucune surveillance, les ravages continuent et Sandra doit une fois de plus s'impliquer, photographiant les braconniers, montant à bord de leurs bateaux ou coupant carrément leurs filets, au point qu'elle en vient à craindre pour sa vie. Trois ans plus tard, alors qu'elle plonge à Malpelo avec sa caméra, Sandra tombe sur un requin extraordinaire avec des dents étranges, une espèce qu'elle n'a jamais vue auparavant. Et c'est en faisant des recherches pour l'identifier qu'elle va rencontrer l'amour, en la personne d'Yves Lefèvre, cinéaste animalier français. Tous deux partent en quête du mystérieux squale qui sera identifié comme le très rare requin féroce, animal abyssal jusqu'alors peu connu.

En 1999 est créée la Fondation Malpelo et autres écosystèmes marins, qui a permis de développer la surveillance du site, un programme scientifique et pédagogique, mais aussi l'écotourisme. En 2006, l'UNESCO déclare enfin la zone comme patrimoine naturel de l'humanité. Aujourd'hui, la superficie protégée autour de Malpelo est de 8 757 km^2 et une présence militaire sur place assure la protection des lieux contre les braconniers. Depuis 1998, la Fondation Malpelo a organisé plus de 30 expéditions scientifiques avec la participation de plus de 20 institutions et d'une centaine de chercheurs spécialisés aussi bien dans l'océanographique que dans les oiseaux, les coraux, les poissons et les invertébrés des récifs, les requins, l'ichtyoplancton, les mammifères marins ou les reptiles. Ce site de plongée est aujourd'hui considéré comme l'un des dix plus beaux du monde. Après avoir été nommée haute conseillère pour l'Environnement en Colombie en 2010, Sandra conduit les négociations climat et biodiversité au nom de la Colombie à la COP21.

L'histoire de Sandra Bessudo est exemplaire : non seulement elle nous montre ce que peut réussir à lui tout seul un écocitoyen déterminé, mais en outre, ce parcours lui a permis de s'accomplir en tant qu'être humain et comme chercheuse, plongeuse et écologiste. Grâce à son combat, elle a rencontré les décideurs, les requins, elle a aussi rencontré l'amour, elle est devenue ministre et a représenté la Colombie dans les conférences internationales. Sandra a créé un Institut de pêche durable et son travail sert de modèle pour d'autres îles comme les Galápagos, l'île Cocos ou l'île Guadalupe. Son action lui a valu de nombreuses médailles et distinctions internationales.

Fondation Malpelo : www.fundacionmalpelo.org/index.php/es

Des submersibles pour tous

Avec l'engouement pour l'océan, vient naturellement l'irrépressible désir de mieux connaître et protéger le monde sous-marin. D'où le succès grandissant de l'apnée et de la plongée appareillée. Mais la fascination des profondeurs ne peut se limiter aux capacités d'un plongeur. Il y a quelques années à peine, les balades en sous-marin étaient réservées aux militaires ou aux scientifiques. Aujourd'hui, les possibilités sont multiples et la technologie est bien rodée. Le *Nautilus* du capitaine Nemo et le *Yellow Submarine* des Beatles, qui ont fait rêver tant de générations, sont à notre portée, comme en témoigne le succès des submersibles de poche ou « faits maison » qui se multiplient dans de nombreux pays. Sur la côte française de Méditerranée, le premier arrêté autorisant la plongée de sous-marins privés a été signé par le préfet maritime de Méditerranée en 2017. Certains ressemblent au sous-marin en forme de requin inventé par le professeur Tournesol pour Tintin, d'autres ont un look high-tech de véhicule spatial. Ces petits submersibles sont utiles pour la maintenance, la recherche scientifique, l'exploration ou l'archéologie sous-marines, et certains sont achetés par de riches plaisanciers souhaitant vivre une expérience hors du commun. Mais le plus surprenant, c'est la multiplication des submersibles amateurs. Certains fonctionnent à pédales et sont bricolés au fond du garage, d'autres sont au contraire très élaborés. Une chose est sûre : si nous voulons connaître, choyer et protéger les fonds marins dont nous dépendons étroitement, nous aurons besoin de ces outils, petits ou grands, high-tech ou low-tech.

Le semi-submersible

Le principe du semi-submersible s'apparente à celui du bateau à fond transparent, un principe déjà développé par le pionnier de la plongée et génial inventeur Yves Le Prieur avec son pédalo à fond transparent, puis par Jacques Rougerie avec l'Aquaspace. Ce principe permet à n'importe quel public d'admirer les fonds marins en étant simplement assis dans une coque munie de larges hublots ou baies vitrées. Il s'agit généralement de bateaux de type catamaran avec un habitacle-coque central, sous la ligne de flottaison. Conçus pour le tourisme dans des lieux où les fonds sont spectaculaires, ces semi-submersibles, de plus en plus courants, peuvent prendre de 2 à 50 passagers.

Dans les petits modèles de 2 à 5 passagers, on trouve le très populaire modèle Penguin de la société sud-coréenne EGO.

EGO : www.egosubmarine.com

Aux Maldives, c'est un modèle un peu plus grand, le Lily Beach, qui permet d'effectuer des sorties de nuit très spectaculaires.

Lily Beach : www.blog.maldivescomplete.com/2016/10/28/best-of-the-maldives-semi-submersible-lily-beach

En Australie, la compagnie Subsee, leader du marché, a construit depuis 1984 une cinquantaine de ces semi-submersibles, dont certains peuvent accueillir jusqu'à 47 passagers.

Subsee : www.subsee.com.au

Il existe aussi des semi-submersibles fonctionnant sur d'autres principes, comme le SportSub dans lequel on entre à moitié immergé, en maillot de bain, et qui permet de circuler tel un vrai petit sous-marin à quelques mètres de profondeur, ou encore l'étonnant Platypus, catamaran électrique léger dont la coque centrale s'immerge, de façon que des plongeurs, installés dessus, puissent admirer les fonds marins en respirant par un casque sur le principe du narghilé. Le Platypus peut servir de plate-forme d'observation et de plongée, c'est à la fois un véhicule de surface et de plongée.

SportsSub : www.youtube.com/watch?v=lVDXkHLBs5o
Platypus : www.youtube.com/watch?v=LRUzps-dwoo

Le submersible « fait maison »

La passion des fonds marins est si forte pour certains individus qu'ils ont décidé de construire eux-mêmes leur propre sous-marin. Certains de ces projets sont farfelus et ne voient pas le jour, comme le très beau modèle imaginé par un designer suédois, Milko Ozlu, d'un mini-submersible biplace propulsé... à la rame, en utilisant le principe de la godille !

Le cas de Mikhaïl Pouchkov a fait le tour du monde : à l'âge de 20 ans, alors que la Russie est encore l'Union soviétique, ce jeune homme décide de se construire son propre sous-marin dans son grenier. Il est obligé de se cacher du KGB, mais après une trentaine d'années d'un travail artisanal, il peut enfin faire les premiers essais de ce petit submersible monoplace propulsé à pédales. En 1994, il a ainsi parcouru sous l'eau, en pédalant, les 40 milles nautiques (75 km) le séparant de l'île de Krondstadt ! Plus tard, son travail a été reconnu et le KGB lui a même payé des études à l'université, ce qui lui a permis d'améliorer son submersible, désormais muni de moteurs et d'informatique.

Mikhaïl Pouchkov :
www.youtube.com/watch?v=_ifVqN_7iPk

Sans doute inspirés par cet inventeur ingénu, deux polytechniciens français, Antoine Delafargue et Michaël de Lagarde, ont conçu leur propre sous-marin « zéro émission » à propulsion humaine (à pédales), pour traverser la Manche. C'est le projet Poisson Pilote. Outre l'exploit sportif (250 km entre 80 et 100 m de fond en totale autonomie et en propulsion humaine), les deux aventuriers souhaitent faire connaître le patrimoine invisible de la Manche mais aussi effectuer des relevés, des images et des observations inédites sur les habitats des fonds, la présence de déchets ou les traces laissées par le chalutage.

Projet Poisson Pilote : www.projetpoissonpilote.com

Toujours poussé par la passion, Olivier Feuillette, un jeune Français, a réussi à fabriquer en Afrique du Sud un submersible monoplace opérationnel à partir d'un simple kayak de mer. Le Subo est ainsi capable de naviguer sous la surface pendant 2 ou 3 heures. Le submersible est propulsé par une nageoire caudale ressemblant à celle d'un requin.

Olivier Feuillette : www.youtube.com/watch?v=AzdQfKaQUGc

Il existe ainsi de par le monde une multiplicité de submersibles construits à la maison par des amateurs éclairés, on en trouve des exemples aux États-Unis, en Chine, en Lituanie ou en Suède, avec le fameux *Sgt Pepper's* construit à l'âge de 19 ans en 1988 par le Suédois Carsten Standfuss, classé à l'époque comme le plus petit submersible fonctionnel par le *Guinness Book des records*.

C'est ce même homme qui va créer, avec toute une équipe, le sous-marin *Euronaut*, qui a tout du véritable sous-marin : il est capable d'emmener un équipage de 6 personnes à 240 m de fond avec une autonomie de 7 jours. Il a fallu 12 ans pour le concevoir puis 12 autres années à une équipe d'amateurs pour le construire à leurs heures de loisirs. Le résultat est bluffant et Euronaut est devenu une organisation spécialisée dans les submersibles amateurs ; on y trouve beaucoup d'informations sur ce sujet et même des modèles à vendre.

Euronaut : www.euronaut.org

Pour tous les constructeurs de submersibles ou amateurs de vaisseaux sous-marins à bricoler ou piloter soi-même, il existe une association, Personal Submarines, où l'on trouve contacts et informations.

Personal Submarines : www.psubs.org

Les submersibles de luxe, de tourisme, de travail

Les progrès technologiques et les matériaux composites permettent désormais de construire des submersibles de toutes formes et pour toutes sortes de fonctions. L'un des plus grands concepteurs s'appelle Graham Hawkes et il a inventé le DeepFlight (en 1996), capable de voler ou de planer sous l'eau. Ses submersibles Super Falcon possèdent de petites ailes leur permettant de glisser plus intelligemment sous l'eau, en profitant des flux comme l'oiseau utilise les courants d'air. On a vu l'un de ses engins plongeants dans un film de James Bond, car ils sont parmi les plus performants de tous les sous-marins « personnels ».

Graham Hawkes est très connu dans le monde des submersibles, d'autant qu'il a été marié pendant quelques années à la célèbre chercheuse abyssonaute Sylvia Earle (p. 68). Ensemble, ils ont produit, dans les années 1980-1990, de nombreux ROV, des robots sous-marins téléguidés. Hawkes a également construit des submersibles pour de riches aventuriers : Steve Fawcett et Richard Branson. Son petit modèle, le DeepFlight Dragon, est un élégant submersible de haute technologie, fait pour être utilisé depuis un yacht ou depuis le bord, et permettant d'explorer le monde sous-marin jusqu'à 120 m de fond. Son ambition est de créer un nouveau domaine : une « industrie de l'aviation sous-marine ».

DeepFlight : www.deepflight.com

Les submersibles de tourisme deviennent une réalité aux quatre coins du monde. Dans l'Ouest canadien, à Vancouver, c'est la société Sub-Find qui, depuis 1993, ouvre au public des submersibles grands ou petits, neufs ou d'occasion, à acheter, à louer ou à chartériser pour le tourisme.

Sub-Find : www.sub-find.com

La compagnie flamande Ortega Submarines, fondée par Filip Jonker et Daan Pol, produit des submersibles électriques high-tech parmi les plus rapides sur l'eau et sous l'eau. Plusieurs bijoux de technologie sont proposés aux particuliers, mais sont aussi destinés au tourisme, à la recherche ou au tournage de films.

Ortega Submarines :
www.ortega-submersibles.com/#intro

Totalisant plus de 12 000 plongées avec sa flotte de submersibles, la compagnie californienne SEAmagine Hydrospace Corporation (créée en 1995) est l'une des entreprises leaders dans le marché des submersibles personnels pour les yachts de luxe ou des submersibles robustes pour les professionnels. Leurs bijoux technologiques, sur lesquels est privilégiée une vision maximale des fonds, sont capables de plonger de 150 m à 1 500 m et ont été utilisés pour le tournage de nombreux documentaires (entre autres par National Geographic Channel et la BBC).

SEAmagine : www.seamagine.com

Les abysses, infinis et fragiles

James Cameron, prince des abysses

On le voit, l'exploration de ce monde sous-marin que nous connaissons si mal ne fait que commencer. Il est paradoxal de songer que nous connaissons beaucoup mieux la Lune et la planète Mars que les fonds marins, qui abritent l'essentiel de la biodiversité planétaire, tout en recelant de multiples formes de vie inconnues. Cela fait du monde abyssal l'un des plus fascinants à découvrir, et nombreux sont ceux qui cherchent à l'explorer. Le patron de Virgin, Richard Branson, a créé en 2009 une filiale dédiée aux technologies sous-marines, Virgin Oceanic (avec l'homme d'affaires californien Chris Welsh) qu'il a dissoute en 2014 pour se concentrer sur l'espace.

Une compétition discrète s'est opérée pendant des années entre trois des hommes les plus puissants du monde pour la course aux abysses, qu'on dit plus difficiles à explorer que l'espace : Richard Branson, patron de Virgin, Eric Schmidt, alors patron de Google, et le cinéaste James Cameron. Branson a fait construire le sous-marin *Virgin Oceanic*, destiné à planer dans les profondeurs, tandis que l'ex-patron de Google, épaulé par la fameuse océanographe américaine Sylvia Earle, a fait construire le *Deep Search*, projet de 25 millions d'euros, conçu pour trois abyssonautes.

Et c'est le plus passionné des trois qui l'a emporté. James Cameron a réalisé, avec la National Geographic Society, un exploit presque passé inaperçu : la première expédition scientifique en solo à 10 099 m, dans la fosse des Mariannes, l'endroit le plus profond du monde, en mars 2012, à bord d'un submersible privé, le *Deepsea Challenger*. Avant lui, seuls deux hommes avaient atteint ces profondeurs en 1960. Depuis, les humains sont allés dans l'espace, mais personne n'était retourné au fond de cet Everest sous-marin (bien plus grand que la montagne). Une telle expédition demande non seulement une grosse expérience des submersibles, mais aussi une sacrée dose de courage. Le sous-marin « vertical » monoplace de Cameron, conçu pour l'exploration scientifique, est muni de bras et de caméras 3D haute définition. Le réalisateur a pu ainsi, pendant plusieurs heures, filmer sa plongée et tourner des images de créatures abyssales jamais observées auparavant. Il a fallu huit années à Cameron pour faire construire en Australie, dans le plus grand secret, ce submersible d'un nouveau genre. On l'appelle la « torpille verticale » car, contrairement aux sous-marins horizontaux, celui-ci fonctionne sur la verticalité, de façon à faciliter la descente et la remontée, donnant également un meilleur confort au pilote opérateur, qui se retrouve assis et non à moitié couché.

Surtout connu pour ses films de science-fiction, James Cameron est avant tout un grand amoureux de l'océan et en particulier des profondeurs. Dès son plus jeune âge, il rêvait des abysses et s'amusait à se mettre à l'intérieur de boîtes en carton qu'il décorait comme des sous-marins. Alors qu'il n'a que 6 ans, en 1960, l'exploit du *Trieste* de Jacques Piccard et Don Walsh dans la fosse des Mariannes enflamme son imagination d'enfant.

Tout au long de sa vie, Cameron a participé à 72 plongées à bord de sous-marins, y compris à bord du *Mir* russe (à près de 5 000 m) et à plus de 33 plongées à 3 800 m pour le tournage de *Titanic* ! Cette entreprise a ceci de remarquable qu'elle mêle intimement l'art et la science, car ce qu'a vu et ressenti le cinéaste au fond des océans inspirera sa production artistique. Comme il le dit lui-même : « L'imagination nourrit l'exploration... Vous devez d'abord imaginer ce qui est possible avant de pouvoir le réaliser. » C'est dire si l'homme est passionné. Peu à peu, le cinéaste devient un océanographe à part entière.

En 2012, le cinéaste James Cameron accomplit une longue plongée historique dans la zone océanique la plus profonde du monde, à bord de son sous-marin monoplace vertical, le *Deepsea Challenger*.

Il a créé Earthship Productions pour produire des documentaires sur l'exploration et la protection de la mer, puis il a lui-même monté diverses expéditions subaquatiques, scientifiques et cinématographiques : sur l'épave du *Bismarck*, les sources hydrothermales de la dorsale atlantique, dans le Pacifique est, ou en mer de Cortez… Comme le dit le *Daily Mail* : « 12 hommes ont marché sur la Lune et plus de 500 sont allés dans l'espace, mais 3 seulement ont atteint l'endroit le plus profond de l'océan. »

Le film *Deepsea Challenge, l'aventure d'une vie* raconte de façon captivante, et avec beaucoup de suspense, la passion de James Cameron pour les abysses (on y voit aussi des images incroyables de l'intérieur du *Titanic*), ainsi que tout le déroulement du projet qui l'a mené dans la fosse la plus profonde du monde :

www.voirfilms.ws/deepsea-challenge-3d-laventure-dune-vie.htm

Les abyssonautes

L'une des principales raisons pour lesquelles on a pu polluer et ravager les mers pendant si longtemps en toute impunité, c'est parce que la surface est un miroir qui nous empêche de voir ce qui se passe en dessous. Si vous rasez une forêt de la carte, cela se saura tout de suite, mais vous pouvez dévaster les fonds océaniques et détruire des écosystèmes entiers sans que personne s'en aperçoive. Autre obstacle : la profondeur. Tant que la lumière pénètre les premiers mètres de l'océan, nous pouvons y tenter des incursions pour observer ce qui s'y passe. Mais plus bas, sans lumière et avec des pressions titanesques, l'environnement devient bien plus hostile que l'espace lui-même.

Heureusement, la curiosité reste la plus forte, ainsi que notre volonté de connaître cette planète à bord de laquelle nous vivons et voyageons. Il a fallu bien du courage aux premiers « abyssonautes » pour défier cet univers inconnu avec des moyens rudimentaires ; parmi eux, en 1934, William Beebe, professeur de la Société zoologique de New York et ami de Roosevelt, stupéfia le monde en descendant, plié sur lui-même à l'intérieur d'une petite sphère de métal, à la profondeur de 922 m. Malgré le danger omniprésent, l'émerveillement est au rendez-vous ; voici ce que note Beebe, parvenu au point le plus profond de sa plongée : « La seule région qui se rapproche de ces merveilleuses profondeurs doit être le pur espace, situé bien au-delà de l'atmosphère, parmi les étoiles, là où le soleil n'éclaire plus les poussières, ni les résidus de l'atmosphère des planètes. Dans ces espaces infinis, l'obscurité de l'éther, les planètes, comètes, étoiles, doivent avoir de grandes analogies avec cet univers vivant. »

Si fortes sont ces analogies entre espace et abysses que c'est le fils même du Suisse Auguste Piccard, pionnier de la stratosphère (en 1932 il atteint l'altitude record de 16 940 m en ballon), Jacques Piccard qui, en compagnie de l'océanographe américain Don Walsh, descend à bord du bathyscaphe *Trieste*, dans la fosse des Mariannes à la profondeur de 10 916 m en 1960. Ce record ne sera égalé (ou presque) que cinquante-deux ans plus tard par James Cameron. Et c'est l'enfant de la troisième génération, Bertrand Piccard, qui a réalisé l'exploit fantastique, avec son coéquipier André Borschberg, de mener le premier vol autour du monde d'un avion solaire, avec *Solar Impulse*. Preuve supplémentaire des liens qui unissent intimement les abysses à l'espace.

Après des millénaires pendant lesquels les profondeurs marines sont demeurées énigmatiques, voilà que s'entrouvrent les portes de cet univers « extraterrestre », avec ses créatures hallucinantes, bioluminescentes, dont nous ne connaissons presque rien. Se pourrait-il même que ces immensités inexplorées recèlent la clé de nos origines, celle que nous cherchons inlassablement à des années-lumière de la Terre ?

La recherche sous-marine s'est enrichie de nombreux outils au cours des dernières décennies, submersibles, caméras, ROV, robots, balises, drones, qui nous permettent de voir l'invisible... En même temps que nous découvrons les merveilles abyssales, nous découvrons aussi que ces écosystèmes sont touchés, menacés, jusque dans les plus grandes profondeurs. Des espèces inconnues disparaissent avant même d'être découvertes... Une large majorité des spécimens remontés des abysses par les scientifiques est non répertoriée, et l'on recense chaque semaine plus d'une centaine de nouvelles espèces issues des profondeurs. Ce patrimoine phénoménal, où se cachent sans doute les clés de notre futur, est ravagé par la pêche industrielle profonde et l'exploitation minière sauvage, alors qu'il resterait plus de 30 millions d'espèces à découvrir !

Océanographes et pêcheurs ne sont pas seuls à s'intéresser à cette manne de biodiversité : les grands groupes pharmaceutiques y mènent des recherches. Vu les coûts de l'exploration sous-marine, les industriels sont parfois les seuls à financer certaines études sur le long terme. Celles qui ont déjà été entreprises ont mené à l'identification de bactéries susceptibles de faire avancer la recherche biomédicale (comme les exopolysaccharides). Durant ces dernières années, l'exploration des sources hydrothermales a permis de découvrir de nouveaux antibiotiques, des substances anticancéreuses ou anticoagulantes. On le voit, les portes du royaume des abysses ne font que s'entrouvrir et ce monde, si proche et si lointain, n'a pas fini de nous réserver des surprises. À elles seules, deux femmes contemporaines incarnent à la fois la richesse des abysses et l'urgence de les protéger : Sylvia Earle et Claire Nouvian. Toutes deux ont réussi à nous émerveiller et à nous alerter, elles ont su, par leur courage et leur travail acharné, mobiliser des millions de gens pour obtenir d'extraordinaires résultats très concrets...

Sylvia Earle, Son Altesse profondissime

Une femme symbolise à ce point les abysses que le *New York Times* l'appelle « Her Deepness » (« Son Altesse des profondeurs ») : l'Américaine Sylvia Earle, considérée de nos jours comme une légende vivante. C'est en 1964 que sa vie bascule lorsque, jeune étudiante diplômée, on lui propose un voyage océanographique de six semaines dans l'océan Indien, à bord d'un navire de recherche. Ce périple sera pour elle une véritable révélation ; dès lors, pendant des années, elle enchaîne les expéditions aux quatre coins du monde, Galápagos, Panamá, golfe du Mexique, etc.

Au cours de sa vie professionnelle, Sylvia va devoir jouer des coudes pour accomplir ce qu'aucune femme n'avait fait avant elle. À cette époque, rappelle-t-elle, les femmes étaient plutôt considérées comme « auxiliaires » des hommes. Ainsi, lorsqu'en 1969 elle propose de participer à un programme de recherche dans l'un des premiers habitats sous-marins, Tektite, par 15 m de fond dans les îles Vierges, elle est rejetée uniquement parce qu'elle est une femme, bien qu'elle ait déjà plus de 1 000 heures de plongée à son actif. C'est compter sans sa ténacité, car l'année suivante c'est elle qui, pour la première fois au monde, va mener, dans l'habitat Tektite II, une mission sous-marine d'une durée de deux semaines, uniquement composée de femmes aquanautes.

Dix ans plus tard, en 1979, Sylvia conçoit un scaphandre lui permettant de battre le record de profondeur pour une femme, 381 m. Dans les années 1980, en compagnie de son mari de l'époque, l'ingénieur sous-marin Graham Hawkes (p. 61), elle crée une entreprise d'engins et de véhicules sous-marins pour permettre aux scientifiques et aux explorateurs de mieux connaître les profondeurs marines. En 1990, Sylvia Earle devient la première directrice scientifique de l'agence océanographique américaine (la fameuse NOAA, National Oceanographic and Atmospheric Administration, en français Agence américaine d'observation océanique et atmosphérique), mais aussi exploratrice attitrée de la National Geographic Society depuis 1998, année où elle est nommée « héros pour la planète » par le magazine *Time*, pour être finalement reconnue comme « la femme la plus profonde du monde ».

Sylvia Earle cumule plus de 7 000 heures sous l'eau, en plongée, à bord de sous-marins, ou encore dans des habitats subaquatiques. Elle a mené plus de 100 expéditions océanographiques et a été maintes fois médaillée, décorée, elle a reçu les plus hautes distinctions internationales et fondé des alliances destinées à protéger les océans, en particulier les profondeurs. C'est grâce à son influence (et à celle de Jean-Michel Cousteau) que le président américain George W. Bush a créé en 2006, à la surprise générale, le plus vaste sanctuaire marin du monde. La zone se situe autour d'un archipel des îles Hawaii, une réserve, comme le dit Bush lui-même, « plus grande que 46 de nos 50 États, et sept fois plus vaste que tous nos sanctuaires marins combinés. C'est un tournant sans précédent».

Après avoir gagné le prestigieux TED Prize en 2009, Sylvia fonde Mission Blue, une puissante fondation qui est une coalition de plus de 100 associations, d'initiatives privées et de scientifiques, qui cherchent à établir des aires marines protégées partout sur la planète (elle mène des expéditions en ce sens dans de nombreux sites, Cuba, Belize, Honduras, Galápagos, Costa Rica, Bahamas, Baléares, Afrique du Sud, etc.). Il s'agit de créer un maillage planétaire de ces «*hope spots*» («points d'espoir», sites vitaux pour la santé de l'océan) afin de régénérer l'océan par la stabilité et la résilience. Il en existe déjà plus de 70 de par le monde et 300 sont en attente d'être officialisés (p. 244). C'est la meilleure façon de mettre en œuvre les forces vives de la nature, face aux forces de destruction. Aujourd'hui, à peine 5 % des océans sont protégés ; le but de Mission Blue est de parvenir à 20 % en 2020. C'est aussi sous l'impulsion de cette grande dame que le président Barack Obama a créé, en 2016, un vaste sanctuaire marin dans l'atoll Midway, à l'ouest d'Hawaii, qui vient se combiner à celui existant déjà autour de l'archipel hawaiien, protégé sous l'ère Bush, ce qui fait de cette nouvelle aire marine protégée la plus grande du monde (p. 242).

Âgée de plus de 80 ans, Sylvia Earle continue de plonger et Netflix lui a consacré un formidable documentaire plusieurs fois primé, *Mission Blue*, dans lequel on peut admirer son courage physique lorsqu'elle se met à l'eau en pleine mer, parmi les filets des bateaux de pêche industrielle, dans des conditions dangereuses, pour contempler ce massacre sous l'eau, être «avec les poissons». Les images tournées nous permettent alors de ressentir, en même temps qu'elle, l'étendue du désastre, ces milliers de poissons de toutes espèces agonisant en énormes balles compressées sous l'eau par les filets géants, la vie même de l'océan arrachée à ses entrailles dans un saccage aveugle...

Comme le dit Sylvia Earle : «L'océan gouverne le climat, la météo, la chimie planétaire. La vie dépend de l'eau et 97 % de l'eau sur Terre est océan. Plus de la moitié de notre oxygène vient de l'océan. Pas d'océan, pas de vie, et donc pas de nous... » Et l'on se dit alors qu'il serait grand temps que le prix Nobel s'intéresse à l'océan, et que cette femme qui lui a consacré sa vie et qui est une inspiration pour beaucoup le mérite amplement !

Sylvia Earle à la Fondation des Nations unies :
www.ht.ly/ZJHm304bRF9
L'ONG Mission Blue : www.missionblue.org
Le film sur Sylvia Earle : www.netflix.com/fr/title/70308278

Claire Nouvian, Lady Abysses

Tout comme sa première expédition océanographique fut un déclencheur pour la vocation de Sylvia Earle, c'est la découverte du monde abyssal qui a bouleversé la vie de Claire Nouvian. Jusque-là, cette jeune Française cosmopolite, ayant grandi sur trois continents et parlant six langues, se consacre aux documentaires animaliers. Journaliste, cinéaste, puis productrice, elle travaille avec de grandes chaînes françaises ou internationales, et parcourt le monde pour filmer la faune sauvage. En 2001, Claire se rend à l'aquarium de Monterey en Californie, pour des repérages sur la faune sous-marine. C'est là qu'elle découvre des images filmées à 4 000 m de profondeur dans un canyon sous-marin, qui provoquent en elle un véritable choc.

Fascinée, Claire visionne des images jamais vues d'incroyables créatures abyssales. Mais en même temps qu'elle découvre la beauté inouïe de ce monde caché, « intraterrestre », la journaliste découvre aussi avec désarroi à quel point il est saccagé. Depuis plus de trente ans, les fonds marins sont pillés et détruits impunément par des chaluts de profondeur capables de racler les fonds jusqu'à 2 000 m sans que personne soit au courant, et sans lois pour les protéger. Comme elle nous le décrit : « Ma vie entière a été chamboulée à tous les niveaux par les abysses... J'ai été déniaisée, au sens propre, sur le monde, les guerres d'influence, et ce qu'est réellement la politique. J'ai perdu mes illusions de jeunesse, car j'étais une idéaliste. Et je le demeure! Mais je suis passée directement de l'émerveillement à l'inquiétude... Il y a d'abord eu l'émotion de la découverte, puis je me suis retrouvée avec les chercheurs détenant les premières observations et preuves de l'impact désastreux des chaluts profonds. Ces chercheurs disposaient de ces éléments à charge et ils étaient aussi effarés que nous par ce qu'ils avaient sous les yeux, mais pourtant ils ne savaient qu'en faire. Nous nous demandions tous comment arrêter ces ravages. Voilà ce qui m'a menée à fonder l'association BLOOM en 2004. Au début je me suis dit: c'est un problème énormissime, mais il ne concerne que très peu de bateaux dans le monde. J'ai donc pensé qu'il serait facile de mettre fin à pareille aberration. Je me trompais... »

Prenant conscience qu'il n'existe alors que peu d'informations et d'images de cet univers pour le grand public, Claire remue ciel et mer pour faire connaître et protéger ce milieu méconnu, exploité par les industriels responsables d'un carnage écologique. Chaque jour, des récifs coralliens ayant mis des milliers d'années à se développer sont rasés par les chaluts industriels, véritables « bulldozers des profondeurs » qui détruisent tout sur leur passage. Après la fondation de l'association BLOOM, destinée - entre autres - à combattre cette pêche profonde, Claire Nouvian publie un livre majeur, *Abysses*, riche d'images exceptionnelles, traduit dans plus de dix langues. Elle réalise des films, effectue elle-même des campagnes scientifiques ou des plongées en submersibles, et organise en 2007 l'exposition *Abysses* au Muséum d'histoire naturelle, exposition unique au monde, qui a tourné dans de nombreux pays. Cette année-là, elle est élue « ange gardien de la planète » par le magazine *Géo*, dans la lignée de Cousteau. En 2009, elle ouvre un bureau de BLOOM à Hong Kong, où elle a grandi, afin de lutter plus efficacement contre le massacre des requins.

Depuis, Claire Nouvian parcourt la planète, donne des cours, des conférences ou TEDx, et intervient dans les grandes universités. Ses films et ses livres ont été primés et couronnés de nombreux prix. Elle est admirée et respectée dans le monde entier, comme en témoignent ses titres : Femme en or de l'environnement 2012, Personnalité associée au Conseil économique, social et environnemental, ordre national du Mérite (2013), Pew Fellow (2012), Fellow Ashoka (2014), ambassadrice des océans auprès de l'UICN (Union internationale pour la conservation de la nature), et 2016 est une année à marquer d'une pierre blanche. Grâce à l'énergie déployée depuis des années par Claire, l'association BLOOM, et les 70 ONG de la puissante Deep Sea Conservation Coalition, l'Europe a enfin interdit le chalutage profond (à plus de 800 m) dans ses eaux, faisant ainsi cesser une partie de cette terrible « déforestation sous-marine ».

Le livre : *Abysses*, de Claire Nouvian, Fayard, 2006.
Association BLOOM : www.bloomassociation.org
Coalition Save The High Seas de plus de 70 ONG pour sauver les écosystèmes profonds : www.savethehighseas.org

Devenez vous aussi un explorateur des abysses !

Si vous souhaitez, vous aussi, sonder les abysses, sachez que vous pouvez le faire depuis votre bureau et votre ordinateur, grâce aux sciences participatives. En effet, la masse de données collectées par les scientifiques demande des milliers d'heures de visionnage pour savoir ce qu'elles contiennent, et aucun organisme ne dispose d'assez de personnel pour en visionner la totalité. C'est pourquoi l'IFREMER (Institut français de recherche pour l'exploitation de la mer) fait appel à tous les internautes dans un jeu, « Espions des grands fonds », accessible en ligne, qui vous propose de visionner et d'analyser des images venant d'observatoires sous-marins profonds, déployés en divers lieux stratégiques pour la biodiversité, notamment les sources hydrothermales à 2 000 m de fond, mais aussi les dorsales océaniques (Atlantique et Pacifique), autant d'images enregistrées qui n'ont pu être visionnées

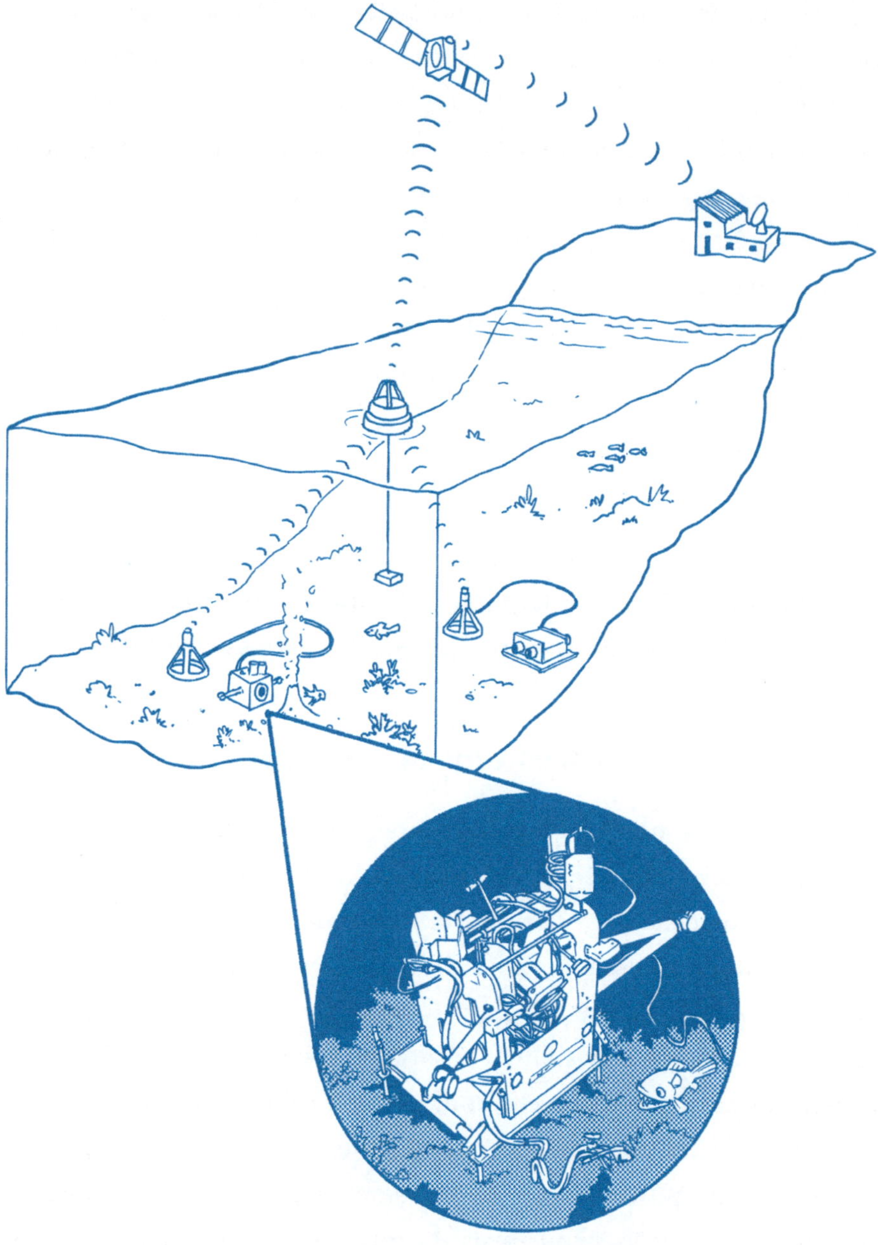

L'observatoire MOMAR a été installé sur la dorsale médio-Atlantique au large des Açores, afin d'observer en continu les milieux profonds et les processus hydrothermaux, tout en transmettant ces données directement à terre.

faute d'observateurs. À elles seules, les images des dorsales océaniques représentent plus de 5 000 heures de séquences vidéo. Ainsi, en suivant les indications qui vous sont données, vous pourrez peut-être découvrir une nouvelle espèce ou un comportement nouveau, ou encore un habitat spécifique à une forme de vie et les annoter à l'écran. Ce projet se prête très bien à un travail auprès des scolaires, pour les sensibiliser de façon ludique et connectée aux abysses et à la recherche océanographique.

Jeu-projet Espions des grands fonds : deepseaspy.ifremer.fr

Ce processus de production participative entre le public et les chercheurs est aussi appelé *crowdsourcing*. Comme l'explique l'IFREMER : « Si les progrès technologiques permettent aujourd'hui aux scientifiques d'étudier les écosystèmes profonds avec précision, l'analyse des grandes quantités de données obtenues représente un travail titanesque qui ne peut être réalisé entièrement par les chercheurs. Dans un article paru en février 2017 dans la revue *Methods in Ecology and Evolution*, Marjolaine Matabos, chef du projet Espion des grands fonds, compare l'efficacité de différents moyens de traitement de données vidéo. Pour compter des spécimens de morue charbonnière filmés par un observatoire déployé dans un canyon sous-marin du Pacifique, des groupes de bénévoles obtiennent des résultats supérieurs à ceux d'un algorithme et proches de ceux des scientifiques. L'étude souligne l'intérêt d'une complémentarité entre l'œil humain (y compris de personnes non expertes) et les techniques de vision par ordinateur, pour traiter de grands volumes d'images. »

Les coulisses du projet Espions des grands fonds :
wwz.ifremer.fr/deepseaspy

2.

Les animaux totems

Peu d'animaux nous bouleversent autant que les dauphins et les baleines. Leur simple vue peut provoquer chez nous de puissantes émotions et même des larmes. À nos yeux, les cétacés symbolisent l'océan tout entier, l'amour et l'altruisme, une véritable philosophie de l'existence. Nous sommes si proches d'eux en tant que mammifères qu'ils sont nos guides idéaux dans l'océan. Baleines et dauphins nous ont ouvert les yeux sur tout leur environnement, du plus petit plancton au grand requin blanc. Il est si facile de s'identifier à un dauphin, doux et intelligent, que le massacre des cétacés nous devient insupportable : dauphins tués accidentellement par milliers dans les filets de pêche ou hachés menu par les pêcheurs japonais, orques captives dans des bassins chlorés, baleines et cachalots impitoyablement harponnés pendant des siècles… Quant au requin, même s'il fait peur, il fascine grands et petits et nous découvrons chaque jour un peu plus à quel point il est indispensable à la grande chaîne du vivant. Aussi ne supportons-nous plus le spectacle des millions de requins tués pour la simple découpe de leur aileron destiné à la soupe… Autant de pratiques devenues intolérables, qui ont transformé des amoureux de la mer en combattants de l'arc-en-ciel déterminés, en écoguerriers prêts à tout pour les défendre.

Ces animaux emblématiques (cétacés et requins), riches de nombreuses espèces, focalisent à eux seuls l'essentiel des mouvements de protection de l'océan nés au XXe siècle. Et lorsqu'on défend ces animaux « nobles », on comprend vite que c'est l'ensemble de l'océan qu'il faut protéger, de la plus petite crevette à la baleine bleue, de la surface aux abysses. Notre relation avec le monde marin ne fait que commencer, sachons écouter le message des habitants des lieux.

Dauphins et delphinophiles

L'extraordinaire altruisme des dauphins est connu depuis l'Antiquité. Outre l'histoire légendaire (sept siècles avant notre ère) du poète Arion sauvé des eaux par un dauphin après que des pirates l'eurent jeté à la mer, voici ce que disait Plutarque en 66 av. J.-C. : « Le dauphin n'a besoin d'aucun homme, et il est pourtant l'ami de tous les hommes, et leur a souvent apporté une aide précieuse. » Curieusement, notre adoration pour les dauphins n'est pas sans rappeler ce que nous éprouvons pour nos propres enfants, un amour spontané, une irrépressible empathie, l'envie instinctive de les protéger… Tout comme ils sont philanthropes, nous sommes delphinophiles. Et d'ailleurs, qui pourrait ne pas aimer

Attaqué en pleine mer sur son bateau, le dieu Dionysos a transformé les pirates en dauphins. Dieu du vin, Dionysos était aussi une divinité marine, connue sous les noms *Halieus*, le Pêcheur, ou *Pelagios*, l'Homme du large. Ou bien cette métamorphose serait-elle un lointain souvenir de notre propre évolution ? (Détail, d'après une peinture étrusque, –510 av. J.-C.)

nos frères les dauphins, eux qui passent le plus clair de leur temps à jouer ou s'aimer sans jamais nuire à autrui ou à leur environnement ?

Plus nous nous sommes intéressés à ces mammifères au cours du XXe siècle, et plus nous avons découvert à quel point ils sont sensibles, intelligents, communicatifs, et proches de nous. D'un point de vue anatomique, leur cerveau est même plus développé que le nôtre, et au niveau de l'évolution, nous serions deux branches différentes d'un même arbre, sauf qu'eux ont choisi de rester dans la mer pour devenir des cétacés, tandis que nous, les humains, avons choisi de partir à l'assaut des terres émergées, jusqu'à nous faire pousser des jambes, des pieds, des bras et surtout des mains, ces redoutables extensions de notre cerveau. Nous nous servons de nos mains pour nous entretuer et détruire la planète, tandis que les cétacés, qui n'en ont pas, vivent en paix et en harmonie dans l'immense royaume océan. Des pacifistes intelligents ! Voilà comment nous sont apparus dauphins et baleines qui, jusque-là, n'étaient à nos yeux que des montagnes de chair, proies privilégiées pour les chasseurs. Songez un peu : malgré leur force colossale et leur intelligence développée, ces gigantesques colosses se laissent bêtement massacrer sans jamais se retourner contre les chasseurs ou les pêcheurs !

Parfois une simple prise de conscience peut, à elle seule, déclencher des réactions en chaîne. Ainsi, lorsque les jeunes générations des années 1970 découvrent les beautés de la nature et de l'océan, elles découvrent aussi à quel point elles sont ravagées par l'industrialisation. Dès lors, il suffit d'un événement dérisoire pour catalyser les énergies : un jour de 1971, un couple trouve des dizaines de loutres mortes, échouées sur une plage d'Alaska. Ces animaux ont tous les tympans crevés à cause d'essais nucléaires américains qui se tiennent à proximité. De la révolte suscitée par cet épisode est né Greenpeace, nom d'une association de militants qui affrète un bateau pour aller observer ces essais sur l'île d'Amchitka en Alaska. Le navire part de Vancouver dans l'Ouest canadien, ville précoce en matière de modes de vie alternatifs, et leur épopée fera le buzz au point de forcer Washington à abandonner ses essais.

De cette initiative un peu folle au début des années 1970 est née l'ONG Greenpeace, aujourd'hui présente dans plus de 40 pays et comptant près de 3 millions de donateurs. Les loutres n'ont été que l'étincelle, car en quelques années, Greenpeace est devenu le symbole de la défense des baleines, encore très chassées à l'époque, notamment par les Russes, mais aussi des bébés phoques dépecés vivants sur la banquise canadienne. Grâce à son action, l'importation de ces fourrures sera interdite par la Communauté économique européenne (CEE) en 1982, et la Commission baleinière internationale décrétera un moratoire sur la chasse baleinière dès 1986.

Entre-temps, le phénomène « dauphins/humains » prend de l'ampleur, à travers des rencontres, mais aussi des livres, des films ou des travaux scientifiques. Plus on fréquente les cétacés, plus on a la confirmation qu'ils possèdent une intelligence ultra-développée, peut-être même supérieure à la nôtre. Un animal doué de raison, comme l'appelle Robert Merle dans son fameux roman de 1967 qui sera adapté au cinéma. Cette année-là sort aussi un livre remarquable du plongeur belge Robert Sténuit, dans lequel on trouve déjà l'ensemble des grandes idées delphiniennes : *Dauphin, mon cousin*.

Quelques pierres blanches marquent l'histoire des relations entre humains et cétacés. En 1974, arrive aux États-Unis le livre *Mind in the Waters* (« L'esprit dans les eaux »), travail collectif dirigé par Joan McIntyre, qui deviendra le livre culte d'une génération. Destiné à « célébrer la conscience des baleines et des dauphins », cet ouvrage nous offre quantité de témoignages, d'interactions et de points de vue spirituels ou scientifiques, ethniques ou psychédéliques, ouvrant l'ère de la « dolphinmania », avec des contributeurs tels que John Lilly, Gregory Bateson ou Paul Spong. Une fois que l'on est convaincu de l'immense sensibilité des cétacés, leur massacre, leur agonie ou leur captivité deviennent aussi insupportables que s'ils étaient humains.

Mais c'est surtout l'extravagant docteur John Lilly qui va faire franchir un bond quantique à l'image que nous avons des dauphins. Dès les années 1950, ce brillantissime neurologue américain, « bardé de médailles », est l'un des premiers à s'être livré à de nombreuses expérimentations sur des dauphins pour comprendre le fonctionnement de leur cerveau et déchiffrer leur langage. Fasciné par les cétacés, il les étudie d'abord dans le cadre de la Navy, puis se livre avec eux à toutes sortes d'expériences (parfois fatales), y compris en utilisant des substances telles que le LSD, et y compris en vivant partiellement immergé avec eux dans l'intimité, en compagnie de sa jeune collaboratrice. Il y aurait un véritable roman à écrire sur la vie de cet homme illuminé, capable du pire comme du meilleur ; la description de son parcours insensé est à lire dans le livre delphinien *Le Cinquième Rêve*, de Patrice Van Eersel. Les découvertes de Lilly sur les dauphins nous ont néanmoins permis de mieux les cerner, en particulier du fait que leur cerveau semble avoir développé une zone cérébrale supplémentaire. Ainsi que l'explique Van Eersel : « Avant leur néocortex, largement aussi important, sinon plus, que le nôtre (bien que constitué d'une matière grise plus archaïque, moins dense en neurones et faiblement organisée en colonnes), s'est développée une couche particulière, tout à fait inconnue ailleurs, baptisée "lobe paralimbique". Cette zone a ceci de particulier qu'elle regroupe dans la même place toutes les aires sensorielles et motrices qui, chez les autres mammifères supérieurs, sont dispersées dans le néocortex. Autrement dit, pour un dauphin, un son a forcément un goût ; une forme a toujours une rugosité ; ce qu'il voit, il l'entend, etc. »

Cette zone paralimbique pourrait également leur servir à communiquer d'une façon proche de la télépathie. Le cerveau le plus complexe de la création serait celui de l'orque, et le plus gros, celui du cachalot. De là à imaginer que nous pouvons communiquer avec eux, il n'y a qu'un coup de palme, que certains se hasardent à accomplir. (L'auteur de ce livre a écrit en 1976 un roman fantastique, *Mermere*, dans lequel les Noés, des humains vivant en pleine mer sans connaître les terres, évoluent en symbiose avec dauphins et baleines.)

Un homme en tout cas est convaincu de leur intelligence après les avoir fréquentés en captivité dès 1957 à Miami (où il a d'ailleurs rencontré John Lilly), c'est le Français Jacques Mayol (p. 22). Ce dernier dit avoir appris du dauphin nommé Clown les secrets de la plongée qui lui permettront en 1976 de devenir le premier apnéiste au monde à franchir la barre symbolique des 100 m. Cet exploit sans précédent – né aussi de sa rivalité amicale avec le plongeur italien Enzo Maiorca –, ainsi que la personnalité de Mayol et sa relation avec les dauphins, ont inspiré Luc Besson pour son film cultissime *Le Grand Bleu* (1988).

Tous ceux qui fréquentent les dauphins de près en sont changés à jamais, comme ce fut le cas du fameux dresseur Ric O'Barry, ayant lui aussi travaillé au delphinarium de Miami, avec les dauphins de la célèbre série télévision *Flipper*. Mais le jour où la dauphine nommée Kathy se laisse volontairement mourir dans ses bras, Ric O'Barry a une véritable révélation spirituelle ; dès lors, il se met à militer ardemment pour l'abolition des delphinariums et de la captivité. Puis il fonde The Dolphin Project en 1970, afin de lutter contre la puissante industrie des delphinariums. Il participe à de nombreuses actions dans le monde pour libérer des dauphins, empêcher leur capture ou leur massacre. Il va même se retrouver en prison, au cœur d'un imbroglio diplomatique avec le Japon, car Ric O'Barry est aussi le héros (aux côtés de Paul Watson, le fondateur de Sea Shepherd) du fameux film de Louie Psihoyos, *The Cove* (tourné en 2007), dans lequel on le suit jusqu'à cette baie japonaise de Taiji où sont regroupés des centaines de dauphins qui vont être sauvagement tués pour leur viande, ou brutalement séparés de leur famille pour finir dans des delphinariums.

Poussé par l'amour des dauphins, Ric O'Barry a soulevé des montagnes, il est apparu sur les plus grands médias et son puissant Dolphin Project est désormais soutenu par des people (actrices : Maisie Williams – *Game of Thrones* –, Pamela Anderson – *Alerte à Malibu* ; chanteurs : Harry Styles – One Direction –, ou la chanteuse Miley Cyrus).

The Dolphin Project : www.dolphinproject.net

Après la captivité, réhabiliter les cétacés

La passion pour les dauphins est devenue à ce point universelle qu'il a bien fallu, ici et là, réglementer les activités en milieu naturel pour qu'elles ne nuisent pas aux cétacés. Il est vrai que le tourisme engendré par les cétacés est considérable. Les rencontrer dans leur propre élément dans de bonnes conditions semble la meilleure réponse à l'industrie de la captivité et autres delphinariums indignes, où ces princes des mers agonisent dans des prisons de béton. Heureusement, la prise de conscience générale du public mène peu à peu à la fermeture de ces établissements d'un autre âge. En mai 2017, un arrêté interministériel a été publié en France au *Journal officiel*, mentionnant que la reproduction des orques et des dauphins détenus sur le territoire est désormais interdite, de même que les échanges avec d'autres bassins. C'est un premier pas, même s'il a été contesté, annonçant la fin de ces établissements qui ne sont plus en accord avec la sensibilité actuelle.

Mais ces fermetures posent aussi une question : que faire des cétacés captifs depuis des années que l'on souhaite remettre en liberté ? Leur réintroduction en milieu naturel doit se dérouler par étapes. L'idéal est donc de disposer de bassins connectés à l'océan pour permettre leur réintroduction progressive. C'est l'idée du très sérieux Whale Sanctuary Project, lancé à Vancouver en 2015 sur la côte pacifique, destiné à mettre en place un sanctuaire côtier pour les cétacés, baleines, orques et dauphins. Possédant sa propre structure, ce genre de bâtiment doit permettre non seulement la réintroduction d'anciens animaux captifs, mais aussi l'accueil d'individus blessés ou en détresse.

Le Whale Sanctuary Project : www.whalesanctuaryproject.org
Sur Facebook : www.facebook.com/whalesanctuaryproject/?fref=ts

Aux États-Unis, l'Aquarium national de Baltimore a annoncé en 2016 son intention de libérer tous ses dauphins dans un futur sanctuaire marin prévu à cet usage (la réhabilitation) au large de la Floride, un projet sans précédent qui a beaucoup d'impact sur les autres delphinariums.

Le projet de Sanctuaire : www.aqua.org/sanctuary

En Europe également, le besoin d'une telle structure se fait sentir avec la désaffection du public pour les delphinariums, et un projet semblable est mené par l'Institut Téthys (fondé en Italie en 1986), et l'association Whale and Dolphin Conservation, en vue de créer un centre de réintroduction dans les eaux italiennes.

L'Institut Téthys : www.tethys.org

À ce sujet, voir aussi l'association Cetasea :
www.cetasea.eu

Ambassadeurs

Les années 1970-1990 voient fleurir de nombreuses expériences vécues, rencontres interespèces, publications, recherches, aventures, liées aux dauphins. Plus personne n'ignore qu'ils ont sauvé des nageurs, des plongeurs, des navigateurs (comme le raconte si bien Bernard Moitessier dans *La Longue Route*) et qu'ils présentent une tendance exacerbée à la philanthropie. Les récits se multiplient, faisant état de relations de plus en plus intenses entre humains et dauphins.

Le Néo-Zélandais Wade Doak, ancien plongeur et chasseur de trésors, a vécu une rencontre initiatique tellement forte avec eux dans les années 1970 qu'il leur a consacré sa vie et il a créé Project Interlock, destiné à rapprocher les deux espèces. Wade s'est efforcé, au cours de nombreuses plongées avec sa femme Jan, de comprendre les cétacés et surtout d'inventer une forme de communication avec eux, parfois gestuelle, comme il le raconte dans son livre publié en français sous le titre *Ambassadeur des dauphins* (1988). Wade a aussi travaillé avec le gouvernement néo-zélandais pour établir un écotourisme responsable permettant au public d'approcher les cétacés en interférant le moins possible dans leur vie. Aujourd'hui encore, Wade et Jan Doak plongent, naviguent, observent et collectent des informations relatives à ces rencontres humains/dauphins provenant du monde entier.

Un phénomène est venu amplifier ce tissu grandissant de rencontres interespèces: les « dauphins ambassadeurs ». La plupart du temps ce sont des individus isolés, sans doute coupés de leur groupe, recherchant d'eux-mêmes la compagnie des humains et venant spontanément à nous. L'un des premiers à faire l'objet d'archives (1888, en Nouvelle-Zélande) fut nommé Pelorus Jack, et il accompagnait joyeusement les bateaux de passage. Dans la seconde moitié du XXe siècle, ces « dauphins ambassadeurs » ont été répertoriés en divers endroits du globe. La dauphine Opo en 1955, là aussi en Nouvelle-Zélande, devint une véritable star. Après eux, aux États-Unis, en Europe, en Australie, d'autres cas défrayèrent la chronique: Carolina, Dolly, Nina, Charlie, Donald, Roméo, Dony, Rampal, Percy, Jean-Louis, Simo, Dolphy, etc., ainsi que les fameux groupes de dauphins de Monkey Mia, en Australie, qui, depuis les années 1960, s'approchent des baigneurs dans quelques centimètres d'eau.

Certains voient en eux des maîtres spirituels capables de nous transmettre un peu de leur sagesse, de leur non-violence. Le dauphin est devenu le mythe moderne par excellence, comme le montre en 1993 l'écrivain Patrice Van Eersel avec *Le Cinquième Rêve*. Dans ce livre incontournable, érudit et très personnel, l'auteur, alors journaliste au magazine *Actuel*, parcourt le monde en quête d'une conscience cétacéenne. Patrice part ainsi à la rencontre des dauphins, des baleines, des orques et de ceux qui tentent de communiquer avec eux, physiquement, musicalement ou télépathiquement, au Canada, en mer Noire, en Afrique, en Australie ou en France. Il se penche sur les mythes, les légendes, le savoir ancestral, aussi bien que sur les neurosciences ou les dernières recherches scientifiques concernant la conscience et l'intelligence delphinienne. Il se jette lui-même à l'eau à la rencontre des cétacés, parle jusqu'aux petites heures de la nuit avec ceux qui les côtoient de près, shamans, plongeurs ou sommités scientifiques, des plus allumés aux plus brillants, et il nous transmet ses émotions, ses réflexions, ses aventures dans son ouvrage. D'après une légende indienne, les humains seraient le rêve encore inaccompli de la baleine ; d'où l'importance de la question : « Que se passerait-il si nous éliminions la dernière des baleines qui sont en train de nous rêver ? »... La passion des dauphins habite toujours Patrice Van Eersel, au point qu'il accompagne parfois des nageurs avertis au contact de dauphins en liberté, avec l'apnéiste et spécialiste des dauphins, Frédéric Chotard (p. 99).

Pour en savoir plus sur les « dauphins ambassadeurs », individus isolés recherchant le contact des humains, voir le travail accompli par l'association Réseau Cétacés :
www.reseaucetaces.fr/groupe-de-travail-sur-les-dauphins-solitaires-et-familiers

Leina Sato : les dauphins m'ont appris l'écologie intérieure

Voilà une jeune femme pour qui la mer, l'apnée et les dauphins ont été une véritable révolution intérieure, le fil d'Ariane qui l'a menée vers la lumière. Née à Tokyo, mais ayant grandi à Paris, c'est paradoxalement une dépression survenue dans l'adolescence qui bouleverse sa vie, l'ouvrant à de nouveaux horizons : suite à une rencontre avec une guide spirituelle, Leina s'installe à Hawaii, où elle plonge dans l'univers du *Grand Bleu*. Elle y rencontre des communautés aquatiques, en adéquation avec ses livres de chevet tels que *Le Cinquième Rêve* de Patrice Van Eersel, ou *Mermere* de Hugo Verlomme, et elle s'initie aux joies de l'apnée et à sa dimension méditative. Au contact des dauphins et des baleines en liberté, Leina se passionne pour la thématique des relations interespèces et l'exploration de passerelles d'entente entre les humains et les espèces marines.

À 21 ans, elle abandonne ses études de cétologie pour monter, en collaboration avec Brett Lemaster (ancien champion d'apnée, détenteur d'un record du monde), une petite société invitant touristes, artistes et scientifiques à vivre des expériences en compagnie de dauphins en liberté. Après quatre années à accompagner de petits groupes désireux de rencontrer ce peuple premier, Leina ressent la nécessité de retourner « sur terre », suite à une intuition : les dauphins l'invitent à faire connaître les leçons de savoir-être qu'elle a reçues en leur compagnie.

Aujourd'hui, Leina enseigne l'apnée en tant qu'instructeur AIDA (Association internationale pour le développement de l'apnée), notamment à travers des voyages à la rencontre des animaux marins. Son approche, centrée sur la dimension thérapeutique et initiatique de l'apnée, est avant tout une invitation à redécouvrir notre relation à l'eau et au corps. « L'Homme a une nature aquatique, écrit-elle. De la même manière que l'Océan primordial a engendré la vie sur Terre, chaque incarnation humaine commence dans l'Océan du ventre maternel. L'apnée nous permet de renouer avec cette matrice et ce sentiment "océanique", de communion profonde avec le monde. »

Depuis quelques années, elle partage sa passion avec son compagnon, le photographe sous-marin Jean-Marie Ghislain. Un premier livre, *L'Enfant de l'océan*, ainsi qu'un film, *The Journey, Mère Océan*, réalisé par Anne Paris et Jan Kounen, sont nés de leur rencontre. Ces deux œuvres relatent en textes et en images le parcours initiatique de sa grossesse parmi dauphins et baleines en liberté. Le couple travaille à l'élaboration de « Slowness », un projet de tour du monde en voilier : une aventure sur une période de cinq ans pour vivre, avec leur petite fille Nai'a, au plus près de l'océan et de ses peuples afin de réaliser, en collaboration avec des instituts scientifiques, une étude approfondie des mécanismes qui sous-tendent toute relation interespèces. Voilà comment elle décrit ce qu'elle a ressenti au contact des dauphins : « Véritable tremplin vers une écologie de l'être, la rencontre avec des cétacés sauvages m'a ouvert les yeux sur un autre rapport à la vie. Ces peuples de l'eau m'accompagnent

À force de suivre les dauphins sous l'eau, Leina Sato est devenue apnéiste professionnelle et elle n'a pas hésité à plonger enceinte parmi les cétacés.

depuis l'adolescence, période charnière pendant laquelle j'ai traversé une profonde dépression. En quête d'identité et de sens, j'avais perdu goût à la vie, en proie à un "mal de terre" foudroyant. Les dauphins m'ont appris qu'il est possible d'aimer la vie intensément, simplement. À leur contact, j'ai renoué avec l'enfant, puis la femme en moi.

« En me tendant le miroir de leur joie, les dauphins m'ont invitée à me confronter à moi-même en accueillant mon plus grand challenge : accepter pleinement mon incarnation, apprendre à dire "oui" à la Vie. Ils m'ont surtout montré que résilience pouvait rimer avec légèreté. Une leçon essentielle pour ma nature mélancolique : les dauphins n'hésitent pas à me bousculer, à rire de moi, me rappelant que la vie peut être appréhendée tel un jeu et non un combat. "Ne te prends pas trop au sérieux, semblent-ils me dire, nous avons aussi le devoir d'être joyeux."

« Je suis allée vers eux comme on irait à la rencontre d'un peuple, animée par le même rêve que des milliers d'individus : apprendre à communiquer avec eux. Au lieu de cela, les dauphins m'ont permis de renouer le dialogue avec moi-même et de trouver l'ancrage qui me faisait tant défaut sur terre. À travers nos danses partagées, j'ai retrouvé mon corps, découvert sa sensualité. Plus que tout, les dauphins m'ont permis de retrouver un sentiment d'appartenance au monde ; pour la première fois de ma vie, je me suis sentie pleinement accueillie et acceptée. L'authenticité de leur présence, la spontanéité de nos échanges, m'ont permis de tendre la main vers le monde et d'aspirer à recréer cette même qualité de lien avec les êtres humains. »

Depuis toujours, Leina Sato montre une aptitude à l'apnée, passion qui prend tout son sens lorsque, âgée de 15 ans, elle part vivre à Hawaii. Plus tard, en compagnie de l'apnéiste Brett Lemaster, Leina s'en va à la rencontre de ceux qui allaient bouleverser sa vie à tout jamais : les dauphins.

« À l'époque, raconte-t-elle, ils n'étaient qu'une poignée, hommes et femmes de la communauté locale, qui nageaient régulièrement avec les dauphins, très tôt le matin, et qui avaient forgé avec eux une très belle relation. Au fil des semaines, ils m'ont initiée aux joies de ces rendez-vous interespèces. Dans ce contexte, j'ai également réalisé que l'apnée était pour moi davantage une pratique méditative qu'une discipline sportive. Je n'étais pas en quête de performance, mais de communion. Lors de mes immersions – en solo ou avec les dauphins – il m'arrivait de basculer dans un état de conscience modifiée. Avec Brett, les dauphins d'Hawaii furent mes véritables enseignants dans la pratique de l'apnée. Auprès d'eux, je me suis plongée corps et âme dans l'exploration intérieure et extérieure de ce nouvel univers... »

Forte de cette expérience, Leina assiste à la montée du tourisme-dauphins dans l'archipel hawaiien. Dès lors, les fans de dauphins et de baleines vont déferler, de plus en plus nombreux, pour les approcher, les voir depuis un bateau ou nager avec eux. Après avoir vécu de près cet engouement, Leina nous livre quelques réflexions :

« Autrefois, nager avec des dauphins était considéré comme une expérience privilégiée, réservée à des “happy few” privilégiés (scientifiques, photographes spécialisés ou quelques nageurs chanceux). Depuis, le *dolphin swimming* s'est largement démocratisé. Aujourd'hui, les “voyages dauphins" vendus par des opérateurs touristiques sont devenus pratique courante, les agences de voyages et les clubs de plongée surfent à leur tour sur ce phénomène de mode, et des milliers de personnes reviennent éblouies chaque année de leur tête-à-tête avec les cétacés...

« Dans l'absolu, on pourrait se dire que la multiplication des rencontres interespèces est un phénomène fantastique. La curiosité et l'enthousiasme sont souvent réciproques, aussi flagrants chez l'homme que chez le dauphin. Pourtant... Le vrai danger, à mes yeux, c'est que nous tombions dans la banalisation de ces rencontres. J'ai pu observer des comportements qui montrent bien notre attitude de "consommateurs" : on souhaite à tout prix s'approcher du dauphin, le photographier, on voudrait que la connexion soit instantanée, on le poursuit. Ce faisant, on finit par s'imposer, au lieu de prendre le temps de s'apprivoiser. Ne jamais oublier le caractère sacré et exceptionnel de ces rencontres, tel est l'enjeu.

« Mais comment faire pour préserver leur authenticité, au vu du nombre croissant d'individus qui se sentent appelés par les dauphins ? C'est la question qui s'impose aujourd'hui dans beaucoup de spots à travers le monde, où l'explosion du "*dolphin-watching/swimming*" engendre une pression bien réelle sur les populations locales de dauphins. Nous avons beau dire que c'est le choix des dauphins de venir à notre rencontre, ces derniers sont parfois victimes de leur popularité. Emblèmes du New Age ou de l'écotourisme, ils se retrouvent stars malgré eux, contraints de composer avec un nombre croissant d'embarcations et leurs cargaisons de nageurs enthousiastes.

« Pour ma part, je persiste à croire en la manifestation d'un avenir interespèces, même si ces dernières années m'ont poussée à davantage de lucidité. Pour que la réalité rejoigne le rêve, l'être humain doit encore effectuer un travail intérieur et recadrer, peut-être, ses priorités... À Hawaii, lieu idyllique pour les rencontres humains/dauphins, la situation atteint un seuil critique ; les agences gouvernementales s'en mêlent, intervenant avec des mesures radicales : une proposition de loi, applicable aux bateaux comme aux nageurs, interdit toute approche à plus de 50 m, sous peine de pénalisation sévère. Le risque est réel : dans les années à venir, la nage avec les dauphins pourrait se trouver purement et simplement interdite à Hawaii.

« Sur cette île où j'ai connu mes plus belles interactions interespèces, la communauté se mobilise pour s'opposer à l'intervention trop tranchée de l'agence fédérale NOAA et trouver des compromis, des solutions à long terme afin de réguler la situation : fermeture des baies aux heures de repos des dauphins, mise en place d'un système de permis pour réduire le nombre d'opérateurs sous-marins, etc., chacun y met du sien pour élaborer un cadre pérenne permettant de poursuivre les rencontres dans le respect de l'animal.

« Dans l'absolu, c'est encore la question de l'écologie de l'être qui se trouve au cœur de la problématique. Pour ma part, je ressens que chaque personne souhaitant vivre une relation authentique avec un dauphin – dans le cadre d'un voyage ou d'une démarche sur le long terme – sera amenée à se questionner sur la justesse de son intention et ce qui la motive. Nous devons apprendre à être le meilleur juge de notre comportement dans l'eau. La règle d'or est de laisser l'initiative au dauphin. En prenant le temps de simplement observer, on lui laisse le libre choix de venir à notre rencontre. Cette passivité initiale est en réalité une invitation ; elle nous met dans une posture d'accueil vis-à-vis d'eux. »

Livre : *L'Enfant de l'océan*, texte Leina Sato, photos Jean-Marie Ghislain, Les Arènes.
Le film, *The Journey, Mère Océan*, d'Anne Paris et Jan Kounen : www.bellotafilms.fr

Tout le monde veut nager avec les dauphins

On le voit avec ce témoignage de Leina Sato, il en va de ces rencontres comme de bien des sites attractifs sur la planète : dès que le tourisme de masse s'en mêle, rien ne va plus et cela oblige à réglementer, voire à légiférer, pour éviter que des animaux ou des lieux soient impactés. Victimes de leur succès, les dauphins ne sont pas là pour notre bon plaisir, et lorsque nous recherchons leur compagnie, nous faisons aussi intrusion dans leur univers intime. Certes, l'idée de nager avec eux est fort séduisante, mais il faut accepter que cette démarche suppose un parcours personnel. Il ne peut y avoir de règle absolue en la matière, mais la voie que l'on adopte déterminera la qualité de l'éventuelle interaction. Et il arrive, bien souvent, que le parcours pour y parvenir soit aussi riche (voire plus) qu'une fugace rencontre.

Nous avons beaucoup à apprendre des dauphins sans nécessairement devoir les approcher de trop près ; par exemple, partir à la recherche de son « dauphin intérieur » (p. 97). Les rencontres se produisent lorsqu'elles doivent se produire... ou pas. Le parcours pour aller vers eux passe par mieux les connaître, les protéger ainsi que leur habitat, et ne rien attendre en retour. Adopter une attitude delphinienne, fréquenter l'océan. La pulsion d'amour que l'on ressent pour les dauphins est pure, pleine d'espoir et de liberté, et c'est cela le plus important, cette source intérieure qui nous fait tous vibrer, jeunes et vieux. Suivez la voie du dauphin... Et qui sait, fort d'une telle attitude, vous aurez peut-être la divine surprise, lorsque vous vous y attendrez le moins, de tomber nez à rostre avec « votre » dauphin, celui qu'il vous fallait rencontrer, au bon moment, au bon endroit.

Avec la pression touristique et l'engouement pour la mer, un certain nombre de pays ont rendu illégal le fait de poursuivre des dauphins dans leur élément, et surtout de les nourrir. Une étude sur le sujet a été réalisée en Floride et publiée en 2016, s'appuyant sur une base de données accumulées pendant quarante-cinq ans, et riche de 32 000 observations concernant des groupes de dauphins et de 1 100 individus en particulier. Cette étude (de la Royal Society Open Science) montre comment la relation humains/dauphins affaiblit les cétacés. Que ce soient des interactions consistant à les nourrir ou à les approcher, les dauphins qui deviennent « conditionnés » à la présence humaine courent plus de risques d'être blessés dans ces interactions ; à long terme, cela peut signifier qu'un groupe entier devient plus vulnérable. Le fait de les nourrir, comme cela se pratique en certains endroits, est particulièrement néfaste, engendrant chez eux des « comportements contre nature » qui « augmentent, chez chaque individu, le risque d'être blessé ou tué ».

Étude de la Royal Society Open Science :
rsos.royalsocietypublishing.org/content/3/12/160560#sec-1

De même, lorsqu'on nage avec des dauphins, surtout en groupe, il a été montré que ces intrusions, si elles sont trop répétées, peuvent mener des communautés entières de dauphins à quitter leur habitat pour chercher d'autres zones plus sauvages. Sans le savoir, nous risquons de gêner leur sommeil, leurs amours, leur nutrition.

Dauphin libre :
www.dauphinlibre.be/rencontrerles-dauphinschez-eux

Quelques rencontres responsables

Certaines structures écoresponsables ont tout mis en œuvre pour que de telles rencontres puissent se pratiquer dans les meilleures conditions, sans interférer avec les cétacés. C'est à chacun de trouver sa voie, sa route vers les dauphins, en essayant d'être le plus cohérent possible avec soi-même. L'association WDC (Whale and Dolphin Conservation) œuvre activement avec les grandes institutions pour un code de bonne conduite en matière d'écotourisme avec les cétacés. Elle publie un guide listant les meilleures destinations pour des rencontres respectueuses.

Le Guide WDC du *whale-watching* responsable :
www.wdcs.co.uk/media/submissions_bin/
responsible-whale-watching-guide.pdf

États-Unis

Même principe que précédemment pour le programme américain Dolphin Smart, supervisé par la WDC, qui impose des règles strictes à ses opérateurs pour aller à la rencontre des dauphins.

Dolphin Smart:
us.whales.org/wdc-in-action/dolphin-smart

Australie

En Australie, le programme Dolphin Swim Australia (DSA) fonctionne avec l'appui des autorités et de scientifiques pour proposer quelque chose d'original qui semble ne pas interférer avec le bien-être des dauphins. Le principe est de les rencontrer essentiellement en mouvement, lorsqu'ils choisissent de venir nager dans la vague d'étrave de larges catamarans. Il est alors possible, avec un simple équipement PMT (palmes/masque/tuba), d'être tracté sous l'eau pour mieux les observer et les laisser venir à notre rencontre.

Dolphin Swim Australia:
www.dolphinswimaustralia.com.au

France

En France, ces activités n'étant pas toujours encadrées (en particulier la nage avec les dauphins), il est parfois difficile de savoir quels sont les opérateurs qui agissent dans le réel respect des cétacés. C'est à chacun de s'interroger, de s'informer et de poser les bonnes questions pour prendre une décision en son âme et conscience.

En Méditerranée française, on trouve plusieurs opérateurs emmenant des touristes à la rencontre des dauphins, parfois à la nage, dans le sanctuaire marin Pelagos, qui s'aident d'un avion pour le repérage des cétacés. Le Sanctuaire Pelagos est un triangle de 87 500 km² instauré en 2002 dans le bassin corso-liguro-provençal, par la France, l'Italie et Monaco. On y recense une biodiversité remarquable ainsi qu'une grande variété de dauphins et de baleines.

Sanctuaire Pelagos : www.sanctuaire-pelagos.org/fr
www.sanctuaire-pelagos.org/fr/activites-humaines/operateurs-engages

Le label *High Quality Whale-Watching*

Concernant les activités de *whale-watching*, qui permettent de voir dauphins et baleines, en revanche, le Sanctuaire Pelagos (géré par le parc national de Port-Cros pour la partie française) et l'ACCOBAMS (Accord sur la conservation des cétacés de la mer Noire, de la Méditerranée et de la zone atlantique adjacente) se sont intéressés de près aux activités de *whale-watching*, au point de mettre en place un label « *High Quality Whale-Watching* » destiné aux opérateurs acceptant de s'inscrire dans une démarche de développement durable. C'est l'association Souffleurs d'écume qui a été mandatée pour mettre ce label en œuvre en Méditerranée française dès l'été 2014. À travers ce label, les opérateurs s'engagent à suivre une formation et à respecter le code de bonne conduite pour l'observation des cétacés, à ne pratiquer ni la nage avec les cétacés ni le repérage aérien, à participer à la recherche scientifique et à délivrer un message de qualité aux passagers sur les cétacés rencontrés.

Souffleurs d'écume :
www.souffleursdecume.com/index.html

Là aussi, l'observation peut aller de pair avec le travail que mènent les scientifiques, dans la mesure où ces expéditions de *whale-watching* aident à la photolocalisation des espèces et des individus, permettant de signaler des cétacés en difficulté (filets, collisions, échouages) pour des interventions plus rapides. Ce label, régulièrement remis à jour, permet de faire connaître au public la liste et le contact des opérateurs responsables sur la Méditerranée française.

Pour les opérateurs, le label implique les règles suivantes : une démarche naturaliste (observation de la biodiversité) ; respect d'un code de bonne conduite ; discours pédagogique ; tri des déchets à bord des bateaux ; pas de nage avec les cétacés ; pas d'assistance aérienne.

Code de bonne conduite :
www.whale-watching-label.com/operateurs

CONSIGNES DE BASE POUR LES OPÉRATEURS DE *WHALE-WATCHING*

Que ce soit pour les baleines ou les dauphins, dans des eaux tropicales ou continentales, il existe des règles de base généralement respectées par la plupart des opérateurs dignes de ce nom : on ne poursuit jamais les cétacés ; on ne pénètre pas en bateau parmi un groupe ; l'approche doit se faire à très petite vitesse, par l'arrière et sur le côté ; les bateaux doivent rester à plus d'une centaine de mètres ; lorsque les animaux viennent d'eux-mêmes, on les laisse agir à leur guise ; on évite les changements brusques de direction ou de vitesse, ainsi que le bruit ; on évite une concentration de bateaux autour des cétacés, deux ou trois étant un maximum ; on évite de vouloir toucher ou nourrir les cétacés, on ne jette rien dans l'eau.

Mer Ionienne (Grèce) : observer les dauphins avec les scientifiques

Basé dans le golfe Ambracique, le Ionian Dolphin Project est un programme scientifique destiné à mieux connaître et protéger dauphins et baleines croisant en mer Ionienne. Dans le cadre de ce programme, l'Institut Téthys, créé en 1986 et possédant une large banque de données sur les cétacés de Méditerranée, propose des missions d'une semaine avec sorties en mer pour réaliser un travail scientifique : observations, télémétrie, photo-identification, collectes de données, puis rencontres et conférences, etc. Des tarifs spéciaux sont consentis aux étudiants.

Ionian Dolphin Project : www.ioniandolphinproject.org

Polynésie française et séjours de science participative

L'association Groupe d'étude des mammifères marins propose des séjours de science participative dans les eaux polynésiennes sur des thèmes de travail tels que : « Évaluation de l'impact des activités touristiques sur l'écologie comportementale d'un groupe de grands dauphins communs à Rangiroa » ou bien : « Recensement et suivi des baleines à bosse à Makatea ».

www.gemmpacific.org/presentation.php

Rencontres delphiniennes et delphinothérapie

Parce que le dauphin a un tel effet sur nous autres humains, parce qu'il ressemble à un frère aquatique qui serait non violent, altruiste et débordant d'amour, beaucoup ont vu en lui un sage, un guérisseur. Nombreux sont ceux qui pleurent à la seule vue d'un dauphin et certains individus en difficulté comportementale ou handicapés surmontent parfois leur mutisme ou leurs blocages d'une façon spectaculaire à la simple vue d'un dauphin. De nombreuses expériences ont eu lieu pour mieux comprendre cet « effet dauphin », mais on peut estimer que non seulement les dauphins ne sont pas là pour nous soigner, mais qu'ils auraient plutôt besoin qu'on cesse de les massacrer et qu'on préserve leurs habitats.

Comme toujours, il existe d'autres voies pour s'approcher de notre « dauphin intérieur », selon l'expression utilisée par Jacques Mayol dans son livre pionnier *Homo delphinus*. C'est alors une philosophie delphinienne qui est déployée, s'inspirant de leur façon de se comporter, de communiquer, pour parvenir à trouver en nous-mêmes le bonheur équivalent sans nécessairement rencontrer un dauphin. Certains thérapeutes utilisent la seule évocation du dauphin pour stimuler leurs patients, mais d'autres choisissent de mener quelques personnes en mer, au contact des cétacés sauvages dans les meilleures conditions possible, pour créer des liens interespèces ou aider certaines personnes à trouver la paix intérieure ou la joie à l'état pur.

Frédérique Pichard et la visualisation créatrice

Naturopathe et relaxologue, spécialiste des élixirs floraux et animaux, Frédérique Pichard enseigne la visualisation créatrice inspirée des dauphins. Cette technique utilise l'imagination et un état de conscience modifié pour augmenter les chances de s'approcher d'un état « dauphin ». En émettant des ondes alpha comparables à celles émises lors de la méditation, nous nous rapprochons de la longueur d'onde delphinienne qui nous permet de nous reconnecter à notre véritable essence.

Sa révélation est passée par l'appel d'un dauphin ambassadeur, Dony, en 2004, avec lequel Frédérique a entretenu une relation assez étroite pour pouvoir deviner précisément où et quand elle allait le retrouver, comme s'ils étaient tous deux en contact télépathique. « Pendant deux ans, explique-t-elle, je donnais mes rendez-vous à Dony à telle heure et tel endroit. Et chaque fois, il était là ! Avec les dauphins, pas besoin de portable ni d'Internet ! »

À travers l'Institut Dony qu'elle a fondé, Frédérique Pichard veut protéger les dauphins ambassadeurs, mais aussi « transmettre aux humains le message écologique grâce à l'énergie créatrice ». Elle organise également depuis de nombreuses années des stages de reconnexion avec la nature et l'océan, ainsi que des rencontres avec les cétacés en mer, aux Açores avec les dauphins, par exemple. Mais ces rencontres sont l'aboutissement d'une période préparatoire tout aussi importante, voire plus, que la rencontre elle-même pour entrer en contact avec les dauphins, les appeler, avant d'aller vers eux. Elle fait comprendre à chacun que le comportement des dauphins face aux humains varie en fonction de chaque individu qu'ils ont en face d'eux.

Le livre : *Dauphins ambassadeurs, messagers de la mer*
de Frédérique Pichard, postface d'Edgar Morin,
Democratic Books, 2010.

L'institut : www.institutdony.org/portrait.html

Frédéric Chotard et l'apnée delphinienne

Passionné de mer depuis toujours, spécialiste de l'apnée, Frédéric Chotard côtoie les dauphins sauvages et d'autres cétacés depuis longtemps. À leur contact, il a développé l'apnée delphinienne, qui lui permet de mieux communiquer avec les dauphins et de danser avec eux. Voici comment il la définit : « L'apnée delphinienne vise une meilleure connaissance de soi via le merveilleux miroir de l'eau. C'est une apnée plus collective où l'individualisme ferait place au partage et à une solidarité bienveillante, plus artistique, où la façon de bouger permettrait de danser avec la vie sous-marine, une apnée qui nous permettrait de mieux nous connaître... Il est un fait que la rencontre avec les dauphins touche le cœur des hommes, réveille notre âme d'enfant et change indéniablement quelque chose en nous... On se sent plus fort, plus libre, plus aimant, plus vivant, plus relié avec la nature et sûrement plus soi-même. »

Voilà des années que Frédéric Chotard fréquente les dauphins en diverses eaux du globe, qu'il danse avec eux, en particulier dans cet endroit de la mer Rouge qu'il appelle « le Lagon aux dauphins », tant les rencontres avec eux y sont intenses. Les stages qu'il organise en mer Rouge ne se limitent pas aux dauphins : « Initiation à l'apnée delphinienne et pêche sous-marine de subsistance » ; « Communication animale intuitive » ; « Dauphins et psychologie biodynamique » ; « Dauphins et stage de massage ayurvédique » ; « Dauphins et éveil au plaisir des sens par le tao et le tantra » ; « Dauphins et improvisation médicale » ; ou encore « Les rencontres du 5e rêve » en référence au livre et en présence de l'auteur, Patrice Van Eersel. En effet, depuis les années 1990, Patrice accompagne des groupes d'humains « civilisés » à la rencontre de dauphins « sauvages », et cela dans des eaux aussi variées que le golfe du Mexique, les Bahamas ou la mer Rouge, en compagnie de Frédéric Chotard. Et voici comment Patrice décrit l'effet produit sur un groupe de plongeurs par une rencontre dans le fameux Lagon des dauphins :

« Certains en demeurent marqués à vie. Dans l'instant, tous ceux qui ont participé à l'événement, strictement tous (même le non-nageur qui a osé se jeter à l'eau avec une bouée sous les bras) ont des révélations exceptionnelles à vous faire : sur les dauphins, sur les baleines, sur la mer, sur la vie, sur le cosmos, sur eux-mêmes, sur la condition humaine et sur la société qui règne actuellement sur cette planète. Mais aussi sur l'âme, sur le souffle, sur l'esprit, sur l'inspiration poétique, sur les anges… Bref, le contact avec le dauphin vous fait lâcher prise et vous ouvre à la créativité la plus large. Ce serait un excellent animateur de brainstorming ! Vous voulez réveiller votre inspiration créatrice et votre enthousiasme originel ? Nagez donc avec un dauphin libre ! »

Sea Dolphin : www.sea-dolphin.fr/bienvenue

Voir aussi le travail d'Olivia de Bergerac et son livre : *Le Dauphin, ce médecin de l' âme (une nouvelle approche neuroscientifique pour comprendre les effets du dauphin sur le cerveau et le cœur humains)*, Éditions Dauphin, 2016.

Sur l'esprit dauphin et sa relation avec les humains, lire l'étude de Véronique Servais, anthropologue à l'université de Liège, *Construire l'esprit du dauphin*, résumée comme suit : « Est comparée ici la manière dont l'esprit du dauphin est construit dans six contextes interactionnels distingués par le degré de participation (au sens ethnographique du terme) qu'ils impliquent de la part des êtres humains, et éventuellement des dauphins : l'étude du cerveau, l'étude des capacités sensorielles, les recherches sur la cognition, l'observation naturaliste, le discours des delphinariums et la rencontre en pleine mer. »

Texte intégral : terrain.revues.org/963#bodyftn16

Véronique Servais s'est également penchée sur le « pouvoir thérapeutique » des dauphins, notamment avec des autistes.

Texte intégral :
www.bit.ly/pouvoir-therapeutique-dauphins

Sur ces mêmes thèmes qui lient dauphins et humains à la sagesse, à la guérison ou à la communication, se tient chaque année un Sommet cétacéen à Hawaii, qui dit réunir les plus éminents ambassadeurs humains en matière delphinienne, avec des intervenants tels que Joan Ocean, Laurie Reyon, Linda Shay, David Rosenthal, Joebaby Noonan, Mary J. Getten, Roberta Goodman, Madeleine Walker, Muriel Lindsay, Donna Kassewitz, Celeste Eaton, Frédérique Pichard, Scott Taylor, Jillian Rutledge et Anne Gordon de Barrigón.

Le projet Écho de Boris Nordmann : des dauphins en pleine campagne

Boris Nordmann est à la fois artiste (sculpteur) et scientifique (biologiste). Sa démarche, singulière et rigoureuse, l'a mené à s'intéresser à la communication animale et en particulier avec les cétacés à dents. Voici comment son parcours est décrit dans son blog : « Son métier est fait d'allers-retours entre science et art. Boris Nordmann développe ses projets avec des entrepreneurs en biologie, des chercheurs en psychologie de la vision, en analyse d'images (LIRMM, Montpellier), en traitement sémantique… Devenant père, son intérêt pour la relation qui peut s'établir avec des mammifères marins s'est intensifié : comment l'humain va se placer dans une position d'apprentissage (et non d'enseignant) vis-à-vis des dauphins, bélougas, cachalots et autres odontocètes (projet Écho). À cette fin, il s'engage dans une série d'apprentissages pour se mettre dans le bain : écholocation humaine auprès de formateurs aveugles (Daniel Kish et Tom de Witte), technique vocale (avec la performeuse Natacha Muslera), plongée en apnée avec un formateur qui dit apprendre des dauphins (Frédéric Chotard), kayak, danse contact et composition instantanée (ateliers avec Mathilde Monfreux et Robin Decourcy) et méditation Vipassana. Aux Caraïbes, il rencontre un marin escroc et fou. De retour, sain et sauf, il invente (avec le soutien de l'entreprise Beuchat et le Laboratoire

L'insolite projet artistique du sculpteur et biologiste Boris Nordmann.

de mécanique acoustique) une cagoule de plongée sans électronique pour entendre d'où vient le son : qu'un plongeur puisse localiser à l'oreille quel dauphin vocalise. »

La force de cet artiste est de savoir prolonger sa recherche dans des voies transversales totalement inattendues et enrichissantes, comme en 2014 avec son projet « Des dauphins à la campagne » qu'il décrit ainsi : « En deux mots, ce projet artistique repose sur la transposition du modèle de la croisière en mer Rouge "Nager avec des dauphins" : au lieu des dauphins, aller rencontrer les animaux libres vivant dans nos campagnes. Au lieu de nager, entrer en relation avec eux : au moyen de nos outils chorégraphiques, performatifs et fictionnels. Après la mer Rouge, les poches presque vides, je suis allé finir les vacances dans les Pyrénées avec des amis, dont Robin Decourcy. Nous y avons rencontré des oiseaux, et avons tenu avec certains d'entre eux ce que l'on peut appeler des dialogues musicaux. Alors est né le projet de transposer vers les animaux de nos campagnes terrestres et tempérées le modèle touristique de la croisière "Nager avec des dauphins en mer Rouge" : d'en reprendre les grandes lignes, de les adapter à un écosystème terrestre. Probablement avec des chouettes ou des corbeaux, peut-être des mammifères comme la chauve-souris, le renard, le blaireau. Peut-être encore des communautés composées de plusieurs espèces en interaction. »

Projet Écho, texte intégral : www.borisnordmann.com/Projet_Echo.pdf

Dans le cadre du projet Écho : www.borisnordmann.com/cherche/cetaces

Sur la conscience et l'intelligence des dauphins, voir le travail collectif publié sur le site belge Dauphins libres : www.dauphinlibre.be/dauphins-cerveau-intelligence-et-conscience-exotiques

Pour mieux comprendre qui sont vraiment les cétacés, le groupe américain Sonar revisite le travail « objectif » des chercheurs et conduit ses propres recherches sur le terrain afin de les faire reconnaître et de réclamer des droits pour les baleines et les dauphins.

Sonar : www.wearesonar.org/about

Des personnes non humaines ?

Lorsqu'en 2013, le gouvernement indien a aboli la présence de delphinariums ou de dauphins captifs sur son sol, le ministère responsable a argumenté cette décision en précisant que, selon eux, vu l'intelligence, la sensibilité et la grande sociabilité des dauphins, ces derniers devraient être considérés comme des

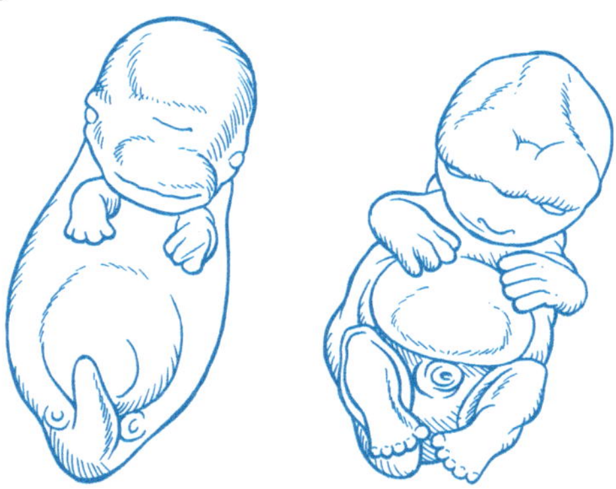

À gauche, un embryon de dauphin de 7 semaines ; à droite, un fœtus humain de 7 semaines.

« personnes non humaines » (et non comme des objets) et devraient, dès lors, bénéficier de leurs droits propres. Ce concept fait son chemin auprès des défenseurs du droit animal en général, tels que le très puissant Nonhuman Rights Project aux États-Unis, où l'on trouve notamment Jane Goodall, qui cherche à créer une jurisprudence pour le droit animal, traçant la voie au concept de « personne animale ».

Nonhuman Rights Project : www.nonhumanrights.org

En partant de trente années d'études sur l'intelligence et la conscience des cétacés, des philosophes, tel Thomas I. White, ouvrent de nouvelles frontières entre droit légal et droit moral arguant que, vu leur niveau de conscience, nous devons reconnaître aux baleines et aux dauphins des droits « moraux » propres à leur nature : le droit de bien vivre, d'être libres et bien portants. Ce qui nous met, nous autres humains, dans l'obligation de les protéger (contre la captivité, la surpêche, etc.). Thomas I. White est l'auteur du livre *In Defense of Dolphins : The New Moral Frontier* (« En défense des dauphins : la nouvelle frontière morale ») et voici ce qu'il dit de ses critères permettant de distinguer une « non-personne » d'une « personne » : « Je mets la barre assez haut : une personne doit se sentir vivante ; être consciente ; pouvoir éprouver des sensations positives ou négatives (plaisir et douleur) ; ressentir des émotions ; être consciente d'elle-même ; savoir contrôler son comportement ; reconnaître les autres et les traiter de façon appropriée ; et aussi être capable de pensées abstraites, d'apprendre, de résoudre des problèmes complexes et de communiquer d'une manière qui suppose de la réflexion... » Les cétacés remplissent parfaitement tous ces critères et bien plus encore.

Le site de Thomas I. White :
www.indefenseofdolphins.com

De même, un certain nombre d'associations telles que la WDC (p. 109) ont entrepris de faire campagne sur ce thème pour protéger baleines et dauphins en rédigeant une **Déclaration des droits pour les dauphins et les baleines :** www.cetaceanrights.org

Le site de WDC : uk.whales.org

Un film sur les droits des cétacés, *By all rights* : uk.whales.org/blog/2016/02/new-film-looks-at-issue-of-whale-and-dolphin-rights

Denise Herzing : décoder le langage des dauphins

Pendant plus de trente ans, la biologiste spécialisée dans le comportement des mammifères marins, l'Américaine Denise Herzing, a étudié un groupe spécifique de dauphins *Stenella frontalis*, en milieu sauvage dans les Bahamas, pour mieux comprendre leur comportement entre eux et vis-à-vis des humains, et aussi tenter de déchiffrer leur langage. Elle a créé The Wild Dolphin Project, un centre de recherche pour étudier à long terme ces *Stenella* de l'Atlantique d'une façon non invasive, et faire connaître leur forme de communication, leur structure sociale et familiale au public et aux scolaires. Cette étude au long cours est la plus longue recherche sous-marine du monde sur un groupe de dauphins particulier.

L'une des vocations de ce projet est aussi de fournir la possibilité à des étudiants ou des passionnés de dauphins de monter à bord du catamaran *Stenella*, une parfaite plate-forme d'observation scientifique qui peut accueillir plusieurs passagers pour une ou plusieurs journées (Floride et Bahamas).

Après toutes ces années à étudier les sons qu'ils produisent, leurs mouvements, Denise Herzing est déterminée à « craquer le code » qui lui permettra de communiquer réellement avec les dauphins.

The Wild Dolphin Project : www.wilddolphinproject.org

Le TED de Denise Herzing « Pourrons-nous un jour parler le langage des dauphins ? » : www.ted.com/talks/denise_herzing_could_we_speak_the_language_of_dolphins

Dauphins en danger

Nombreuses sont les activités humaines qui détruisent ou menacent les dauphins, pris dans les filets de pêche – filets dérivants longs de plusieurs kilomètres, chaluts ou sennes tournantes –, empoisonnés par les pollutions, les métaux lourds, chassés pour leur chair (aux îles Féroé) ou capturés avec violence pour les delphinariums (dans la baie de Taiji au Japon), quand ils ne sont pas décimés par centaines pour servir d'appâts à la pêche au requin, comme au Pérou ! On estime à environ 20 000 le nombre de dauphins tués chaque année au Japon.

Ces pratiques barbares sur des êtres aussi sensibles ont révolté l'opinion publique grâce aux lanceurs d'alerte et associations qui sont allés filmer ces situations dramatiques ou s'y opposer physiquement, parfois au péril de leur vie (comme Paul Watson, fondateur de Sea Shepherd, et Ric O'Barry, fondateur du Dolphin Project, à Taiji, ou Hardy Jones et Blue Voice, au Pérou).

Sea Shepherd : www.seashepherd.fr
Dolphin Project : www.dolphinproject.net
Blue Voice : www.bluevoice.org

L'amour que génèrent spontanément les dauphins peut aussi servir de déclencheur pour inciter le plus de monde possible à les protéger, et donc à protéger l'océan en général. Les menaces qui pèsent sur les dauphins pèsent aussi sur l'ensemble de la biodiversité marine. On peut s'en faire une idée sur le site très riche et informatif de l'association WDC (Whale and Dolphin Conservation), l'une des principales en matière de défense des cétacés. Les buts de l'association reflètent bien l'étendue de ces menaces : arrêter la chasse baleinière ; faire cesser la captivité ; créer des sanctuaires pour les cétacés ; empêcher les prises accidentelles de dauphins dans les filets ; instaurer des droits spécifiques pour les dauphins et les baleines.

Le site de WDC : uk.whales.org

Orques fascinantes

Tout comme le dauphin ou le cachalot, l'orque est un cétacé à dents (odontocète), mais elle occupe une place à part dans le panthéon des dauphins et des baleines. (On dit bien « elle » pour une orque, comme le confirme le dictionnaire de l'Académie française, d'autant que leur système est matriarcal.) L'orque se situe au sommet de la pyramide des prédateurs marins et ne possède aucun ennemi naturel. Considéré par certains comme le mammifère le plus intelligent de l'océan, ce super-prédateur (pouvant mesurer 10 m, peser 10 tonnes et vivre jusqu'à 100 ans, comme Granny !) est doté d'un très gros cerveau, l'un des plus développés qui soit. L'orque possède une structure sociale et familiale, un langage élaboré avec divers dialectes (une forme de culture, donc), et une attitude incroyablement bienveillante à l'égard des humains, alors qu'elle est capable d'attaquer des phoques ou des baleines.

Lorsqu'on plonge avec les orques, on est immergé dans un bain sonore composé de leurs innombrables sifflements modulés qu'elles utilisent pour communiquer entre elles d'une façon complexe. De nombreuses interactions musicales hommes/orques ont donné des résultats incroyables, avec des échanges dignes des meilleurs musiciens, comme l'avait expérimenté Jim Nollman, « l'homme qui parle aux baleines », en jouant de la musique aux orques de Colombie-Britannique, dans l'Ouest canadien. Mais ses expériences musicales ne se limitent pas aux cétacés, car Nollman a créé (dès 1978) l'association Interspecies, afin d'encourager la communication avec les animaux, que ce soient des dauphins, des baleines, ou même des dindes, des loups, des insectes...

Association Interspecies : www.interspecies.com

Observées de près dans les pays où elles sont familières (Norvège, Nouvelle-Zélande, côte pacifique est d'Amérique du Nord), les orques font preuve d'incroyables capacités cognitives et sociales, se montrant même capables de transmettre leur savoir aux générations suivantes. Ce sont les seuls animaux dont l'évolution a été influencée par des comportements culturels. Si on les trouve plus souvent sur les zones côtières ou dans les eaux froides, on dit aussi des orques qu'elles sont, après l'homme, les mammifères ayant le plus essaimé en divers endroits du globe. Capables de parcourir des dizaines de kilomètres dans une journée, ce sont des animaux impressionnants avec leur haut aileron dorsal (pour les mâles), leur apparence massive de gladiateurs noir et blanc, et leur énorme mâchoire aux dents redoutables.

De toute évidence, les orques ne sont pas des animaux comme les autres, elles ont une aura à nulle autre pareille, et lorsqu'on a capté cette dimension, il devient d'autant plus intolérable de savoir ces seigneurs de mers emprisonnés dans les misérables bassins des delphinariums. Les capacités des orques, leur empathie et leur aptitude à se projeter dans le futur font qu'elles souffrent plus de la captivité que d'autres animaux qui vivent dans le présent. De nombreuses orques sont mortes en captivité, d'autres ont agonisé, leur aileron replié sur lui-même, et certaines ont développé des comportements déviants, allant jusqu'à tuer leurs dresseurs (Tilikum).

La captivité, cette pratique barbare (en particulier pour de si grands mammifères), a donné lieu à d'innombrables mouvements de protestation de par le monde, ainsi qu'à une série de films anti-captivité ayant contribué à mieux les faire connaître : *Orca*, *Sauvez Willy* (4 films), *Namu l'orque sauvage* et, bien sûr, le documentaire anti-captivité qui a bouleversé le grand public, *Blackfish*, sorti en 2013 (inspiré de l'orque Tilikum).

Ce dernier film, ajouté à la pression des associations (en particulier la PETA), du public et de certaines stars (tel Harry Styles du groupe One Direction, déconseillant à ses fans d'aller au SeaWorld où des cétacés sont maintenus captifs), ont abouti à l'arrêt des programmes de captivité pour les dauphins et les orques. Le SeaWorld de San Diego annonçait ainsi, en janvier 2017, l'arrêt définitif du show des orques. On peut espérer que ce mouvement s'amplifie (il reste des orques captives au

Japon, aux États-Unis ou en France, au Marineland d'Antibes) et que l'on puisse réintroduire les animaux captifs en milieu naturel, comme souhaiteraient le faire Pierre Robert de Latour et l'ancien dresseur John Hargrove pour les orques, dans un fjord de Norvège.

Aux États-Unis, la puissante marque de jouets Munchkin, qui vendait des orques en plastique pour jouer dans la baignoire, a décidé d'arrêter leur production, en se justifiant ainsi : « Une baignoire est bien trop petite pour une orque ! » En effet, Munchkin, aux côtés de l'association de défense des dauphins et des baleines Whale and Dolphin Conservation (WDC), milite contre les delphinariums, rappelant que depuis les années 1960, 151 orques ont été capturées pour la captivité... Désormais, l'idée est de créer un sanctuaire de réhabilitation pour les cétacés captifs en voie de libération (p. 83) et pour ce faire, la société Munchkin appuie ce projet scientifique avec un chèque d'un million de dollars.

La campagne Munchkin : fr.munchkin.com/orcasliveinoceans
Le WDC : us.whales.org

Paul Spong et son OrcaLab

Tout comme Ric O'Barry est devenu un ardent défenseur des dauphins après avoir été soigneur dans un delphinarium, de même le Néo-Zélandais Paul Spong, biologiste qui travaille sur les capacités cérébrales, a vu sa vie basculer après avoir étudié les orques en captivité à l'aquarium de Vancouver en 1968. Spong commence à communiquer avec elles acoustiquement, synthétise des sons, et va même jusqu'à leur faire écouter Mozart, Miles Davis ou les Rolling Stones. Au vu de leurs capacités cognitives, Paul comprend leur souffrance, leur intelligence et l'urgente nécessité de lutter contre cette captivité. Dès lors, il ne va cesser de lutter pour faire cesser cette pratique, et décide d'aller à la rencontre des orques dans leur élément pour mieux les connaître et communiquer avec elles.

Le projet OrcaLab de Paul Spong, consacré aux orques des eaux froides de Colombie-Britannique (Canada), est installé sur l'île Hanson depuis 1970.

À cette fin, Paul installe son laboratoire sur une petite île alors déserte, dans les eaux froides de Colombie-Britannique, non loin de l'île de Vancouver, dans une zone où croisent régulièrement des groupes d'orques. Son projet OrcaLab est établi là-bas, depuis 1970, sur l'île Hanson. Ainsi, depuis des décennies, Paul écoute le langage des orques en temps réel grâce à des hydrophones qui le relient au monde sous-marin acoustique. Il a identifié et fréquenté des dizaines d'orques, connaît leurs clans et leurs familles, comme des voisins qu'on aime et qu'on respecte.

Des cétologues du monde entier sont venus sur place et le kayak sert aussi à approcher les orques. De nombreux échanges ont eu lieu, physiques et musicaux, acoustiques, et certains des chercheurs d'OrcaLab ont développé une relation particulière avec telle ou telle orque depuis des années. Avec le support d'Internet et d'une technologie légère (low-tech), Paul met en place un réseau de la nature, le Nature Network, inspiré de ce qu'il fait pour les orques. En allant sur le site OrcaLive, il est en effet possible d'être en contact direct avec les orques par le son et des webcams, terrestres et sous-marines. Pourquoi alors ne pas faire la même chose en divers endroits du globe, dans des forêts, des montagnes, de façon à ouvrir une nouvelle fenêtre sur le monde ? « Mon espoir serait de rapprocher au maximum les gens de la nature sans la perturber », dit Paul.

OrcaLab : www.orcalab.org/about
OrcaLive : www.orca-live.com/index.html

Sur la côte est du Pacifique nord-américain, l'association Center for Whale Research (CWR), fondée en 1985, étudie de près des populations locales d'orques, sous l'impulsion du zoologue américain Kenneth Balcomb, qui les observe depuis 1976. Après plus de quarante ans de recherche sur ces populations qui évoluent entre le sud de la Colombie-Britannique canadienne et le nord de l'État de Washington aux États-Unis, le CWR dispose d'une base de données sans précédent avec un suivi des groupes, leur démographie, leur biodynamique et leurs histoires individuelles. Ces groupes de cétacés sont parmi les plus étudiés et les mieux connus du monde sur la durée.

De telles initiatives sont d'autant plus précieuses que l'orque est considérée comme une espèce menacée, par les polluants, le stress environnemental ou l'épuisement de leurs ressources causé par la pêche intensive (saumon, raies).

Site du CWR sur les orques :
www.whaleresearch.com/orca-conservation
Site du CWR : www.whaleresearch.com

Des humains et des orques, d'Aotearoa à Tysfjord

Longtemps trompés par leur apparence effrayante, les hommes ont cru que les orques étaient dangereuses et ils les ont traitées comme telles, les accueillant le plus souvent à coups de harpons ou de fusil. Mais depuis quelques décennies, les plongeurs sont de plus en plus nombreux à nager en leur compagnie, car en liberté, les orques ne se montrent aucunement agressives à leur égard; elles font même preuve de curiosité, émettant des sifflements modulés pour dialoguer, et entamant des danses qui ont certainement un sens important pour elles. Comme l'explique l'un des plus grands spécialistes des rencontres humains/cétacés, le Néo-Zélandais Wade Doak: «J'ai décrit de nombreuses rencontres avec les orques et j'ai publié une étude là-dessus, *Gentle Jaws* ("Douces mâchoires"). Tous ces témoignages successifs, ainsi que des documentaires, ont dû finalement réduire la peur et accroître l'acceptation des rencontres proches. Je me souviens du temps où les orques étaient terriblement craintes: on leur tirait dessus au fusil. Aujourd'hui, notre groupe d'orques locales peut se nourrir dans le port sans la moindre réaction négative. De toute évidence, une évolution de la culture humains/orques s'est produite ici en Nouvelle-Zélande. Au fil des années, les orques répondent à l'approche des bateaux avec une intensité grandissante. Les gens postent leurs expériences sur Facebook par des vidéos montrant de multiples interactions. Tout le monde a un appareil à la main pour enregistrer le son et l'image qui seront largement partagés en ligne et dans la presse.

«Du fait de toute cette publicité, les habitants d'Aotearoa, ici en Nouvelle-Zélande, portent les orques en haute estime et leur parlent avec amour. Je les entends dialoguer joyeusement en leur compagnie sur mon ordinateur et je vois leurs interactions, ainsi que des rencontres avec des kayakeurs. L'un d'eux, Nathan Pettigrew, a même obtenu un permis spécial pour les approcher et les étudier. De toute évidence, c'est le petit favori des orques qui évoluent le long de ces côtes.

«Je vois des mamans orques amener leurs petits tout contre les bateaux de passage. L'une d'elles s'est approchée d'un vaisseau scientifique, elle est restée là, en surface, avant de pousser un très long son d'air expulsé par son évent. Lorsqu'elles viennent chasser sur nos rivages, leurs visites sont des événements médiatiques qui ne perdent jamais de leur attrait le long de nos villes côtières ou ports. On pourrait croire que les orques ont entrepris une incroyable campagne médiatique pour conquérir nos cœurs ! »

Aux antipodes de la Nouvelle-Zélande, existe un lieu tout aussi propice aux rencontres avec les orques, mais cette fois-ci dans des eaux froides d'un fjord profond, au nord du cercle arctique, en Norvège. C'est là que croisent les orques de Tysfjord, de novembre à février, en quête du fameux hareng. Leur présence dans ces eaux est attestée depuis les temps préhistoriques par des pétroglyphes gravés dans la roche des falaises de Leknes. Aujourd'hui, les gens du monde entier viennent à la rencontre de ces orques pendant la période du hareng. Certains les observent depuis des petits bateaux opérateurs de *whale-watching*, pour des « safaris ».

Safaris orques Tysfjord :
www.tysfjord-turistsenter.no/en/activities/killerwhalesafari

Malgré le froid, ces eaux du fjord offrent une fantastique opportunité de rencontrer ces grands seigneurs dans leur élément ; les plus audacieux et les moins frileux se lancent dans les eaux sombres et glaciales du fjord (5 °C) en combinaison, masque, palmes et tuba. Lorsque le hareng est abondant, les orques viennent très nombreuses à Tysfjord : on en a compté jusqu'à 1 500 en 2004. Le chiffre moyen annuel tourne autour de 700.

Dès 1998, un plongeur français, Pierre Robert de Latour, s'est passionné pour les orques de Tysfjord. Mais c'est en 2005 qu'il est amené à intervenir pour libérer une orque d'un filet. La personne qui a fait appel à lui ce jour-là est une biologiste acousticienne allemande, Heike Vester, qui étudie le langage des orques depuis une douzaine d'années. Double rencontre pour Pierre : une orque le regarde dans les yeux et une scientifique s'efforce de déchiffrer leur langage.

Aussi Pierre revient-il à leur contact en apnée, et retrouve cette orque qu'il a lui-même libérée, avec laquelle il établit un contact étroit. Sa vie en est bouleversée ; il crée l'association Orques sans frontières, qui se prolongera avec l'Undersea Soft Encounter Alliance (USEA, « l'alliance des rencontres sous-marines douces »), créée pour plonger de façon respectueuse avec les orques, les dauphins, les baleines et les phoques. Depuis les années 1980, ce plongeur a exploré le littoral européen en multipliant les rencontres avec des poissons ou des mammifères marins. En 2016, Pierre Robert de Latour comptabilise à lui seul 3 700 interactions avec les orques ! En 17 années d'expédition, il a servi de guide sous-marin à plus de 500 plongeurs, dont des photographes mondialement connus, et il a participé à de nombreux films et émissions. Mais là aussi, la pression des touristes se fait sentir, notamment à Tysfjord, venant s'ajouter à la folle compétition que se livrent orques et baleines à bosse pour le hareng. Comme l'explique Pierre Robert de Latour : « La présence des grandes baleines et la compétition entre ces deux superprédateurs sont terriblement gênantes pour les orques. Tout comme la présence de plus en plus nombreuse d'embarcations de *whale-watching*, ou *whale-snorkelling*... Plus que le nombre de bateaux, l'inexpérience des nouveaux skippers devient gênante pour les orques. L'approche des grands cétacés doit être conduite avec méthode et se faire en respectant une certaine éthique.

« D'octobre à février, les orques ont quatre mois pour se nourrir abondamment. Quatre mois à manger des harengs, dont le taux de graisse atteint 20 % en hiver, et à stocker le plus d'énergie possible pour la saison d'été moins propice. Elles sont, la plupart du temps, très occupées. Nous observons de moins en moins de phases de jeux sociaux. Les moments de repos sont plus courts qu'auparavant, lors de nos observations des années Tysfjord (1992-2007). Même leur structure sociale semble moins serrée. Ces constatations nous indiquent pourquoi les orques sont moins interactives qu'avant avec les plongeurs : elles passent plus de temps à chasser, elles savent déjà ce que nous sommes. Raison pour laquelle il est indispensable d'avoir une méthode pour les approcher. Voilà pourquoi il est impératif de connaître leurs codes, de décrypter leur langage corporel afin de choisir, face à plusieurs groupes disponibles, celui qui donne des signes d'intérêt pour déterminer le bon moment d'une approche. »

Avec l'USEA, Pierre Robert de Latour propose un réseau de plongeurs, de centres de plongée ou d'opérateurs ayant choisi la voie des « rencontres douces » pour interagir en plein respect des mammifères marins. Un protocole strict a été élaboré pour une meilleure approche. Dans ce cadre, des voyages deviennent possibles avec les orques de Norvège, les dauphins de Madère ou les baleines de Svalbard. De son côté, Heike Vester continue à se passionner pour la communication des cétacés ; elle a fondé l'association Ocean Sounds, où se mêlent recherche scientifique, éducation et art, par des projets liés à la communication avec les cétacés aux îles Lofoten, en Patagonie ou en Indonésie.

Orques sans frontières : www.orquessansfrontieres.com

USEA : www.useadiving.com

Ocean Sounds : www.ocean-sounds.org/en_US

Voir aussi *Le Peuple des orques*, film de Thierry Simon sur les orques de Tysfjord (2014) et l'approche de Pierre Robert de Latour : www.vimeo.com/158177096

Orques, baleines à bosse, harengs, à Tysfjord : www.youtu.be/3e2spfAhZ3E

Le futur des relations humains/cétacés vu par Wade Doak

« Je vois une bascule dans la culture globale permettant aux baleines et aux dauphins de s'adresser à nous de diverses façons qui semblaient inimaginables auparavant. De telles rencontres en amènent d'autres et finissent par s'imprégner dans nos souvenirs. Pendant des années, au fil de mes livres, j'ai tenté de partager ce phénomène émergent. Aujourd'hui, chaque jour sur le Web circulent de nouvelles images de rencontres humains/cétacés.

« Pour moi, le moment décisif fut d'observer des groupes d'orques en train de chasser des lions de mer en Patagonie, alors que le ranger du coin se tenait tranquillement parmi elles avec de l'eau jusqu'à la taille. (Il s'agit de Roberto Bubas, l'histoire extraordinaire d'un homme autiste devenu l'ami et le gardien des orques.) Les chiens et les chevaux semblent également avoir une relation spéciale avec les dauphins. J'ai archivé quantité de ces histoires, qui convergent toutes vers quelque chose que nous ne comprenons pas encore, alors même que cela se produit devant nous. J'ai des anecdotes tragiques dans les îles, où des dauphins viennent aux humains pour se sacrifier. Dans d'autres, orques et dauphins chassent en symbiose avec les humains. J'ai même dîné d'un thon que m'avait offert un dauphin.

« J'ai participé à de nombreuses conférences d'experts sur le cerveau des cétacés. Tous estiment, bien qu'il soit impossible de déterminer l'étendue de leurs capacités, que leur cerveau est, avec le nôtre, le plus complexe de la planète. Malgré la façon inconsistante et parfois atroce dont nous traitons les cétacés, ils se comportent avec nous comme on peut s'y attendre de la part d'une créature au cerveau très développé. La balle est désormais dans notre camp. »

Blog et autobiographie de Wade Doak :
www.wadedoak.blogspot.co.nz

Baleines et écoguerriers

Un seul chiffre suffit à nous faire comprendre les débuts de la relation entre les hommes et les baleines : on estime qu'en un siècle seulement (de 1890 à 1990), 2,7 millions de baleines ont été tuées par la chasse baleinière. L'histoire commence bien avant cette date, avec la chasse primitive des Coréens, des Lapons, des Norvégiens, des Normands (Vikings) au IXe siècle, puis ce sont les Basques qui mettent leurs talents de navigateurs au service de cette chasse commerciale. À tel point que dès le XIe siècle, les baleines franches du golfe de Gascogne sont déjà bien dépeuplées (elles présentent la caractéristique, très pratique pour les chasseurs, de flotter une fois tuées). De l'autre côté de la planète, au Japon, cette chasse se pratique aussi à la même époque. Au fil du temps, les chasseurs sont obligés d'aller de plus en plus loin pour poursuivre ce génocide animal. Dès les XVIe et XVIIe siècles, les Basques vont chasser la baleine jusque sur les côtes américaines, en Islande et même en Arctique. Mais les baleines sont également convoitées par les Norvégiens, les Anglais, les Hollandais, les Espagnols... Depuis l'île de Nantucket en Nouvelle-Angleterre, des armateurs américains montent au XIXe siècle la première grande industrie baleinière en quête d'huile de cachalot immortalisée par l'écrivain Herman Melville dans son *Moby Dick ou le cachalot*, livre phare de la littérature américaine. Les rues des grandes villes occidentales sont alors éclairées à l'huile de cachalot jusqu'à sa substitution par le gaz et le pétrole. Les baleiniers de Nantucket déciment les cachalots à travers le monde, passant de l'Atlantique au Pacifique par le cap Horn. En 1853, c'est le commandant d'une flotte baleinière américaine, Matthew C. Perry, qui force l'isolement du Japon en mouillant dans la baie de Tokyo (appelée Edo à l'époque).

À la fin du XIXe siècle, un homme va faire basculer cette chasse dans l'ère industrielle, le Norvégien Svend Foyn (connu, par ailleurs, comme un grand philanthrope). Il a lui-même chassé les cétacés et possède une flotte de navires baleiniers, mais en 1870 il a mis au point et breveté le canon lance-harpon à tête explosive, tout en utilisant des bateaux à vapeur pour mieux traquer les dernières baleines... À partir de là, les grandes nations baleinières, Norvège, Royaume-Uni, Russie, Japon, se mettent au diapason et la boucherie s'intensifie, qui va mener plusieurs espèces de baleines près de l'extinction. Certaines, comme la baleine grise de l'Atlantique, disparaissent carrément.

Dès les années 1900, les premiers navires-usines font leur apparition, annonçant un pas de plus dans l'escalade de l'horreur. Les baleines bleues, plus grandes créatures ayant jamais vécu sur Terre, deviennent des cibles privilégiées. En cinq ans seulement, de 1925 à 1930, ce sont 75 000 (!) d'entre elles qui ont été tuées et découpées à bord. On estime alors que 80 % des grandes espèces de baleines sont en voie d'extinction… Aussi, afin de gérer ce qui reste des stocks, 14 nations baleinières se voient contraintes de créer, en 1946, la Commission baleinière internationale (CBI ou IWC en anglais), qui sera au centre de toutes les batailles et controverses liées à cette chasse. Pour certains pays, la chasse baleinière n'est plus rentable ; ainsi dès 1964, la Nouvelle-Zélande cesse l'activité, faute de baleines.

C'est aussi l'époque où l'on commence à découvrir que les dauphins et les baleines ne sont pas simplement de paisibles mammifères qui se laissent harponner, mais qu'ils sont aussi des êtres complexes et sensibles, dotés de cerveaux ultra-développés. Des livres, des films et des documentaires vont peu à peu faire comprendre au public que les cétacés sont nos frères et sœurs de l'océan, qu'ils sont doux, aimants, intelligents et pacifiques. La preuve : ils se laissent massacrer sans chercher à nous attaquer, malgré leur puissance. Cette double découverte du public : leur douce intelligence et leur massacre industriel, provoque une véritable détonation culturelle qui va se ramifier sur la planète en de nombreux mouvements citoyens pour sauver les baleines et la mer en général.

Un simple disque va concrétiser cette prise de conscience, avec des enregistrements de baleines inouïs, au sens propre et figuré. En 1967, le biologiste Roger Payne découvre, avec le chercheur Scott McVay, que les baleines à bosse émettent des chants très construits qu'elles perçoivent à des milliers de kilomètres ; elles sont donc capables de communiquer entre elles de part et d'autre d'un océan ! Leurs chants sont de magnifiques mélopées, que Roger Payne enregistre pour en tirer un disque qui va faire fureur en 1970. *Songs of the Humpback Whale* (« Les chants de la baleine à bosse ») devient iconique pour une génération écolo et pacifiste, dont l'un des slogans sera (et demeure) : « Sauvons les baleines ! » (*Save the Whales !*). Le disque des « divas des mers » reste aujourd'hui la meilleure vente de tous les temps d'un enregistrement animal. Dès 1971, Roger Payne fonde Ocean Alliance, une association de recherche scientifique pour la protection des baleines et de l'océan. Toujours très active aujourd'hui, Ocean Alliance observe le comportement des cachalots, des baleines franches et des baleines à bosse.

Ocean Alliance : www.whale.org

De nombreuses associations se mettent alors en marche pour sauver les baleines (The Whale Center, le WWF, le Sierra Club, National Audubon Society...). L'un des premiers mouvements de lobby antichasse baleinière, Project Jonah, fut créé en 1972 sous l'impulsion de Joan McIntyre (p. 80), à l'occasion de la recommandation 33 de la première Conférence des Nations unies sur l'environnement à Stockholm. Project Jonah sera implanté en France en 1973, pour faire connaître la beauté des baleines et surtout pour que cesse la chasse baleinière. En Australie, Project Jonah, impulsé par un activiste français ardent défenseur des baleines, Jean-Paul Fortom-Gouin, ainsi que par Robert Hunter de Greenpeace, oblige en 1976 le gouvernement australien à fermer sa dernière station baleinière.

Les premières photos sous-marines de ces géants des mers apparaissent au milieu des années 1970, les révélant au grand public dans toute leur grâce, avec ce regard à nul autre pareil... Ces années-là seront celles du combat des associations, Greenpeace en tête, contre les baleiniers pirates en pleine mer. Dès 1974, l'association, qui compte dans ses rangs Robert Hunter, Paul Spong ou Paul Watson, se confronte aux baleiniers soviétiques au large de la Californie. En juin 1975, c'est le chalutier *Phyllis Cormack* qui part de Vancouver pour débusquer les baleiniers soviétiques dans le Pacifique nord. Pour la première fois, à bord d'un Zodiac, une équipe de Greenpeace s'interpose entre les chasseurs et une baleine ; c'est alors que le harponneur soviétique tire quand même... Le harpon passe juste au-dessus de leurs têtes, au risque de les toucher. Ces images feront le tour du monde et contribueront à éveiller l'opinion publique sur le massacre des baleines, au point qu'en 1977, la Commission baleinière internationale se voit obligée de baisser les quotas de chasse. Cette année-là, Paul Watson quitte Greenpeace et fonde le Sea Shepherd Conservation, avec pour principe d'attaquer l'ennemi de façon plus radicale sur le terrain.

Cette lutte pour la sauvegarde des cétacés entraîne aussi de belles victoires : grâce à l'action des défenseurs des baleines (ici le biologiste Sidney Holt et l'écrivain naturaliste Lyall Watson), un sanctuaire voit le jour dans l'océan Indien en 1979, proposé par le gouvernement des Seychelles. Les années suivantes seront de longues batailles et confrontations, parfois violentes, sur mer contre les baleiniers avec les bateaux de Greenpeace, puis de Sea Shepherd. Batailles juridiques aussi, avec le lobby incessant des grandes organisations et des « combattants de l'arc-en-ciel » de la première heure, déterminés à sauver les baleines, comme Rémi Parmentier, l'un des fondateurs de Greenpeace France, jusqu'à la date cruciale de 1982, lorsque le moratoire sur la chasse baleinière fut finalement adopté à la CBI. Rémi revient sur le déroulement de ces événements historiques, qu'il a vécus aux premières loges.

Rémi Parmentier, agitateur marin et éminence bleue

Avant de devenir un ardent défenseur des baleines, Rémi était un simple militant associatif qui a accepté les clés du local d'une association sans savoir dans quoi il s'embarquait. Comme il le raconte : « Mon premier souvenir est l'exposition sur les baleines organisée par Project Jonah au Carré Thorigny en 1974, un théâtre situé dans le Marais à Paris, et dirigé par l'actrice Silvia Monfort. Je n'étais pas allé voir cette exposition précisément, mais je suis tombé dessus en attendant l'ouverture de la salle pour un concert auquel j'allais assister. Cette expo, la résilience des baleines, peu connue du grand public à l'époque, frappa mon imagination. Un ou deux ans plus tard, alors que j'étais militant aux Amis de la Terre, le responsable de Project Jonah en France, Nicolas Desplats, annonce qu'il n'a plus le temps de s'en occuper et qu'il cherche un remplaçant ; je me porte volontaire sans vraiment savoir de quoi il s'agit : je croyais qu'il fallait faire la liaison entre les Amis de la Terre et cette nouvelle organisation dédiée aux baleines. C'est ainsi que je prends rendez-vous avec Nicolas, qui m'informe qu'en fait d'organisation, il n'y a que lui, et que tout est au point mort depuis des mois. Il me donne alors les clés du local, puis m'explique mes différentes missions : transformer l'exposition du Carré Thorigny en exposition itinérante à travers la France (je m'appuierai pour cela sur le réseau de groupes locaux des Amis de la Terre) ; faire le tri dans une montagne de dessins d'enfants reçus de toute la France et en sélectionner deux gagnants que nous enverrions voir des dauphins avec leur maman ; et, enfin, rencontrer le représentant de la France à la Commission baleinière internationale, un respectable professeur du Muséum d'histoire naturelle, du nom de Charles Roux, qui m'aidera à comprendre les enjeux scientifiques et politiques de la question. Après ces préalables, je décide de contacter une tribu installée à Vancouver du nom de "Green Peace", qui vient d'affréter un bateau pour aller au-devant de la flotte baleinière soviétique croisant au large de la Californie chaque été. Voilà comment tout a commencé... »

Aux côtés de Greenpeace, Rémi Parmentier va lutter contre la chasse baleinière, que ce soit dans les commissions internationales ou à bord des bateaux aux couleurs de l'arc-en-ciel, dont le fameux *Rainbow Warrior*, coulé en 1985 par les services secrets français. Rémi se souvient de ses premières campagnes : « Entre 1975 et 1982, lorsque j'étais impliqué dans la campagne contre la chasse baleinière commerciale, notre slogan favori était : "Les harpons doivent finir au musée !" C'est pourquoi j'ai été aussi surpris que ravi de trouver récemment, au musée maritime de La Corogne, en Espagne, le canon lance-harpon du *Ibsa III*.

C'était l'un des navires baleiniers que nous avions réussi à empêcher de tuer des rorquals communs, une espèce menacée, lorsque j'étais coordinateur de campagne à bord du *Rainbow Warrior* en 1980.

« Le *Ibsa III* était l'un des cinq navires baleiniers appartenant à une compagnie dont le business consistait à tuer des baleines sur leur route de migration, à environ 170 milles au large des côtes portugaises et espagnoles. Après les avoir harponnées, les navires remorquaient les baleines mortes (généralement trois à la fois), jusqu'à deux usines situées sur la côte nord-ouest d'Espagne, où la viande était débitée, conditionnée puis congelée, le tout sous la supervision d'opérateurs japonais. À intervalles réguliers, un navire japonais réfrigéré faisait escale au port de Vigo et la viande de baleine partait ainsi pour le Japon.

« Nous nous étions intéressés à la flotte espagnole parce qu'elle se trouvait sur la liste des "baleiniers pirates". Les Espagnols capturaient alors autant de baleines qu'ils le pouvaient, ignorant complètement les règles de la Commission baleinière internationale. D'autre part, peu après la fin de la dictature franquiste, l'Espagne espérait être admise dans la Communauté européenne. Aussi avions-nous estimé qu'en la mettant dans l'embarras, l'Espagne pourrait être le premier domino à tomber, d'une série de douze pays qui gagnaient beaucoup d'argent (beaucoup de yens) en tuant les grandes baleines. Et c'est ce qui se produisit deux ans plus tard : en 1982, l'Espagne fit pencher la balance lors de la réunion cruciale de la CBI, où fut adopté le moratoire sur la chasse baleinière commerciale, et ainsi la chasse baleinière espagnole fut supprimée.

« La campagne pour faire cesser la chasse baleinière commerciale est une bien vieille histoire qui marqua d'une pierre blanche l'évolution du mouvement environnemental. Essentiellement, il s'agissait d'une bataille entre des activistes très motivés, armés d'une forte volonté, face à de grands groupes internationaux tenus par des businessmen à l'ancienne, peu désireux d'accepter que les temps étaient en train de changer. »

Rémi Parmentier est l'exemple parfait de ce que peut accomplir une personne bien déterminée à protéger les baleines et, au-delà, l'océan tout entier. Et n'allez surtout pas lui parler « des océans », car il vous reprendra aussitôt pour corriger : « Il n'y a pas des océans, il n'y a qu'un océan global. » Rémi a fait partie de l'équipage du légendaire *Rainbow Warrior* dès le premier voyage de 1978 en Islande, contre la chasse baleinière commerciale. En 1979, il appartient au noyau dur qui structure Greenpeace en créant l'organisation Greenpeace International. Dans les années 1980, il contribue à ouvrir des bureaux de Greenpeace en France, en Espagne et en Amérique latine. Il mène différentes campagnes et met ses talents au service de la politique internationale et de la stratégie globale du groupe. Puis, en 2002, après vingt-sept années

Le *Rainbow Warrior*, premier navire de la flotte de Greenpeace, s'est illustré dans la défense des baleines et contre les essais nucléaires français en Polynésie, ce qui lui valut d'être coulé en 1985 par les services secrets français, causant la mort d'un photographe.

à Greenpeace, Rémi choisit de créer, aux côtés de Kelly Rigg, le Varda Group, spécialisé dans la politique internationale de l'environnement, ainsi que les traités internationaux. Le Varda Group est aujourd'hui un cabinet de renommée mondiale, très écouté des organismes, fondations, pouvoirs publics, entreprises, syndicats et ONG. Après avoir mené son combat en mer, Rémi Parmentier l'a poursuivi dans les conférences internationales où il a joué un rôle clé dans la négociation et l'application de plusieurs traités visant la protection de l'environnement marin, notamment l'interdiction d'immerger des déchets industriels et radioactifs. Il peut aussi mettre à son actif d'avoir été l'un des initiateurs et porteurs du projet Global Ocean Commission, une série de recommandations établies à l'intention des États membres des Nations unies, dans le but de préserver l'océan mondial. Son blog Chez Rémi et son compte Twitter sont par ailleurs riches en informations rares et en analyses originales sur divers enjeux vitaux pour la mer.

Twitter : @RemiParmentier
Le Varda Group : www.vardagroup.org
Les rapports de la Global Ocean Commission :
www.some.ox.ac.uk/research/global-ocean-commission
Les missions de Rémi à bord du *Rainbow Warrior* :
www.greenpeace.org/international/en/news/features/iceland-greenpeace-and-whale

Whale-watching contre chasse baleinière

Le moratoire de 1982 n'a pas totalement marqué la fin de la chasse. Malgré les moratoires successifs et les commissions scientifiques, malgré la pression des associations et de l'opinion mondiale plébiscitant la protection des cétacés, certaines nations farouchement baleinières ont biaisé, prétextant des « chasses scientifiques » et d'autres contorsions juridiques afin de continuer cette pratique qui n'a aucun sens au XXIe siècle.

Plus de trente ans après le moratoire, trois nations s'évertuent à perpétuer une tradition ancestrale ne correspondant à aucun besoin réel. Le Japon, qui a instauré des « chasses scientifiques » pour contourner la loi et continuer à tuer chaque année des centaines de baleines et des milliers de dauphins (15 000 baleines tuées entre 1985 et 2014). La Norvège reste le plus gros pays baleinier (736 baleines tuées rien qu'en 2014). L'Islande continue elle aussi à tuer des baleines (906 rorquals tués entre 1986 et 2014). La plupart de cette viande est destinée à des fins commerciales, à l'exportation vers le Japon.

Le tourisme étant devenu la première industrie mondiale et les baleines des créatures charismatiques, il est évident, une fois de plus, que ces animaux extraordinaires ont bien plus de valeur vivants que morts. Il existe même une application créée par l'IFAW (Fonds international pour la protection des animaux) pour les voyageurs qui se rendent dans les pays pratiquant encore cette chasse. L'appli Whappy permet de voyager « *whale friendly* » et de faire valoir son opinion sur ce sujet, mais aussi de mieux choisir ses distractions, restaurants, et surtout le meilleur *whale-watching*.

Appli Whappy : www.ifaw.org/united-states/our-work/whales/travel-whale-friendly-whappy

Ainsi le *whale-watching*, ou tourisme baleinier, est devenu une activité très prisée et lucrative dans les lieux où croisent les grands cétacés. On peut les admirer depuis des bateaux dans de nombreux pays qui, auparavant, pratiquaient la chasse (ou même dans ceux qui la pratiquent encore, le *whale-watching* s'étant aussi développé au Japon, en Norvège et en Islande). Ainsi, quand un harponneur japonais ou norvégien reconverti devient guide pour faire connaître et aimer les baleines au public, il vit plus serein, rend les gens heureux et gagne sa vie, c'est un cercle vertueux.

Le potentiel du *whale-watching* est énorme dans la mesure où la passion du public pour les baleines et les dauphins ne fait qu'augmenter. Selon le WDC, ce tourisme attire plus de 13 millions de visiteurs dans 120 pays pour un bénéfice annuel supérieur à 2 milliards de dollars. Il faut également prendre en compte les multiples retombées de cette activité sur les collectivités locales, le commerce, les créations d'emplois ou le développement des infrastructures touristiques.

Mais les baleines peuvent aussi devenir victimes de leur succès lorsque cet écotourisme n'est pas pratiqué avec suffisamment de respect des cétacés et de l'environnement. Les scientifiques ont pu noter d'importants changements de comportement chez les baleines dans des lieux où le *whale-watching* était pratiqué de façon massive et agressive, parfois proche du harcèlement, et allant même jusqu'à provoquer des blessures. Au vu du développement phénoménal de cette forme de tourisme, plusieurs recommandations ont été édictées par des scientifiques, des gouvernements et des associations, pour un *whale-watching* responsable. Cela suppose aussi que les touristes se renseignent sur Internet avant de se décider (éviter les sites où il y a trop de bateaux, trop proches des animaux, avec trop de touristes d'un coup, ou bien les opérateurs qui proposent des sorties quotidiennes sans laisser de jours de répit aux cétacés). La Commission baleinière internationale elle-même, à travers son Comité pour la conservation (Conservation Committee), se penche sur la question ; elle a adopté un plan stratégique de cinq ans, et des recommandations pour la conduite du *whale-watching*, contribuant ainsi à la métamorphose de la « Commission baleinière » en « Commission des baleines ». L'association WDC (Whale and Dolphin Conservation) publie un document en ligne dans lequel on trouve non seulement toutes les recommandations pour un *whale-watching* responsable, mais aussi une liste de pays et d'opérateurs où cette activité est menée dans les règles de l'art : Caraïbes, Mexique, Californie, Hawaii, Alaska, Canada, Nouvelle-Zélande, Argentine, Australie, îles Açores, îles Canaries, Afrique, Allemagne, Norvège, Islande, Sri Lanka...

Là aussi, comme dans d'autres activités telles que la plongée avec le phénomène « Eco Divers » (p. 47), les sciences participatives font merveille et une sortie en mer avec des touristes sert également à rapporter de l'information continue, en temps réel, aux chercheurs.

Les pages de la Commission baleinière sur le *whale-watching*:
www.iwc.int/whalewatching

Le guide WDC du *whale-watching* responsable:
www.wdcs.co.uk/media/submissions_bin/responsible-whale-watching-guide.pdf

Voir aussi le travail d'Erich Hoyt, grand spécialiste des cétacés (orques et baleines) depuis des décennies, qui a aidé à établir des normes pour le *whale-watching*, et qui travaille à établir des aires marines protégées. On trouve énormément d'informations et de documents sur son site personnel, consacré aux cétacés.

Site d'Erich Hoyt: www.erichhoyt.com

Aux États-Unis, le programme Whale Sense est reconnu par les plus grandes agences et associations de défense de l'environnement marin, car il impose des règles strictes pour aller à la rencontre des cétacés en divers sites du littoral américain (le plus grand du monde). Grâce aux recommandations émises par Whale Sense, une vingtaine d'opérateurs ont obtenu le label de façon à proposer des rencontres avec les cétacés dans les eaux américaines (Floride, Alabama, Hawaii). Fondé par la NOAA (Agence américaine d'observation océanique et atmosphérique) et la WCD (Whale and Dolphin Conservation), ce programme invite aussi tous ceux qui approchent les cétacés à devenir des observateurs privilégiés susceptibles d'alerter au plus vite les autorités sur certaines situations comme des échouages ou la localisation d'animaux prisonniers de filets de pêche. Au cours de la seule année 2016, ce procédé a permis de libérer treize baleines prises dans des filets.

Whale Sense: www.whalesense.org

Pour observer les baleines en Méditerranée, voir le *High Quality Whale-Watching* qui donne une liste d'une douzaine d'opérateurs responsables (sur la côte française) à bord de divers types de bateaux.

Le label et la liste des opérateurs :
www.whale-watching-label.com/operateurs

En Méditerranée, ainsi qu'aux Antilles françaises, l'association Breach (Sciences des mammifères marins) propose des missions d'éco-volontariat sur les baleines et les dauphins, projets collaboratifs menés avec des scientifiques, pour suivre et identifier des groupes de cétacés, par la photo ou les recherches acoustiques.

Le cétologue néo-zélandais Wade Doak (p. 84) nous donne son point de vue sur l'évolution possible de ces rencontres interespèces : « Il existe des endroits particuliers dans le monde pour rencontrer certaines espèces de cétacés : les lagons du Mexique pour les baleines grises, Port Douglas dans le Queensland australien pour les petits rorquals, la République dominicaine pour plonger avec les cachalots, les îles Tonga pour nager avec les baleines à bosse, la Norvège pour danser avec les orques, et ainsi de suite... À Hervey Bay en Australie, on a pu observer des comportements incroyablement intimes entre des baleines à bosse et des bateaux venus en *whale-watching*. Et depuis peu, les timides dauphins d'Hector ont une façon inhabituelle et particulière de se comporter avec les nageurs de Akaroa Harbour en Nouvelle-Zélande ; je n'aurais jamais cru cela possible. Leur comportement avec les humains évolue sans cesse.

« Chaque année, ce sont près de 100 000 personnes qui observent les cachalots célibataires venus se nourrir dans les eaux de Kaikoura, ici en Nouvelle-Zélande. Ces visiteurs globe-trotters sont juste heureux de contempler ces léviathans comme dans *Moby Dick*. J'ai écrit plusieurs livres sur ces sujets, mais la situation évolue sans cesse. Il y a des passionnés de cétacés qui cherchent à rencontrer le plus grand nombre d'espèces possible. Et dans certains endroits où l'on pratique encore la chasse, comme aux îles Féroé, on rêverait que cela se transforme plutôt en *whale-watching* ! »

À force de se multiplier, les relations entre humains et cétacés vont sans doute évoluer vers une confiance mutuelle accrue et des interactions de plus en plus nombreuses et naturelles. Qui sait de quoi demain sera fait, si nous parvenons à cohabiter en harmonie, voire à communiquer, avec nos frères et sœurs de l'océan ?

La technologie, elle aussi, se met au service des baleines. Ainsi, l'association Ocean Alliance, fondée en 1970 par Roger Payne et dirigée par le docteur Iain Kerr, peut désormais effectuer ses prélèvements de peau et d'ADN sur les baleines du détroit de Patagonie d'une façon non invasive : le drone.

Ocean Alliance et les drones :
www.whale.org/tag/snotbot

Quant au recensement des baleines, très fastidieux depuis des bateaux, il peut s'effectuer en certains endroits grâce aux satellites, comme avec le programme de l'Ouest australien, Center for Whale Research, mené par Curt et Micheline Jenner.

Center for Whale Research : www.cwr.org.au

Autre problème grave pour les baleines qui pourrait s'améliorer avec la technologie, les collisions avec les navires, cargos ou voiliers, pouvant mener à des naufrages, voire à la mort de l'animal. Une application d'alerte a été mise en place, permettant de signaler la présence de baleines dans le monde entier, notamment les plus grosses comme les bleues, pour tenter d'éviter ces collisions.

Appli Alerte baleines : www.whalealert.org

En Méditerranée, selon le WWF, une quarantaine de rorquals sont tués chaque année par des collisions avec des navires, et les ferries de plus de 200 m de long seraient l'une des causes principales de mort accidentelle pour les grands cétacés. Une bonne partie de ces bateaux traversent la zone protégée du Sanctuaire Pelagos (p. 94) dans le triangle Côte d'Azur, Corse, Italie. Or, depuis 2016, les navires français de plus de 24 m circulant régulièrement dans des zones protégées (également Agoa aux Antilles) doivent légalement être munis d'un dispositif anti-collision. Le logiciel utilisé pour le moment s'appelle Repcet (comme « repérage » et « cétacés »), il a été mis au point par l'association Souffleurs d'écume (p. 95) et la société Ar-Consulting. Ce dispositif (limité au jour pour le repérage visuel) permet de signaler en temps réel aux autres navires la présence de grands cétacés dans un cercle qu'ils s'efforceront d'éviter.

Repcet : www.repcet.com/repcet

Pour mieux connaître les baleines, la recherche scientifique ou les métiers en lien avec les mammifères marins, la Society for Marine Mammalogy fondée en 1981 (présente dans 25 pays) constitue une mine d'informations à l'intention de tous ceux que le sujet passionne. Les étudiants y trouveront les dernières recherches, conférences, mais aussi les bourses, les récompenses, les ateliers (exemple : « Comment devenir chercheur dans le domaine des mammifères marins ») ou les opportunités d'emploi dans ce milieu.

The Society for Marine Mammalogy :
www.marinemammalscience.org

Le cachalot, un statut à part

Pendant des générations, les cachalots ont été impitoyablement traqués à travers tous les océans du globe pour des raisons économiques, d'abord pour l'huile d'éclairage qu'on en tirait au XIXe siècle, puis aussi pour leur précieux spermaceti, substance huileuse contenue dans leur gigantesque tête, utilisée comme lubrifiant, ou encore pour des cosmétiques, des savons ou une multiplicité de produits pharmaceutiques. Ainsi, dans les années 1970, on harponnait encore 30 000 cachalots par an ! Jusqu'au moratoire sur la chasse baleinière en 1982, on estime qu'environ 800 000 cachalots ont été tués depuis la fin de la Seconde Guerre mondiale. Dès lors, on peut se douter que l'animal, hautement intelligent, doté du plus gros cerveau de la planète, a appris à s'enfuir à l'approche des humains, comme le symbolise le légendaire roman d'Herman Melville *Moby Dick*, où le cachalot est perçu comme agressif, voire diabolique.

À l'instar de ses cousins orques et dauphins de la famille des odontocètes (cétacés à dents, et non à fanons), le cachalot possède de redoutables dents de carnassier. Avec l'intelligence d'un prédateur supérieur, il se montre capable de prouesses, aussi bien lorsqu'il plonge à 3 000 m de fond en quête de sa proie favorite, le calmar géant, que lorsqu'il utilise son sonar ou dialogue avec ses congénères à l'aide de clics extrêmement complexes.

Jusque dans les années 1980, il n'existait quasiment aucun document sur des rencontres cachalots/plongeurs, mais depuis qu'ils ne sont plus traqués et décimés, leur relation avec les humains s'est transformée. Non seulement leur population s'accroît à nouveau, mais ils n'ont plus peur des hommes, ni des plongeurs, au contraire ils s'en approchent avec curiosité en émettant de nombreux clics, comme s'ils cherchaient avidement à communiquer avec nous.

Traducteurs de cachalot

L'un des grands défenseurs des cachalots, le plongeur et scientifique François Sarano (p. 40), explique que leur retour abondant en certains endroits du globe est bien la preuve des capacités de résilience de l'océan, à condition qu'on cesse de l'agresser. C'est le principe des sanctuaires et des aires marines protégées. Dès qu'on laisse la mer tranquille, elle se régénère, du moins lorsque les dégâts n'ont pas été trop loin. Maintenant qu'ils ne sont plus chassés, les cachalots peuvent vivre vieux, à condition que l'écosystème où ils évoluent soit, lui aussi, préservé. Au fil du temps, ils deviennent ainsi des marqueurs, tout comme les autres grands animaux capables de vivre plusieurs décennies (requins, raies, tortues), car si l'on trouve des individus âgés, cela signifie que leur environnement est également en bonne santé.

Depuis quelques années, l'association Longitude 181, créée par François Sarano et toute une équipe, a mis en place un véritable observatoire des cachalots dans les eaux de l'océan Indien, à l'île Maurice, avec d'autres plongeurs comme Hugues Vitry et René Heuzey. Sarano et ses amis chercheurs ont désormais l'autorisation d'étudier sur la durée des groupes de cachalots résidents (p. 43). Ainsi, au fil des ans, ils ont réussi à identifier une soixantaine d'individus distincts, ce qui permet d'observer leur évolution et leur structure personnelle, familiale et sociale. N'ayant pas connu l'époque de la chasse, ces cachalots-là sont curieux. Culturellement, ils n'ont pas appris à craindre les plongeurs et viennent donc spontanément à leur rencontre. Unique en son genre de par la durée, cette étude génétique, généalogique et bioacoustique va fournir de nombreuses données aux chercheurs afin de dévoiler des pans entiers du fonctionnement des cachalots, en groupes ou sur un plan individuel.

Le travail entrepris avec un bioacousticien, Olivier Adam, doit faciliter l'identification d'un individu grâce à sa signature sonore. L'étendue des échanges acoustiques des cachalots est bien plus vaste que notre oreille ne peut l'entendre, et il ne fait aucun doute que leurs clics d'une grande richesse constituent une forme de langage. Un début de compréhension mutuelle par l'expression sonore pourrait ouvrir d'extraordinaires possibilités. François Sarano pense que « nous vivons un moment historique de nos relations avec les cachalots et qu'une nouvelle alliance est possible, qui démontre que l'état naturel sauvage n'est pas la fuite ou l'agression, mais que le côtoiement entre espèces est naturellement paisible, et que cette “paix” nous enrichit et nous apaise, nous les hommes ».

Plonger à Maurice, en lien avec l’association M2CO :
www.bluewaterdivingcenter.com/fr

Bien sûr, les clics des cachalots leur servent à l’écholocation, mais surtout à communiquer grâce à des rythmes codés. « On connaissait la série classique des cinq clics à la suite qui existe chez tous les cachalots du monde, précise Sarano, mais dans ce clan de l’océan Indien, on utilise plutôt des séries de 2 + 6 clics. Cela peut signifier que chaque population de cachalots possède son propre patois. »

À l’intérieur de ces clics existent d’autres sons complexes, enchâssés, on trouve également différentes tonalités qui varient en fonction des individus et des échanges. C’est ce que s’efforce de déchiffrer Olivier Adam, bioacousticien au Centre de neurosciences de Paris-Sud. C’est lui aussi qui a travaillé sur le langage des baleines à bosse à Madagascar, lors du projet BAOBAB (Balises et acoustique pour les observations de baleines à bosse), conjointement avec l’association locale Cétamada :
www.cetamada.org

Étude d’Olivier Adam sur les baleines à bosse :
www.lejournal.cnrs.fr/articles/dans-le-sillage-des-baleines-a-bosse

Non loin dans l’océan Indien, à la Réunion, Fabrice Schnöller, autre passionné des mammifères marins, s’efforce également de mieux entendre et comprendre le langage complexe des cétacés. Pour cela, il a fondé le projet Darewin, destiné à l’écoute acoustique des dauphins, baleines et cachalots, dans les eaux de la Réunion. Ce projet, auquel sont associés l’apnéiste Fred Buyle (p. 29), l’écrivain plongeur James Nestor et le cinéaste Olivier Borde, est spécialisé dans « l’écho acoustique d’éthologie, visant à relier les comportements, les vocalises et les individus ».

L’originalité de leur approche : ces chercheurs pensent qu’au sein des émissions de clics des cachalots, se trouvent peut-être des images acoustiques incrustées dans ces vocalisations, qui feraient partie de leur mode de communication et qu'ils espèrent déchiffrer.

Projet Darewin : www.darewin.org

Requin/dauphin, même combat

Longtemps, très longtemps, nous n'avons vu dans les requins que des monstres carnassiers surgissant des profondeurs pour nous dévorer vivants. Notre culture - livres, images, films, faits divers - regorge de leurs mâchoires béantes et de leurs dents acérées. Nous les avons à ce point considérés comme nos ennemis que nous avons presque réussi à les exterminer. Là aussi, comme pour d'autres animaux, le public découvre de façon simultanée que des millions de requins sont tués chaque année pour rien depuis des décennies, et qu'en réalité ce sont des créatures sensibles, peu agressives et indispensables au bon fonctionnement des biotopes océaniques. Ainsi, la baisse des populations de requins a entraîné des conséquences inattendues. Sur la côte est des États-Unis, par exemple, les raies, n'étant plus des proies, se sont mises à proliférer, menaçant les populations de pétoncles, très anciennes sur ce littoral. Même genre d'effet néfaste en Nouvelle-Zélande, où les poulpes, n'étant plus chassés par les requins, dévorent les populations de langoustes.

Notre aveuglement nous a empêchés de voir que l'humanité était en train de détruire l'un des fondements de la vie océane, la grande famille des requins. Ils sont pourtant présents sur la planète depuis plus de 400 millions d'années et sont riches d'environ 500 espèces. Et nous les avons presque décimés en quelques décennies : leur population a diminué de 90 % entre 1950 et 2014... Ce massacre est en bonne partie causé par la pratique consistant à les capturer à la chaîne pour ne prélever que leur aileron dorsal, avant de les rejeter agonisants dans l'eau. Le *shark finning* est simplement destiné à la confection d'une soupe très prisée en

Asie, et de nombreuses ONG et institutions internationales s'efforcent depuis des années de bannir cette pratique si destructrice. Les requins sont également tués pour leur chair ou pour leur huile, utilisée en cosmétique sous le nom de squalane. Des millions d'entre eux meurent, en outre, par les hameçons des palangres, des *long liners*, ou dans la pêche dite « sportive ». Et lorsqu'ils ne sont pas capturés intentionnellement, les requins meurent en tant que « prises accidentelles » dans les filets des pêcheurs. On estime ainsi à 100 millions le nombre de requins tués chaque année dans le monde, c'est-à-dire 11 417 requins tués chaque heure... Aujourd'hui, 29 % des espèces de requins sont menacées (sur 256 évaluées à ce jour, mais il en reste à découvrir). Face à ces chiffres vertigineux et à une telle urgence, on comprend la mobilisation de l'opinion mondiale, les ONG en tête. De nombreux plongeurs et chercheurs se sont tournés vers les requins comme on se tourne vers les dauphins, avec la même curiosité bienveillante. Pour bien protéger un animal, il faut apprendre à le connaître, à l'aimer. On trouvera le détail des ONG qui luttent pour la préservation des requins dans la liste des membres de la coalition Shark Alliance à travers le monde, sous l'aile du Pew Charitable Trusts :

www.pewtrusts.org/en/archived-projects/shark-alliance/about/members

L'action du Pew Charitable Trusts en matière de requins :
www.pewtrusts.org/en/projects/global-shark-conservation

Et aussi :

Sea Shepherd Conservation Society :
www.seashepherd.org/?s=shark

Le WWF : sharks.panda.org

Le commerce de requin dans le monde et en France :
www.bloomassociation.org/commerce-de-requin-le-saviez-vous

Le Shark Trust qui veut « sauvegarder le futur des requins à travers des changements positifs » :
www.sharkproject.org/en
Voir encore le documentaire de Jérôme Delafosse ***Les Requins de la colère*** **:** www.canalplus.fr/c-infos-documentaires/pid7961-c-les-requins-de-la-colere.html

Nous pouvons tous aider les requins

Alors, direz-vous, que peut faire le simple citoyen pour aider à la préservation des requins ? Dans la Charte internationale du plongeur responsable diffusée par Longitude 181, on trouve les conseils suivants :

« N'achetez pas de souvenirs arrachés à la mer comme les dents de requin.

« Boycottez les restaurants qui servent de la soupe d'ailerons de requin, les poissonneries qui proposent de la viande de requin, sous le nom de saumonette ou de chien de mer.

« Discutez avec restaurateurs et revendeurs pour les convaincre. Soutenez les associations qui luttent pour la préservation des requins. Soyez attentifs dans vos achats et refusez les produits qui contiennent des substances issues des requins : crèmes de beauté à base de squalane (tiré de l'huile de foie) ou gélules contre les douleurs articulaires à base de cartilage. »

L'association BLOOM (p. 72), fondée par Claire Nouvian, œuvre activement pour la protection de l'océan (et des requins en particulier) et propose, elle aussi, une série de mesures applicables par chacun :

« Chaque citoyen peut agir à son échelle : en limitant sa consommation de requins. Bien souvent, le requin se cache là où on ne l'attend pas ! Il est en effet possible d'en trouver dans les bâtons de surimi, les croquettes de poisson ou *fishball*, vendues dans les restaurants asiatiques. Parmi les espèces les plus consommées, on retrouve le requin-hâ, l'aiguillat commun ainsi que la petite roussette (saumonette) et la grande roussette. Le requin bleu se trouve aussi sur les étals des poissonniers, alors que l'espèce est classée "quasi menacée" par l'UICN (comme la grande roussette)...

« En limitant sa consommation de poissons dont la pêche présente un risque élevé de prises accessoires de requins, à savoir les pêcheries ciblant le thon tropical à la senne (mis en boîte), mais également l'espadon et les vivaneaux.

« En continuant de s'informer et communiquer : agir auprès des élus locaux, des écoles, des collectivités, des entreprises, des hôpitaux et des cliniques pour les informer et faire évoluer leurs pratiques. Poissons profonds, requins, espèces menacées d'extinction : il suffit parfois de la volonté d'une seule personne pour qu'évoluent les mentalités... et les pratiques. »

L'association BLOOM : www.bloomassociation.org/nos-actions/nos-themes/requins

Longitude 181 et le requin blanc de Méditerranée

Au XIXe siècle, le grand requin blanc était encore présent dans les eaux de Méditerranée. Mais avec la pêche, la surpêche et les pollutions, de nombreuses espèces de requins ont disparu et le grand blanc, devenu très rare, est classé « en danger d'extinction ». C'est en réalisant un documentaire pour France 2 sur les requins de Méditerranée en 2013 que François Sarano et Stéphane Granzotto sont partis en quête du grand blanc, sans réussir à le débusquer, malgré leur longue enquête aux quatre coins de cette mer. Beaucoup de questions demeurent sans réponses autour de ces grands requins, c'est pourquoi, en 2014, Longitude 181 a lancé le programme Requin blanc Méditerranée, destiné à « mieux connaître la biologie et l'éthologie du requin blanc et les autres requins de Méditerranée ; sensibiliser le grand public, les pêcheurs et les gouvernements, afin de mettre en place, ensemble, des mesures de protection efficaces ».

Quelques années auparavant, l'association avait obtenu de beaux succès pour les requins en Polynésie française (avec une loi promulguée en 2007 pour interdire la pêche des requins dans les eaux de la ZEE de Polynésie) et son travail contre le *finning* (prélèvement des ailerons) au sein de la coalition Shark Alliance.

Le programme Requin blanc Méditerranée :
www.longitude181.org/programme-requin-blanc-mediterranee

Pour les requins de Méditerranée, voir aussi le Mediterranean Shark Research Group créé en 2000 par un collectif de chercheurs, afin de promouvoir un réseau d'informations entre ichtyologistes, universitaires et naturalistes spécialistes des requins. Les fondateurs : Alessandro de Maddalena (Italie, banque de données italienne sur le requin blanc), Lovrenc Lipej (Slovénie, station biologique de Piran), Alen Soldo (Croatie), Joan Barrull et Isabel Mate (Espagne, musée de Zoologie, Barcelone).

Mediterranean Shark Research Group :
www.mediterraneansharkresearchgroup.wordpress.com/structures-et-associations

À la rencontre des requins dans leur élément

Si nous voulons apprendre à vivre avec l'océan, alors nous devons aussi apprendre à vivre avec les requins. Nous sommes chaque année plus nombreux à pratiquer sports et activités aquatiques, les rencontres avec les requins sont donc vouées à s'intensifier et c'est à nous de tout faire pour éviter les accidents par notre comportement direct ou indirect.

Ainsi, passé la terreur que nous inspiraient les squales, nous découvrons qu'ils sont impitoyablement massacrés et nous prenons conscience de leur grâce, leur curiosité. Le meilleur moyen de les apprécier, c'est encore d'aller à leur rencontre sous l'eau, en apnée ou en plongée. Notre compréhension de leur comportement a beaucoup évolué ces dernières années et l'on a vu une multiplicité d'images montrant des plongeurs dansant avec les requins les plus redoutables ou les caressant tendrement, comme on le ferait avec les gentils dauphins.

Certes, les requins restent des prédateurs, mais les recherches récentes permettent d'améliorer la qualité des interactions. L'un des grands experts mondiaux du sujet, Erich Ritter, est docteur en écologie comportementale à l'université de Zurich. Sa spécialité est le langage corporel des requins, avec un intérêt particulier pour les attaques et leurs causes. Erich Ritter enseigne dans de nombreux pays et plonge dans les eaux des Bahamas, du Costa Rica, de Puerto Rico, de Jamaïque, des Maldives, d'Égypte, du Mexique, d'Afrique du Sud ou d'Hawaii. Ses recherches ont ouvert de nouvelles perspectives.

Pour mieux diffuser ses connaissances et aider à une meilleure relation humains-requins, Ritter a fondé SharkSchool en 1996 à Miami, un centre de recherche « qui enseigne aux plongeurs, snorklers, sauveteurs ou autres comment interagir avec les requins, ce à quoi il faut faire attention en entrant dans l'eau et surtout comment se sentir en sécurité en leur présence ». Expert reconnu, Ritter est enquêteur pour l'institut spécialisé dans les attaques, le Shark Research Institute (Global Shark Attack File) et également président du Shark Accident Victim Network, association venant en aide aux victimes d'accidents de requins. Afin d'enseigner son savoir-faire aux nageurs ou aux plongeurs, Ritter a développé un concept qu'il appelle ADORE-SANE (pour : Attitude, Direction, Origine, Référence, Environnement, Situation, Activité, Nervosité, Expérience) permettant d'évoluer en sécurité parmi tous types de requins et dans toutes situations. Le SharkSchool propose aussi d'approcher diverses espèces de requins dans des lieux de plongée remarquables :

- Açores : requin bleu et mako.
- Bahamas : requin de récif, requin-tigre, requin-citron, requin-nourrice, requin-bouledogue, requin-marteau, pointe noire, ou requin soyeux.
- Égypte : requin gris, longimane, requin-renard, requin-tigre.

– Maldives : requin gris, requin-corail, requin-baleine, requin soyeux, requin-nourrice.

– Mexique : requin-bouledogue.

– Palaos : requin gris, requin bordé, requin-corail, requin-léopard, requin-marteau, requin-baleine.

– Philippines : requin-renard, requin-corail, requin-marteau halicorne et requin-baleine.

– Soudan : requin-marteau halicorne, requin soyeux, requin gris de récif, requin-corail, pointe blanche...

SharkSchool Europe est basé en Belgique.

SharkSchool : www.sharkschool.eu

Le Shark Research Institute, fondé en 1991 aux États-Unis, est destiné à promouvoir aussi bien la recherche scientifique que la protection des requins. On trouve sur son site une liste détaillée d'opérateurs du monde entier qui emmènent des plongeurs à la rencontre des requins dans les meilleures conditions de respect des animaux et dans des lieux tels que l'Afrique, l'Australie, les Bahamas, l'île Cocos, le Honduras, les Maldives, le Mexique, la Micronésie, les Philippines, les Seychelles, les États-Unis...

Liste des opérateurs validés par le Shark Research Institute :
www.sharks.org/expeditions/best-shark-dive-operators-list

Les Bahamas sont l'un des hauts lieux mondiaux de la planète requin. Toute la zone économique de ces îles a été déclarée sanctuaire pour les requins en 2011, ce qui a favorisé grandement le tourisme. Pour la première fois, une étude sur l'écotourisme des requins et des raies aux Bahamas a permis de prouver à quel point ces animaux contribuent à l'économie locale : en effet, le tourisme lié à leur présence y a généré 114 millions de dollars pour la seule année 2014. Cela montre bien, une fois de plus, à quel point ces animaux sont plus « rentables » vivants que morts.

Paul G. Allen et Global FinPrint

On le voit, les défenseurs des requins sont apparus un peu partout ces dernières décennies. Le cofondateur de Microsoft avec Bill Gates, l'Américain Paul G. Allen, a créé diverses fondations philanthropiques et il finance de nombreuses initiatives pour la préservation de la vie sauvage. Mais le programme Global FinPrint mis en œuvre en 2015 est une étude globale sans précédent, destinée à évaluer sur plusieurs années la population des raies et des requins, en particulier autour des récifs de corail. L'abondance de ces espèces est en cours d'estimation, grâce à de nombreuses technologies nouvelles, robots sous-marins, drones, balises, et ce dans les grands bassins de populations de requins : Atlantique ouest, océan Indien, Triangle du corail et océan Pacifique.

Les données de cette étude à long terme se retrouvent sur le site de Paul Allen pour la protection de la nature :
www.vulcan.com
Le site Global FinPrint dédié aux requins :
www.globalfinprint.org

Sanctuaires requins

Tout comme pour les cétacés, il faut non seulement cesser de tuer les requins, mais aussi leur redonner des territoires où ils peuvent se développer librement dans leur milieu naturel. D'où l'importance, l'urgence, de leur ménager de vastes sanctuaires au sein desquels ils pourront à nouveau vivre, chasser, migrer, se reproduire, sans interférence humaine. La petite république micronésienne des Palaos, au nord de la Nouvelle-Guinée, a décrété en 2009 que ses eaux territoriales seraient le premier sanctuaire du monde pour les requins. Depuis, d'autres ont éclos de par les mers. La très respectable institution du Pew Charitable Trusts a beaucoup œuvré pour la protection des requins et l'établissement de sanctuaires. Son rapport de 2017 en liste quinze :

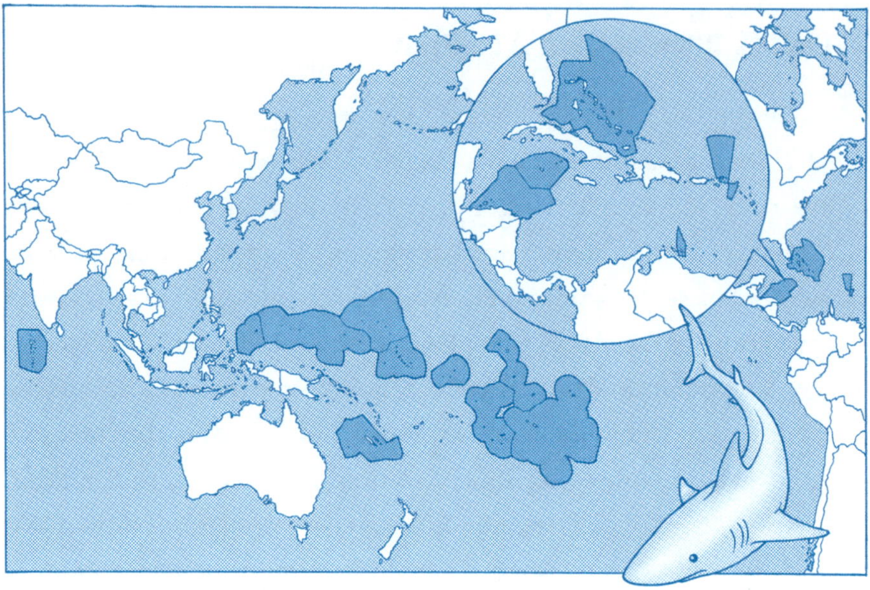

Sanctuaires marins pour les requins aux Caraïbes, dans le Pacifique et l'océan Indien.

Maldives (916 189 km²); république des Palaos (604 289 km²); Micronésie (2 992 597 km²); îles Marshall (1 992 232 km²); Kiribati (3 437 132 km²); Nouvelle-Calédonie (1 245 000 km²); îles Cook (1 960 135 km²); Polynésie française (4 767 242 km²); Honduras (240 240 km²); Bahamas (629 293 km²); îles Caïmans (119 134 km²); Bonaire (9 706 km²); îles Vierges britanniques (80 117 km²); Sint-Maarten (499 km²); Saba (8 033 km²). Collectivement, ces sanctuaires, ajoutés les uns aux autres, couvrent une surface de 19 millions de kilomètres carrés, c'est-à-dire une zone plus vaste que toute l'Amérique du Sud.

Les sanctuaires sur le site du Pew Charitable Trusts :
www.pewtrusts.org/en/research-and-analysis/fact-sheets/2016/03/shark-sanctuaries-around-the-world

Deux femmes pour protéger les requins

Les requins ont un effet spectaculaire sur certaines personnes, comme on l'a vu avec l'extraordinaire histoire de la Franco-Colombienne

Sandra Bessudo (p. 55), tombée amoureuse d'un petit archipel en 1987, après y avoir découvert une fantastique abondance de requins (requins-marteaux, requins-baleines et le très rare requin féroce). Mais elle y a aussi découvert de ses propres yeux les ravages des pêcheurs venus là pour massacrer des requins en prélevant leur aileron. Ce saccage lui a donné la force de se battre des années durant, pour sauver ces îlots isolés dans le Pacifique, au large de la Colombie. Grâce à elle, à sa détermination farouche, l'archipel de Malpelo est protégé depuis 2006 (déclaré patrimoine mondial de l'humanité par l'UNESCO), et les requins peuvent désormais y vivre en paix, pour l'émerveillement des rares observateurs autorisés à y plonger.

Le site de Sandra Bessudo :
www.fundacionmalpelo.org/index.php/es

Ocean Ramsey, biologiste et mannequin, aime danser avec tous les requins.

Aux États-Unis, une autre jeune femme, plongeuse, biologiste, mannequin, dédie sa vie aux requins, elle s'appelle Ocean Ramsey et a grandi entre Hawaii et la Californie, passant son temps dans l'eau à surfer ou à plonger, au contact proche des requins. Devenue biologiste, elle a travaillé avec des requins et des raies dans différents parcs marins et petit à petit, sa passion s'est affirmée, jusqu'à ses rencontres avec les grands requins blancs qu'elle photographie de près, en apnée, ou qu'elle approche pour le simple plaisir de danser avec eux et de les caresser. Ocean Ramsey dit avoir eu d'extraordinaires échanges de regards avec eux, qui ont changé sa vie. Aussi s'est-elle impliquée dans leur défense en créant l'association Water Inspired.

Le site Water Inspired d'Ocean Ramsey:
www.waterinspired.org

Rob Stewart, un météore au secours des requins

La trajectoire de sa vie a été celle d'un météore: éblouissante et terriblement éphémère. Lorsqu'on parle de passion et de protection des requins, un nom et un visage viennent aussitôt à l'esprit: Rob Stewart, ce jeune prodige charismatique qui s'est engagé pour les requins avec une incroyable détermination. Enfant, ce Canadien natif de Toronto montre déjà un amour immodéré pour l'océan et ses créatures. À l'âge de 9 ans, tandis qu'il nage avec ses parents dans les eaux des îles Caïmans, il croise de près un requin. Le fait que le squale ne l'ait pas attaqué l'interpelle; de là, naît sa folle passion pour ces animaux.

Plongeur et photographe confirmé à 13 ans, Rob est instructeur de plongée à 18 ans, puis il devient biologiste marin et zoologiste, poursuivant ses études de biologie marine et de zoologie au Kenya et en Jamaïque. Très vite, Rob est nommé chef photographe de la Canadian Wildlife Federation (Fédération canadienne de la faune) et parcourt la planète, menant des expéditions dans les endroits les plus reculés du globe. Ses photos de nature, de mer et d'animaux font le tour du monde et constituent aujourd'hui encore une banque d'images riche de 15 000 photos : www.robstewartphotography.com/index.asp

Comme pour d'autres défenseurs de la nature (telle Sandra Bessudo), c'est la violence d'une prise de conscience qui fait basculer la vie de Rob Stewart. En 2001, alors qu'il est envoyé aux Galápagos pour photographier les requins, le jeune homme découvre avec horreur les palangres (longues lignes munies de nombreux gros hameçons) et la pêche illégale des requins, tués en grand nombre sous ses yeux, au sein même d'une réserve marine supposée protégée... Rob va tenter d'alerter l'opinion à lui tout seul, mais en vain.

Les années suivantes, il voyage beaucoup pour approcher le monde des requins et les filmer dans leur élément. Mais une rencontre va être déterminante pour lui, celle de Paul Watson, le fondateur de Sea Shepherd (p. 106). Rob embarque à bord de l'*Ocean Warrior* afin de filmer Paul Watson et ses équipes s'attaquant au trafic d'ailerons de requins. Ils sont arrêtés par la police du Costa Rica pour avoir filmé des entrepôts pleins d'ailerons destinés à Taïwan. Leur action va déclencher un véritable mouvement populaire au Costa Rica, qui aboutira à l'interdiction de cette pêche. L'action mouvementée sera le point de départ du film que réalise Rob Stewart en 2006 à l'âge de 27 ans, et qui va le rendre mondialement célèbre, *Sharkwater* (*Les Seigneurs de la mer*), film couronné de nombreuses récompenses internationales.

Sharkwater sera une borne, un véritable tournant dans la lutte pour la protection des requins ; ce film fait connaître au monde l'horreur du *shark finning*, le prélèvement des ailerons sur des requins vivants rejetés à la mer. Son second film, *Revolution*, a été élu meilleur documentaire canadien de l'année 2013, et a gagné dix-neuf récompenses à travers le monde ; il démontre que sauver la biodiversité, c'est aussi nous sauver nous-mêmes. Outre ses films et ses photos, Rob Stewart a écrit plusieurs livres et participé à de nombreuses émissions de télévision et conférences internationales.

Mais les requins continuent à être tués massivement, comme il l'a constaté en 2016, lorsqu'il découvre un nouveau commerce illégal de requins aux îles du Cap-Vert, où 1 500 requins bleus sont tués chaque jour pour être expédiés en Espagne afin de devenir de la nourriture pour chiens et chats... Cela l'incite à réaliser son troisième film, la suite de *Sharkwater* : *Extinction*, pendant le tournage duquel il va trouver la mort à 37 ans, dans les récifs coralliens des Keys de Floride. Rob venait d'effectuer trois plongées profondes (les plus profondes qu'il ait jamais faites), équipé d'un recycleur (très probablement à l'origine de cet accident ; cet appareil difficile d'utilisation permet de plonger plus longtemps sans produire de bulles ni de bruit), en quête du fameux requin-scie, lorsqu'il a disparu dans les flots. Sa disparition a déclenché une vague d'émotion aux États-Unis : outre les recherches des gardes-côtes, des douanes (avec un ROV) et de nombreux plongeurs volontaires, la Sea Shepherd a envoyé l'un de ses bateaux sur zone, Richard Branson un hélicoptère, et le milliardaire Jimmy Buffet son avion privé. Le corps de Rob Stewart a été retrouvé non loin, trois jours plus tard, le 3 février 2017.

Voici ce qu'il disait des requins : « Durant toute notre vie, depuis l'enfance, on nous dit que les requins sont dangereux. On vous avertit qu'il ne faut pas s'aventurer trop loin dans l'océan... Et finalement vous découvrez de vos yeux cette chose qu'on vous a tant appris à redouter, et là vous comprenez qu'un requin est parfait, qu'il ne vous veut aucun mal et que c'est la plus belle chose que vous ayez jamais vue. Et d'un coup, toute votre vision du monde change. »

Le site de Sharkwater et Rob Stewart :

www.sharkwater.com

3.

Vive la biodiversité !

« Coupe un brin d'herbe et tu secoues l'univers », dit un vieux proverbe chinois, exprimant ainsi que toutes les vies de la planète – grandes ou petites – sont intimement reliées entre elles. Avec l'océan, cela n'a jamais été aussi vrai. Plus nous détruisons le milieu marin, plus nous découvrons à quel point il est indispensable au développement de toute vie sur Terre. Les chiffres, vertigineux, parlent d'eux-mêmes, puisqu'on estime que l'essentiel de notre biomasse se trouve dans l'océan et représente 95 % du volume habitable pour la biodiversité. Mais l'océan demeure inexploré à 95 %, tandis que 70 % de ses espèces marines n'auraient même pas encore été découvertes ! Plus nous parvenons à explorer les confins de l'océan, plus nous découvrons à quel point il constitue un réservoir de vie, y compris dans les endroits où l'on s'y attend le moins, abysses dénués de photosynthèse, sources hydrothermales brûlantes et toxiques, dorsales océaniques volcaniques, canyons profonds...

Des milliers, des millions de formes de vie inconnues nous attendent sous la surface. Mais nous, les humains, désirons toujours ce qui se trouve ailleurs, plus loin. C'est devenu une triste banalité de répéter qu'on a cartographié 100 % de la planète Mars, mais seulement 5 % de l'océan, or cette vérité est lourde de sens. Nous cherchons désespérément un futur dans l'espace, où le moindre voyage est d'une immense complexité et d'un coût exorbitant. Nous rêvons de trouver des traces d'eau, et donc de vie, sur des planètes proches ou lointaines, alors que nos fusées décollent parfois du bord de mer, cap Canaveral ou Kourou, à quelques mètres seulement de ce « territoire » inexploré recelant des formes de vie inconnues, qu'on peut qualifier d'extraterrestres.

Il y a pourtant urgence à mieux connaître et à protéger la biodiversité marine, le socle vital de notre planète, car il est désormais admis qu'elle joue un rôle prépondérant dans la régulation du climat et constitue un fantastique puits de carbone permettant d'absorber les excès de gaz carbonique (CO_2) dans l'atmosphère. N'oublions pas qu'il y a de cela 3 milliards d'années, les algues bleues étaient la seule forme de vie recouvrant les eaux de la Terre, et c'est la prolifération de ces cyanobactéries qui a provoqué la catastrophe appelée « Grande Oxydation », responsable de la présence d'oxygène dans notre atmosphère, cet élément qui a conditionné le développement de toute vie (ou presque) sur Terre. On comprend, dès lors, qu'une rupture de la chaîne du vivant dans l'océan peut entraîner des conséquences dont nous, les apprentis sorciers, n'avons pas la moindre idée. Les études les plus récentes tendent à renforcer l'évidence du lien qui nous unit à l'équilibre de la biodiversité marine, comme le précise l'IFREMER à propos de vastes études menées sur ce sujet infini :

« D'une extraordinaire richesse, la biodiversité marine reste cependant peu connue, alors même que l'Évaluation des écosystèmes pour le millénaire a montré que la biodiversité est la pierre angulaire de l'ensemble des services écosystémiques nécessaires au bien-être humain. Les stratégies de préservation de cette biodiversité seront déterminantes pour le maintien des services écosystémiques, ainsi que pour la résilience du monde vivant confronté aux pressions du changement global. Les projets européen MAES et français EFESE visent ainsi à évaluer ces services et fonctions écosystémiques afin d'implémenter les politiques nécessaires à leur maintien. »

MAES : biodiversity.europa.eu/maes
EFESE : www.fondationbiodiversite.fr/fr/societe/avec-la-societe/appui-a-la-decision/appui-a-l-evaluation/efese.html

Par définition, la biodiversité marine est infinie, insaisissable dans sa totalité, car elle est en constant mouvement et en transformation perpétuelle : dans l'océan, tout se mêle et se déplace parfois sur de vastes distances. Il est ainsi très difficile de déterminer avec certitude qu'une espèce marine est bel et bien éteinte sur tout le globe. Jusqu'à la fin du XXe siècle, on ne disposait que de témoignages individuels et de rares photos, ce qui limitait les observations. Il existe aujourd'hui des outils correspondant à une connaissance plus holistique de la vie marine, infinie et protéiforme : les sciences participatives. Ces réseaux connectés, nourris par les internautes et couplés au fantastique engouement pour l'océan, peuvent produire des résultats inouïs grâce à cette forme de travail collaboratif qui ouvre une nouvelle ère dans la recherche. La multiplication des caméras et des smartphones permet non seulement de créer du *global data*, mais aussi d'effectuer de la biosurveillance, de découvrir une espèce nouvelle, voire de traquer (grâce à leurs transpondeurs) les bateaux de pêche illégaux qui déciment la haute mer, etc.

Surpêche, la guerre industrielle

Lorsqu'on parle de menaces sur la biodiversité marine, il faut savoir que les principales causes de sa destruction sont avant tout liées à la surpêche, qui utilise des moyens technologiques et industriels dignes d'une guerre totale, broyant ou aspirant aveuglément toutes les ressources de l'océan, provoquant des ravages sur le milieu et causant quantité de « prises accidentelles », ainsi que l'extinction de nombreuses espèces connues ou inconnues. Et le pire, dans ces dévastations accomplies loin des regards, c'est qu'elles sont commises pour de très mauvaises raisons.

Ce sont des millions de tonnes de créatures marines (faune, flore, organismes) qui sont « accidentellement » détruites par la pêche industrielle, entassées au fond des gigantesques chaluts-bœufs tractés par plusieurs navires, piégées dans les kilomètres de filets dérivants qui étouffent l'océan, ou arrachées aux abysses par des chaluts capables d'aller ravager la vie à 2000 m de fond. Ce n'est pas tout, car 20 % des prises mondiales (17 millions de tonnes) servent à produire de la farine ou de l'huile de poisson, c'est le fruit de la pêche « minotière » destinée à l'aquaculture et à l'élevage (porcs et volailles). Et c'est là que l'absurde stupidité de notre monde industriel éclate dans toute sa splendeur : on capture d'excellents poissons pélagiques (très nutritifs) pour les réduire en bouillie à destination, entre autres, de l'aquaculture, et ce afin de produire... du poisson ! Le tout avec une énorme déperdition et des animaux contaminés. D'autant que ceux capturés en mer pour cette industrie sont, pour la plupart, des poissons prisés des consommateurs : merlans, chinchards, anchois, sardines, tacauds, harengs, capelans, lançons et plus récemment les poissons-lanternes (p. 214) ou même le krill (petit crustacé) d'Antarctique...

L'absurdité devient insupportable lorsqu'on examine les chiffres. En effet, il faut 5 kg de ces poissons sauvages pour obtenir 1 kg de farine (l'huile en exige 20 kg pour 1 kg d'huile). Un kilo de poisson d'élevage coûte à l'océan (et donc à nous) jusqu'à 4 kg de poissons sauvages. Or, ces petits poissons constituent aussi l'aliment principal des grands prédateurs, baleines, dauphins, mammifères marins, requins, mais aussi les thons, les marlins et bien d'autres, jusqu'aux oiseaux de mer. La destruction massive de ces « poissons fourrages » peut entraîner de graves déséquilibres, des catastrophes biologiques en chaîne dans l'ensemble de l'océan. Et tout cela, ces saccages, pour élever des poissons dits « nobles » parce qu'ils sont carnivores (saumon, bar, daurade, turbot), espèces auxquelles l'élevage ne réussit pas, car en bout de chaîne ces poissons ne sont pas exempts de pollutions et de maladies. Tout ça pour ça !

LES 5 RECOMMANDATIONS DE L'ASSOCIATION BLOOM FACE À CETTE SURPÊCHE

1. Diminuer notre demande en poissons carnivores d'élevage (saumon, bar, cabillaud, etc.), en porcs et en volailles ;
2. Utiliser les poissons sauvages consommables (anchois, sardines, etc.) pour la consommation directe et non pour la transformation en farine et en huile ;
3. Faire interdire la certification « pêche durable » pour la pêche minotière ;
4. Mettre au point des solutions circulaires telles que la culture d'insectes pour nourrir les animaux d'élevage. Cela permettrait, en outre, une meilleure gestion des déchets et de la production de protéines ;
5. L'UE doit devenir un modèle en refusant la capture de poissons sauvages pour nourrir des animaux d'élevage. Une loi interdisant l'utilisation de farine de poisson dans l'alimentation animale devrait être promulguée.

Dossier de BLOOM « L'Envers du décor de l'aquaculture » :
www.bit.ly/bloom-aquaculture

Les diverses pollutions qui menacent l'océan sont difficiles et lentes à arrêter, tandis que la surpêche – principale source de destruction de l'océan – pourrait être stoppée instantanément par une volonté ou une décision globale. D'où l'importance des ONG et des lobbies sur ce sujet, pour lequel consommateurs et internautes sont plus puissants que sur les marées noires ou les myriades de microdéchets. En gérant notre consommation de viande et de poisson de façon responsable, nous pouvons influer sur le marché.

Il est d'autant plus urgent de mettre un frein à la surpêche aveugle que comme le pointe François Sarano : « En clair, cela signifie qu'il est de plus en plus difficile, de plus en plus énergivore et coûteux d'attraper les derniers poissons. Les rendements sont catastrophiques et ridicules comparés à ceux du XIXe siècle ! Pire, la taille des poissons capturés diminue sans cesse, ce qui signifie que l'on ne laisse plus le temps aux poissons de grandir, donc d'atteindre l'âge de maturité sexuelle et de se reproduire. Notre rythme d'exploitation est incompatible avec le rythme du vivant. Il n'est pas durable. »

L'arsenal de notre technologie ne laisse guère de chance aux poissons : sonars, satellites, drones, caméras, filets longs de plusieurs kilomètres, palangres avec des milliers d'hameçons, chaluts capables de racler les fonds marins à plus de 1000 m, pêche électrique, c'est l'ensemble du monde marin qui est affecté par cette forme de saccage, mais également les populations qui en dépendent pour leur survie. Car les nations les plus prédatrices en matière de pêche vont chercher des stocks à l'autre bout des mers, achetant des droits de pêche à des pays en voie de développement, qui se font saigner à blanc par les puissantes flottes de pêche des pays industrialisés. C'est ce que pratiquent la Russie et la Chine (dont la flotte de pêche d'au moins 2 600 navires dépasse dix fois celle des États-Unis) en Afrique de l'Ouest et au Sénégal en particulier, où ces nations (ainsi que quelques Européens) ont presque vidé les eaux de leurs poissons, détruisant les écosystèmes et réduisant des populations entières à un statut fragile. Pour la Chine (qui a déjà surpêché ses propres eaux), les enjeux sont tels que les décideurs ne reculent devant rien. En termes de prises, il a été établi que les flottes de pêche chinoises à elles seules prenaient autant de poissons en une semaine dans les eaux sénégalaises que tous les pêcheurs sénégalais en un an ! Comme l'observe le chercheur Zhang Hongzhou de l'Université technologique Nanyang : « Pour les leaders chinois, assurer l'approvisionnement régulier en produits aquatiques n'est pas seulement du domaine économique, car cela contribue aussi à une stabilité sociale et une légitimité politique. » D'où l'importance d'intercepter les bateaux illégaux, et plus encore, de couper les subventions faramineuses qui permettent à la surpêche de se perpétuer, détruisant l'océan avec l'argent des contribuables que nous sommes. C'est aussi pour stopper ces pratiques illégales qu'un traité a été signé en 2016 par les États-Unis, l'Europe et 44 autres nations pour que tous les navires de pêche soient identifiés et suivis de façon que l'on puisse connaître leurs zones de pêche et les quantités ou les espèces de poissons capturés.

La situation est d'autant plus inquiétante qu'une grande étude menée par le célèbre biologiste canadien Daniel Pauly depuis 1999 (sur les pêcheries de plus de 150 pays) montre clairement que les chiffres des prises de poissons déclarées par les pays à la FAO (Organisation des Nations unies pour l'alimentation et l'agriculture) ont été sérieusement faussés depuis 1950 et qu'ils sont très inférieurs aux chiffres réels des prises mondiales. Ainsi, les captures de poissons et de prises accidentelles (qui à elles seules constituent 10 % des prises mondiales !) sont fortement sous-estimées et les espèces marines déclinent bien plus vite que ne le disent les rapports des Nations unies. Selon l'étude (dans *Nature Communications*, 2016) : entre 1950 et 2010, la moitié des captures mondiales n'a pas été prise en compte dans les données de la FAO...

Afin d'enrayer ce cycle infernal et planétairement suicidaire, le professeur Pauly propose l'arrêt des milliards d'euros et de dollars de subventions des États versées par les pays industrialisés. C'est cet argent public qui rend possible la surpêche dans des proportions dévastatrices (60 % des subventions versées pour la pêche sont nocives et aboutissent à des désastres écologiques !). Comme le souligne l'ONG BLOOM (p. 72) : « Les pêcheurs industriels récupèrent 187 fois plus de subventions au gasoil que les pêcheurs artisans. C'est la double peine pour les pêcheurs artisans : non seulement les bateaux industriels accaparent les ressources et les détruisent, mais les pouvoirs publics - via les subventions - les y incitent ! » De même, il est urgent de créer plus d'aires marines protégées, des sanctuaires où les espèces (les « stocks ») puissent se régénérer. Daniel Pauly a contribué à établir la plus grande banque de données sur la biodiversité marine, il est aussi professeur à UBC (université de Colombie-Britannique à Vancouver) et a été classé parmi les 50 scientifiques les plus influents de son temps.

Projet de recherche de Daniel Pauly, *Sea around us* :
www.seaaroundus.org

Frédéric Le Manach, l'ami des poissons

Le cosignataire de cette grande étude, *Sea around us*, est le biologiste français Frédéric Le Manach, directeur scientifique pour l'association BLOOM, fondée par Claire Nouvian. Voici comment est décrit son travail sur le site : « Frédéric Le Manach dirige actuellement des projets autour de différentes thématiques visant à étudier les failles du système halieutique actuel et à penser l'émergence de modèles plus écologiques et socialement viables. Ses analyses se concentrent sur l'état des stocks européens, les pratiques de différents secteurs industriels comme la pêche minotière (farines de poisson utilisées pour l'aquaculture et les élevages terrestres) et la pêche au thon tropical. Il travaille également sur l'impact des subventions publiques et la consommation responsable de poisson (qui passe déjà par moins en consommer !) et lutte pour l'interdiction de méthodes destructrices comme la pêche électrique. Par ailleurs, il intervient toujours avec plaisir et enthousiasme dans l'enseignement supérieur (Agrocampus Ouest, Sciences po Grenoble). »

Dans sa thèse, Le Manach montre les cercles vicieux engendrés par les « accords de pêche » (entre flottilles de pêche européennes et pays en voie de développement) ainsi que par les subventions européennes : « Ces accords de pêche, contre une "compensation financière" modeste et très largement subventionnée par les impôts du contribuable européen, permettent aux industriels européens d'exploiter les eaux poissonneuses de nombreux pays tropicaux : crevettes, langoustes, poulpes et sardinelles par le passé ; principalement du thon de nos jours. » La question des subventions est cruciale dans la réduction de la surpêche ; on estime en effet que, dans le monde, les contribuables donnent plus de 30 milliards de dollars en subventions pour la pêche, dont 60 % (soit environ 18 milliards de dollars) encouragent directement des techniques de pêche illégales et destructrices nuisant à la planète, aux pêcheurs artisanaux et aux consommateurs.

Très impliqué dans cette course pour préserver la biodiversité marine, Frédéric Le Manach pose la question : « Est-il éthique d'éliminer les poissons d'un endroit où ils sont nécessaires, pour créer moins de protéines – mais davantage désirées – dans un autre endroit déjà largement suralimenté ? Il semble absurde de réduire en poudre une ressource sauvage pour "créer" du poisson d'élevage, plutôt que d'essayer de gérer correctement nos pêches. »

Face à cette terrible gabegie, des solutions existent, nous dit BLOOM, par exemple produire ces fameuses farines et huiles de poisson à partir de déchets issus du traitement des poissons (têtes, arêtes, queues). On peut également obtenir des farines protéinées en utilisant des insectes dont les larves seraient nourries grâce à des déchets organiques ou des produits alimentaires invendus de la grande distribution. Autre façon (suggérée par BLOOM) de nourrir les larves d'insectes : en recyclant le sang des abattoirs ou... le lisier. Comme le précise, lucide, Frédéric Le Manach : « Le fait de "recycler" du sang pour produire des insectes destinés à nourrir les poissons est plus optimal que la pratique actuelle. Soyons réalistes, l'alimentation de saison en circuit court, provenant de la permaculture, sans déchet et à 90 % végétarienne, ce n'est pas pour demain. Il faut donc trouver des solutions pour minimiser notre impact. » C'est aussi au consommateur de se responsabiliser ; mais s'il ne devait vérifier qu'une seule chose, concernant les poissons, ce serait l'indication concernant *la technique de pêche* utilisée pour les capturer, ce qui permet d'écarter, par exemple, la très destructrice pêche au chalut.

Peu à peu, les pratiques et les lois européennes évoluent, permettant l'émergence des ces alternatives aux farines de poisson pour nourrir le bétail et les poissons d'élevage. Et s'il est vrai qu'en Europe les aliments destinés à l'aquaculture contiennent moins de poissons sauvages qu'auparavant, il n'en demeure pas moins vrai qu'il faut mettre en place une aquaculture à la fois circulaire et « vertueuse », inspirée du modèle chinois originel, dans lequel les poissons d'eau douce sont nourris des déchets de l'agriculture des étangs ou des rizières, tandis que leurs déjections servent à fertiliser des plantes aquatiques, qui elles-mêmes filtrent et purifient l'eau. Il y avait même des canards pour compléter la boucle et jouer aussi un rôle d'antimoustiques. Au même endroit, un paysan pouvait alors (et pourrait encore) produire du riz, du poisson et du canard, sans engrais, ni pesticide. L'innovation, c'est parfois savoir regarder en arrière !

BLOOM et la pêche durable : www.bloomassociation.org

Permaculture marine et aquaculture multitrophique intégrée

Cette forme d'aquaculture circulaire et vertueuse est expérimentée depuis plusieurs années sous l'appellation « aquaculture multitrophique intégrée » (IMTA), et fonctionne sur les principes mêmes de la permaculture. L'idée est de faire cohabiter des espèces marines bénéficiant les unes des autres dans un cycle écologique où les déchets des uns sont absorbés, filtrés, recyclés par les autres, permettant ainsi d'élever, dans l'environnement immédiat, d'autres espèces utiles et commercialisables. C'est tout un écosystème qui fonctionne sans polluer, en produisant suffisamment de biomasse pour que nous puissions en prélever une partie (poissons, algues, moules, pétoncles, huîtres, oursins, etc.). Avec cette technique, des fermes aquacoles écossaises ont récolté, outre les saumons, 150 000 pétoncles et 60 tonnes de moules. En Chine, dans la péninsule de Shandong, l'aquaculture intégrée permet de récolter, outre les poissons, des algues, des ormeaux et des concombres de mer.

Professeur de biologie marine à l'université du Nouveau-Brunswick (Canada), Thierry Chopin est aussi directeur scientifique du Réseau canadien d'aquaculture multitrophique intégrée. Voici comment il décrit ses recherches : « La révolution bleue doit devenir la révolution turquoise, plus verte, en développant des technologies et des pratiques plus durables pour l'environnement, la stabilité économique et l'acceptabilité sociétale. C'est le cas de la technologie innovante de l'aquaculture multitrophique intégrée (IMTA) avec laquelle les aquaculteurs cultivent et élèvent ensemble des espèces de niveaux trophiques différents mais aux fonctions écosystémiques complémentaires. Ils combinent les espèces nourries (par exemple poissons et crevettes) avec des espèces extractives (par exemple les algues, les plantes aquatiques, les crustacés et autres invertébrés) pour tirer profit de leurs interactions synergiques, tout en laissant agir la biomitigation. Le concept d'IMTA a de nombreuses variantes adaptables aux milieux ouverts ou aux systèmes en bassins fermés terrestres, en milieu marin ou en eau douce, sous des climats tempérés ou tropicaux. »

Exemple de permaculture multitrophique en milieu naturel. Au centre, les poissons. Les nutriments descendent, nourrissant aussi les holothuries situées en dessous, ainsi que des oursins ou des vers marins. Les déchets organiques passent par les organismes filtreurs (coquillages, à droite), tandis que les nutriments inorganiques nourrissent d'autres poissons ou les forêts de kelp (à gauche).

Cette forme d'aquaculture vertueuse semble la bonne voie pour élever des créatures marines sans nuire à leur environnement (et donc au nôtre), bien au contraire. Le concept même de « durable » est de pouvoir continuer à prélever éternellement des ressources sans jamais les menacer. Un projet européen a été mené en ce sens, de 2012 à 2016 (projet IDREEM, prononcer « *I dream* ») sur 7 sites en Europe, avec 14 partenaires industriels européens, et doté de 5,7 millions d'euros. Les résultats sont convaincants pour l'aquaculture utilisant l'IMTA, aussi bien sur le plan économique qu'écologique.

Projet IDREEM : www.idreem.eu
Le laboratoire de Thierry Chopin :
www2.unb.ca/chopinlab
Voir aussi les recherches effectuées à l'Institut Paul-Ricard sur cette nouvelle forme d'aquaculture :
www.institut-paul-ricard.org/?Aquaculture-multitrophique

Les forêts flottantes de Brian von Herzen

La permaculture est un mariage doux entre l'humain et la nature, une façon de cultiver qui s'inspire des cycles écologiques existants, du fonctionnement des biotopes les uns avec les autres, de façon à aller au maximum dans le sens de la nature. Ce biomimétisme permet des rendements exceptionnels tout en créant des cercles vertueux, bons à la fois pour la nature et pour les humains. Ce mode de culture prometteur a été montré dans le film de Cyril Dion et Mélanie Laurent, *Demain*, et nous découvrons qu'il est applicable au milieu marin.

C'est le pari des chercheurs de la fondation américaine The Climate Foundation, créée par Brian von Herzen, qui pourrait apporter des solutions ayant un impact global. Von Herzen est un brillant ingénieur en informatique et sciences planétaires issu de Caltech (California Institute of Technology) et de Princeton, il a travaillé dans la Silicon Valley (avec Pixar, Dolby, Microsoft, etc.), mais aussi avec le prestigieux

Woods Hole Oceanographic Institute. À l'université, il avait étudié la surabondance de carbone dans l'atmosphère de Jupiter, et c'est sans doute ce qui l'a amené à s'intéresser à celle de la Terre. Parce que l'océan absorbe la moitié du gaz carbonique de notre atmosphère ainsi que 90 % de la chaleur du réchauffement planétaire, ses eaux s'acidifient, provoquant des déserts marins qui s'étendent chaque jour un peu plus. Fort de ce constat alarmant, von Herzen a créé The Climate Foundation pour restaurer des solutions naturelles permettant d'absorber le gaz carbonique de façon durable à grande échelle. C'est dans cet esprit qu'il consacre sa vie et son talent à lutter contre le changement climatique en essayant, par exemple, de recréer des forêts sous-marines de kelp générant des composés organiques à partir du gaz carbonique et de la photosynthèse.

Le kelp est une famille d'algues géantes qui poussent très vite et dont les flotteurs leur permettent de rester verticales dans la colonne d'eau. Certaines de ces algues peuvent mesurer jusqu'à 30 m. Elles forment des forêts de kelp au sein desquelles se développe une riche biodiversité. Le principe de ces forêts artificielles est low-tech, et assez simple : de vastes treillis légers de plus d'un kilomètre carré (Marine Permaculture Array, MPA) sont immergés au large, en pleine eau, entre 15 et 25 m de fond, maintenus par un système de bouées qui montent et descendent avec la houle. Ce mouvement perpétuel est relié à des pompes qui aspirent des eaux plus froides en profondeur, des eaux très riches, chargées de nutriments et de plancton, permettant au kelp de pousser directement sur les treillis immergés. C'est ainsi tout un écosystème qui se recrée rapidement, une pyramide trophique à partir de laquelle vont se développer la faune et la flore, du plus petit invertébré aux gros prédateurs. Le tout sur des zones marines en pleine désertification. Selon son concepteur, ce système de forêts flottantes peut permettre d'absorber des milliards de tonnes de gaz carbonique tout en fournissant de la nourriture, du fourrage (sans méthane) pour les ruminants, des engrais, de la fibre et des biocarburants pour le monde. Ces programmes de forêts flottantes sont expérimentés par l'Australie, qui a perdu plus de 100 km de forêts de kelp au nord de Perth, mais aussi dans l'océan Indien et à Zanzibar.

The Climate Foundation de Brian von Herzen:
www.climatefoundation.org

Une large coalition pour lutter contre la surpêche

L'importance des fonds marins, et en particulier des grands fonds, se comprend lorsqu'on sait que 95 % des espèces marines vivent sur (ou dans) le sol marin. Aux grandes profondeurs, il existe des coraux d'eau froide pouvant atteindre de 5 000 à 8 000 ans, et des poissons qui se développent lentement et vivent parfois plusieurs dizaines d'années, ce qui signifie qu'ils n'atteignent l'âge de se reproduire qu'assez tard; lorsqu'ils sont pêchés avant maturité, ils ne peuvent se reproduire, ce qui menace leur espèce d'extinction.

C'est pourquoi la pêche profonde est si dommageable, d'autant que les immenses chaluts immergés en profondeur sont munis de racloirs métalliques qui scalpent littéralement le plancher océanique. La technologie permet aux pêcheurs de chaluter en profondeur sur des terrains nouveaux, montagnes et canyons sous-marins, dont une bonne partie n'est pas répertoriée. Le pire, c'est que ces ravages aveugles sont commis pour capturer une ou deux espèces de poissons ciblés. Afin de lutter contre cette pratique suicidaire et contre l'exploitation minière des fonds marins, une vaste coalition s'est créée, Deep Sea Coalition (DSCC), comprenant plus de 70 ONG du monde entier, des organisations de pêcheurs, des instituts juridiques, des scientifiques, des experts. Le comité directeur est composé de membres du WWF, de Greenpeace, The Pew Charitable Trusts, Ecology Action Center, Marine Conservation Institute, Natural Defense Resource Council et de Seas at Risk. Forte de cette puissante équipe internationale, cette coalition a acquis une indiscutable légitimité, jusque dans les décisions prises aux Nations unies.

Deep Sea Coalition: www.savethehighseas.org

En Belgique, le site Seas at Risk regroupe 34 associations européennes venant de 17 pays, pour promouvoir une politique de protection et de restauration de la biodiversité marine au niveau européen (aires marines protégées, surpêche, pollutions marines, plastiques, trafic maritime, aquaculture, exploitation minière).

Seas at Risk : www.seas-at-risk.org

Des raisons d'espérer, nouvelles gouvernances

Que ce soit contre la pêche illégale, le braconnage, la protection des aires protégées, il faudra bien, un jour, se donner les moyens d'une force internationale (navale, aérienne, renseignement) qui puisse surveiller les mers pour mieux les protéger (voir aussi Jacques Perrin, p. 186).

Heureusement, les initiatives se multiplient pour faire cesser ces pratiques illégales et pour collaborer avec tous les acteurs de la pêche partout dans le monde. Il est dans l'intérêt de l'humanité de protéger

À titre d'exemple, la République des Palaos n'hésite pas à montrer au monde entier ce qu'elle fait des bateaux de pêche venus illégalement pêcher dans ses eaux. Ces *blue boats* venus du Vietnam sont purement et simplement détruits par le feu.

ces ressources vitales et c'est une course de vitesse qui est en cours pour tenter de sauvegarder et de régénérer les milieux marins, petits ou grands. Face à la surpêche, l'une des meilleures réponses est la prise en main par les pêcheurs eux-mêmes de leur pratique pour la rendre durable, en développant une pêche raisonnée, artisanale, pratiquée en harmonie avec les cycles marins. Les consommateurs, de plus en plus avertis et exigeants, veulent savoir non seulement où le poisson a été capturé, mais surtout comment, et avec quel engin de pêche (p. 155). D'où la nécessité de développer des réseaux pour promouvoir ce type de pêche et l'aider à se structurer, à mieux commercialiser sa production en créant du lien social (comme dans les AMAP, associations pour le maintien d'une agriculture paysanne). C'est ce qu'accomplit, par exemple, la Fondation Lonxanet, créée en 2002 en Galice (Espagne), avec l'appui de nombreuses fédérations, confréries et associations de pêcheurs artisanaux espagnols, ainsi qu'une quinzaine d'ONG reconnues internationalement, pour encourager et renforcer la pêche durable. Le but est d'aider ces pêcheurs artisanaux à résoudre leurs problèmes et d'en faire des gardiens du milieu marin où ils travaillent.

Fondation Lonxanet en Galice :
www.fundacionlonxanet.org

Le sud-est de l'Alaska comprend des eaux parmi les plus riches et poissonneuses de la planète, mais une flotte vieillissante et des droits d'accès aux zones de pêche de plus en plus élevés menacent les artisans pêcheurs locaux et leur gouvernance. Parce que les communautés de pêcheurs côtiers sont de plus en plus fragiles, le Local Fish Fund d'Alaska les aide à résoudre des problèmes à la fois économiques et écologiques.

Tout comme en Galice, il s'agit de renforcer le lien entre les consommateurs et la communauté des pêcheurs locaux afin de promouvoir une pêche durable. Le but est aussi d'assurer la bonne santé des ressources marines avec l'aide de la recherche scientifique, par l'éducation et l'économie, en visant à renforcer les communautés de pêche artisanale locale.

Le Local Fish Fund d'Alaska : www.thealaskatrust.org

En Indonésie, nation du plus grand archipel du monde, des mesures drastiques ont été prises pour décourager la pêche illégale et les braconniers dès l'accession au pouvoir du président Joko Widodo en 2014. En effet, la ministre des Affaires maritimes et des Pêches, Susi Pudjiastuti, a décrété un moratoire contre les navires de pêche étrangers ; lorsqu'il n'est pas respecté, le gouvernement indonésien saisit les bateaux et les détruit purement et simplement. Ce sont ainsi plus de 320 bateaux qui ont été détruits et coulés en deux ans, dont 81 pour une seule semaine de mars 2017 ! Ces opérations spectaculaires sont destinées à servir d'exemple pour décourager la pêche illégale dans les vastes eaux de l'archipel indonésien.

Conscients de l'urgence de la situation, les pêcheurs eux-mêmes cherchent à améliorer leurs outils pour diminuer au maximum leur impact sur l'environnement. À cette fin, tous les aspects de l'activité sont passés au crible et des solutions sont cherchées pour chaque problème spécifique. On a même parlé de filets biodégradables, pour éviter ces filets fantômes, perdus par les pêcheurs, qui continuent de tuer pour rien pendant de nombreuses années (p. 168). Ce sont parfois des procédés tout simples qui peuvent améliorer la situation.

Ainsi, le WWF a lancé un programme pour tenter de sauver des populations entières d'oiseaux de mer, menacés par les pêcheurs qui mettent à l'eau des lignes munies de centaines d'hameçons avec des appâts. Ces lignes attirent les oiseaux qui se font prendre et se noient. Dans les eaux du Kamtchatka, des populations d'albatros et d'autres oiseaux marins étaient menacés de disparition. Or, le WWF a montré aux pêcheurs russes qu'avec une simple banderole colorée en plastique tendue de part et d'autre des lignes (« ligne d'effarouchement »), les oiseaux demeuraient à l'écart. Quand on sait que le plus important opérateur russe pratiquant cette pêche perdait plus de 800 000 dollars par an à cause des oiseaux, on comprend que la mesure, peu coûteuse et facile à mettre en œuvre, s'est généralisée.

WWF et protection des albatros : www.worldwildlife.org/magazine/issues/fall-2014/articles/protecting-albatross-from-fishing-lines

Lignes d'effarouchement et bioplastiques chez Seabird : www.seabird.fr

Traquer les pêcheurs pirates depuis son ordinateur

Inauguré en 2016 par Leonardo DiCaprio lui-même lors d'une conférence sur les océans sous l'égide du secrétaire d'État américain John Kerry, le programme Global Fishing Watch marque le début d'une nouvelle ère dans l'implication des citoyens pour lutter contre la surpêche. En effet, grâce à ce programme de 10 millions de dollars, n'importe quel internaute peut désormais déceler des activités de pêche illégales partout dans le monde. La plupart des bateaux (cargos, paquebots, bateaux de pêche) sont équipés de balises AIS (système d'identification automatique), transpondeurs qui émettent des informations relatives à leur taille, leur route, leur destination, etc. Le projet Global Fishing Watch a été imaginé par l'ONG Oceana, ainsi que par Sky Truth (ONG spécialisée dans l'image satellite), en collaboration avec Google et la Leonardo DiCaprio Foundation. Leur but : « Que l'océan cesse d'être une zone de non-droit. »

Ce programme répond aussi au désir de nombreux citoyens souhaitant apporter leur contribution, même petite, à la protection de la planète, et donc de l'océan. Les massacres commis sur les animaux soulèvent de plus en plus d'indignation et avec l'aide des sciences participatives, on peut enfin se rendre utile, même derrière son bureau. Pour des passionnés de jeux et d'informatique, il existe là une voie d'investigation novatrice qui permet de lutter contre les pêcheurs illégaux et les braconniers qui ravagent aveuglément l'océan.

Grâce cette plate-forme en ligne, il devient possible de suivre à la loupe et en temps réel plus de 60 000 navires de pêche et leurs trajectoires présentes et passées, pour mieux identifier ceux qui pénètrent dans des zones protégées ou interdites indiquées sur les cartes. Avec cet outil, tout le monde (consommateurs, mais aussi professionnels, ONG, institutionnels) peut suivre la traçabilité d'un produit, d'un navire, et apporter ainsi une nouvelle forme de transparence dans la pêche industrielle. La force de ce programme c'est d'être capable, en appliquant le *machine learning*, de trier parmi les millions de données transitant par ces balises automatiques, pour ne s'intéresser qu'aux bateaux de pêche. Comme l'explique Brian Sullivan, ingénieur en charge du projet chez Google : « Aidés par les scientifiques, nous avons mis au point un algorithme analysant les trajectoires des navires pour les visualiser d'une façon lisible. Dès lors, il devient possible de constater s'ils sont en route, ou en train de pêcher. » Certes, un bateau peut décider de débrancher sa balise, mais dès lors son activité devient suspecte et observée de plus près.

Un tel outil, aussi puissant sur toute la cartographie planétaire, marque un début de transparence dans ce domaine opaque. Ainsi certains pays n'ayant pas les moyens d'assurer la surveillance de leurs eaux ou de leurs aires protégées peuvent désormais le faire en utilisant cette plate-forme gratuite, comme c'est le cas en Afrique de l'Ouest ou à Madagascar, des zones très concernées par la surpêche et la pêche illégale, ainsi qu'aux îles Kiribati, où ce programme a permis de mieux contrôler une très vaste aire protégée autour des îles Phœnix. Selon Global Fishing Watch, de nombreux États indépendants du Pacifique sud se font piller leurs ressources halieutiques par des bateaux de pêche chinois.

De même, les agences environnementales ou les ONG spécialisées dans la protection de la biodiversité marine peuvent donc surveiller certains bateaux et surtout certaines aires marines protégées. Global Fishing Watch est déjà utilisé par les Nations unies, mais aussi par les scientifiques et tous ceux qui travaillent dans les métiers de la pêche, pêcheurs, commerçants ou restaurateurs souhaitant proposer à leur clientèle transparence et traçabilité.

Plate-forme Global Fishing Watch : www.globalfishingwatch.org

Smartphones contre pêcheurs pirates

Un autre moyen imaginé pour lutter contre ces bateaux pirates qui ratissent les eaux de l'océan à des milliers de milles de chez eux et sont totalement hors la loi : un smartphone et une caméra-GPS, des outils tout simples, faciles à utiliser. C'est ce qu'a mis sur pied l'ONG britannique Environmental Justice Foundation, EJF, qui protège simultanément les droits de l'homme et la biodiversité, estimant que la sécurité environnementale est l'un des droits fondamentaux des êtres humains.

Un premier programme a été déployé en Afrique de l'Ouest, où la pêche illégale est un fléau qui représenterait 37 % des prises totales capturées. Il s'agit de bateaux pirates, non répertoriés, parfois venus d'Extrême-Orient, dont la surpêche a des effets très néfastes sur l'ensemble de la faune marine, mais aussi sur les populations du littoral qui dépendent étroitement de la pêche aussi bien pour leur économie que pour leur subsistance. Avec l'aide de la National Geographic Society, la Fondation EJF a ainsi équipé quelques petits pêcheurs d'Afrique de l'Ouest de smartphones et de caméras-GPS capables de photographier, dater et localiser un bateau intrus. Ces données sont instantanément transmises à EJF qui peut agir rapidement en mobilisant l'un de ses bateaux sur place pour aller voir de plus près le navire en question, ou qui communique avec les autorités locales pour qu'elles aillent l'inspecter. Certains pays saisissent ces bateaux, d'autres les détruisent purement et simplement. Comme le dit Steve Trent, responsable du bureau de l'EJF à Londres : « Un pêcheur à lui seul avec une simple pirogue en bois et une pagaie peut prendre la photo d'un navire illégal venu de très loin, disons la Corée du Sud, et déclencher ainsi une action en moins de 24 heures qui va empêcher que leur poisson se retrouve sur le marché. »

Face au pillage des pêcheurs pirates dans les eaux africaines, l'ONG britannique Environmental Justice Foundation a équipé des pêcheurs locaux de smartphones et de caméras-GPS faciles à utiliser, permettant de signaler en temps réel aux autorités la présence des navires illégaux.

Au-delà de cette traque, les pêcheurs artisanaux sont encouragés et formés à utiliser ce matériel également pour photographier et transmettre des menaces sur leur environnement marin ou pour documenter leurs captures, de façon à mettre sur pied un réseau de sciences citoyennes aidant les communautés locales à mieux gérer les stocks et à faire progresser le travail des scientifiques.

Environmental Justice Foundation : www.ejfoundation.org

Chalutiers du futur

Peu à peu une vision de la pêche durable s'affine, se répercutant sur tous les secteurs concernés et sur la conception même des navires. C'est dans cet esprit qu'a été conçu, au chantier Socarenam de Boulogne-sur-Mer, le chalutier *Arpège*, véritable plate-forme d'innovations. Propulsé par deux moteurs électriques hybrides, caréné pour mieux glisser, sa consommation de carburant est passée à 80 litres/heure (au lieu de 120 litres/heure pour un navire traditionnel), tout en réduisant ses émissions de 30 %. Mais ce sont aussi les techniques et les engins de pêche qui ont été améliorés pour préserver les ressources halieutiques. Avec un sonar ultra-perfectionné, les pêcheurs peuvent visualiser en 3D une zone de pêche sur une distance quinze fois supérieure aux sonars classiques. Celui qui équipe l'*Arpège* est muni d'un système de visualisation, mais surtout d'identification des poissons présents. Cela est possible car le sonar détecte précisément la minuscule poche d'air constituée par la vessie des poissons. Chaque espèce de poisson possédant une vessie différente, leur identification est ainsi rendue possible. Ce type de sonar, comme le Seapix, constitue une avancée majeure dans une stratégie de pêche durable, car il permet de cibler précisément une espèce de poisson en fonction de la demande, ce qui améliore la sélectivité, tout en évitant les prises accidentelles.

Les filets eux-mêmes ont été conçus pour offrir moins de résistance lorsqu'ils sont tractés (gain de carburant), leurs mailles ne se resserrent plus pendant le chalutage (ce qui empêche les petits poissons pris accidentellement de s'échapper) et un procédé appelé «*jumper*» permet de limiter l'impact du chalutage profond en perturbant moins les écosystèmes benthiques (vivant sur le fond marin).

Chantier Socarenam: www.socarenam.fr

Le sonar Seapix: seapix.ixblue.com

Signaler les filets fantômes en Méditerranée

L'un des aspects les plus insupportables de la pêche intensive, c'est la perte ou le rejet de filets ou d'autres engins de pêche (les ADLFG, de l'anglais «*Abandoned, Lost or Discarded Fishing Gear*») qui vont continuer à détruire la biodiversité pour rien pendant des années... En effet, un filet perdu ou déchiré qui dérive en mer capture continuellement des animaux. Le pire, c'est que les poissons capturés en attirent d'autres, plus gros, voire des mammifères marins, mais aussi des oiseaux de mer et toutes les créatures qui se déplacent lentement, tortues ou poissons-lunes et qui se font emprisonner à leur tour dans ces filets fantômes.

Certes, au bout d'un certain temps, le poids des cadavres entraîne le filet vers le fond, mais que croyez-vous qu'il arrive lorsque ceux-ci se sont décomposés ? Eh bien, le filet, fait d'un excellent nylon flottant, remonte tout seul à la surface et recommence son macabre manège, une destruction inutile et omniprésente. Le même phénomène se reproduit pour d'autres engins perdus en mer tels que les palangres, les casiers, qui continuent à tuer aussi longtemps que dure le matériau dont ils sont composés. Et lorsque enfin ils se décomposent... ils contribuent à la pollution de l'eau par les microplastiques.

C'est dire l'importance de localiser et si possible récupérer ces engins de mort et de destruction. Avec les technologies actuelles, il devient de plus en plus facile de localiser et signaliser précisément les ADLFG, comme le proposent l'Institut méditerranéen d'océanologie (MIO) et l'Observatoire des sciences de l'univers – Institut Pytheas, avec un formulaire ouvert à tous, permettant de tels signalements et des prises de décision rapides.

Le MIO : www.mio.univ-amu.fr
Fiche de signalement Ghost Med, filets fantômes en Méditerranée : mio.pytheas.univ-amu.fr/Ghost-med

Chez le poissonnier

Dans la mesure où les consommateurs sont de plus en plus informés et conscients de la portée de leurs actes, il devient crucial qu'ils soient également renseignés sur l'origine, la date de capture, mais aussi la technique de pêche utilisée, pour pouvoir privilégier des achats responsables qui ne nuisent pas à l'environnement marin. Or Internet et les applications mobiles permettent aujourd'hui de savoir où, quand et comment acheter des produits de la mer durables. Cela suppose un peu d'information préalable pour mieux comprendre l'impact des engins de pêche ou les espèces à ne jamais consommer lorsqu'elles sont trop gravement menacées, en particulier des poissons des profondeurs. Quant aux grands prédateurs, thons, espadons, requins, outre le fait qu'ils sont menacés, ils accumulent les polluants de leurs proies dans leur chair, chargée en métaux lourds.

De toute évidence, il ne suffit pas de se référer à une liste pour acheter le « bon » poisson, il est nécessaire de réfléchir à sa propre façon de consommer pour choisir des produits locaux, de saison, et dont la pêche est la moins impactante sur l'environnement marin. Non seulement on ne peut pas créer de « liste », mais désigner un poisson comme produit « durable » aurait pour effet pervers de mettre la pression sur cette espèce, au point de la menacer à son tour... Ainsi, choisir son poisson remet les choses à leur place. Le prélèvement d'une espèce dans la mer n'est pas innocent et nous devons veiller aux équilibres. La variété est donc l'une des clés d'une consommation raisonnée (50 % de la consommation française de poisson porte uniquement sur le saumon et le cabillaud !). Pour l'association BLOOM, le premier critère de choix d'un poisson, s'il ne fallait en retenir qu'un, serait de le choisir en fonction de l'engin de pêche ayant servi à sa capture. Cette indication, comme celle de la zone de pêche, doit figurer sur les emballages, la mesure est obligatoire depuis le 13 décembre 2014. Dès lors, on peut privilégier la pêche artisanale, plus raisonnée, à la pêche industrielle.

Il vaut mieux acheter des produits de la mer pris au casier, à la petite senne, à la ligne ou à la canne, et éviter à tout prix : le chalut de fond, les DCP (dispositifs de concentration des poissons) ou les palangres, tous très destructifs pour l'environnement. Les poissons pêchés de façon artisanale sont de meilleure qualité que ceux pris dans de vastes filets où ils sont écrasés. Il existe aussi des poissons bon marché qu'on sous-estime : sardines, anchois, chinchards... qui sont pourtant délicieux et ont de vraies qualités nutritionnelles.

De même, on doit impérativement éviter de consommer certains poissons, tant ils mettent de temps à se reproduire, en particulier les poissons des grands fonds : l'empereur, le sébaste, le sabre noir, le grenadier, la lingue bleue, mais aussi les raies, le flétan, les anguilles, ainsi que des espèces pélagiques surexploitées : thons, saumons, marlins, espadons ou requins. Comme il est dit dans le site de Greenpeace : « Si nous voulons continuer à manger du poisson de qualité tout en préservant les océans, nous devons avant tout consommer le poisson avec modération. Le poisson n'est pas un produit comme les autres, il ne peut pas être un produit de consommation de masse, il faut privilégier une consommation festive et occasionnelle. Ainsi, vous participerez efficacement à la lutte contre le pillage de nos mers et de nos océans. »

L'association Bloom propose 6 arguments pour privilégier, dans vos achats, la pêche artisanale

1. La pêche artisanale emploie 12 millions de personnes dans le monde, la pêche industrielle un demi-million ;
2. La pêche artisanale produit autant de captures pour la consommation humaine que la pêche industrielle en utilisant un huitième du carburant brûlé par la grande pêche ;
3. La petite pêche utilise généralement des méthodes plus sélectives et rejette moins de poissons (en meilleur état). La majorité des captures est utilisée pour la consommation humaine ;
4. Les pêches industrielles rejettent entre 8 et 20 millions de tonnes de poissons par an, le plus souvent morts ;
5. En outre, les flottes industrielles capturent 35 millions de tonnes de poissons qui sont transformées en farines animales pour les élevages de volailles, de porcs et de poissons ;
6. Au niveau mondial, un pêcheur industriel reçoit en moyenne 187 fois plus de subventions au gasoil par an qu'un pêcheur artisan bien que ceux-ci pêchent quatre fois plus de poissons par litre de fioul utilisé.

BLOOM, pour mieux consommer :
www.bloomassociation.org/nos-actions/nos-themes/mieux-consommer

AMAP et Poiscaille

Qui dit pêche artisanale dit circuits courts, offrant la possibilité de consommer du poisson fraîchement pêché de façon raisonnée dans nos eaux, bar de ligne de l'Atlantique, thon germon du Pays basque, cabillaud breton ou normand... Les circuits courts se multiplient et permettent de goûter des poissons méconnus, sur le même principe que les AMAP (associations pour le maintien d'une agriculture paysanne) qui livrent des paniers de fruits et légumes locaux, bios et de saison.

Des plates-formes se créent sur Internet, sur lesquelles on peut acheter par exemple un « casier surprise » de poisson pêché 48 heures maximum auparavant par de petites embarcations de pêche artisanale. C'est le principe de la sympathique plate-forme Poiscaille, qui vend poissons ou produits de la mer en fonction de la pêche et de la saison, bouquets de casier, coquilles Saint-Jacques, merlu de ligne, mais aussi les poissons « oubliés » ultra-frais (et tout à fait délicieux, comme le mulet, le chinchard, le tacaud et d'autres). Tout le monde y gagne, le consommateur comme le pêcheur, à qui cela rapporte 20 % de plus que par les circuits classiques. De cette façon, les pêcheurs ont zéro rejet de poisson. Comme l'explique Charles Guirriec, ingénieur halieute, l'un des deux fondateurs de Poiscaille : « Ces poissons sont souvent délaissés car mal connus et mal payés aux pêcheurs. Ils sont en effet fragiles, or les chalutiers et leurs grands filets les esquintent et ils deviennent invendables. De plus, leur chair s'abîme rapidement et doit donc être vite consommée. En circuit traditionnel, lorsque les bateaux partent plusieurs jours en mer, ce n'est pas possible. » Ce genre de pratique valorise les produits, évite le gaspillage tout en préservant les stocks, et en proposant des poissons moins abîmés.

Le site Poiscaille pour commander en ligne :
https://poiscaille.fr

Mr. Goodfish, Good Fish Guide, Fish Watch, Seafood Watch

Avec l'accès généralisé à Internet, les sites, programmes et applications se multiplient pour permettre aux consommateurs d'être mieux informés en temps réel, en fonction des saisons et des zones géographiques, pour leur choix de produits de la mer. Ainsi, le programme européen Mr. Goodfish a été mis sur pied dès 2010 par le réseau Océan mondial et trois grands aquariums européens (Nausicaa en France, l'Acquario di Genova en Italie, l'Aquarium Finisterrae en Espagne) qui totalisent à eux trois plus de 2,5 millions de visiteurs par an. Ce réseau s'est enrichi de partenaires de poids, comme l'UICN (Union internationale pour la conservation de la nature) et le Comité national des pêches en France, mais aussi des pêcheurs, des poissonniers ou des restaurateurs étoilés, le tout de façon à guider le public pour qu'il puisse consommer du poisson sans menacer les ressources. Voici comment Mr. Goodfish se décrit : « Mr. Goodfish propose une approche totalement positive. Ici pas d'interdiction, plutôt des recommandations de produits de la mer à consommer en toute tranquillité, car ils sont disponibles en abondance et leurs stocks ne sont pas en danger. Mr. Goodfish vous présente une liste de produits tenant compte de la saison, de la taille de consommation des poissons et des stocks de produits de la mer non fragilisés. Mr. Goodfish permet de choisir son poisson dans une démarche de développement durable. Cette liste d'espèces recommandées est établie pour chaque saison, par un comité d'experts réunissant des représentants de pêcheurs et d'éleveurs, un scientifique spécialiste des ressources marines, un représentant du commerce et de la distribution et un scientifique du réseau Océan mondial. »

Ce programme est disponible en français, anglais, espagnol et italien.

Le site Mr. Goodfish : www.mrgoodfish.com/fr

À ne pas confondre avec le précédent, le site anglophone Good Fish Guide, très complet, fait par l'association britannique Marine

Conservation Society (MCS), qui existe aussi en application. Ce programme constamment remis à jour permet, depuis un ordinateur ou un smartphone, d'identifier n'importe quel poisson ou produit de la mer en fonction de sa situation dans l'écosystème. Le Good Fish Guide fournit de nombreuses informations, vous conseille quels poissons manger et lesquels éviter, et propose des adresses de restaurants « responsables ».

Site de Good Fish Guide : www.goodfishguide.org

Restaurants de poisson « responsables » au Royaume-Uni : www.fish2fork.com/en_GB

Aux États-Unis, c'est l'Agence américaine d'observation océanique et atmosphérique (la NOAA) qui publie elle-même un site donnant toutes les informations et les outils nécessaires pour que le consommateur puisse se faire une idée précise d'un poisson ou d'un produit. Plus de 100 espèces y sont profilées et mises en perspective selon l'état des stocks, la saison, la zone de pêche.

Site Fish Watch : www.fishwatch.gov

Sur le même principe, l'application et le site Seafood Watch, créés par le Monterey Bay Aquarium (Californie), avec, outre les poissons, des infos sur les sushis.

Site de Seafood Watch : www.seafoodwatch.org

Un dernier outil simplifié et très visuel avant d'aller chez le poissonnier, la liste rouge et interactive des espèces à ne pas consommer selon les données de Greenpeace.

Liste rouge de Greenpeace : www.greenpeace.org/international/en/campaigns/oceans/seafood/red-list-of-species

Projet FishFace, le Shazam des poissons

Le constat de départ est simple : on ne peut pas correctement protéger les espèces marines sans disposer des bonnes données. Or, dans de nombreux pays, on ignore totalement quelles espèces sont capturées, dans quelle zone et en quelles quantités, faute de pouvoir techniquement les identifier. Ce qui empêche toute estimation des stocks, ainsi qu'une meilleure efficacité des pêcheries avec moins de rejets. Les enjeux sont énormes : nous manquons de données pour 90 % des espèces de poissons, sans lesquelles nous ne pouvons réaliser de réelles évaluations.

D'où l'idée d'utiliser les nouvelles technologies pour inventer un outil léger et facile permettant la reconnaissance immédiate des espèces. C'est le Projet FishFace, mené par l'ONG The Nature Conservancy qui a remporté le Google Impact Challenge 2016. Dans un premier temps, le projet est mis en place dans des pêcheries d'Indonésie, pays qui dépend beaucoup de la pêche.

Cette technologie permet de mesurer instantanément chaque poisson en lui attribuant un code-barres qui renvoie à diverses informations (en lien avec le GPS du bateau, on peut connaître exactement son lieu de capture). Ce processus d'identification automatique des poissons permet aux pêcheries de gérer les captures en temps réel pour éviter les rejets ou les prises d'espèces protégées ou fragiles. Cette technologie est développée par la compagnie suédoise Refind Technologies, spécialisée dans le recyclage électronique, et dont le but est de réduire au maximum les rejets, que ce soit en mer ou dans l'industrie électronique. À terme, The Nature Conservancy souhaite perfectionner le programme FishFace pour qu'il fonctionne dans un simple smartphone, ce qui le rendrait utilisable sur l'ensemble des bateaux de pêche dans le monde, de façon à pouvoir enfin évaluer globalement les espèces en fonction des zones géographiques.

Le PDF de Fish Face :

www.nature.org/ourinitiatives/urgentissues/oceans/future-of-fisheries/fishface-using-technology-to-change-the-way-fisheries-are-managed.pdf

Sur le site The Nature Conservancy :

www.nature.org/ourinitiatives/habitats/oceanscoasts/howwework/fishface.xml

La biodiversité c'est l'affaire de tous

Le paysage offert par les ravages de la surpêche pourrait apparaître plutôt glauque, mais heureusement les temps changent, les convictions et les pratiques aussi. Professionnels et consommateurs deviennent exigeants sur l'origine des produits et sur l'éthique qui les entoure. Des études récentes montrent que les changements d'attitude (vis-à-vis de l'océan, des poissons, de la nourriture) se traduisent par l'adoption de pratiques vertueuses. Ce qui est bon pour les uns est bon pour les autres. Autrement dit, l'intérêt des populations côtières et des communautés de pêcheurs est le même que celui de la biodiversité marine qui les entoure et dont ils dépendent. Le corollaire de ce constat, c'est que les politiques incitatives menées auprès des pêcheurs obtiennent d'excellents résultats. S'ils apprennent à gérer leurs stocks en fonction des écosystèmes, ils produiront un poisson que le consommateur peut acheter en accord avec ses propres convictions.

L'état de l'océan est à ce point préoccupant que la prise de conscience est globale et rapide. C'est pourquoi des situations peuvent s'inverser et des lieux transformés en déserts par la surpêche sont redevenus de petits paradis où tout le monde peut vivre et fonctionner en harmonie. C'est ce que déclare Jane Lubchenco, professeur à l'université d'Oregon (États-Unis), l'une des plus grandes spécialistes du sujet. Zoologiste, biologiste marin, elle a été la première femme nommée à la tête de la NOAA : « Les menaces auxquelles l'océan fait face sont énormes et peuvent sembler insurmontables. Mais il y a, en réalité, des raisons d'espérer, qui viennent de ce que nous avons appris en utilisant l'incitatif pour changer le comportement des gens, des nations et des institutions. Nous pensons qu'il est possible d'effectuer la transition de cercles vicieux en cercles vertueux. L'incitatif bien mené peut transformer un désastre en succès retentissant. »

Dans de nombreux pays, des pêcheurs se regroupent pour mettre leurs forces en commun et garantir à chacun une part des prises, tout en régulant eux-mêmes les conditions d'une pêche durable avec des écosystèmes plus sains. Un rapport scientifique donne un exemple de ce programme bien appliqué à une pêcherie de *red snapper* (sébaste ou vivaneau) dans le golfe du Mexique, qui était sur le point de faire faillite après des années de surpêche. Après quelques années d'installation de ce programme (*right-based fisheries*) en 2007, les prises ont doublé et les revenus de la pêcherie ont augmenté de 70 %.

Comment de bons incitatifs rendent possibles des succès pour un océan durable et donnent de l'espoir pour le futur (Proceedings of the National Academy of Sciences) :
www.pnas.org/content/113/51/14507

Des hippocampes pour sauver les eaux côtières

Animaux emblématiques, fédérateurs, les hippocampes font rêver et sourire les amoureux de l'océan, tant ils sont à la fois étranges (c'est le mâle qui porte les petits et les met au monde) et gracieux, extravagants et fragiles. Leur fragilité a attiré l'attention de deux chercheuses, qui ont créé le Project Seahorse dès 1996. Professeur en océanographie à l'université de Colombie-Britannique (Canada), Amanda Vincent a été la première à étudier les populations d'hippocampes sous l'eau, dans leur habitat (la famille des Syngnathidés comprend plus de 300 espèces), et elle a également été la première à dénoncer l'énorme trafic dont ils faisaient l'objet, tout en mettant en place un projet pour les protéger. Amanda Vincent a cofondé le Project Seahorse avec Heather Koldewey, de la Société zoologique de Londres.

Ce projet interdisciplinaire part d'un « petit » cas précis, celui des hippocampes, pour traverser les cercles concentriques des interdépendances, les « pelures de l'oignon », en travaillant de façon heuristique aussi bien sur les pêcheurs, les trafiquants, les communautés locales, les écologistes, les scientifiques, que sur les autorités. De cette façon, s'occuper de protéger les hippocampes se traduit par de nombreuses répercussions positives dans de nombreux domaines connexes : connaissance des espèces côtières, travail auprès des pêcheurs, communication avec le public, protection de zones peu profondes de l'océan, aide à la création d'aires marines protégées, formation de protecteurs de l'environnement...

Avec une simple équipe interdisciplinaire, cette petite ONG (devenue LA référence sur la famille des hippocampes auprès de l'Union internationale pour la conservation de la nature) a obtenu de belles victoires : grâce à elle, 169 pays sont désormais tenus de limiter leurs exportations d'hippocampes, des dizaines de millions de gens ont été sensibilisés à leur fragilité et à leur protection, 35 zones protégées gérées localement ont été établies, plus de 1 000 familles de pêcheurs asiatiques aux petits revenus se sont groupées en coalition, 175 protecteurs de l'environnement professionnels ont été formés, et bien d'autres choses encore, en lien avec ces merveilleux petits poissons uniques en leur genre, les hippocampes.

Project Seahorse : www.projectseahorse.org

Association Peau bleue, hippocampes et sciences participatives : www.peaubleue.org

Le iNaturalist, réseau social pour tous les naturalistes

Cette plate-forme a commencé comme un projet développé dans le cadre d'un master par trois étudiants de l'université de Berkeley (Californie) en 2008. Depuis, cette énorme base de données du règne animal, rachetée par l'Académie des sciences de Californie, est devenue un réseau social sur le modèle des sciences participatives.

Grâce à des applications, on peut photographier un animal, insecte, oiseau, mammifère, poisson, enregistrer ses propres observations, lieu, moment, circonstances, etc., dans le cloud, pour mieux les partager avec d'autres naturalistes du réseau, professionnels ou amateurs, avec lesquels il est possible de sympathiser et de discuter des découvertes mutuelles. Chacun peut également lancer un projet ou en rejoindre un existant déjà. Ce mode de fonctionnement de *crowdsourcing* enrichit constamment la banque de données et la fait évoluer. Grâce à ce réseau, iNaturalist peut permettre le monitoring d'informations susceptibles d'influencer les décisions en matière de biodiversité ou de changements d'habitats causés par le climat.

iNaturalist : www.inaturalist.org

BioLit, la biodiversité littorale participative

Dans le cadre de son Observatoire national de la biodiversité, la France a établi un « système d'information sur la nature et les paysages » (SINP) qui comprend un volet « mer ». L'idée est de créer une vaste plateforme de sciences participatives au sein de laquelle les citoyens (plaisanciers, pêcheurs, plongeurs, apnéistes ou scaphandriers, promeneurs, pêcheurs à pied, naturalistes amateurs…) peuvent participer à la collecte de données sur la biodiversité, comme le programme BioLit (biodiversité littorale), sous l'aile du Muséum national d'histoire naturelle. Le but du programme est défini par l'Agence française pour la biodiversité : « Guidé par des recommandations expertes, le citoyen peut ainsi participer au suivi des estrans, des plages, des îlots, lors de ces sorties. Les résultats (intégrés dans l'inventaire national du patrimoine naturel) feront l'objet d'analyses et de synthèses, en parallèle des autres programmes d'acquisition, pour alimenter les évaluations, les rapportages et globalement la gestion éclairée de la biodiversité littorale. »

Sciences participatives, Agence française pour la biodiversité : www.aires-marines.fr/Connaitre/Sciences-participatives

Programme BioLit : www.aires-marines.fr/Connaitre/Sciences-participatives/Observations-de-l-estran

Patricia Ricard, la biodiversité et l'Institut océanographique Paul-Ricard

L'île des Embiez : voilà une jolie petite île de Méditerranée située non loin de la côte varoise au large de Six-Fours-les-Plages. Les pionniers de la chasse sous-marine qu'étaient les « Mousquemers » (p. 37), Philippe Tailliez, Frédéric Dumas, puis Cousteau, l'avaient adoptée dès les années 1930. En 1958, l'île est achetée par l'entrepreneur Paul Ricard. En 1966, révolté par les pollutions qui affectent la Méditerranée (en particulier les fameuses boues rouges de bauxite rejetées au large de Cassis), l'homme décide de fonder sur cette île, en compagnie du biologiste et célèbre navigateur Alain Bombard, l'Observatoire de la mer, qui deviendra l'Institut océanographique Paul-Ricard, ayant pour mission de « connaître et protéger la mer ». Quelques années plus tard, l'institut va se donner les moyens de faire progresser la recherche avec des salles de microbiologie, d'océanographie et de zoologie. Puis, sous la direction du professeur de biologie marine Nardo Vicente, ce lieu devient un pôle pluridisciplinaire de rencontres, de réflexion et de pédagogie, avec ses laboratoires et ses aquariums.

Dès l'âge de 21 ans, la petite-fille du fondateur, Patricia Ricard, passionnée d'océan comme son grand-père, est entrée au conseil d'administration de l'institut, tout en menant une vie au service de l'environnement, contribuant à la création des Mardis de l'environnement, animant des festivals, des émissions de radio ou de télévision, avant de présider à son tour l'institut en 2005. Elle va, dès lors, privilégier les domaines de la biodiversité, l'aquaculture durable, la restauration écologique, mais aussi le biomimétisme (« s'inspirer de la nature pour innover durablement ») et elle va mettre l'accent sur l'information et la sensibilisation du public. Depuis 2010, Patricia Ricard siège au Conseil économique, social et environnemental, au titre de la protection de la nature et de l'environnement. Elle fait également partie du comité de pilotage de la plate-forme Océan et Climat dont l'institut est membre fondateur et met en œuvre des actions de plaidoyer en faveur de l'océan lors des Conférences des Nations unies pour le climat (COP).

Présidé de main de maître, avec passion et expérience, l'institut est devenu une véritable plate-forme océanographique de recherche, de réflexion, d'échanges, mais aussi de sensibilisation et de pédagogie, avec la biodiversité et le développement durable comme axes principaux. Ce pôle scientifique est un acteur important dans la nouvelle gouvernance de l'océan, et Patricia Ricard ne ménage pas son temps pour courir aux quatre coins de la planète et donner une voix de plus à l'océan, à la Méditerranée en particulier. Le site de l'institut reflète bien ses activités, conférences, expositions, rencontres, tout en donnant de nombreuses informations sur les actualités liées à l'océan.

L'Institut océanographique Paul-Ricard : www.institut-paul-ricard.org

Espèces invasives : pourquoi ne pas les manger ?

Certaines espèces invasives causent beaucoup d'inquiétude, tant elles prennent d'importance dans certaines eaux du globe, au point d'être considérées comme l'une des raisons majeures de l'érosion de la biodiversité. Les espèces invasives se développent et se déplacent au gré des changements climatiques ou par le déballastage des cargos rejetant des eaux utilisées en ballast, souvent prélevées à des milliers de milles.

La rascasse volante ou poisson-lion (*lionfish* ou *Pterois volitans*) est un superbe poisson originaire des mers indo-pacifiques, qui envahit massivement les eaux tropicales de l'Atlantique nord (sud-est des États-Unis, Caraïbes, golfe du Mexique) depuis la fin des années 1980. On suppose que ces poissons ont proliféré dans la région après avoir été rejetés des aquariums (et notamment l'aquarium de Floride, partiellement détruit en 1992 par l'ouragan Andrews)...

Munis de longues épines venimeuses, ces beaux poissons voraces et carnivores ne connaissent pas de prédateur dans ces régions ; ces rascasses tropicales envahissent donc les écosystèmes, détruisent d'autres

Afin de lutter contre les destructions causées par le poisson-lion, espèce invasive et venimeuse, un aspirateur a été mis au point pour les capturer sans les toucher, de façon à les recycler en (délicieux) poissons comestibles.

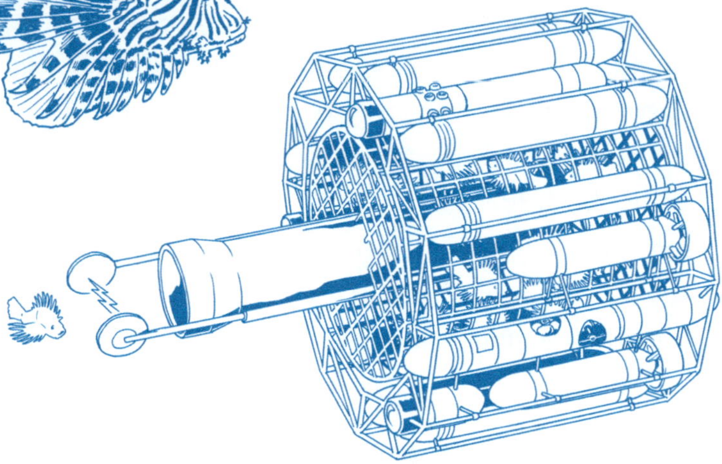

espèces (car ils se nourrissent de juvéniles), dégradent le corail, et sont capables de se multiplier à un rythme effréné : une seule femelle pond 30 000 œufs tous les quatre jours, et l'on a trouvé jusqu'à 1 300 de ces individus épineux sur un seul hectare d'océan, d'autant qu'ils évoluent aussi bien en surface qu'à 300 m de fond.

Différentes méthodes ont été expérimentées pour les éradiquer, mais aucune n'était satisfaisante, jusqu'à ce qu'on décide de tester leur comestibilité. La bonne nouvelle, c'est que leur chair blanche est délicieuse et tendre comme du beurre. Selon le chef Benoît Dang, du restaurant Zandoli en Martinique : « La chair est goûteuse, fine, tendre, particulière, entre le poisson-perroquet et le cabillaud. » Le poisson-lion se prépare de nombreuses façons : soupe, ceviche, sashimi, carpaccio, brochettes, acras, nuggets ou bouillabaisse. Un appareil ressemblant à un petit aspirateur permet de les prélever sans se faire piquer et la rascasse volante a beaucoup de succès sur les tables étoilées de la côte Est.

Mets de choix, certes, mais c'est avant tout l'aspect écologique qui compte, comme le rappelle Fabien Vedie, référent milieu marin de la DEAL en Martinique (Direction de l'environnement, de l'aménagement et du logement) : « Au-delà de l'aspect gustatif, savourer du poisson-lion constitue un acte écocitoyen contribuant à la préservation des écosystèmes marins de nos îles. »

Expédition Madibenthos en Martinique
(Muséum national d'histoire naturelle) :
madibenthos.mnhn.fr/fr/poisson-lion-fauve-recifs
La chasse au poisson-lion : www.lionfishhunting.com

Les méduses, on le sait, sont également des espèces invasives qui posent de graves problèmes, d'autant qu'elles prolifèrent de façon anarchique avec le réchauffement des eaux, l'acidification de l'océan, la surpêche (les prédateurs des méduses disparaissent et comme celles-ci pullulent, les millions de jeunes méduses se nourrissent des œufs, des larves et de poissons juvéniles, ce qui appauvrit plus encore la biodiversité). Certaines espèces de méduses, telle la redoutable *Mnemiopsis leidyi*, se multiplient à tel point qu'elles empêchent purement et simplement les pêcheurs artisanaux de travailler (obstruction des filets ou des engins de pêche). Introduite accidentellement en mer Noire dans les années 1980, cette méduse a eu un fort impact sur les stocks de poissons de la région et elle a « mis à genoux les pêcheurs artisanaux », selon la FAO. Il a fallu attendre l'arrivée d'une autre espèce prédatrice (*Beroe ovata*) pour que la situation s'améliore.

Nous avons tous vu ces images où les hordes de méduses sont si épaisses qu'on ne voit même plus la mer. Outre leur lourd impact sur la biodiversité, elles détruisent les filets de pêche, bouchent même les canalisations des centrales nucléaires et posent des problèmes mécaniques à toutes les constructions humaines en lien avec l'océan. Or, en 2013, l'ONU a suggéré de les utiliser pour l'alimentation humaine, ce qui se pratique depuis des siècles en Asie. Un grand nombre de méduses sont en effet comestibles, fournissent des protéines, une agréable texture croquante mais pas de saveur, et peuvent servir de base à des soupes, des salades (coupées en vermicelles), voire des desserts.

Rapport de la FAO sur les méduses :
www.fao.org/news/story/fr/item/176887/icode

Les crépidules (*Crepidula fornicata*) sont des petits coquillages, mollusques gastéropodes aussi connus sous le nom de berlingots de mer, car ils ont à peu près la taille de cette friandise, ou aussi coquillages coquins (à cause de leur reproduction effrénée). Originaires de la côte est des États-Unis, les crépidules sont une espèce très invasive, arrivée en Europe par l'Angleterre au XIXe siècle, qui importait des huîtres de Virginie. Une seconde vague d'invasion de ces coquillages est venue lorsque les Européens ont importé des huîtres japonaises du Japon et de l'Ouest canadien (Colombie-Britannique). Avec leur extraordinaire pouvoir de reproduction et l'absence de prédateurs dans les eaux européennes, les crépidules ont rapidement fait concurrence aux coquillages mêmes à l'origine de leur déplacement, les huîtres, mais aussi aux moules, tout en détruisant leur environnement. Leur prolifération est devenue une véritable préoccupation pour les conchyliculteurs, en particulier en Normandie et en Bretagne, où la population de crépidules croît de 10 % par an, ce qui appauvrit d'autant les écosystèmes. Il est l'un des coquillages les plus répandus en Europe (on en compte 250 000 tonnes rien que dans la baie de Cancale), mais le public

Autre espèce aussi dangereusement invasive que savoureuse en cuisine, ce petit coquillage qui prolifère sur le littoral : la crépidule. À ramasser et à déguster sans modération !

ne le connaît pas... Et il a bien tort, car heureusement pour nous, la crépidule a une chair délicieuse, ce qui est une bonne incitation à son nécessaire ramassage ! Un goût qui rappelle la palourde ou la coque, avec une nuance de noisette, et dont les gastronomes de la mer se régalent depuis quelque temps. En 2008, la société Atlantic Limpet Development s'est ouverte à Cancale pour valoriser la crépidule, dont la chair est vendue à l'industrie alimentaire, et la coquille broyée pour l'agriculture. Le marché est en pleine croissance et 40 tonnes sont traitées chaque semaine dans l'usine. Le public américain est intéressé, car il s'agit là d'un produit issu du développement durable avec traçabilité et garanties de qualité.

Atlantic Limpet Development, la crépidule :
www.lacrepidule.com

Pour conclure, la voix de Niels de Girval, ingénieur juriste expert des écosystèmes marins et spécialisé dans le littoral, qui est aussi éditorialiste de e-RSE.net :

« Certains voudraient nous faire croire que l'océan se porterait mieux sans l'être humain et retrouverait seul son équilibre si "on lui foutait la paix". Le cas d'école des espèces invasives est exactement la raison pour laquelle cette assertion est fausse : l'homme a perturbé les écosystèmes océaniques par ses activités, c'est un fait. Mais il a maintenant la responsabilité de s'investir dans la gestion de ces ressources océaniques afin non seulement de réparer les dégâts, mais surtout d'éviter le seuil de non-retour pour sa propre espèce. Les espèces invasives sont une menace sur une biodiversité extrêmement riche mais déjà bouleversée par ce que l'on considère comme la sixième extinction de masse. Et si manger devenait un acte écocitoyen ? Ainsi notre alimentation, responsable de nombreux impacts sur la planète, ne serait plus seulement une partie du problème, mais surtout une part de la solution. »

Niels de Girval : www.bit.ly/niels-de-girval

Jacques Perrin : « Créons les Casques bleus de la mer ! »

Protéger la biodiversité, c'est aussi la montrer dans toute sa splendeur, ce qu'a fait le cinéaste Jacques Perrin dans ses films. Que ce soit en tant que comédien, scénariste, réalisateur ou producteur, Jacques Perrin a tissé un lien étroit entre sa filmographie et l'océan. Une flamme bleue s'allume au fond de ses yeux dès qu'il évoque sa passion pour la mer. Elle ne date pas d'hier, puisqu'elle commence dès l'enfance et l'adolescence dans la Manche, puis en Méditerranée en tant que marin-pêcheur. En 1977, il incarne le rôle inoubliable du Crabe-Tambour, dans le film de Pierre Schoendoerffer tourné en pleine mer à bord d'un navire d'assistance aux pêcheurs de morue sur les tempétueux Grands Bancs de Terre-Neuve. En 1981, on le retrouve aux côtés de Michel Serrault et Julie Christie dans *Les Quarantièmes Rugissants*, l'histoire véridique et hallucinante du navigateur Donald Crowhurst devenu fou sur son voilier ; mais le film fut lui-même, selon ses mots, un « naufrage ». La nature l'appelle et cet amoureux des grands espaces se lance dans les documentaires animaliers, *Le Peuple singe*, *Le Peuple migrateur*, et produit également des succès tels que *Microcosmos* ou *Les Choristes*. Mais le film *Océans*, réalisé avec son complice Jacques Cluzaud, est un aboutissement, un film lourd et complexe à produire et à tourner, qui a demandé plus de cinq ans de travail à différentes équipes, aux pôles ou aux tropiques, et qui reste un film de référence distribué dans le monde entier. Les quatre épisodes de la série télévisée *Le Peuple des océans*, produite avec France 2, sont un prolongement éclairant du film sur les différentes espèces observées (plus de 200) dans tous les océans du globe. Lors d'un entretien, il nous a fait part de ses convictions :

« Quand on voit les abus et les délits commis au large, on se dit qu'il faudrait créer les Casques bleus de la mer. Il le faut au niveau de la coalition et au niveau des États, car je crois de plus en plus que notre avenir, c'est ce territoire qui est là : l'océan. C'est le seul qui puisse apporter une concertation, une volonté de paix. Mais pour être en phase, encore faut-il que les grandes puissances s'organisent et se comprennent. La mer n'est pas seulement un réservoir de ressources pour l'avenir, elle est beaucoup plus que cela : elle nous donne l'oxygène spirituel dont nous avons besoin, c'est un territoire de liberté, un territoire sauvage dont nous avons immensément besoin, mais on ne s'en rend pas compte, parce que ce type de discours semble "abstrait". Pourtant, je suis sûr que dans les temps qui s'annoncent, où nous serons très nombreux, nous allons avoir, plus que jamais, besoin de ce territoire formidable. Mais 70 % de la population mondiale se masse sur le littoral, alors que les côtes sont précisément des zones de frai et de reproduction très importantes pour les cycles de la vie, et tout cela va être de plus en plus bétonné et menacé, ce qui va diminuer d'autant les ressources, puisque ce terrain va rétrécir.

« En matière océanique, il nous faut une gouvernance mondiale, on ne peut plus rester morcelés à deviser sur l'océan, chacun en fonction de sa nation. D'ailleurs, dans notre film *Océans*, nous avons eu tort de mettre un *s* à océan. Il aurait dû s'intituler *Océan*, car il n'y a qu'un océan global. C'est pourquoi je pense qu'il y a encore, peut-être, un autre film pour moi sur l'océan, ou il y en a sûrement dix, c'est sans fin...

« Je pense que les gens de mer ne sont pas tout à fait les mêmes que les autres, qu'ils développent une compréhension particulière entre eux. C'est une vaste chaîne de compréhension et de solidarité : quand on appelle à l'aide en mer, on vous répond. Quant à vivre complètement avec la mer ? Ils sont nombreux à être partis vers les Marquises, par exemple. Si c'était possible, je le ferais bien... mais une fois là-bas, que faire ? Aller plus loin, c'est amorcer le retour. Il y a un très beau livre de Jean Reverzy (*Le Passage*) qui raconte cela, et dont les derniers mots sont : « Il lui sera beaucoup pardonné, car il a beaucoup aimé la mer » !

Algues

Longtemps négligées, les algues passionnent aujourd'hui de nombreux entrepreneurs de par le monde. Plus les recherches progressent, plus les algues se révèlent comme des plantes truffées de qualités, de composants exceptionnels, utilisables dans une multitude de champs industriels, alimentaires, pharmaceutiques, nutraceutiques, agricoles, aquacoles, biotechnologiques, cosmétiques, mécaniques, plasturgiques, etc. En quelques décennies, le boom des algues est devenu une industrie multimilliardaire. Rien qu'aux États-Unis, la récolte des algues rapporte 6,4 milliards de dollars, dépassant ainsi les récoltes mondiales de citron. Cette gigantesque biomasse est apparue tel un or brun qu'il suffirait de ramasser ou de laisser pousser.

La culture des algues ne cesse de se développer et la Chine est le premier producteur mondial avec près de 13 millions de tonnes, suivie par l'Indonésie, la Corée du Sud et les Philippines. Un rapport de gouvernance, publié sous les auspices des Nations unies par deux instituts, l'un canadien et l'autre écossais, et mené avec 21 organismes de recherche, prévient que face à une telle expansion, cette forme d'aquaculture risque de reproduire les erreurs de l'agriculture industrielle, créant de nouvelles formes de pollutions, de maladies, de destructions et de désastres sanitaires.

Ce rapport a néanmoins permis de mettre en lumière d'importantes améliorations apportées par cette culture venue revitaliser des régions où les pêcheries étaient en perte de vitesse suite à la surpêche. Considérée comme peu nocive pour l'environnement puisqu'elle n'utilise ni nutriments ni engrais, cette activité a été encouragée par de nombreux gouvernements. Les algues font aussi partie des programmes d'aquaculture intégrée (IMTA) (voir le travail du docteur Thierry Chopin sur le kelp dans le cadre de l'IMTA, p. 156) où elles jouent un rôle crucial en absorbant les rejets pour développer des écosystèmes plus sains et plus naturels destinés à l'élevage des poissons. Quant aux micro-algues marines, on estime qu'elles contiennent des éléments nutritifs qui pourraient se substituer aux huiles et farines animales.

La culture des algues a permis à certaines communautés de pêcheurs d'abandonner des pratiques de pêche destructives (explosifs) pour s'adonner aux algues, et aux femmes de devenir économiquement actives, souvent pour la première fois. Les algues sont utilisées dans quantité de produits courants : dentifrices, teintures, peintures, crèmes cosmétiques, colles, et également pour revitaliser le paysage marin ou combattre l'érosion.

Institut canadien (UNU-INVEH) : www.inweh.unu.edu/portfolio/safeguarding-the-future-of-the-global-seaweed-aquaculture-industry
Institut écossais (SAMS) : www.sams.ac.uk
Global Seaweed SAMS (le rapport) : www.sams.ac.uk/t4-media/sams/pdf/globalseaweed-policy-brief.pdf
Docteur Thierry Chopin : www2.unb.ca/chopinlab/index.html

Algues bretonnes et végétaux marins

Partant du constat que 90 % de la production d'algues françaises vient de Bretagne, un projet de l'université Bretagne-Loire vise à développer la recherche sur cette filière en pleine expansion (notamment les biotechnologies), tout en s'assurant du respect de l'environnement à tous les niveaux de production. C'est le programme IDEALG, coordonné par Philippe Potin, directeur de recherche CNRS à la Station biologique de Roscoff. IDEALG regroupe 18 partenaires, scientifiques, techniques et industriels (parmi lesquels CNRS, IFREMER, INRA, CEVA, C-WEED, DuPont, etc.).

Les principaux axes de recherche les plus prometteurs : l'étude des génomes de façon à mieux identifier et domestiquer les algues locales les plus adaptées, la « chimie bleue » (recherche de composés chimiques naturels), optimiser la production de biomasse, favoriser le transfert de connaissances entre scientifiques et entrepreneurs et développer l'algoculture d'algues indigènes, non invasives, de façon à en faire une filière durable.

Quant aux nouveaux marchés, ils semblent se démultiplier : « À ce jour, l'alimentaire, les cosmétiques, l'agroalimentaire (épaississant, etc.), l'agriculture (engrais et substitut aux phytosanitaires chimiques), la santé humaine (médicaments) et animale (substitut aux antibiotiques) sont les débouchés les plus fréquents. Les biomatériaux (pour imprimantes 3D) montent en puissance. Pour la bioénergie, on n'en est encore qu'aux prémices. »

IDEALG : www.idealg.ueb.eu

Les forêts de kelp sont des oasis de biodiversité.

Dans un même esprit de valorisation et de transfert des connaissances, le CEVA (Centre d'étude et de valorisation des algues), créé en 1982 avec le soutien des collectivités territoriales bretonnes et des industriels, mène une recherche appliquée sur les algues, les végétaux marins et les biotechnologies marines. Cet organisme privé est un centre technique du réseau ACTIA (labellisé Institut technique agro-industriel par le ministère de l'Agriculture et de la Pêche) et il est situé sur le terrain, à Pleubian, dans les Côtes-d'Armor.

CEVA : www.ceva.fr

Manger des algues

Elles sont largement et traditionnellement cultivées et consommées en Asie depuis le ve siècle, plus particulièrement au Japon. On les classe en fonction de leur pigmentation : algues vertes, algues brunes, algues rouges, algues bleues. Cet aliment, parfois alicament, devient un accompagnement de plus en plus populaire en Occident et on le voit apparaître sous de multiples formes : outre les sushis, en salade, en caviar de kelp, dans des chips, des spaghettis, des desserts ou de la bière, etc. Or, l'Europe ne représente encore que 4 % de la consommation mondiale. Avec la tendance qui consiste à ne plus manger de produits animaux ou de plantes qui appauvrissent la planète, les algues trouvent un nouveau public, conquis par leurs mille et une vertus et leur contenu en minéraux, vitamines, antioxydants, fibres, protéines... Pour certains, comme le célébrissime chef Jamie Oliver, elles aideraient même à perdre du poids, pour d'autres elles auraient des vertus anticancéreuses et faciliteraient l'absorption par l'organisme de hauts niveaux de provitamine A, vitamine A, B9, B12 ou K, calcium, magnésium, zinc, iode, sélénium, acides aminés essentiels, oméga-3... On compterait plus de 145 variétés d'algues comestibles d'après la FAO, dont certaines qu'il faut consommer avec modération en fonction de leurs composants (comme l'iode qui d'un côté protège contre les radiations, mais de l'autre a un impact sur la thyroïde). Quelques algues couramment consommées : kelp, dulse, laitue de mer, salicorne, haricot de mer, laminaires, nori, wakamé, arame, kombu, agar-agar, chlorelle, spiruline, etc.

Lorsqu'on sait que le kelp pousse vite et facilement (35 cm en trois mois) et qu'il n'a besoin d'aucun produit phytosanitaire, ni d'eau douce pour croître, on comprend que cette algue – parmi d'autres – est une excellente ressource pour le futur, puisqu'elle peut être cultivée comme nourriture sans nuire à son environnement, et que son empreinte carbone est négative, vu que les algues (qui nous fournissent la plus grande partie de notre oxygène) absorbent plus de CO_2 qu'elles n'en produisent (voir aussi les recherches de Brian von Herzen, p. 158).

Algues à tout faire

Il en est des algues comme de beaucoup d'espèces marines, nous les avons totalement ignorées pendant des millénaires et nous les redécouvrons aujourd'hui d'un œil nouveau, avec nos besoins et notre technologie. Nous leur trouvons soudain une myriade de qualités et de possibilités ; les algues sont en train d'entrer dans nos vies pour toujours. Face à de telles perspectives, espérons que nous saurons les utiliser intelligemment, sans jouer, une fois de plus, les apprentis sorciers des écosystèmes.

Ce nouvel eldorado pour les chercheurs aboutit à toutes sortes d'expérimentations, d'innovations ou de produits dans les domaines les plus éclectiques. Ainsi, en travaillant sur le biomimétisme à partir de la structure du plancton, des chercheurs de l'A*Star de Singapour ont réussi à améliorer les capacités de stockage de batteries au lithium.

American Chemical Society :
www.pubs.acs.org/doi/abs/10.1021/cm504042s

On sait aujourd'hui qu'un pourcentage important des gaz à effet de serre provient des émissions de méthane du bétail, notamment les rots et les pets de vache qui pèsent lourd dans la balance. Or, des recherches menées par Robert Kinsley (du CSIRO) et le professeur Rocky de Nys de l'université australienne James-Cook montrent que si l'on ajoute une faible quantité d'algue rouge séchée (du type *Asparagopsis taxiformis*) à l'alimentation du bétail, ce complément provoque une réduction drastique (jusqu'à 99 % !) du méthane émis par les bovidés.

Une algue pour réduire le méthane des pets de vache :
www.nationalgeographic.com/people-and-culture/food/the-plate/2016/11/seaweed-may-be-the-solution-for-burping-cows
Les recherches du professeur Rocky de Nys :
research.jcu.edu.au/portfolio/rocky.denys
www.jcu.edu.au/news/releases/2016/april/flying-high-with-algae

Dans la même veine, des chercheurs français de l'INRA (Institut national de recherche agronomique), en partenariat avec le groupe Olmix (spécialisé dans la valorisation des algues vertes en Bretagne), ont mis en évidence l'action protectrice de certains composants des algues dans la nourriture destinée à l'élevage. Selon le communiqué : « Les algues marines constituent une source de polysaccharides sulfatés qui pourraient être utilisés dans l'alimentation des animaux d'élevage pour inhiber la croissance des agents pathogènes et stimuler la réponse immunitaire. Ceci pourrait améliorer la robustesse des animaux face aux infections et réduire l'utilisation des antibiotiques dans les élevages. »

Communiqué de l'INRA :
www.newspress.fr/Communique_FR_295104_650.aspx

Toujours en travaillant sur les propriétés des algues, et en particulier de microalgues prélevées au large de la Bretagne, deux chercheurs français, Lionel Navarro, directeur de recherches au CNRS, et Laurent de Crasto, œnologue et ingénieur agronome, y ont décelé des molécules qui semblent très efficaces contre le mildiou de la vigne, le botrytis et certains champignons pathogènes du blé ou des tomates. Ils ont ainsi créé leur

PME, ImmunRise Technologies, pour développer ces biopesticides qui peuvent représenter une véritable alternative aux dangereux pesticides de synthèse utilisés dans certaines cultures telles que la vigne et le blé.

ImmunRise Technologies, Pessac:
www.immunrisebiocontrol.fr/bio-pesticide

Les microalgues, celles-là mêmes qui sont à la source de la vie végétale et animale, ouvrent de vastes perspectives à la recherche. Certaines pourraient devenir un aliment du futur pour remplacer avantageusement la chair des poissons tels que le saumon, comme c'est le cas de l'*Odontella*, première microalgue autorisée pour la consommation humaine, qui fait l'objet de nombreuses recherches dans le domaine alimentaire, car elle est très riche en antioxydants et en composés nutritifs de grande qualité, protéines, acides gras polyinsaturés de la famille des oméga-3, polysaccharides, fibres, minéraux et vitamines.

Société Odontella, Bordeaux:
www.odontella.com/fr/odontella-accueil

Les microalgues sont également considérées comme des « puits de carbone » dans la mesure où elles absorbent le CO_2, c'est pourquoi elles ont été testées en plein Paris, à l'intérieur des fameuses colonnes Morris de style Art déco qui ornent les trottoirs parisiens depuis des décennies. Des cuves expérimentales hautes de 4 m y ont été installées, contenant des microalgues fournies par la société FermentAlg pour observer leur capacité à diminuer la pollution des villes en neutralisant le dioxyde de carbone produit par les véhicules à combustion. On estime qu'une seule de ces colonnes dépollue autant que 100 arbres.

Société FermentAlg: www.fermentalg.com/fr

Utilisées sous de nombreuses formes pour des industries diverses (cosmétique, alimentaire, etc.), les microalgues se retrouvent, en bout de chaîne, sous forme de résidu, lui-même très prometteur, car ses propriétés le rapprochent du bitume. En effet, des chercheurs du CNRS/université de Nantes ont mis au point un bio-bitume conçu à partir de résidus de microalgues ayant les mêmes qualités que le bitume de nos routes.

Programme AlgoRoute CNRS :
www2.cnrs.fr/presse/communique/3979.htm

Le plancton, clef de voûte de la vie

Par définition, le plancton est formé d'organismes en suspension dans l'eau qui se laissent porter au gré des courants, d'où leur nom de « plancton » (du grec *plagktós*, « errant »). Sous cette appellation, on trouve aussi bien le zooplancton (jusqu'à 10 000 organismes animaux par litre d'eau de mer, copépodes, embryons, larves), le phytoplancton (jusqu'à 100 millions d'organismes végétaux par litre d'eau de mer, protistes, diatomées, dinoflagellés), les bactéries (jusqu'à 10 milliards d'organismes bactériens par litre d'eau de mer, procaryotes, cyanobactéries), les virus (jusqu'à 100 milliards d'organismes viraux par litre d'eau de mer, phages, virus géants), mais aussi les méduses qui se laissent gracieusement dériver dans les courants : elles sont les plus gros organismes planctoniques.

À l'origine de toute vie, de tout écosystème, c'est cet extraordinaire peuple planctonique qui nous fournit plus de la moitié de notre oxygène, qui capte la moitié de notre CO_2 et constitue la plus grande masse de la matière organique produite sur Terre... Afin de mieux étudier ce fantastique univers de l'infiniment petit, deux expéditions scientifiques ont été menées autour du globe entre 2009 et 2013, à bord du voilier océanographique français *Tara*, sur des centaines de sites couvrant l'ensemble des océans. Dans la mesure où la constellation du plancton est à la base de la chaîne alimentaire, son influence est constante sur les équilibres planétaires. Or, le plancton est très sensible et réactif au réchauffement climatique et à l'acidification de l'eau, ce qui peut impacter l'ensemble du vivant, en mer comme sur terre...

Les expéditions de *Tara* – soutenues par le CNRS, l'EMBL (Laboratoire européen de biologie moléculaire) et le CEA (Commissariat à l'énergie atomique et aux énergies alternatives) – ont contribué à nous faire prendre conscience de l'immense variété de l'univers planctonique. C'était la volonté d'Éric Karsenti, chef de la mission scientifique, et d'Étienne Bourgois, l'armateur de *Tara*, de faire découvrir au monde la variété, l'importance et la fragilité du monde planctonique de façon « holistique », sous tous les angles. Comme l'exprime Éric Karsenti : « L'idée était de mieux saisir l'origine du plancton, ses évolutions, sa mue d'un océan à l'autre. Quelles étaient sa distribution et sa biodiversité ? Tous ces royaumes étaient-ils liés ? Quelle était l'influence de l'environnement – température, salinité, acidité, paramètres physico-chimiques – sur ces drôles de créatures ? »

Pour ce faire, les expéditions ont été organisées sur le principe de transversalité et d'interdisciplinarité, comme pour les expéditions du XIXe siècle, mais avec les compétences d'hommes et femmes du XXIe siècle, marins, artistes, scientifiques : « experts en génomique, imagerie quantitative, biologie, biogéochimie, biogéographie, océanographie, biophysique, génétique, bio-informatique... » Après trois années autour du globe, du nord au sud et d'est en ouest, plus de 30 000 échantillons « éco-morpho-génétiques » de plancton (récoltés systématiquement à trois profondeurs) ont été rapportés à bon port et vont permettre d'élaborer un véritable dictionnaire du monde planctonique. Le directeur de recherches au CNRS et spécialiste du plancton Colomban de Vargas, de la Station biologique de Roscoff (l'un des pionniers de ces missions *Tara*), explique l'intérêt d'étudier les protistes : « Ce sont les protistes et les bactéries qui opèrent la photosynthèse dans le plancton. Ils sont essentiels car ils produisent la vie. Pour les plus petits et les plus grands organismes, on a presque tout séquencé en ADN. C'est incroyable, on atteint là le bout de la biodiversité. Pour les tailles intermédiaires, comme il y a trop d'espèces différentes, on utilise un système de marqueurs génétiques (code-barres) qui définissent un genre de plancton. On estime ainsi

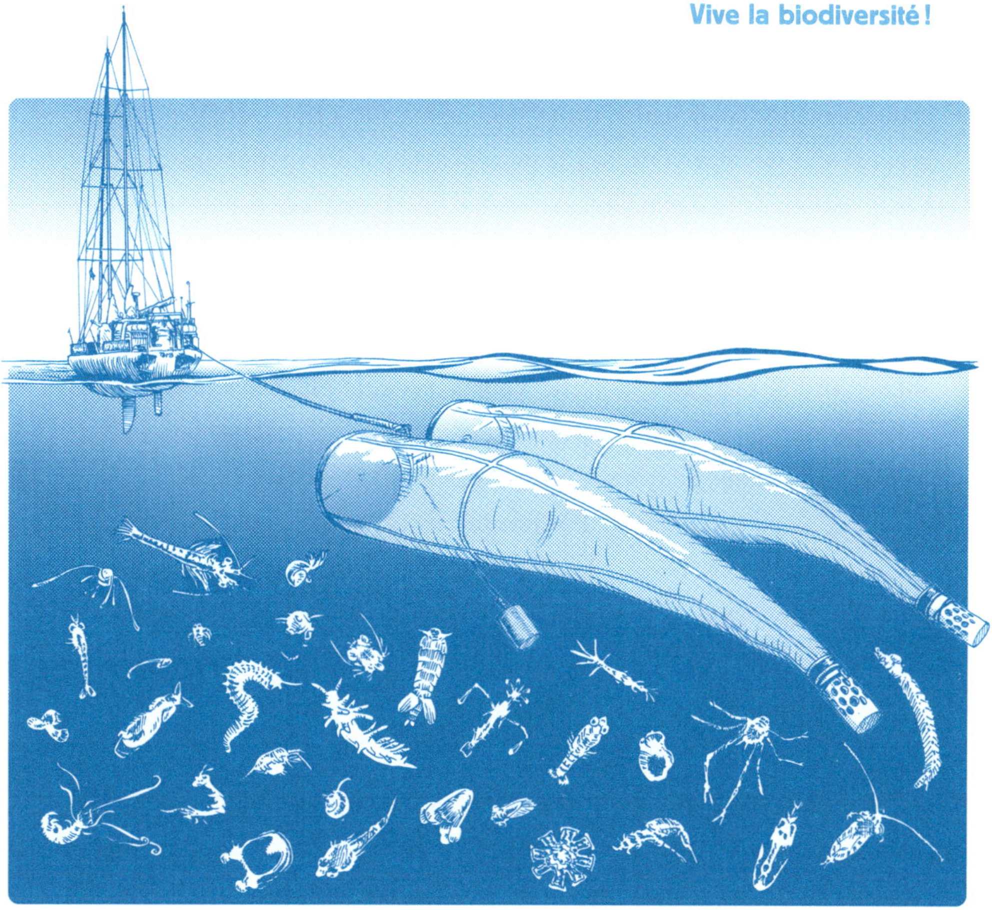

La goélette océanographique *Tara* traîne deux filets destinés à la récolte du plancton, dans le cadre de leur mission sur la diversité planctonique.

à 150 000 le nombre de genres planctoniques ! » Colomban de Vargas est aujourd'hui coordinateur scientifique du vaste projet OCEANOMICS, qui s'appuie sur les données récoltées au cours des expéditions Tara.

OCEANOMICS : www.oceanomics.eu

Planctonautes citoyens et participatifs

Parce que le grand public prend conscience de l'importance extrême de ce premier maillon de la chaîne, des projets se forment ici et là pour que les citoyens, les plaisanciers, les marins, les pêcheurs, les chercheurs, fassent part de leurs observations ou opèrent des prélèvements destinés aux scientifiques. Ainsi le projet Phenomer de l'IFREMER est consacré aux efflorescences de microalgues (*bloom*, en anglais) qui donnent lieu parfois à de vastes proliférations de microalgues se transformant en marée rouge ou en marée verte. Les observateurs peuvent transmettre leurs échantillons à des structures relais ou communiquer leurs observations par téléphone, Internet ou via une application. Le projet Plankton Planet, dirigé par Colomban de Vargas, est une plate-forme participative nourrie par les données, les observations et les prélèvements d'une armada de « planctonautes » qui sillonnent les mers du globe.

Projet Phenomer IFREMER : www.phenomer.org
Plankton Planet : www.plankton-planet.org

Récifs

Il aura fallu 18 millions d'années à ce monument mondial de la biodiversité pour se créer, la Grande Barrière de corail australienne, le plus grand organisme vivant connu (2 600 km de long pour 2 900 récifs), mais il suffirait peut-être de quelques décennies aux humains pour le tuer à petit feu ? En effet, depuis quelques années, les récifs perdent leurs splendides couleurs pour devenir pâles, blancs comme le linge des publicités de lessive. Cet inquiétant blanchissement est le symptôme d'un récif qui dépérit sous l'effet du réchauffement, de l'acidification des eaux et de la surpêche. Le récif est un animal vivant et sensible, c'est un écosystème infini à lui tout seul, recelant plus de 2 millions d'espèces de poissons, mollusques, crustacés, raies, requins, etc. À eux seuls, les récifs abritent plus de 25 % de la biodiversité marine. Mais lorsqu'un récif est stressé, comme il l'est par le changement climatique et les activités humaines (parfois par des espèces invasives, mais aussi des cyclones, des tsunamis), il expulse les zooxanthelles qui vivaient en son sein, ces microalgues colorées nécessaires à sa survie, qui s'échappent de lui comme le sang quitte un corps agonisant.

La disparition progressive des récifs est bien plus catastrophique qu'on ne pourrait le croire. Avec eux, ce sont des milliers d'espèces qui meurent et brisent les maillons constitutifs de la chaîne du vivant. Plus de 20 % des récifs seraient déjà morts. Ce blanchissement massif et leur disparition progressive peuvent entraîner de graves répercussions directes et indirectes sur les écosystèmes dont nous faisons partie intégrante. Sans compter que les récifs forment des digues sous-marines absorbant jusqu'à 97 % de l'énergie des vagues, ce qui protège de nombreux littoraux, îles et plages ainsi que leurs habitants...

La situation est si grave, avec des milliers de récifs déjà morts dans les océans, qu'un puissant mouvement de ressac s'est levé de par le monde. Comme le chantait John Lennon : « *You don't know what you've got until you lose it* » (« On ne sait pas ce qu'on possède jusqu'à ce qu'on le perde »).

La disparition actuelle des coraux provoque une large prise de conscience des populations du littoral, directement concernées par cette catastrophe, mais plus largement aussi. On ne compte plus désormais les initiatives, petites ou grandes, pour restaurer les coraux de par le monde, vaste entreprise à laquelle chacun peut participer. De même qu'un récif exprime sa beauté et sa vitalité par l'ensemble des polypes qui le composent, ce mouvement de restauration qui bourgeonne un peu partout et s'installe durablement dans les esprits nous fait percevoir les récifs comme un chaînon essentiel qu'il faut préserver à tout prix, mais il nous familiarise aussi avec son fonctionnement, sa complexité et la perfection vitale de ses écosystèmes imbriqués les uns dans les autres, tel le modèle d'une humanité métissée et durable...

Il existe diverses façons de restaurer le corail et certaines techniques s'apparentent de près au jardinage, avec des méthodes de bouturage qui présentent l'avantage de pouvoir être accomplies sans technologie, par des habitants du littoral, par exemple. Du coup, les initiatives ont pris diverses formes, en fonction des sites et des populations. Parfois ce peut être les membres d'une tribu qui, sous l'impulsion d'un seul homme, se mettent à reconstituer leur récif.

Récifs artificiels de troisième génération à Bali

L'un des projets les plus emblématiques est sans doute le projet Biorock, fantastique programme de restauration du corail dans les eaux balinaises, qui concentrent une multitude de récifs d'une grande richesse. L'un des sites les plus connus s'appelle Pemuteran, petit village de pêcheurs au nord-ouest de l'île, devenu un haut lieu touristique de la plongée sur les récifs. À la fin des années 1990, ces récifs furent sérieusement dégradés par des espèces invasives, mais aussi par la pêche à la dynamite, puis par les effets du phénomène climatique El Niño. C'est alors qu'a été expérimenté à Pemuteran un procédé élaboré dans les années 1970 par un architecte allemand futuriste, chercheur en sciences marines, Wolf Hilbertz. Ce procédé consiste à immerger des structures métalliques, des grilles parcourues par un faible courant électrique (alimenté par des panneaux solaires ou des éoliennes qui flottent, ou par l'énergie de la houle), de façon à favoriser l'électrolyse. Cette méthode, mise au point dans les années 1980 en compagnie du biologiste Thomas Goreau, spécialiste du corail et membre du Global Coral Reef Alliance, déclenche un processus d'« accrétion minérale électrolytique », un dépôt cristallisé favorisant la colonisation par des espèces pionnières. Ainsi le support minéral « pousse » très vite (d'où l'appellation Biorock).

Hilbertz est donc venu sur les coraux de Pemuteran à la demande d'un club de plongée. L'expérience s'est révélée concluante et spectaculaire : le corail s'est rapidement implanté et la vie est revenue autour de lui. Il semble qu'avec cette technique qui accélère le travail naturel du vivant, le corail pousse jusqu'à cinq fois plus vite et l'ensemble favorise l'apparition de coquillages (huîtres, palourdes), de crustacés et de poissons. Le succès de Pemuteran a servi de vitrine dans le monde entier et ce programme a reçu de nombreux prix et récompenses, y compris des Nations unies (Programme des Nations unies pour le développement).

Depuis, Biorock est devenu une méthode (brevetée) utilisée dans de nombreux sites avec succès et cette technique de génie écologique peut également s'appliquer à d'autres environnements (en fonction de la forme que l'on donne aux récifs, de leur implantation, etc.) : restauration des habitats de poissons, de végétaux marins, protection du littoral… On peut même s'en servir pour consolider des structures telles que des jetées, des pontons et des digues, car il produit rapidement du calcaire qui s'autorégénère et abrite la vie. Des projets Biorock éclosent un peu partout dans le monde (Thaïlande, Maldives, Seychelles, Indonésie, Papouasie-Nouvelle-Guinée, Mexique, Panamá, ou la zone de Saya de Malha Banks dans l'océan Indien).

La technologie Biorock, par l'un de ses créateurs, Thomas J. Goreau : www.globalcoral.org/wp-content/uploads/2013/11/BIOROCK_TECHNOLOGY_july1114.pdf

Biorock à Bali : www.biorockbali.webs.com

La mise en œuvre de cette technologie se fait par le biais d'une ONG, Global Coral Reef Alliance (GCRA), fondée en 1990 et dédiée à la préservation ou la restauration de ce qu'ils considèrent comme « l'écosystème marin le plus menacé du monde ». L'idée est également de réintroduire des coraux qui avaient été endommagés, pour leur redonner leur habitat naturel et assurer leur croissance. Pour ce faire, la GCRA regroupe des scientifiques, des plongeurs, des volontaires, des habitants locaux, des protecteurs de l'environnement, pour redonner vie aux récifs. Ces travaux sont menés avec des fondations, des instituts de recherche, des gouvernements et des entreprises privées pour restaurer le corail et créer des nurseries et des sanctuaires marins. La régénérescence des coraux est un sérieux atout pour lutter contre la montée des eaux, promouvoir une aquaculture intégrée du type permaculture (p. 156), mais c'est également un gros atout touristique, car les récifs sont la première destination des amoureux de la mer et de la plongée.

Global Coral Reef Alliance (GCRA) : www.globalcoral.org

Mille et un jardiniers du récif

Il existe différentes méthodes pour régénérer le corail, dont certaines s'apparentent au jardinage, avec l'art du bouturage ou de la transplantation. Il suffit parfois de caler un morceau de corail sain sur une structure corallienne moribonde pour enclencher le processus de régénérescence. Ces programmes se déroulent depuis suffisamment longtemps, plus de vingt ans parfois, pour permettre de prendre du recul et de mesurer le chemin parcouru. Ces techniques fonctionnent, elles ne sont pas difficiles à apprendre et ne coûtent pas très cher, elles permettent aux coraux de revivre, mais c'est une fois de plus une course contre la montre qui se livre entre la chaîne du vivant et l'humanité. C'est pourquoi ce genre d'initiative se prête à une action collective massive. L'état alarmant des récifs a réveillé bien des consciences et de multiples initiatives citoyennes se sont développées dans toutes les mers et les océans, donnant l'occasion de réunions, de plongées, d'ateliers, de rencontres artistiques, de fêtes, autant d'événements fédérateurs et créateurs de liens sociaux, dédiés aux récifs et à leur régénérescence.

Exemple de projet communautaire à Bali, Menjangan : www.biospherefoundation.org/project/menjangan-island-coral-reef-conservation

Ce sont des milliers, des millions d'humains qui ont contribué, directement et indirectement, à la dégradation des récifs, et il en faudra sans doute autant pour replanter, bouturer, préserver. C'est ainsi que dans les Keys, chapelets d'îles de Floride, désormais, les touristes qui le souhaitent peuvent plonger, même munis d'un simple équipement PMT (Palmes/Masque/Tuba), en suivant les instructions des scientifiques, pour participer à replanter les récifs, comme autant de jardiniers volontaires. Des branches de corail régénérées en pépinière sont utilisées pour être directement repiquées sur un récif endommagé. Certaines de ces techniques sont relativement simples à mettre en œuvre, comme le montrent les recherches de Stephanie Schopmeyer, de l'université de Miami. Une fois de plus, ce genre d'action est générateur de cercles vertueux, car outre l'aspect pédagogique lors duquel les volontaires apprennent et comprennent la nature du corail, leur action contribue à générer la biodiversité, la présence des poissons, et donc un regain d'intérêt touristique, ainsi qu'une véritable amélioration pour les pêcheurs locaux.

Solutions écologiques pour la restauration du corail :
www.ncbi.nlm.nih.gov/pmc/articles/PMC5075686

Coral Restoration Foundation : www.coralrestoration.org

L'un des derniers navires ayant échappé au bombardement de Pearl Harbor pendant la Seconde Guerre mondiale a été l'objet d'un projet artistique, écologique et ludique, financé par Richard Branson, avant d'être immergé. Une structure métallique de 25 m de long représentant un calmar géant a été conçue sur l'épave pour y générer la formation du corail. Un paradis pour les écoplongeurs.

En Floride, un sympathique chercheur retraité à la barbe de prophète a tourné un clip qui a été vu par des millions d'internautes. En effet, le docteur David Vaughan a mis au point une méthode de microfragmentation permettant de faire pousser de façon accélérée le corail le mieux adapté aux changements climatiques, et tous les plongeurs peuvent participer à cette opération destinée à replanter plus d'un million de coraux dans les eaux floridiennes.

La vidéo de David Vaughan :
www.facebook.com/AARP/videos/10155046983618960
MOTE Laboratory and aquarium :
www.mote.org/research/program/coral-reef-restoration

Bénéfices collatéraux

Voir aussi le projet de restauration des récifs au sein du PUR Projet, fondé par Tristan Lecomte, pionnier du commerce équitable en France avec son entreprise Alter Eco. L'idée de PUR Projet, constitué d'un pôle d'entrepreneurs et de chercheurs, est de répandre ce qu'il appelle l'« *insetting* », consistant à assister les entreprises pour les inciter à régénérer les écosystèmes dont elles dépendent et, ce faisant, lutter contre le changement climatique, ce qui engendre des bénéfices collatéraux pour l'humain et la nature.

PUR Projet, restauration des écosystèmes marins :
www.purprojet.com/fr/restauration-ecosystemes-marins

En partenariat avec The Nature Conservancy s'est créé un puissant réseau consacré à la résilience des récifs, The Reef Resilience Network, avec un vaste panel d'une centaine d'experts couvrant tous les sujets connectés à leur mission (synthèse et analyse, partage, mise en relation des personnes, enseignement des techniques, support…). L'idée est de faciliter et d'encourager au maximum toutes les solutions et initiatives visant à restaurer les récifs partout dans le monde.

The Reef Resilience Network : www.reefresilience.org

L'une des techniques pour aider le corail à se reproduire est la voie sexuelle, consistant à reproduire le processus naturel, comme le fait une ONG américaine créée en 2002, appelée SECORE (SExual COral REproduction), composée de scientifiques et de professionnels des aquariums publics qui participent à la restauration du corail par de multiples voies : éducation, reproduction et conservation des récifs.

SECORE : www.secore.org/site/home.html

En France, l'IFRECOR (Initiative française pour les récifs coralliens) est un réseau national comprenant des comités locaux qui représentent les DOM/TOM concernés par les récifs coralliens et leurs écosystèmes : mangroves et herbiers (Guadeloupe, Martinique, la Réunion, Mayotte, les îles Éparses, Nouvelle-Calédonie, Wallis-et-Futuna et la Polynésie française).

Comme le rappelle l'IFRECOR à propos de la place des récifs coralliens en France : « La France est le seul pays au monde à posséder des récifs coralliens dans les trois océans, et ces contextes variés leur confèrent une diversité exceptionnelle... 20 % des atolls coralliens du monde sont situés en Polynésie... La barrière de Nouvelle-Calédonie est la deuxième plus grande barrière récifale du monde (1 600 km en longueur développée)... La Nouvelle-Calédonie et Mayotte présentent chacune des doubles récifs barrières, phénomène extrêmement rare dans le monde (il en existe moins de dix)... Grâce en grande partie à la présence des récifs, la France possède l'une des plus vastes zones économiques exclusives (ZEE) du monde ; les collectivités de l'outre-mer représentent plus de 90 % de l'espace maritime national. »

Ce programme est la déclinaison française de l'initiative internationale pour les récifs coralliens (ICRI) mise en œuvre dès 1995.

IFRECOR : www.ifrecor.com

ICRI : www.icriforum.org

Institut de recherche pour le développement : www.ird.fr/toute-l-actualite/actualites/communiques-et-dossiers-de-presse/cp-2016/recifs-coralliens-solutions-locales-pour-un-probleme-global

Pour les récifs du Pacifique, l'Institut des récifs coralliens du Pacifique (IRCP) est une véritable mine d'informations, d'initiatives, d'archives, qui dépend de l'École pratique des hautes études (EPHE), il a été créé en 2009 par arrêté du ministère de l'Enseignement supérieur et de la Recherche. Ses quatre axes d'action sont : les formations locales, les formations internationales, les bourses et le réseau de suivi des récifs.

Institut des récifs coralliens du Pacifique (IRCP) :
www.ircp.pf

L'expédition Tara est partie en 2016 pour une vaste opération Corail dans le Pacifique, portant sur tous les aspects relatifs aux récifs, et que l'on a pu suivre sur le site, comme toutes les expéditions de *Tara*, ce voilier océanographique conçu à l'origine par Jean-Louis Étienne pour l'Antarctique, puis repris par Peter Blake avant de servir la science et l'éducation avec pour mécènes Agnès B. et Étienne Bourgois. Longue de 36 m, cette goélette en aluminium a déjà beaucoup bourlingué, avec de nombreux chercheurs à bord. Un dossier pédagogique très complet consacré aux récifs est disponible pour les scolaires de différents niveaux :

Dossier pédagogique : www.bit.ly/dossier-recif-coralliens
Site des expéditions Tara : www.oceans.taraexpeditions.org

Un désastre nommé crème solaire

Ne nous leurrons pas, nous sommes tous responsables du blanchissement des récifs, même si nous vivons sur la montagne, car tout est indissolublement lié. Notre mode de vie, la pléthore de nos objets et de nos déchets, entraîne des cascades de conséquences qui s'amplifient les unes les autres. Un geste aussi simple que s'enduire de crème solaire avant d'aller à la plage, répété des millions de fois sur toutes les mers et les océans, finit par entraîner des effets destructeurs sur la biodiversité et en particulier les récifs coralliens. Les études sur ce produit, comme

On estime à 10 % la proportion des récifs détruits dans le monde par certaines molécules présentes dans un grand nombre de crèmes solaires (oxybenzone, parabène, camphre…). Voilà une nuisance qu'il est facile d'enrayer en choisissant mieux ces lotions censées nous protéger.

celle menée par l'université polytechnique des Marches, à Ancône en Italie (sur des coraux provenant de mer Rouge, des Caraïbes, de l'océan Indien, d'Indonésie, du Pacifique…), montrent clairement que plusieurs crèmes solaires courantes contiennent des composants chimiques susceptibles de déclencher un blanchissement rapide du corail, même à de faibles concentrations. Certains ingrédients sont principalement incriminés : oxybenzone (ou benzophénone-3, ce perturbateur endocrinien très toxique est présent dans plus de 3 500 produits solaires), parabène, cinnamate, zinc, et des dérivés du camphre. Les chercheurs estiment ainsi qu'environ 10 % des récifs coralliens du globe sont potentiellement menacés par la lotion solaire qui s'échappe des nageurs et plongeurs, mais que l'on retrouve aussi dans le sable des plages et dans les stations d'épuration, avant d'être drainée vers les fonds marins.

Or, certaines de ces molécules, une fois en contact avec l'eau de mer ou le soleil, deviennent toxiques pour la biodiversité et même le phytoplancton. La situation ne risque pas de s'arranger, vu l'accroissement du tourisme sur les plages et dans les zones récifales. C'est pourquoi il est nécessaire de bien choisir sa crème solaire ; il existe de plus en plus de marques non chimiques, biodégradables et non toxiques. Un nombre grandissant d'îles ou de plages de par le monde interdisent l'utilisation des crèmes chimiques. Chaque petit geste compte, dans un sens comme dans l'autre.

Impact des crèmes solaires sur le récif:
www.ncbi.nlm.nih.gov/pmc/articles/PMC2291012
Articles du médecin-surfeur Guillaume Barucq (Surf Prévention):
www.bit.ly/surf-prevention-creme-solaire

Et justement, afin d'éviter que le tourisme ne tue la ressource dont il dépend, il a été décidé de fermer complètement certaines zones touristiques pour y préserver les récifs et leurs écosystèmes. C'est ce qu'a choisi le gouvernement de Thaïlande, par exemple, en fermant plusieurs petites îles (Ko Khai) au large de Phuket, alors qu'elles faisaient l'objet de nombreuses visites touristiques pour leurs récifs. Toutes les installations touristiques ont été démontées et les eaux sont désormais interdites à la navigation.

Le paysage acoustique au service de la biodiversité

On le voit, face à ces menaces sur le vivant, il est indispensable de pouvoir évaluer la biodiversité marine en divers endroits du globe. Que ce soit pour mesurer sa densité, sa résilience, ou au contraire sa dégradation, les gestionnaires d'aires marines protégées et les chercheurs manquent d'outils d'évaluation faciles d'utilisation. Plongeurs, submersibles, drones, robots, caméras sous-marines, tout cela coûte cher et s'avère laborieux, car sous l'eau, la visibilité reste hasardeuse et limitée. Or, il existe une technique nouvelle, beaucoup plus simple et surtout efficace: la biophonie, ou l'écoute du paysage acoustique vivant. Le son voyage bien plus vite dans l'eau (1 500 m/s) que dans l'air (340 m/s), ce qui permet d'y capter des sons précis ou lointains, à l'aide d'hydrophones immergés, bien plus sensibles que nos oreilles terrestres. Contrairement à ce qu'on pourrait croire, la biodiversité marine est très bruyante pour qui sait l'entendre et de nombreuses créatures, grandes ou petites, de la baleine à la crevette, possèdent leur signature sonore permettant de les distinguer. Tout comme une forêt bien vivante produit des sons et des bruits qui reflètent sa biodiversité, de même les fonds marins ou les récifs, si riches en espèces vivantes, ont leur propre paysage acoustique, plus ou moins dense en fonction de la biodiversité présente. Des études pour comparer les bandes sonores de sites en bonne santé ou dégradés ont été menées en Polynésie française, à Moorea, par Frédéric Bertucci, chercheur en bioacoustique au CRIOBE (Centre de recherche insulaire et observatoire de l'environnement, CNRS) et l'université de Liège. Comme l'explique Bertucci : « À l'aide d'hydrophones autonomes utilisés pour enregistrer les paysages acoustiques sous-marins, mes recherches visent à corréler des caractéristiques acoustiques du milieu à divers indicateurs biologiques tels que l'indice de biodiversité, le nombre d'espèces et le pourcentage de couverture corallienne, afin d'évaluer l'état de santé des récifs. Ces études ont pour but de convertir les données acoustiques en une information fiable pouvant être utilisée par les décideurs et incluse dans les plans de conservation. »

Cette méthode acoustique présente de nombreux avantages : elle est non intrusive, facile à installer, et peut rester plusieurs jours sous l'eau sans présence humaine, à enregistrer fidèlement le paysage sous-marin, en étant capable de capter des sons infimes et d'autres lointains. Les chercheurs croisent deux critères pour estimer la biodiversité : le niveau sonore témoigne de l'abondance d'organismes vivants, tandis que la complexité sonore reflète la diversité des espèces. Du coup, il devient possible, grâce aux analyses acoustiques, d'estimer la biodiversité d'un site sous-marin avec précision, d'une façon légère à mettre en place, même en apnée.

Les recherches de Frédéric Bertucci :
www.nature.com/articles/srep33326
Article de Frédéric Bertucci : www.theconversation.com/a-lecoute-des-recifs-coralliens-66701

« Plus d'océan, moins de plastique »

La pollution, un mot devenu fourre-tout pour un sujet insaisissable, surtout dans un environnement tel que l'océan, où tout se fond, se mêle, se transforme, se dissout et se perd... Pendant longtemps (et aujourd'hui encore), la pollution marine n'a désigné que le visible : une marée noire ou des monceaux de plastique. À elles seules, les marées noires ont beaucoup fait pour éveiller les consciences aux dangers qui guettent la mer et ses habitants, tels l'anthropisation des littoraux ou l'afflux dans le milieu marin de nos poisons industriels. L'expression « marée noire » est née en Bretagne lors d'une des premières catastrophes de ce genre, celle du *Torrey Canyon*, en 1967, un pétrolier qui fit naufrage dans les îles Sorlingues, sur la côte britannique, causant un immense désastre écologique dans la Manche. Les images d'oiseaux, de poissons ou de mammifères marins entièrement mazoutés ont servi de catalyseur à travers toute l'Europe.

Puis vint une marée noire, que j'ai personnellement vécue aux premières loges, et qui fut considérée comme l'une des pires catastrophes écologiques du XXe siècle. Le 16 mars 1978, le supertanker *Amoco Cadiz* s'échoue à Portsall dans le Finistère nord. Ce sont 220 000 tonnes de pétrole qui se déversent en mer d'Iroise et s'en vont polluer la Manche au gré des vagues et des courants. Nous habitions alors, ma compagne et moi, 70 km plus loin, sur la toute petite île de Callot (22 habitants) en baie de Morlaix. Nous écoutions anxieusement la radio pour tenter de savoir où se trouvait la nappe dérivante. L'insupportable odeur d'hydrocarbure envahissait peu à peu l'atmosphère, écœurante... Mais l'humain s'adapte à tout et bientôt, baignant dedans, nous ne sentions même plus cette odeur, contrairement aux nouveaux arrivants qui grimaçaient, un foulard sur le nez... Et pourtant, la nappe de pétrole se trouvait encore à des milles de chez nous. Au bout de trois jours, des plantes commencèrent à roussir et nous avions mal à la tête. Une bonne partie de ce pétrole était en réalité extrêmement volatil et se répandait insidieusement dans les terres, les plantes, les rivières et les poumons, invisible mais tout aussi polluant !

Le 21 mars, jour du printemps, des amis sont venus sur l'île en barque, à la godille, pour célébrer l'anniversaire de l'un d'eux. Le soir tombant, remplis d'émotions mêlées, nous avons regardé la marée montante venir à nous. L'eau scintillait bizarrement dans le crépuscule, elle semblait lourde et ralentie… Alors seulement, nous avons compris que cette marée montante, que nous bénissions d'ordinaire, était en réalité une seule nappe de pétrole s'étendant à perte de vue. L'océan n'était plus que pétrole ; l'odeur, soudain violente, donnait envie de vomir. Chaque vaguelette, au lieu d'être bienvenue, devenait un poison poisseux souillant irrémédiablement le moindre caillou, les algues, les coquillages, les parcs à huîtres, les tourteaux dormeurs et les discrètes crevettes… Tout cela n'était plus qu'un épais linceul de goudron… Et au lieu de chanter « Bon anniversaire » à notre ami, nous nous sommes pris dans les bras et avons pleuré comme des enfants orphelins de la Terre. Quelques semaines plus tard, poussés hors de notre île, nous traversions l'Atlantique vers le Canada.

Le visible et l'invisible

Le XXe siècle a eu ses marées noires, mais en ce début de XXIe siècle, c'est avec effarement que nous découvrons la pollution marine par les plastiques, débris flottants ou microscopiques. Bien sûr, des amas de plastiques à la surface ou répandus sur les plages sont ultra-visibles et donc révoltants, mais ce qui frappe légitimement les imaginations, c'est l'ubiquité des microplastiques dans l'océan. Que ce soit au sein du minuscule phytoplancton ou de l'énorme baleine bleue, c'est une véritable soupe de plastique qui pénètre tous les organismes vivants et traverse l'ensemble de l'océan mondial, de l'Arctique à l'Antarctique, de la surface aux abysses.

Puisse cette pollution, quasi invisible et insaisissable, aider l'opinion à se mobiliser et à comprendre que chacun de nos gestes impacte l'ensemble de la chaîne du vivant. Moins médiatisées, mais tout aussi dangereuses, d'autres pollutions invisibles se diffusent à travers l'océan, métaux lourds, pesticides, engrais, produits chimiques, résidus de médicaments, de cosmétiques, radioactivité, molécules, pollutions venues des terres, des rivières, du ciel… Ainsi, ce qui est bon pour nous doit aussi l'être pour la planète, sinon le cercle ne tourne pas rond. Ce sont nos propres choix de vie qui, en bout de chaîne, se transforment en débris de plastique et en cocktails de molécules mutantes. Les plastiques devraient être le fer de lance d'une prise de conscience bien plus globale. Notre mode de vie toujours plus technologique, fondé sur la combustion des énergies fossiles, nous épuise, tout en épuisant notre petite Terre.

Au fur et à mesure que se démocratisent les outils pour accéder au monde marin, l'explorer, le filmer, des images nous viennent de partout, d'amateurs ou de professionnels, témoignant par leur vécu, leurs images ou leurs recherches scientifiques, de la gravité du problème, même dans les mers les plus reculées. Ce plastique industriel n'a même pas encore un siècle d'existence qu'il étouffe déjà l'ensemble de notre biosphère. D'un côté il nous permet d'épargner nos ressources naturelles, mais de l'autre nous l'avons tellement galvaudé qu'il nous revient en pleine face, tel un monstrueux boomerang…

Et c'est néanmoins ce plastique qui a rendu possible l'exploration marine, les images, la navigation, la plongée, le surf… Ce même plastique compose aussi les ordinateurs et les téléphones qui nous aident à protéger l'océan… Une fois de plus, il faut bien comprendre que l'écologie ne se limite pas au choix d'un matériau : l'écologie est avant tout un geste. Un sac en plastique réutilisé plusieurs fois et recyclé devient « écologique et durable », contrairement à son congénère, négligemment jeté au bord d'une route et qui finit dans l'estomac d'une vache ou d'un dauphin, après avoir voyagé dans le vent, les rivières, les fleuves, jusque dans la mer.

Charles Moore, « découvreur » du 7e continent…

C'est en 1997 qu'un navigateur du nom de Charles Moore, de retour d'une course océanique sur son voilier entre Hawaii et Los Angeles, se retrouve avec son équipage pris dans un gyre océanique (ces lents et vastes tourbillons ou vortex, engendrés par la rotation de la Terre et la force de Coriolis) où vont s'amasser les débris de l'océan, algues et bois flottés, bien sûr, mais surtout nos déchets flottants et les plastiques qui flottent à merveille et proviennent de tous les objets possibles et imaginables que nous produisons chaque jour à perte de vue. Une purée indistincte où se mêlent d'innombrables débris en voie de fragmentation. Frappé par cette masse flottante au milieu de laquelle il navigue, le « *great Pacific garbage patch* » (la grande plaque de déchets du Pacifique), Charles Moore la baptise le « 7e continent » et en parle comme d'une île flottante deux fois aussi grande que la France (p. 231). Le navigateur et son équipage passent une semaine à y lancer des filets pour prélever des échantillons. Ils trouvent là un inventaire hétéroclite d'objets venus des quatre coins du Pacifique, de Russie, du Japon ou d'ailleurs, ainsi que des kilomètres de filets de pêche abandonnés, emprisonnant leur lot d'animaux morts. En examinant au microscope des méduses prélevées sur place, Moore découvre avec stupeur que leur organisme est truffé d'échardes de plastique, et qu'il en va de même pour les oiseaux de mer ou le plancton… Non seulement ces microparticules étouffent la vie, mais Moore constate qu'elles agissent comme autant de minuscules éponges sur lesquelles vont se fixer des poisons chimiques et organiques, des métaux lourds, etc. Charles Moore a été le premier lanceur d'alerte sur l'urgence de traiter la question des plastiques dans l'océan.

Au début du XXIe siècle, la prise de conscience s'est généralisée, le plastique est devenu l'ennemi numéro 1 de la mer dans l'esprit du public, et la société commence à évoluer sur ces sujets. Mais bannir le plastique n'est pas la solution miracle, car il permet d'épargner des ressources naturelles. En réalité, nous devrions remonter à la source et accepter

Ce poisson-lanterne, l'un des plus répandus au monde (246 espèces), est une proie essentielle pour la biodiversité marine. Le jour il vit en profondeur et la nuit, il remonte à la surface pour se nourrir. Il est malheureusement menacé, car en même temps que le plancton, il absorbe quantité de microplastiques qui changent sa flottabilité au point de l'empêcher de redescendre en profondeur.

l'idée toute bête que nous pouvons être plus heureux avec moins d'objets. Ce que beaucoup perçoivent comme un sacrifice est en réalité une libération. Pendant ce temps-là, l'état de la mer ne s'améliore pas, et les projets fleurissent pour inventer de nouveaux moyens de la dépolluer.

Vingt ans plus tard, Charles Moore lui-même continue son combat avec son bateau *Algalita*, qui est aussi le nom de son ONG. Il organise des expéditions dans les gyres, travaille auprès de la jeunesse, imagine de nouvelles façons de recycler le plastique et poursuit son travail de lanceur d'alerte, par exemple en 2017 sur les poissons-lanternes : ces myctophidés (riches de 246 espèces) représentent 90 % de la biomasse en milieu profond et abyssal et 55 % de la biomasse totale des poissons du globe. Ce poisson, l'un des plus communs de l'océan, constitue un chaînon essentiel de la vie marine, car il sert de nourriture à de nombreuses espèces, cétacés, requins, thons, saumons, poissons pélagiques ou abyssaux, mais aussi oiseaux de mer, pingouins, céphalopodes, etc. Les poissons-lanternes vivent en profondeur pendant la journée et migrent la nuit vers la surface pour se nourrir de plancton. Or, la grande majorité des débris de plastiques entre deux eaux ne mesure pas plus qu'un grain de riz, tout comme le plancton. Après une expédition dans un gyre du Pacifique sud, Moore a calculé qu'à l'intérieur de ce vortex, la densité des microparticules de plastique était de 12 kg pour seulement 500 g de plancton ! Ainsi, de grandes quantités de poissons-lanternes absorbent ces particules qui ont sur eux un effet néfaste : la flottabilité de ces plastiques ingérés empêche les poissons-lanternes de redescendre vers les profondeurs pour leur migration quotidienne, ce qui les menace directement.

***Algalita*, Charles Moore, la pollution marine par les plastiques :**
www.algalita.org

Charles Moore et les poissons-lanternes :
www.vimeo.com/179399335

Boyan Slat, le Petit Prince et les plastiques

Mais sans aucun doute, celui qui a réussi à émouvoir l'opinion mondiale sur le sujet austère des plastiques est un étudiant néerlandais en ingénierie aérospatiale né en 1994, Boyan Slat. À l'âge de 16 ans, le jeune homme s'initie à la plongée lors de vacances familiales dans les eaux d'une île grecque, Lesbos, et c'est là qu'une véritable révélation va faire basculer son destin : à quelques mètres sous la surface, il s'aperçoit qu'il contemple autour de lui beaucoup plus de plastiques que de poissons !

L'adolescent se renseigne pour savoir si quelqu'un a inventé un procédé pour retirer ces plastiques de l'océan et lorsqu'il comprend que personne ne s'y est jamais attelé, il décide de relever ce défi technologique un peu fou. Dès lors, Boyan y consacre une bonne partie de ses études, partant du principe que si nous avons créé un problème, nous devons également être capables de le résoudre. Un an plus tard, il imagine un système passif de barrière flottante fixe qui retiendrait les débris de plastique en profitant du mouvement circulaire des gyres.

À force de travail et plein d'une énergie communicative, Boyan Slat se retrouve à faire une conférence TED à Delft aux Pays-Bas en 2012. Ces interventions, qui doivent être spontanées, personnalisées et limitées à 18 minutes, sont parfois reprises des dizaines de millions de fois sur Internet et deviennent de fantastiques propagateurs d'idées « valant la peine d'être diffusées ». Pas très préparé, pensant qu'il passerait inaperçu, Boyan se lance sur une petite scène, entouré de quelques fans enthousiastes, encore peu nombreux. En quelques semaines à peine, sa vidéo atteint aisément les 2 millions de vues sur YouTube et la première levée de fonds qui s'ensuit lui permet d'obtenir plus de 2 millions de dollars pour son projet ! Le public découvre cet écoguerrier au visage d'ange qui décide à lui tout seul de s'attaquer au plus vaste problème de l'océan : la pollution par les plastiques, en utilisant des technologies high-tech.

Boyan ne s'attendait pas à un tel succès dès sa première conférence, et il se rend vite compte des faiblesses de son projet. Face à l'engouement planétaire qu'il suscite, le jeune homme abandonne ses études pour se consacrer corps et âme à son combat en améliorant son concept ; lorsqu'il fonde l'ONG The Ocean Cleanup en 2013, il n'a que 19 ans. Très vite son idée est amplifiée dans le monde entier. Il est critiqué, mis en doute, mais va de l'avant, faisant évoluer son concept et s'entourant de spécialistes et de volontaires expérimentés dans tous les domaines. Sa volonté de débarrasser les océans de tous les plastiques de cette façon est peut-être disproportionnée, mais il a au moins le mérite d'agir, de remuer les foules et d'éveiller l'opinion à ce problème qui nous concerne tous, toute notre vie durant.

Boyan Slat obtient de hautes distinctions et récompenses et de nombreux prix prestigieux lui sont attribués pour son action. Quatre ans

Barrière flottante mise au point par Boyan Slat, qui pourrait être installée pour récupérer les déchets en plastique dans les gyres océaniques ou dans les estuaires des 10 fleuves au monde responsables de 86 % de la pollution par les plastiques.

plus tard, fort de tous ces succès, The Ocean Cleanup se retrouve avec une centaine d'employés et plus de 30 millions de dollars de donations, certaines venues de la Silicon Valley. L'idée est de récupérer les macrodéchets de plastique avant qu'ils ne se désintègrent en microparticules dans l'océan. Pour cela, Boyan Slat préconise d'installer plusieurs petites barrières flottantes fixes (longues de 1 à 2 km), à l'intérieur des gyres océaniques, qui constituent les plus importants « gisements » de déchets plastiques, en profitant de leur rotation pour ratisser la surface. Ainsi, en créant un point fixe dans le courant, il utilise les forces mêmes de l'océan pour le nettoyer.

Le tout est étudié de près par des scientifiques et des professionnels de l'océan, pour éviter de détruire la vie marine, résister aux tempêtes, et permettre la récupération puis le recyclage des déchets. L'urgence est d'empêcher la prolifération des microplastiques qui se retrouvent jusque dans nos assiettes. Boyan Slat compare cette menace à une bombe à retardement. Si rien n'est fait, la masse des plastiques pourrait bientôt dépasser la masse des poissons dans l'océan, d'ici quelques décennies à peine. Et nous avons produit plus de plastiques en dix ans, entre 2002 et 2012, qu'au cours de tout le siècle dernier... Le jeune écoguerrier estime qu'en installant une flotte d'une cinquantaine de ces systèmes flottants dans la grande plaque de déchets du Pacifique nord, ils pourraient nettoyer 13 % de l'ensemble chaque année, soit 90 % en vingt ans environ.

Au départ, Boyan Slat n'était pas spécialement un environnementaliste (et il a le mal de mer !), car ce qui l'a guidé dans ce combat, c'est l'envie d'être le premier à s'attaquer à ce défi technologique que les autres considéraient comme impossible. « Ce n'est pas que le problème de la pollution m'était indifférent, reconnaît-il ingénu, mais ce qui m'a motivé c'est de me trouver face à un problème aussi énorme et de me dire que personne n'essayait sérieusement de s'y attaquer. C'est ce challenge qui m'a motivé dans un premier temps, et il se trouve qu'il est lié aux ressources et à la pollution. »

Au fond, comme Boyan Slat le dit lui-même avec l'intensité de son regard bleu qui ne laisse pas indifférent : « Nous allons également travailler sur les façons d'empêcher les plastiques de parvenir jusqu'à l'océan. En 2017, nous avons publié un article dans la revue *Nature*, montrant que 86 % des plastiques trouvés dans l'océan proviennent seulement d'une dizaine de fleuves en Asie et en Afrique (Yangtsé, fleuve Jaune, Hai He, Amour, Mékong, Indus, Gange, Niger, Nil...). Aussi, dans le futur, nous pourrions intervenir dans les estuaires ou les embouchures de ces fleuves pour empêcher les plastiques de parvenir dans la mer. Pour moi, ce serait une extension logique de ce que nous faisons aujourd'hui. »

The Ocean Cleanup et Boyan Slat : www.theoceancleanup.com

Publications scientifiques sur les plastiques dans le site :

www.theoceancleanup.com/scientific-publications

Mais pour certains observateurs, les solutions de ce type ne remettent pas suffisamment en question la cause première des pollutions, à savoir notre mode de vie lui-même. Ainsi que l'écrit Niels de Girval (expert en écosystèmes marins et fondateur du bureau d'études IG.REC) : « À travers l'histoire de Boyan Slat, c'est toute notre réflexion court-termiste qui est mise en valeur. En 2017, nous persistons encore à croire qu'une solution miracle va venir réparer nos dégâts sur l'environnement marin ! Et c'est valable pour le plastique comme pour le changement climatique, la pollution en général ou encore la surpêche. Ce mode de pensée est dangereux et paradoxalement n'incite pas à l'action, puisque quelqu'un d'autre s'en chargera avec sa solution miracle. »

Bateaux nettoyeurs

Dans le sillage de ce fougueux défenseur des mers qu'est Boyan Slat, innovateurs, inventeurs, chercheurs, navigateurs, surfeurs, plongeurs, sportifs cherchent, chacun à leur façon, des moyens de « nettoyer » l'océan de tous ces plastiques. Les projets ont éclos un peu partout, certains fantaisistes, d'autres très sérieux, et d'autres encore avec des coûts pharaoniques. Bon nombre de ces projets ont pour objet des bateaux nettoyeurs ou ambassadeurs, avec des expéditions de recherche et de sensibilisation sur cette question.

Le navigateur franco-suisse Yvan Bourgnon, « le gladiateur des mers », qui a commencé à naviguer tout petit et gagné de nombreuses courses (il était âgé de 8 ans au départ de son premier tour du monde en famille qui a duré quatre ans), veut construire un grand voilier-nettoyeur futuriste plus large que long (d'où son nom, le *Manta*). Son projet a été dévoilé à la COP22 à Marrakech en 2016. Muni de quatre coques et d'un dispositif biomimétique (inspiré des fanons de baleines) à l'arrière, ce quadrimaran permet de ratisser les déchets flottants qui passent entre les coques sur une largeur de 72 m. Pour sa propulsion, ce voilier d'un nouveau type sera autonome grâce à ses voiles, son kitewing (aile volante pour le tracter) ou l'énergie transmise par des panneaux solaires. Le but est de disposer d'un moyen mobile de récupérer des bancs de macroplastiques là où ils se trouvent en fonction des circonstances (près du littoral, des fleuves, sur des zones de catastrophes naturelles, dans les gyres, etc.). Ici aussi, l'idée est de récupérer ces plastiques sans nuire à la vie marine, puis de les compacter avant de les stocker dans les cales (d'une capacité de 600 m^3) pour éviter qu'ils se répandent en mer et se décomposent en dangereuses fibrilles. Une flottille de ces bateaux filtreurs, capables de parcourir 1 000 km par jour, pourrait nettoyer rapidement de grandes surfaces affectées par ce fléau.

Outre le volet « nettoyage », l'idée est de revaloriser ces plastiques pour les recycler et les vendre aux industriels qui souhaitent s'impliquer dans ce genre de processus, comme ces filets de pêche récupérés que l'on recycle en moquette ou en chaussures de sport (p. 233), mais le *Manta* sera aussi équipé de matériel scientifique permettant de mieux identifier, analyser et géolocaliser les plastiques afin de mettre ces données en « *open data* », accessibles à la communauté scientifique et au grand public. Pour contribuer à résoudre la question des plastiques dans le milieu marin, Yvan Bourgnon a aussi créé l'association The Sea Cleaners.

The Sea Cleaners :
www.theseacleaners.org

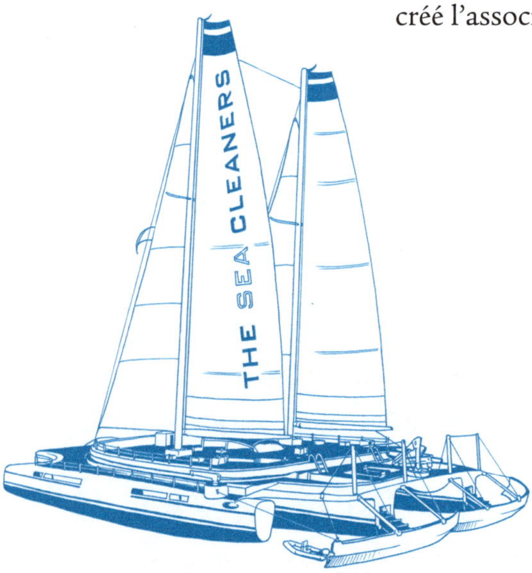

Ce quadrimaran écolo, large de 72 m, a été conçu par le navigateur Yvan Bourgnon pour récupérer des bancs de macroplastiques en des lieux précis. Véritable bateau filtreur, ce multicoque peut parcourir 1 000 km par jour et stocker 600 m^3 de déchets, destinés à être revendus aux industriels, puis recyclés.

Quant au *think tank* britannique Bluebird Marine Systems, il espère créer le *SeaVax*, un navire fonctionnant à l'énergie solaire, capable de broyer les déchets plastiques qu'il aspire sur son passage.

SeaVax : www.bluebird-electric.net

Bateaux ambassadeurs

D'autres navigateurs parcourent les mers tels des ambassadeurs des énergies renouvelables et de la lutte contre les plastiques, comme David de Rothschild avec son catamaran de 18 m, le *Plastiki*, dont les coques ont été faites à partir de 12 500 bouteilles en plastique. En 2010, le *Plastiki* a rallié l'Australie depuis San Francisco après un périple de 128 jours à travers le Pacifique pour sensibiliser les populations à la pollution et au recyclage des plastiques.

En 2017, c'est un étonnant vaisseau solaire qui part autour du globe pour une mission similaire. Long de 35 m et large de 23 m, le multicoque de la fondation suisse Race for Water (p. 275) est recouvert de panneaux photovoltaïques, mais il fonctionne aussi bien grâce à l'énergie solaire qu'avec deux piles à hydrogène (produit et converti à bord à partir d'eau de mer), mais aussi avec un kite (une aile équivalente à 500 m^2 de voilure). Ce fonctionnement hybride permet au navire de disposer de son autonomie énergétique sans émettre la moindre pollution. Au cours de son tour du monde « Odyssée de l'Espoir », le *Race for Water* parcourt mers et océans avec des scientifiques à bord, et une mission : lutter contre la pollution des plastiques en faisant un état des lieux, des analyses, mais aussi par un travail de communication et de collaboration avec les populations locales pour leur apprendre à valoriser les plastiques et à recycler les déchets. Comme l'exprime si bien Franklin Servan-Schreiber, éminent porte-parole de Race for Water : « Ce bateau est la preuve que les énergies propres sont l'avenir de l'humanité... En 2015, le merveilleux film *Demain* m'avait redonné espoir quant à notre sort face au désastre écologique, espoir qui s'était progressivement

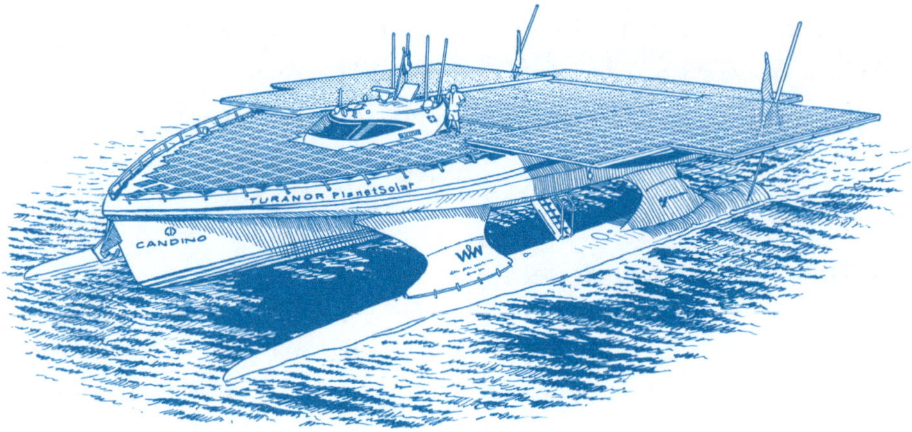

Le *Tûranor PlanetSolar* a été le plus grand bateau solaire du monde avant de devenir le *Race for Water*, un navire ambassadeur naviguant autour du globe pour lutter contre la pollution des plastiques.

dissipé au fil de la lecture d'études décrivant trop de désastres : fonds marins plus pollués que des sites industriels, zones d'océan contenant davantage de poussières de plastique que de planctons, ou encore accumulation de plastiques dans l'estomac de baleines, dauphins et oiseaux marins. Face à l'ampleur du problème, on finit par fermer les yeux et consciemment éviter d'y penser tant on se sent démuni. Après cette phase de déni, je ressens aujourd'hui un désir d'engagement que je puise, comme Mélanie Laurent, dans le regard de mon fils, contemplation biologique de l'avenir...

« Une recherche menée sur deux années par l'entrepreneur visionnaire suisse Marco Simeoni, chef d'expédition de Race for Water, a permis le constat implacable que les déchets plastiques sont irrécupérables une fois en mer : soit ils se fractionnent en microparticules, soit ils sont tellement éparpillés dans l'immensité océanique qu'il est irréaliste de les collecter. La conclusion de l'étude est qu'il faut à la fois tenter de réduire notre consommation de plastique, et récupérer ces déchets à terre avant qu'ils ne s'échappent vers la mer. Là aussi des solutions technologiques commerciales de pointe permettraient de valoriser ces déchets en les transformant en énergie. Sur la base de la revente de cette énergie (électrique ou sous forme de gaz “propres”) nous pourrions rémunérer les milliers de collecteurs de rue comme c’est le cas pour l’aluminium, le papier ou le verre », conclut Franklin Servan-Schreiber.

L’odyssée de Race for Water : odyssey.raceforwater.org/fondation

Le *Plastiki* : www.theplastiki.com

Après avoir gagné des millions grâce aux forages pétroliers off-shore et à ses compagnies de navigation, l’un des hommes les plus riches de Norvège, Kjell Inge Røkke, a décidé de consacrer une partie de sa fortune, soit 2,7 millions de dollars, à la construction d’un navire de recherche innovant destiné à la préservation des océans et à la lutte contre la pollution des plastiques en particulier. Construit en Norvège, en partenariat avec le WWF, le magnifique *REV* (pour *Research Expedition Vessel*, vaisseau d’expédition et de recherche) doit mesurer 181 m et être équipé de toutes les nouvelles technologies, aussi bien pour son énergie que pour ses recherches scientifiques ou la collecte des plastiques, pouvant aller jusqu’à 5 tonnes par jour. Le magnat du pétrole évoque son lien personnel avec la mer : « En tant que pêcheur, je suis curieux par nature. Les ressources de l’océan et de ses fonds ont produit des valeurs significatives pour la société – et pour ma famille et moi-même également. De cela, je suis très reconnaissant. »

Site du REV : www.rosellinisfour-10.no

Initiatives locales

Lorsque les cercles vertueux se mettent à tourner, les initiatives naissent un peu partout, avec une synchronicité positive. Et si l’on veut changer le monde, pourquoi ne pas commencer chez soi ? « Penser globalement, agir localement. » On ne compte plus les actions spontanées sur les littoraux du monde entier, les enfants, les scolaires, les pêcheurs, les riverains, les surfeurs, les plongeurs, qui participent tous à leur façon, sur leurs plages, à des opérations de sensibilisation et de nettoyage.

Avant/Après... En 2015 cette plage proche de Bombay (Inde) a été jugée la plus polluée du monde. Par la volonté d'un riverain, qui a su en mobiliser d'autres, Versova Beach a été entièrement nettoyée à la main, devenant ainsi un paysage de carte postale et un lieu symbolique de l'esprit citoyen.

Pourtant, certaines de ces initiatives emblématiques ont marqué les esprits, comme celle de Versova Beach en Inde, une plage située à l'ouest de Bombay. Les images de 2015 suffisent à comprendre pourquoi on a appelé cette plage « la plus polluée du monde » : le sable avait disparu sous une montagne de déchets de toutes sortes. Jusqu'au jour où un résident du front de mer, Afroz Shah, un avocat de 33 ans, a eu une révélation. Dès lors, il convainc un voisin de lui prêter main-forte et ils commencent à nettoyer la plage. Et c'est ainsi qu'a débuté une histoire qui a fait le tour du monde ; de locale elle est devenue globale, car en quelques semaines la solidarité, les réseaux sociaux et le bouche à oreille ont multiplié le nombre de volontaires venus en renfort au fil des mois. Cette action est devenue exemplaire : en 85 semaines, plus de 1 500 personnes se sont relayées pour évacuer 5,3 millions de kilos de détritus ! Lorsqu'on voit aujourd'hui cette jolie plage de sable digne des cartes postales idylliques, on a du mal à imaginer que, quelques années plus tôt, elle ressemblait à une décharge. Mais comme on le sait, il suffit parfois de quelques colibris bien déterminés pour initier le mouvement et éteindre un grand incendie.

Animés d'une même ardeur salvatrice, trois jeunes Bretons, Jordan, Clément, Aurélien, ont entrepris un périple autour du monde pour sensibiliser les populations du littoral à la pollution des océans. Ils ont créé Ocean Cleaner'zh afin de réaliser des collectes de déchets sur les rivages du monde, Australie, Indonésie, Amérique du Sud...

Ocean Cleaner'zh : www.oceancleanerzh.fr

Au-delà des initiatives individuelles provenant de citoyens écœurés de voir leurs littoraux souillés, les utilisateurs réguliers des plages, tels que les surfeurs, organisent eux aussi des opérations de sensibilisation et de nettoyage des matières plastiques qui polluent l'océan et la plage. Depuis des décennies, les surfeurs ont lancé ce type d'action, comme Surfers Against Sewage (SAS) en Grande-Bretagne dès 1990. Le contact quasi quotidien des surfeurs avec l'océan fait d'eux les premiers témoins directs de la pollution des plastiques, mais aussi des autres pollutions moins visibles qui les affectent directement. D'où le post-scriptum au nom de leur mouvement : « Pas seulement des surfeurs... Pas seulement des eaux usées... » En 2017, cette association SAS, devenue importante, avait organisé le nettoyage de 420 plages. Aujourd'hui les plages britanniques sont parmi les plus propres d'Europe, et cela parce qu'ils ont su élargir leur public. Comme ils le disent eux-mêmes : « Bien entendu les surfeurs ne sont pas les seuls amoureux de nos plages – nos membres sont nageurs, promeneurs de chiens, paddleboardeurs, nettoyeurs de plages, kitesurfeurs, constructeurs de châteaux de sable, mangeurs de glaces ou amateurs de bronzage. Nous les protégeons parce que nous les aimons, et c'est là que nous nous sentons le plus chez nous. »

Leur priorité : la lutte contre les plastiques, aussi bien en amont (changer les comportements des consommateurs) qu'en aval (organiser des nettoyages de plages). Leur site donne tous les conseils pratiques pour l'organisation de tels événements écocitoyens.

Surfers Against Sewage : www.sas.org.uk

Créée par des surfeurs en Californie dès 1984, l'organisation Surfrider (p. 350) a essaimé pour devenir une véritable plate-forme mondiale de sensibilisation aux pollutions océanes. Les bureaux européens (Surfrider Foundation Europe), australiens, japonais ou brésiliens se sont ouverts dans les années 1990. L'idée est d'« encourager les gens à agir » (accompagnement des bénévoles), de « sensibiliser le maximum de personnes » (Initiatives océanes, montrer l'impact des pollutions liées aux déchets), et « aller jusqu'à la source du problème » (recherches sur les pollutions, influence sur les lois).

Au total, les Initiatives océanes ont généré 10 162 nettoyages de plages de 1996 à 2017, avec 40 000 participants par an, sur 40 pays. En France, les Initiatives océanes se définissent ainsi : « Des nettoyages de plages, lacs, rivières et fonds marins partout dans le monde. » Ces collectes de déchets sont organisées par des bénévoles grâce à l'accompagnement de Surfrider Foundation Europe.

Initiatives océanes en France : www.initiativesoceanes.org/fr/

Surfrider Foundation Europe : www.surfrider.eu

Sans oublier l'événement organisé depuis 1985 par The Ocean Conservancy chaque année en septembre sur de nombreux rivages du monde, le Coastal Cleanup Day (« le jour du nettoyage côtier »), devenu l'un des plus gros événements planétaires en termes de volontaires réunis pour la préservation de l'océan : on estime à 12 millions le nombre de bénévoles (de 112 pays) ayant participé à l'International Coastal Cleanup dans le monde en trente ans, pour un total de plus de 100 000 tonnes de déchets retirés des littoraux.

International Coastal Cleanup : www.oceanconservancy.org/trash-free-seas/international-coastal-cleanup

Nettoyer par tous les moyens

Partout dans le monde les initiatives se multiplient, différentes, parfois fantasques comme dans le port de Baltimore (Maryland) aux

États-Unis. Là, c'est un grand moulin à eau qui a été construit, mû par le courant du fleuve (ou par un moteur solaire quand le courant ne suffit plus), et cette roue, appelée familièrement « Mr. Trash Wheel », sert à collecter les détritus qui viennent des fleuves et rivières ou ceux qui circulent dans le port. Ce dispositif a été construit avec des matériaux traditionnels (bois, tissu) mais aussi composites, comme des panneaux solaires. Le résultat, tout à fait sympathique, ressemble à un gros escargot sorti d'un film de Tim Burton. En trois ans (de mai 2014 à avril 2017), cette roue qui tourne a collecté : 486 130 bouteilles en plastique, 590 817 récipients en polystyrène, 9 397 900 mégots de cigarettes, 7 149 bouteilles en verre, 387 787 sacs en plastique, 538 989 sacs de chips, etc.

Mr. Trash Wheel à Baltimore :
www.baltimorewaterfront.com/healthy-harbor/water-wheel

Il est vrai que les ports concentrent parfois beaucoup de déchets à eux tout seuls. C'est aussi pour nettoyer les ports de plaisance ou les petits plans d'eau que deux surfeurs australiens ont inventé le Seabin (p. 319), une espèce d'aspirateur fixe placé en surface qui récupère, grâce à l'action d'une pompe à eau, aussi bien les déchets flottants que les polluants ou les hydrocarbures.

Seabin : www.seabinproject.com

Il y a également ceux qui joignent l'exploit sportif à des actions de nettoyage et de sensibilisation. C'est ce qu'a fait Manu Laurin, un nageur de 32 ans qui a décidé, en juin 2017, avec l'opération Le Grand Saphir, d'aller à la nage (avec palmes, masque, tuba) de Marseille à Toulon, soit 120 km, tout en ramassant les déchets qu'il voyait sur son passage. Sa façon à lui d'alerter l'opinion sur l'urgence que constitue la Méditerranée, considérée comme la mer la plus polluée du monde... Au cours de son parcours sportif de quinze jours, Manu Laurin a pu récupérer à lui seul 100 kg de déchets et faire diverses observations :

« Lors de mon périple, j'ai ramassé, avec l'aide de mes kayakistes, environ 100 kg de déchets dont 90 % étaient composés de plastique. J'ai noté que les déchets encore complets (bouteilles, emballages) étaient très présents aux abords des grandes villes. De plus, un mystérieux tri naturel regroupait ces déchets entre eux et c'est ainsi que nous pouvions tomber sur des cimetières de bouteilles, de pneus ou encore de polystyrène, à certains endroits... Dans les zones plus sauvages, les calanques ou certaines criques, ce sont des petits déchets flottants usés et déchiquetés que nous croisions sur notre chemin. Telles des marées "noires", nous avons pris l'habitude de les nommer "zones à déchets flottants". Cette abondance de plastique n'est pas une surprise, nous nous attendions à en trouver énormément, mais pas dans des proportions aussi élevées. »

Le Grand Saphir sur Facebook :
www.facebook.com/legrandsaphir
Profil Facebook de Manu : www.facebook.com/profile.php?id=100010604074217

Ou alors c'est un surfeur, pêcheur et apnéiste comme Tom, Franco-Australien vivant à Biarritz, qui s'est mis en tête de lancer une vaste collecte des plombs perdus par les pêcheurs qui polluent les fonds marins et s'accumulent sur le littoral. Chaque fois que Tom fait une sortie sous-marine, il remonte à lui seul une quinzaine de kilos de plombs perdus. Par la suite, il les recycle en œuvres d'art.

Tom veut inciter un grand nombre de plongeurs (et de pêcheurs à pied) à participer à cette chasse aux plombs, le « Plombkemon Go » !

Facebook de Plombkemon Go :
www.facebook.com/tampypourlespoissons

À lui seul, le chiffre est affolant et donne immédiatement la mesure du problème : rien qu'aux États-Unis, 500 millions de pailles à usage unique sont utilisées chaque jour. Ce qui signifie qu'une grande partie d'entre elles finit dans l'océan. D'où l'idée de l'acteur et créateur de la fondation Lonely Whale, Adrian Grenier, avec son initiative Strawless Ocean (un océan sans pailles en plastique) en 2015. De nombreuses alternatives sont proposées et son mouvement, populaire et imaginatif, prend de l'ampleur. La paille est un symbole de lutte contre la pollution des plastiques, elle qui fait partie des dix objets les plus fréquemment trouvés sur les plages américaines.

Strawless Ocean : www.strawlessocean.org

Il existe également une application pour le nettoyage des plages mise au point par The Ocean Conservancy pour signaler des déchets flottants, suivre leur déplacement, ou obtenir des infos remises à jour sur ce sujet. Elle sert aussi à tracer, estimer et peser le nettoyage des plages (*cleanup*) que vous pourriez entreprendre.

Application Cleanswell : www.oceanconservancy.org/trash-free-seas/international-coastal-cleanup/cleanswell

Des poids lourds pour la déplastification de l'océan

Les plastiques sont devenus les symboles les plus visibles, les plus emblématiques, des menaces pesant sur l'océan. Hormis les dauphins et les baleines, peu de sujets sont aussi fédérateurs pour mobiliser l'opinion et l'on ne compte plus les expéditions dédiées aux plastiques ou aux gyres océaniques à l'intérieur desquels s'entassent nos déchets. Un sujet d'une telle ampleur appelle forcément des regroupements, des coalitions, car si l'on veut freiner le phénomène, voire l'inverser, il faut y mettre des moyens colossaux, aussi bien en amont, dans les terres d'où viennent ces pollutions, qu'en aval, une fois qu'elles atteignent la mer.

Face à de tels défis, de multiples vocations et professions sont mises à contribution, tant les obstacles sont nombreux et variés. Le changement des comportements est certes le but ultime, mais en attendant, il n'en faut pas moins juguler l'hémorragie plastifère. Plusieurs ONG se sont liguées pour former des alliances plus puissantes, comme Ocean Recovery Alliance, dont le but est précisément de créer un vaste *think tank* dans les domaines de la création et de la technologie pour inventer de nouvelles approches, de nouvelles solutions à cette pollution diffuse. Ce processus inclut, lorsque cela est possible, la création d'opportunités professionnelles pour les populations locales concernées. À partir de cette vaste alliance, des sous-projets sont coordonnés et mis en place, qui parfois se complètent. C'est le cas de deux projets concernant les plastiques, annoncés lors de la Clinton Global Initiative en 2012 : le Plastic Disclosure Project (« pour un monde sans plastiques », projet des universités de Berkeley et de Hong Kong) et Global Alert (une plate-forme et une application permettant de signaler des « *hot spots* » de déchets n'importe où dans le monde, dans les cours d'eau ou l'océan). Le Plastic Disclosure Project a aussi créé un forum de réflexion, de discussions, de rencontres, sur le plan mondial, à propos du futur des plastiques : le Plasticity Forum.

Ocean Recovery Alliance : www.oceanrecov.org
Plastic Disclosure Project : www.plasticdisclosure.org
Global Alert : www.oceanrecov.org/global-ocean-alert-system/critical-need.html
Plasticity Forum : www.plasticityforum.com

Dans le même esprit, la Plastic Pollution Coalition, créée en 2009 (cofondée par Diana Cohen), regroupe plus de 500 ONG pour amplifier le message de la pollution des plastiques et tendre vers un monde sans plastiques. Cette coalition est soutenue par de nombreuses personnalités (Rosanna Arquette, Jeff Bridges, Rachel Carson, Céline Cousteau, Fabien Cousteau, David Crosby, Sylvia Earle, Danny Glover, Ben Harper, Charles Moore, etc.).

Plastic Pollution Coalition :
www.plasticpollutioncoalition.org

Le mythe d'un continent ou d'une île de plastiques

Le 5 Gyres Institute, basé à Los Angeles, est consultant auprès des Nations unies. Sa devise est claire : « Plus d'océan, moins de plastique. » Son but : « Valoriser les actions contre la crise sanitaire globale de la pollution plastique, par la science, l'art, l'éducation et l'aventure. » Sa vision : un monde sans pollution des plastiques (ce qui est différent des visions quelque peu utopiques proposant un monde sans aucun plastique).

Cet institut est nommé « 5 Gyres » à cause des 5 vastes vortex océaniques qui tournent sur l'océan global. Dans sa « foire aux questions », on trouve un point de vue différent sur le fameux « continent de plastique ». À la question « Existe-t-il vraiment une île de la taille du Texas composée de plastiques au milieu de l'océan Pacifique ? », voici leur réponse : « Non, cette île dans un gyre du Pacifique nord n'existe pas. Nous avons été sur place cinq fois déjà. Ce mythe tend à perpétuer indéfiniment le problème de la pollution par les plastiques, en le positionnant comme quelque chose que nous pouvons balayer un peu plus loin d'un revers de main, tout en continuant à utiliser le plastique sans penser aux conséquences. »

De même, à la question se référant aux techniques similaires à celle de Boyan Slat (p. 215), le 5 Gyres Institute apporte une réponse différente du consensus habituel : « Les propositions de grands systèmes pour filtrer les déchets dans les gyres ne reflètent pas une compréhension adéquate des dynamiques de l'océan et de l'écologie marine, et ils ne sont pas conçus pour les dures conditions du vaste océan. L'enlèvement des débris de plastique flottants en haute mer est susceptible de provoquer des impacts substantiels sur les écosystèmes marins. Vous ne pouvez pas simplement enlever ces plastiques sans répercussion sur la faune et les organismes vivant dans ce milieu. Cette idée subvertit le message que nous devons cesser d'utiliser autant de plastiques. »

5 Gyres Institute : www.5gyres.org

L'ONU Environnement lui-même (PNUE) a mis sa grosse machinerie en route pour œuvrer à cette déplastification de l'océan, avec une campagne mondiale (#OcéansPropres) rejointe par une dizaine de pays (Belgique, Costa Rica, France, Grenade, Indonésie, Norvège, Panamá, Sainte-Lucie, Sierra Leone, Uruguay). Des personnalités américaines s'investissent activement dans cette campagne (en particulier le comédien Adrian Grenier, fondateur de Lonely Whale Foundation, mais aussi le chanteur Jack Johnson et la top-model Nadya Hutagalung, qui attire l'attention de l'industrie cosmétique sur l'énorme pollution par les microbilles et microplastiques, présents dans nombre de produits de beauté), ainsi que le constructeur informatique Dell. Le but de cette campagne, lancée lors du Sommet mondial sur les océans à Bali en 2017 : « L'élimination de deux sources majeures de déchets marins : les microplastiques présents dans les cosmétiques et l'utilisation excessive de plastique à usage unique à l'horizon 2022. »

Le directeur de l'ONU Environnement, Erik Solheim, a compris que le monde ne pouvait plus rester indifférent et passif : « Il est grand temps de s'attaquer au problème du plastique responsable de la dégradation de nos océans. La pollution plastique est visible sur les plages indonésiennes, s'installe au fond des océans du pôle Nord, et s'invite tout au long de la chaîne alimentaire jusque dans nos assiettes. Nous avons joué le rôle de spectateur pendant trop longtemps et le problème n'a fait que s'aggraver. Cela doit cesser. »

Océans propres de l'ONU Environnement (PNUE) :
www.cleanseas.org

Cyrill Gutsch et Ora-ïto, l'alchimie des cercles vertueux

Le seul moyen d'accélérer la récupération des déchets plastiques en mer serait de les transformer en or. Faire de l'écologie une aubaine pour nos économies. Et cela pourrait bien devenir possible grâce aux fameux cercles vertueux tels que Cyrill Gutsch s'efforce de les générer avec Parley

Cyrill Gutsch, fondateur de Parley for the Oceans, cherche à innover en recyclant la fibre des filets fantômes perdus, par exemple, pour en faire des vêtements ou des chaussures de qualité.

for the Oceans. Ces plastiques perdus qui étouffent l'océan pourraient-ils se transmuer en une gigantesque manne pour les écoconcepteurs ?

En 2014, l'équipage du bateau de Sea Shepherd, *MY Bob Barker*, avait récupéré 40 km de filets fantômes rejetés en mer par un bateau de pêche braconnier, ces filets abandonnés qui ravagent aveuglément la faune marine, poissons, dauphins, baleines, requins, oiseaux, phoques... S'était alors posée la question du devenir de ces filets : qu'en faire ? La rencontre entre Paul Watson (fondateur de Sea Shepherd) et Cyrill Gutsch (fondateur de Parley for the Oceans) s'est avérée décisive et c'est ce dernier qui a fait le pont entre Adidas et Sea Shepherd afin de produire des chaussures de sport au look design, fabriquées en 3D à partir de ces filets fantômes récupérés dans l'océan. La devise de Cyrill Gutsch, brillant businessman allemand installé à New York, c'est : « L'éco-innovation est le prochain big business », comme il l'a déclaré aux Nations unies lors d'une intervention sur le changement climatique.

Les actions positives entreprises par Parley for the Oceans tiennent lieu de symbole par leur visibilité. En 2016, l'équipementier Adidas a réalisé, outre les chaussures de sport UltraBoost, une ligne de maillots de bain, ainsi que les maillots destinés aux footballeurs du Bayern Munich et du Real Madrid, 100 % fabriqués à partir de déchets plastiques récoltés sur des plages de l'océan Indien. L'opération Remote Island Interception s'est déroulée aux îles Maldives, donnant lieu à des nettoyages collectifs entrepris avec les populations locales, rémunérées en fonction du plastique ramassé. Au bout du compte, ce sont 11 millions de bouteilles en plastique qui ont été retirées de ces endroits paradisiaques, ce qui est à la fois bon pour l'environnement et pour le business. L'une des grandes forces de Cyrill Gutsch, c'est de savoir s'entourer de personnages aussi populaires que le musicien Pharrell Williams, avec lequel il a conclu un partenariat autour de la marque G-Star (pour une marque de jeans en fibre fabriquée à partir de plastiques océaniques recyclés), ou le photographe David LaChapelle, l'artiste Daniel Buren, ainsi que le peintre et cinéaste Julian Schnabel.

Mais son association la plus prometteuse pourrait bien être avec le designer visionnaire Ora-ïto et son formidable projet de réhabilitation des trois hectares qui lui appartiennent sur l'île de Ratonneau (archipel du Frioul, proche de Marseille), incluant le fort de Brégantin, pour y faire éclore, avec l'architecte Roland Carta, un projet mythique nommé Marsa. Il s'agirait à la fois d'un centre d'art, d'un hôtel, mais aussi d'une plate-forme destinée à la protection de la mer, la Méditerranée en particulier, avec le siège européen de la fondation Parley for the Oceans, et peut-être même la présence du vaisseau océanique orbital inventé par l'architecte merrien Jacques Rougerie, *Sea Orbiter* (p. 331).

Comme il le déclare au quotidien *La Provence*, Ora-ïto croit dans ce projet et dans le futur de l'océan : « Marsa sera un lieu dédié à l'art, la technologie et l'écologie. L'objectif est d'y réunir chercheurs, scientifiques, créateurs autour d'un projet dédié à la sauvegarde des mers. Si ce n'est pas notre génération qui prend ça au sérieux, ce sera trop tard. On peut limiter les dégâts par la technologie... Le fait de mélanger sur le Frioul, lieu unique par sa situation et son contexte, des experts dans chacun des domaines, permet de trouver des solutions. Marsa est une plate-forme de réflexion et un laboratoire de création. L'avenir de la terre, c'est la mer. »

Parley for the Oceans : www.parley.tv/#fortheoceans

« Trash is the good news »

Le désir de « nettoyer » les océans est si grand et si unanime qu'il transcende tous les clivages et peut, par exemple, permettre d'associer des marins-pêcheurs avec le monde très sophistiqué de la mode. C'est ce qu'a réussi l'entreprise espagnole Ecoalf, qui travaille avec plus de 2 000 marins-pêcheurs espagnols, récoltant chacun quotidiennement environ 5 kg de déchets plastiques dans leurs filets, déchets qui vont donner naissance à une nouvelle fibre, transformée en vêtements de mode. Ecoalf est né en 2009 de la frustration d'un diplômé en marketing espagnol, Javier Goyeneche, face à l'exploitation aveugle des ressources naturelles de la planète et aux quantités infinies de déchets produits par les pays industrialisés. En même temps, ce jeune entrepreneur prend conscience que le milieu de la mode n'a, jusque-là, pas du tout lorgné du côté de l'environnement et des matériaux durables. Ses deux maîtres mots : innovation et durabilité.

C'est de là qu'est venu son désir : créer des vêtements de qualité faits à partir de plastique recyclé ou récupéré. Il a d'abord inventé des vêtements à partir de bouteilles en plastique, puis Javier Goyeneche a cherché la fibre de la meilleure qualité possible, ce qu'il a trouvé dans les filets de pêche. Or, les pêcheurs doivent changer régulièrement leurs filets, tous les quatre à six ans, ce qui en fait une très bonne source d'approvisionnement. En outre, quantité de filets fantômes sont abandonnés en pleine mer (p. 168), provoquant de nombreux dommages sur l'environnement marin, et il devient dès lors doublement vertueux de les sortir de l'eau. C'est ce qui a été entrepris par Ecoalf avec des marins-pêcheurs (en collaboration avec la marque de vêtements Ternua) au Pays basque espagnol, entre Fontarrabie et Bermeo (12 tonnes de ces filets abandonnés ont pu ainsi être repêchées dans ces eaux en 2016).

L'entreprise espagnole Ecoalf travaille avec les pêcheurs en les encourageant à récupérer les plastiques pris dans leurs filets pour en faire une fibre donnant naissance à des vêtements de mode.

Ce genre de démarche va dans le sens du vent actuel et ces actions positives sont bonnes pour tout le monde. L'un des slogans, quelque peu provocateur, de cette compagnie, repris sur des tee-shirts, c'est: « *Trash is the good news* » (« Les déchets sont la bonne nouvelle »). En peu de temps, les vêtements Ecoalf ont trouvé un marché dans plus de dix pays et séduit des stars américaines telles que Marc Jacobs, Gwyneth Paltrow ou Will.i.am. En juin 2017, la fondation Ecoalf a mis en place une opération de trois ans avec le gouvernement de Thaïlande, consistant à nettoyer les déchets de plastique de l'environnement marin sur des sites tels que Phuket, Samui, Koh Tao ou Koh Samet.

Quand on y songe, il y a quelque chose de magique et d'exemplaire dans cette alchimie consistant à transformer un objet aussi néfaste qu'un filet fantôme resté longtemps sous l'eau, chargé d'animaux morts, d'algues, de coquillages, en une fibre élégante pour vêtements à la pointe des tendances. Voilà qu'un objet considéré comme une épave encombrante devient par notre volonté un matériau précieux, ce qui permet aux pêcheurs de générer un revenu supplémentaire tout en participant au nettoyage de l'océan.

Ecoalf : www.ecoalf.com/gb

Le pétrole du futur !

Ce n'est pas le moindre des paradoxes : à l'origine, le pétrole provient du fond des mers (actuelles ou anciennes) et des fossiles marins qui se sont liquéfiés dans le sol avec le temps. C'est grâce à ce pétrole, venu de l'océan originel, que nous avons créé les matières plastiques. Aujourd'hui ces mêmes plastiques sont en train d'étouffer l'océan global. Dans le même temps, nous manquons de ressources naturelles et nous voudrions tourner le dos aux énergies fossiles. Or, ces millions de tonnes de plastiques polluant les océans représentent aussi un fantastique gisement de ressources recyclables. Une fois de plus, un cercle vicieux pourrait devenir vertueux si nous apprenons à récupérer et réutiliser ces déchets. Ainsi verra-t-on bientôt des navires capables de collecter les plastiques à la dérive pour les transformer à leur bord en carburant, comme la DeLorean de Marty McFly dans *Retour vers le futur* : il suffisait de vider une poubelle dans le réservoir pour la faire décoller !

Dès 2010, l'université de Warwick au Royaume-Uni déclare avoir développé un processus permettant de transformer tout déchet plastique en carburant. Cette technique canadienne, PyroGenesis, transforme par craquage les molécules de plastique en une huile appelée Plaxx, utilisable aussi bien comme carburant que pour refaire du plastique. On pourrait ainsi imaginer des sites de recyclage proches des grandes villes, qui récupéreraient la totalité de leurs plastiques pour redistribuer de l'énergie. Sur mer, des bateaux nettoyeurs de plastiques pourraient ainsi produire directement leur propre fioul à partir des déchets récupérés au fur et à mesure.

Recycling Technologies, université de Warwick : www2.warwick.ac.uk/fac/cross_fac/sciencecity/casestudies/recycling-technologies

L'évolution plutôt que le nettoyage

Bien sûr, toutes ces initiatives de nettoyage de l'océan sont louables, mais il y a aussi des voix pour clamer que ces mesures ne font que masquer le fond du problème. C'est l'avis de Dustin Benton, chef des ressources à Green Alliance, un *think tank* qui travaille sur les solutions d'économie circulaire (ACES) en Europe et pour lequel « nettoyer les océans n'est pas une solution à notre problème de plastiques » : « Devons-nous vraiment nettoyer nos plages, retirer les plastiques de la mer ? Avec la prise de conscience généralisée de ce problème, se multiplient les solutions technologiques de nettoyage, ayant toutes pour résultat de nous libérer du besoin de changer nos habitudes. Ces réponses sont attractives pour les décideurs, dans la mesure où elles proposent une absolution bon marché et sans douleur. Un mea culpa à Mère Nature. Mais même le meilleur travail de nettoyage en surface ne résoudra pas cette crise, car 70 % des déchets plastiques coulent et se répandent sur les fonds océaniques... Certes, l'océan peut nous dire ce qui ne va pas, mais les solutions doivent commencer ailleurs, en empêchant tout d'abord les plastiques de pénétrer dans l'environnement marin. Dès lors, nous devons radicalement changer notre façon de concevoir les plastiques, plus encore que la façon dont nous en disposons. Tout en acceptant que les plastiques soient des matériaux importants, nous devons cesser de concevoir des produits à la fois matériellement inefficaces et dommageables pour l'environnement. »

Dans le collimateur de Green Alliance, en particulier les objets en plastique à usage unique et les microdéchets de plastique (30 % de la pollution marine), provenant en grande partie des produits cosmétiques d'utilisation courante, mais aussi des crèmes solaires, des détergents, des textiles synthétiques ou des pneus de voitures...

Green Alliance Euractiv :
www.euractiv.com/content_providers/green-alliance

Trash, art, dans le plastique tout est bon

La problématique des plastiques océaniques a mobilisé la société à tous les niveaux et de nombreux artistes ont utilisé des déchets pour créer des œuvres esthétiques destinées à interpeller l'opinion. On ne compte plus les expositions, les films, les actions artistiques, pédagogiques, citoyennes, qui se sont tenues aux quatre coins du monde pour cette cause devenue planétaire.

Transformer les déchets plastiques en trésors, c'est le but d'un artiste néerlandais, Ralph Groenheijde. L'idée lui est venue alors qu'il se trouvait sur une plage paradisiaque du Costa Rica en compagnie de son jeune fils qui s'amusait à ramasser les capsules en plastique sur la plage plutôt que des coquillages. Pourquoi, se dit-il, ne pas utiliser ces matériaux « trash » comme des trésors ? De retour aux Pays-Bas, il décide alors d'aller collecter ces nouveaux « trésors » sur les plages de son pays afin de les transformer en œuvres d'art. Le pari est réussi à plus d'un titre : non seulement son travail attire l'attention sur ce problème, en organisant des ramassages collectifs (« chasses aux déchets »), mais en outre ses créations sont belles, délicieusement fantasques, et peuvent être admirées dans son TrashUre Museum sur le front de mer de Scheveningen.

On pourrait aussi citer les hallucinantes sirènes du photographe « épique » Benjamin Von Wong, lovées dans leurs cocons marins faits de plus de 10 000 bouteilles de plastique, ou encore le film de la surfeuse réalisatrice Alison Teal. Partie aux Maldives pour un tournage de téléréalité, cette dernière, choquée par les plages couvertes de détritus, a pris fait et cause pour le nettoyage de ces rivages. Son film est plein d'humour et de pédagogie.

Mais le film le plus spectaculaire est sans doute celui produit en 2016 par Netflix, *A Plastic Ocean*. C'est alors qu'il est en quête de la baleine bleue que le journaliste et réalisateur Craig Leeson est confronté à l'énormité de la pollution des plastiques dans l'océan. En faisant équipe avec la productrice Jo Ruxton (qui avait eu l'idée de ce film depuis sa navigation dans le gyre du Pacifique nord) et la plongeuse Tanya Streeter, appuyés par une équipe de scientifiques, ils plongent sur une vingtaine de sites autour du monde durant une période de quatre ans, de façon à nous montrer cette pollution sous tous les angles, une vérité choquante qui ne ménage rien. Ce film (1 h 40), primé, vu à travers le monde, vise à éveiller les consciences, mais aussi à montrer ce qui peut être fait.

Le film s'appuie sur un réseau global d'ONG Plastic Oceans, avec des fondations aux États-Unis, au Canada, à Hong Kong et au Royaume-Uni.

Benjamin Von Wong : www.vonwong.com
Film d'Alison Teal : www.youtube.com/watch?v=62q9GE-_8oM
Le film *A Plastic Ocean* sur Netflix : www.netflix.com/fr/title/80164032
Le réseau Plastic Oceans : www.plasticoceans.org

Sanctuaires et résilience

Il a souvent été dit que le phénomène de la surpêche, sans doute la plus grande menace pesant sur l'océan, serait aussi le problème le plus « simple » à régler, puisqu'il suffirait d'une volonté et d'une décision globales pour l'interdire totalement et efficacement. Ce qui n'est pas le cas d'autres dangers comme les pollutions diverses ou le changement climatique, qu'on ne peut pas stopper d'un coup. Les sanctuaires marins mis en place depuis plusieurs années montrent que l'océan se régénère et se repeuple seul, car il possède un fantastique pouvoir de résilience, pour peu qu'on le laisse tranquille. Dès lors, la vie revient sous ses formes les plus diverses et l'on voit parfois réapparaître des espèces jusque-là considérées comme menacées. Certes, la validité d'une zone protégée dépend du pouvoir que l'on a de la surveiller, parfois sur des milliers de kilomètres carrés. Dans les sites les mieux protégés, la pêche, l'extraction minière, les activités industrielles ou le rejet de déchets sont strictement interdits.

Depuis quelques années, les initiatives se multiplient pour préserver les aires marines, parfois toutes petites, parfois très vastes. Mais il reste beaucoup à faire. Sur les terres émergées, 12 % de la surface sont protégés, contre 3,4 % seulement des mers et océans, qui représentent pourtant (on ne le répétera jamais assez) 71 % de la planète. Or, la France possède un trésor méconnu et gravement sous-estimé : le deuxième domaine maritime mondial. Riche de ces 11 millions de kilomètres carrés (deuxième plus grande zone économique exclusive – ZEE – derrière les États-Unis), la France devrait tout mettre en œuvre pour imposer son leadership en matière de protection des océans. Les aires marines protégées (AMP) sont bénéfiques à tous, y compris aux pêcheurs, bien sûr, car elles sont des viviers où se reproduisent les espèces marines. C'est pourquoi ces AMP doivent être conçues en collaboration avec les principaux acteurs de l'océan concernés par leur durabilité : pêcheurs, plaisanciers, plongeurs, responsables du tourisme…

Il faut parfois du temps pour faire accepter l'idée que cette protection est fructueuse pour la biodiversité. Certains sanctuaires ont soulevé en leur temps de nombreuses critiques et attaques, comme celui de Port-Cros au large de la rade d'Hyères (premier parc national marin français et même européen, 1963), les îles Mèdes dans les eaux de la Costa Brava espagnole (protégées en 1990) ou la mer d'Iroise devenue parc naturel marin en 2007. Aujourd'hui, ces sites ont retrouvé une formidable vitalité qui réjouit les pêcheurs et l'ensemble des amoureux de la mer bénéficiant du regain de biodiversité (plaisanciers, plongeurs, touristes, etc.). En ce qui concerne les poissons, il faut avoir à l'esprit que plus les femelles sont grandes, plus elles produisent d'œufs (contrairement aux mammifères) ; ainsi, en les laissant grandir, on augmente la fertilité. Et tous ces nouveaux poissons peuvent migrer ou circuler sur de longues distances océaniques, ce qui régénère les stocks de façon durable.

Comme le dit le chercheur franco-canadien Daniel Pauly (p. 153) : « S'il y avait eu des aires marines protégées pour simplement 20 % des stocks de morue, les zones exploitées se seraient renouvelées grâce aux zones protégées et la morue ne se serait pas effondrée. » Tout chasseur ou pêcheur qui se respecte sait (ou devrait savoir) qu'il est nécessaire de ménager des espaces protégés où les espèces peuvent se régénérer et se reproduire en paix, ainsi qu'on le pratiquait en Polynésie, en protégeant, pour une durée déterminée, tout ou partie des lagons (le *rāhui* polynésien, « tabou » ancestral toujours pratiqué). Dès les années 2000, le mouvement s'est accéléré, et une douzaine de sanctuaires marins très vastes ont été instaurés aux États-Unis, au Royaume-Uni, au Chili, en Nouvelle-Zélande, en Australie, aux Palaos et aux Kiribati, pour une surface cumulée de 8 millions de kilomètres carrés, soit plus que la surface de l'Australie.

Obama, le président océan

Les plages d'Hawaii ont été le terrain de jeu du jeune Barack Obama, depuis toujours fasciné par l'océan et adepte du bodysurf (p. 343) dans les vagues. C'est sans doute ce qui l'aura poussé à être si actif en faveur de l'océan durant sa double présidence. On le sait peu, mais Obama détient le record absolu des aires protégées créées sous un mandat présidentiel (il a multiplié la surface d'eaux protégées par quatre !), plus que George W. Bush, qui s'était pourtant sérieusement impliqué, notamment sous l'influence de Sylvia Earle (p. 68).

En 2014, le dirigeant américain a décidé de multiplier par six la surface préservée autour d'îles reculées dans le Pacifique (Pacific Remote Islands, Marine National Monument), des récifs et des atolls proches de l'équateur devenus l'une des plus grandes aires protégées du monde, qui grouille de vie, véritable refuge pour les baleines et les dauphins, les requins, les tortues, les oiseaux de mer. À lui seul, ce sanctuaire (trois fois la taille de la Californie) est plus étendu que tous les parcs nationaux américains terrestres réunis. Dans le même élan, Obama a multiplié par quatre l'aire protégée (déjà vaste) autour de l'archipel hawaiien, instaurée sous le mandat de Bush, le Papahānaumokuākea Marine National Monument (deux fois la taille du Texas) qui abrite plus de 7 000 espèces marines, dont un certain nombre en danger ou d'autres, inconnues.

Lors de ses deux mandats de président des États-Unis, Barack Obama s'est distingué par son action en faveur de la protection de l'océan. Ayant en partie grandi sur l'île d'Hawaii, Obama pratique le bodysurf et montre une passion authentique pour cet élément.

Parmi les nouvelles espèces, un poisson a d'ailleurs été nommé *Tosanoides obama*, en l'honneur du « président océan ». Plus tard, Obama a également contribué à établir le premier parc naturel marin en Atlantique, au large du fameux Cape Cod dans le Massachusetts, dans une zone de canyons sous-marins et de récifs millénaires fréquentée par les cachalots.

Pour finir, une citation du président océan : « Certes, les océans dessinent notre littoral, mais c'est ce que nous décidons et faisons maintenant qui va dessiner le futur de nos océans. J'ai passé mon enfance sur ces rivages à scruter la mer sans fin, et cela m'a rendu humble. Je sais bien que dans un affrontement entre nous et l'océan, c'est toujours lui qui gagnera au bout du compte, d'une façon ou d'une autre. Dès lors, c'est à nous de nous adapter, et non l'inverse. »

Pacific Remote Islands, Marine National Monument :
www.fws.gov/refuge/pacific_remote_islands_marine_national_monument
Papahānaumokuākea Marine National Monument :
www.papahanaumokuakea.gov

Le but défini à l'ONU en 2010 par l'Union internationale de conservation de la nature (UICN), au sein des 20 « objectifs d'Aichi », serait d'avoir « sanctuarisé » 20 % de l'océan en 2020, mais la recommandation du Congrès mondial de la nature de septembre 2017, si l'on veut obtenir des effets durables, est plutôt d'atteindre le chiffre de 30 % d'ici 2030. Chaque État propose la protection la mieux adaptée à sa situation. Car il existe de multiples gradations dans la protection d'une zone en fonction de sa fragilité (régions arctiques et antarctiques, récifs de coraux), d'où l'importance de réaliser des évaluations de la biodiversité dans les endroits les plus reculés avec des expéditions océanographiques comme celles menées par le vaisseau *Tara*. Il existe également des outils créés par les Nations unies à destination des pays pour leur permettre d'identifier des zones à fort potentiel (EBSAs, ou *Ecologically and biologically significant marine areas*).

Tara Expeditions : www.oceans.taraexpeditions.org
EBSAs, zones à protéger dans le monde : www.cbd.int/ebsa

Nouvelles gouvernances océanes

En octobre 2017 s'est tenue à Malte la quatrième grande conférence européenne sur l'océan, Our Ocean. Hormis les 437 engagements tangibles et mesurables (pêche illégale, pollutions, plastiques, etc.) et les 7,2 milliards d'euros alloués, l'Europe s'est également engagée à créer 2,5 millions de kilomètres carrés de nouvelles aires marines protégées (AMP). Comme l'a exprimé très justement Federica Mogherini, haute représentante des Affaires étrangères et de la sécurité pour l'Union européenne : « La mer est un bien commun global. Nous avons tous la responsabilité de la préserver comme un trésor et d'éviter qu'elle devienne une menace. L'UE estime qu'un monde globalisé a besoin d'une gouvernance globale plus coopérative. Il est impossible d'imaginer une gouvernance globale sans une gouvernance coopérative des océans. »

Our Ocean : www.ourocean2017.org/fr
Engagements Our Ocean 2017 :
www.ourocean2017.org/fr/les-engagements-de-our-ocean

Les « hope spots » de Sylvia Earle

En matière de biodiversité marine, il existe les *hot spots*, des sites propices au développement de la vie, comme les canyons sous-marins ou les récifs de corail. C'est pour cette raison que l'océanographe Sylvia Earle (p. 68), grande défenseuse de l'océan, a créé Mission Blue, une initiative destinée à désigner des *hope spots* (lieux symboles d'espoir pour le futur) à travers le monde. Ces sites peuvent être proposés par n'importe quelle association, sous condition de répondre à un certain nombre de critères : abondance d'espèces, habitats et écosystèmes inhabituels, espèces rares ou endémiques, potentiel de réparer l'impact humain, couloirs de migrations ou lieux de reproduction, valeur historique, culturelle ou spirituelle, importance économique pour la communauté. L'idée est de sélectionner ainsi des sites qui sont porteurs d'espoir pour le futur, de façon à les protéger en les mettant en lumière auprès des autorités.

Il se crée ainsi autour de la Terre un vaste réseau, une coalition de ces *hope spots* qui se renforcent mutuellement. Tout le monde peut participer, proposer de nouveaux lieux ou lancer des actions permettant de les protéger. L'équipe de Mission Blue, menée par Sylvia Earle et le directeur d'expédition Kip Evans, visite régulièrement ces *hope spots* pour les faire connaître, créer des partenariats, prendre contact avec les autorités, les communautés locales et les ONG susceptibles de participer à leur protection. De nombreux *hope spots* existent de par le monde : les îles Baléares (partenariat avec l'association Ondine et Stefan Hearst), Cashes Ledge avec ses fantastiques forêts de kelp dans le golfe du Maine (États-Unis), le golfe de Californie si cher à Sylvia Earle, les eaux de l'île Cocos au Costa Rica (que Cousteau avait appelée « la plus belle île du monde »), le Dôme et Paya Grande au Costa Rica, la côte sud-africaine (False Bay, Cape Whale, l'estuaire de Kysna), les îles Swan au Costa Rica (connues comme les Galápagos des Caraïbes, avec une importante barrière de corail), Exuma Cays aux Bahamas (archipel de 3 000 îles et îlots d'une incroyable biodiversité), etc.

Mission Blue et les *hope spots* : www.mission-blue.org
Le TED de Sylvia Earle :
www.youtube.com/watch?v=43DuLcBFxoY

Les eaux françaises, deuxième domaine marin mondial

La France possède un fantastique patrimoine marin et maritime, qui reste dramatiquement méconnu, délaissé et sous-exploité au niveau des ressources durables. Un tel domaine est peut-être la plus grande richesse de cette nation. Imaginez un petit pays de 675 000 km² (la France) qui possède une extension aquatique de plus de 11 millions de kilomètres carrés situés sur trois océans, incluant 10 % de tous les récifs coralliens de la planète, 20 % des atolls et 6 % des monts sous-marins ! Dès lors, la France devrait être championne dans la protection au moyen de ses AMP (aires marines protégées), et si elle affiche de beaux résultats en la matière, il ne faut pas non plus oublier que nous sommes également le pays qui a inventé ce mille-feuille appelé administration... Aussi existe-t-il en France une bonne dizaine de niveaux de protection différents qui vont de l'interdiction de prélever quoi que ce soit (« *No take* », ne rien prendre), jusqu'à l'interdiction de pénétrer dans la zone (« *No go* », ne pas entrer). Sans compter les législations internationales et régionales, qui portent les échelons de protection à 17 ! D'où l'urgence et l'importance d'uniformiser les termes à l'échelle planétaire, de façon que les mots aient la même signification pour tous.

L'Agence française pour la biodiversité explique : « La plupart des aires marines protégées permettent de concilier les enjeux de protection et le développement durable d'activités. Leurs modes de gouvernance associent le plus souvent les usagers, les élus, les experts... à la gestion de l'espace marin classé. L'Agence française pour la biodiversité apporte son appui à l'ensemble des gestionnaires d'AMP. Elle est gestionnaire ou cogestionnaire de certaines AMP comme les parcs naturels marins, certains sites Natura 2000, la zone spécialement protégée Agoa (convention de Carthagène), la réserve naturelle de la Belle-Henriette en Vendée et la réserve naturelle d'Iroise dans le Finistère. »

Il existe donc, on l'aura compris, divers degrés de « protection » d'une zone marine, variant du tout au tout, certaines où tout est interdit, d'autres où les aménagements sont plus laxistes, et le tout est parfois amalgamé pour magnifier les résultats globaux. Il n'en demeure pas moins qu'un nombre considérable de sites ont bénéficié en France d'une forme de protection. Pour les localiser facilement, on dispose de cartes interactives pédagogiques de l'Agence française pour la biodiversité.

Carte interactive : www.aires-marines.fr/Les-aires-marines-protegees/Carte-interactive

Agence française pour la biodiversité et les aires marines protégées :
www.aires-marines.fr/Les-aires-marines-protegees
www.aires-marines.fr/Les-aires-marines-protegees/Categories-d-aires-marines-protegees

Selon le ministère de la Transition écologique et solidaire, le réseau des aires marines protégées en France se répartit ainsi :

« Près de 450 aires marines protégées ont été créées en métropole et outre-mer. Parmi celles-ci, 9 parcs naturels marins ont vu le jour depuis 2007, 6 en métropole et 3 outre-mer : Iroise, Mayotte, golfe du Lion, Glorieuses, estuaires picards et mer d'Opale, bassin d'Arcachon, estuaire de la Gironde et mer des Pertuis, cap Corse et Agriate et, le dernier en date, Martinique. [...] Ces parcs ont pour objectifs de protéger des écosystèmes marins et permettre un développement durable des activités maritimes. Le 12 décembre 2016, un décret a étendu la réserve naturelle nationale des Terres australes françaises dans ses zones économiques exclusives : cette aire marine protégée de plus de 670 000 km² est l'une des six plus grandes au monde. »

En Nouvelle-Calédonie, le parc naturel de la mer de Corail, créé en avril 2014, serait, s'il est acté, l'une des plus grandes aires marines protégées, avec une superficie de 1,3 million de km², soit deux fois et demie la superficie de la France métropolitaine.

Ministère de la Transition écologique et solidaire, réseau des aires marines protégées en France :
www.ecologique-solidaire.gouv.fr/aires-marines-protegees

France : des chiffres trompeurs ?

Certes, la France affiche des chiffres encourageants pour la protection de ses eaux, mais derrière les chiffres, se cachent des réalités plus complexes. D'abord, rappelons quelques proportions : si la France a protégé 10 % de sa surface terrestre grâce aux parcs nationaux, elle ne protège de façon stricte que 1,3 % de sa surface marine. Or, les recommandations internationales sont tout autres : selon le Congrès mondial de la nature en 2017, il faudrait protéger de façon stricte 30 % de l'océan mondial d'ici 2030. En 2017, la France déclare que 32,5 % de son espace maritime est d'ores et déjà protégé. Cependant il existe, pour les eaux françaises, tellement de degrés différents de « protection » qu'on a fini par amalgamer au sein des sites « protégés » des aires où tout est interdit pour de multiples raisons (pêche et exploitation minière) avec des sites « protégés » où demeurent possibles la pêche et diverses activités industrielles... Comme l'explique en 2017 le docteur Jérôme Petit, directeur de Pew Polynésie française : « Même s'il faut féliciter la France pour les efforts déployés et le travail accompli, cela n'empêche pas d'avoir un minimum d'esprit critique. Beaucoup des aires marines protégées françaises n'ont pas encore de plan de gestion et sont encore des coquilles vides ou encore des "parcs de papier". La procédure française consiste généralement à délimiter une zone dans un premier temps, puis à définir les mesures de protection à l'intérieur de cette zone par la suite. Selon l'Observatoire national de la mer et du littoral, au 1er janvier 2015, seules 188 des 392 aires marines protégées françaises disposaient d'un document de gestion, ce qui représente en superficie environ 2,14 % des eaux françaises. Par ailleurs, beaucoup de parcs marins français ne respectent pas la définition internationale d'une aire marine protégée. Selon l'UICN (l'entité de référence dans ce domaine), les aires marines protégées peuvent permettre une utilisation modérée des ressources naturelles, mais "non industrielle" et "compatible avec la conservation de la nature". Or en Nouvelle-Calédonie par exemple, la pêche industrielle est autorisée dans presque toute la surface du parc marin. Rien n'exclut non plus une exploitation minière des fonds dans cette zone. [...] Au final, si l'on analyse les chiffres plus en détail, ce sont seulement 1,3 % des eaux françaises qui bénéficient actuellement d'un statut de "protection renforcée", où les activités industrielles sont interdites. »

Dans ce brouhaha d'interdictions, la question de la pêche, autorisée ou non, est centrale. Une étude publiée dans la revue *Nature*, portant sur 87 aires marines protégées, démontre que l'augmentation de la biomasse est beaucoup plus importante là où la pêche est interdite. Entre le chiffre donné par la France, de 32,5 % d'océan protégé dans ses eaux, et le chiffre ci-dessus de 1,3 %, il y a donc un monde d'écart. Il semble dès lors urgent de revoir les normes pour les catégories de protection des espaces marins, afin que les chiffres correspondent à une réalité clairement énoncée.

Près de la moitié de l'espace maritime français est composée des eaux de Polynésie française avec ses 15 000 km^2 de récifs coralliens, ses 118 îles et ses 84 atolls éparpillés sur plus de 5 millions de kilomètres carrés. La Polynésie dispose de nombreux outils pour protéger son territoire terrestre et marin. Certains dispositifs fonctionnent grâce à l'initiative des citoyens, sur le modèle ancestral du *rāhui* polynésien consistant à préserver certains sites pour assurer le renouvellement des stocks. D'autres sont des sanctuaires pour des espèces ciblées (requins, baleines, dauphins, tortues). Différents types d'AMP sont progressivement mis en place : des plans de gestion de l'espace maritime (PGEM), des zones de pêche réglementées (ZPR) et des sites classés au titre du Code de l'environnement local.

Agence de la biodiversité, antenne Polynésie française :
www.aires-marines.fr/L-Agence/Organisation/Antennes/
Antenne-Polynesie2

Les aires marines éducatives des Marquises

Aux îles Marquises, un nouveau concept a vu le jour, dans un contexte pédagogique : les aires marines éducatives. C'est en 2012, à l'école primaire de Vaitahu dans l'île de Tahuata, qu'est née cette brillante idée : confier aux élèves d'une école primaire le soin de gérer une petite zone de leur littoral, selon une charte définie au préalable, le tout chapeauté par l'agence des AMP et avec le soutien du gouvernement polynésien. Il s'agit d'un projet à la fois participatif et écocitoyen qui implique tous les savoir-faire de l'île, scientifiques, pêcheurs, plongeurs, riverains, associations, et qui s'est déroulé dans le sillage d'une campagne océanographique locale, baptisée « Pakaihi i te Moana ». Ce processus ayant connu un véritable succès, il a été structuré au point de devenir un label et d'être étendu à 6 îles des Marquises.

Les aires marines éducatives :
www.aires-marines.fr/Proteger/Sensibiliser-le-public/Les-aires-marines-educatives
La campagne océanographique Pakaihi i te Moana :
www.aires-marines.fr/content/view/popin/2942
Le label Aire marine éducative :
www.aires-marines.fr/content/view/popin/16400

Latitudes australes

Avec ses Terres australes (archipels de Crozet et de Kerguelen, îles Saint-Paul et Amsterdam), la France dispose d'un vaste domaine maritime dans les latitudes sud, où la vie est très abondante, mais aussi très menacée. C'est à la COP22 de Marrakech que la ministre Ségolène Royal a annoncé l'extension de la réserve des Terres australes pour en faire l'une des plus grandes AMP du monde avec une surface de plus de 670 000 km², soit une taille supérieure à celle de l'Hexagone. Sur cette surface, 120 000 km² sont sous protection renforcée, avec interdiction d'activités industrielles – pêche, forage, extraction.

La réserve naturelle nationale des TAAF : www.taaf.fr/La-reserve-naturelle-nationale-des-Terres-australes-francaises-devient-une-des-plus-grandes-aires-marines-protegees-de-la-planete

Laurent Ballesta et l'Antarctique

Ce mystérieux continent a été mis à l'honneur par l'un des meilleurs ambassadeurs de l'océan, le plongeur biologiste et cinéaste français Laurent Ballesta. Il est l'auteur de nombreux documentaires ayant fait date dans la découverte des océans, dont *Le Cœlacanthe* (2014) et *Le Mystère mérou* (2015). En 2015, il part à la découverte subaquatique de l'Antarctique. C'est tout un monde vertigineux et foisonnant de vie qui s'ouvre alors à lui sous la banquise, comme on le voit dans le film de Jérôme Bouvier, *Antarctica, sur les traces de l'empereur*.

Plongeur, biologiste et cinéaste, Laurent Ballesta n'a pas son pareil pour rapporter d'extraordinaires images comme celle d'un iceberg vu sous l'eau en Antarctique, qui lui a valu d'être primé lors du plus prestigieux concours de photo de nature dans le monde : le Wildlife Photographer of the Year, organisé par le musée d'Histoire naturelle de Londres.

En 2017, Laurent Ballesta est nommé « *wildlife photographer of the year* » (meilleur photographe naturaliste de l'année) pour sa photo épique *The Iceberg* d'un gigantesque iceberg vu de sous la mer, avec des proportions dignes de la conquête spatiale. Ballesta a profité de ce prix prestigieux, abrité par le Muséum d'histoire naturelle de Londres, pour en appeler aux membres du CCAMLR (Commission de conservation des ressources marines vivantes) en leur demandant instamment de protéger les eaux fertiles et fragiles qui entourent l'Antarctique : « À chacune des cinquante plongées que j'ai effectuées là-bas, explique Laurent Ballesta, j'ai découvert quelque chose de nouveau. Nous avons des images de plusieurs espèces inconnues jamais photographiées auparavant... Nous devons aux générations futures que cet immense réservoir de biodiversité marine soit toujours là dans les eaux de l'Antarctique, pour qu'à leur tour ils puissent partir à sa découverte, et non pas que cela devienne une image fanée sur un mur. »

Une coalition de 30 ONG internationales s'est créée pour travailler à plein temps sur une nouvelle gouvernance et la préservation de l'Antarctique et de l'océan austral : l'ASOC (Antarctic and Southern Ocean Coalition). L'idée est de créer un réseau global d'aires marines protégées autour de l'Antarctique pour célébrer le bicentenaire de sa découverte en 2020.

ASOC : www.asoc.org/explore/latest-news/1751-antarctica2020-a-vision-for-the-future

Clipperton, minuscule et immense

Grâce au principe des eaux territoriales, une toute petite île perdue au milieu de l'océan peut représenter à elle seule un véritable patrimoine de biodiversité marine. C'est le cas de l'îlot Clipperton, qui appartient à la France. Situé en plein Pacifique est, à 1 080 km du Mexique et à plus de 5 000 km de Tahiti, cet îlot inhospitalier, à peine grand de 3,7 km^2, est unique sur cette vaste portion d'océan ; Clipperton est *le seul* atoll

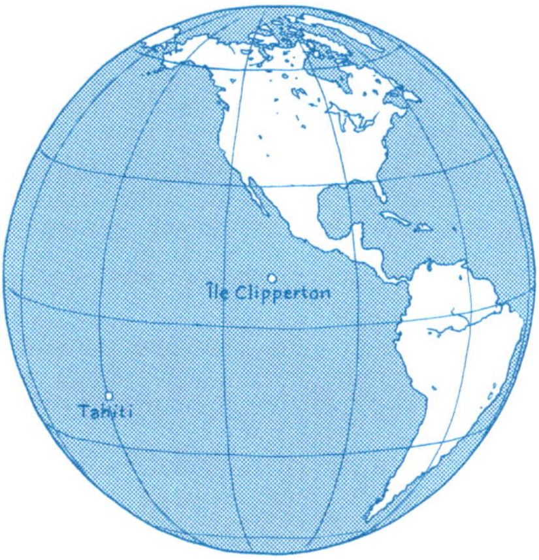

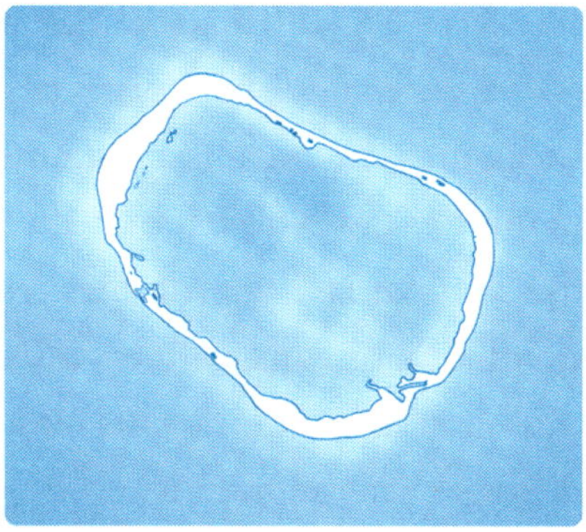

Clipperton appartient à la France. C'est un îlot perdu à plus de 1 000 km de toute terre, le seul atoll du Pacifique est. Son histoire est singulière, et sa situation océanique en fait un extraordinaire carrefour de la biodiversité, car Clipperton est le seul point émergé (minuscule) d'une immense dorsale sous-marine.

corallien du Pacifique tropical est. Totalement insignifiante à la surface de l'océan, l'île prend une autre dimension lorsqu'on regarde à quoi elle est rattachée sous l'eau. Les cartes des fonds marins mettent en évidence une remarquable zone de fracture de plus de 5 000 km qui court entre l'Amérique centrale et la Polynésie. C'est sur cette longue zone de fracture que se trouve la dorsale de Clipperton, chaîne de montagnes et de volcans sous-marins sur des fonds de 2 000 à 3 000 m, dont la minuscule île de Clipperton constitue le *seul* point émergé ! C'est comme si, de toute la chaîne himalayenne, ne dépassait qu'un minuscule bout de rocher au sommet de l'Everest !

Que voit-on en surface ? Peu de chose... Un atoll corallien très bas sur l'eau, d'une douzaine de kilomètres de circonférence, pratiquement dénué de végétation, où domine un rocher basaltique haut de 29 m adossé à un lagon central qui n'est plus en contact avec l'océan depuis plus d'un siècle, car les deux passes principales se sont refermées, sans doute sous la violence des cyclones. Au milieu du lagon saumâtre et acide, où ne vit aucun poisson, existe un « trou sans fond » d'origine volcanique, qui rejette de l'hydrogène sulfuré, et dont on n'a pas encore trouvé l'extrémité sous-marine. C'est parce qu'elle est l'une des îles les plus isolées du Pacifique que Clipperton constitue le rendez-vous privilégié des oiseaux ou des poissons migrateurs. Véritable lieu de convergence pour les espèces pélagiques (thons, requins, dauphins, tortues), on y trouve aussi la faune variée du récif, notamment des raies mantas et des requins-marteaux. L'atoll et ses eaux abritent 27 espèces qui sont sur la liste rouge des espèces menacées et l'on y trouve aussi de nombreux oiseaux de mer qui viennent s'y reproduire, notamment la plus grande colonie de fous masqués et la deuxième plus grande colonie de fous bruns au monde.

C'est ce haut lieu de la biodiversité, avec ses eaux territoriales si riches, qui est devenu, en 2016, une « aire marine protégée » française de 1 611 km² dans les 12 milles autour de l'île, par simple juxtaposition d'un arrêté de protection du biotope et d'une liste d'espèces protégées selon l'UICN. L'Agence française pour la biodiversité précise : « L'atoll de Clipperton contribue à la connectivité spatiale (et génétique) de cette région du globe pour des espèces pélagiques et mobiles telles que les oiseaux, tortues, cétacés et surtout les requins. Il sert aussi de nurserie pour les populations de thons, principale ressource halieutique de la région. »

Mais là encore, comme le pointe le docteur Jérôme Petit : « Dans l'aire marine protégée établie dans les eaux territoriales de Clipperton (soit sur 0,4 % de la ZEE de Clipperton), l'arrêté de protection ne comporte qu'une réglementation du mouillage, de l'échouage, de la déposition de déchets et d'extraction minière, mais ne mentionne pas la pêche, qui est probablement la pression la plus forte sur ces écosystèmes marins. Clipperton est notamment une zone de reproduction prioritaire pour le thon obèse du Pacifique, une espèce surexploitée qui a perdu 84 % de sa population naturelle, selon la Communauté du Pacifique sud. Mais cette espèce, qui nécessite probablement le plus grand effort de protection, n'est pas préservée dans l'aire marine protégée établie, et encore moins dans le reste des eaux de Clipperton où elle est largement pêchée. »

Agence française pour la biodiversité, Clipperton :
www.aires-marines.fr/Actualites/Creation-d-une-aire-marine-protegee-dans-les-eaux-territoriales-de-l-Ile-de-Clipperton-dans-l-ocean-Pacifique

Exemplaires îles Palaos

D'autres petites îles du Pacifique ont permis à elles seules de créer un domaine marin aussi vaste que l'Espagne, c'est la république des Palaos (en anglais, Palau), plusieurs centaines d'îles situées en Micronésie, au sein des îles Carolines. Cet archipel reculé recèle un paysage de rêve aux eaux chaudes et transparentes peuplées de nombreuses espèces (1 300 espèces de poissons et 700 différents types de coraux). Indépendantes depuis 1994, ces îles ont attiré de nombreux touristes et très vite les autorités locales ont compris qu'il fallait à la fois miser sur un tourisme régulé et sur la préservation du milieu marin.

Voici à quoi ressemble une pièce d'un dollar de la république des Palaos. La passion de cet archipel pour l'océan se traduit jusque dans leur monnaie locale !

Dès 2009, le président des Palaos, Johnson Toribiong, annonce la création du premier sanctuaire au monde pour les requins (p. 141). En 2010, le ministre de l'Environnement, Harry Fritz, annonce la création d'un sanctuaire destiné aux cétacés et aux dugongs. Quelques années plus tard, en 2015, le président Tommy Remengesau déclare que 80 % des eaux des Palaos (soit 500 000 km^2) sont désormais un sanctuaire, afin que l'océan puisse se régénérer et se guérir de tout ce qu'il a subi dans cette région, la pêche industrielle ayant poussé certaines espèces au bord de l'extinction. « Une petite nation insulaire peut ainsi avoir un gros impact sur l'océan », a déclaré le président des Palaos.

Afin d'enrayer la pêche illégale, le pays n'hésite pas non plus à mettre en scène la destruction par le feu des « *blue boats* », pilleurs venus du Vietnam et d'autres pays asiatiques (p. 161).

Le choix de protéger sa biodiversité tout en s'ouvrant à un tourisme responsable a payé, puisque ce dernier contribue annuellement pour 160 millions de dollars, soit 50 %, au produit intérieur brut domestique, alors que l'industrie thonière, dans ces eaux, ne contribue qu'à hauteur de 5,5 millions de dollars. Cette volonté de préservation de la richesse naturelle est même inscrite dans la Constitution des Palaos et enseignée dans les écoles.

One Reef à Palau : www.onereef.org/programs/palau

Rapa Nui et Global Ocean Legacy

Depuis 2012, The Pew Charitable Trusts (p. 141), en association avec la Fondation Bertarelli, a œuvré auprès des populations de l'île de Pâques, à 4 000 km de la côte chilienne dans le Pacifique, pour y établir une aire marine protégée. Ses eaux sont encore mal connues, mais on y trouve des *hot spots* géologiques et une très riche biodiversité, avec au moins 142 espèces endémiques, et c'est aussi un lieu de reproduction pour de nombreuses espèces migratrices, thons, marlins, espadons. En 2017, Michelle Bachelet, présidente du Chili, pays auquel appartiennent ces îles, a décrété une vaste AMP de 740 000 km^2 autour de Rapa Nui (l'île de Pâques), qui interdit la pêche, les forages et l'extraction minière, mais autorise les pratiques de pêche traditionnelles. Cette décision a été largement approuvée, à 73 %, par la population lors d'un référendum. Cette AMP s'appelle Rahui. Le directeur du projet Pew Bertarelli Ocean Legacy, Matt Rand, a déclaré : « Le peuple Rapa Nui comprend qu'un environnement marin sain est directement lié à leurs traditions et leur façon de vivre. Un environnement florissant peut ainsi aider à maintenir la culture et les traditions d'une société. »

L'AMP/Rahui est aussi le résultat d'un long processus collaboratif avec les habitants de l'île, ce qui fait dire à Sebastian Pakarati, un représentant d'une coalition de plus de 20 ONG locales, à propos de cette aire marine protégée : « Elle va sauvegarder nos eaux de la pêche industrielle, nous donner le contrôle sur nos propres eaux et ressources, protéger notre mode de vie et renforcer l'océan Pacifique et son réseau grandissant d'aires protégées. »

Le projet Global Ocean Legacy : www.pewtrusts.org/en/archived-projects/global-ocean-legacy-easter-island

Communiqué de presse de Pew : www.pewtrusts.org/en/about/news-room/press-releases/2017/09/09/pbol-commends-chiles-declaration-of-the-rapa-nui-rahui-marine-protected-area

Carte des plus grandes réserves marines du monde dans le cadre de Global Ocean Legacy : www.pewtrusts.org/en/multimedia/data-visualizations/2016/the-worlds-largest-highly-protected-marine-reserves

Un rugbyman pour les îles Cook

Né en Nouvelle-Zélande, le rugbyman Kevin Iro a joué pour des grands clubs en Angleterre, en Australie et dans son propre pays. Mais au-delà du ballon ovale, Kevin est un passionné de mer, passion née dans la splendeur des îles Cook du Pacifique sud, avec leurs eaux turquoise et leurs plages de rêve. Ces îles ne représentent qu'une surface réduite (240 km^2 pour 20 000 habitants), mais leur domaine océanique est immense.

Après quinze ans d'une carrière internationale, Kevin Iro et sa femme, originaire des îles Cook, décident d'aller vivre là-bas avec leurs six enfants, pour leur offrir de grandir dans ce merveilleux cadre de vie. Mais au bout de quelque mois sur les îles de son enfance, il se rend compte que l'environnement marin s'est beaucoup dégradé, avec la surpêche et le changement climatique, et que, si cela continue, le tourisme, qui est la principale ressource des îles (à 70 %), risque de se tarir.

Kevin parle avec ses amis et ils se prennent à rêver de créer un parc marin dont les habitants eux-mêmes seraient les gestionnaires. L'idée évolue au fil du temps, trouvant un formidable écho dans la population : « Tout le monde a soutenu la proposition, y compris les leaders traditionnels qui ont été à la pointe de cette initiative», déclare Kevin Iro. Et c'est ainsi, grâce à tous ces efforts conjugués pendant cinq ans, que les îles Cook annoncent, en 2012, qu'elles vont créer une immense réserve marine de plus d'un million de kilomètres carrés. Mais il faut attendre 2017 pour que le parc marin Marae Moana soit officiellement créé, avec une surface étendue à 1 900 000 km² (trois fois la France). Fort de ce formidable patrimoine de biodiversité, le premier ministre des îles Cook reconnaît, à propos de l'immense sanctuaire: «Nous tirons profit de l'océan en termes de pêche, de tourisme et de richesse des fonds marins, mais il nous apporte aussi un air pur, de l'eau propre et de la nourriture.»

L'exemple de Coline, colibri de Saint-Barth

Avec l'exemple de Nicole Aussedat, appelée aussi Coline, on voit, une fois de plus, que la ténacité d'une seule personne peut mener à de grands résultats, car celle-ci a toujours su trouver les mots pour motiver les uns et les autres à protéger leur portion d'océan. Après avoir travaillé deux ans dans l'équipe de Brice Lalonde, candidat écologiste aux élections présidentielles de 1981 en France, c'est en voilier que Nicole a traversé l'Atlantique pour réfléchir à une suite logique de sa première expérience professionnelle. Installée à Saint-Barthélemy dans les Antilles, séduite par la nature de l'île et la personnalité courageuse des habitants, Nicole a rapidement trouvé la réponse à son désir d'agir pour sa planète, comme elle nous l'a écrit peu de temps avant son décès en 2018: «À la fin des années 1990, les réserves naturelles marines étaient rares en France, et celle-ci, à Saint-Barth, devait être la cinquième ou la sixième du nom. Il aura fallu une douzaine d'années de travail, depuis le jour où une fondation américaine située près de Boston m'a sollicitée, jusqu'à la signature du décret par le gouvernement français en 1996! À l'époque c'était la durée moyenne nécessaire passée en réunions avec les élus, en études scientifiques de diverses équipes, en visites et invitations d'autres gestionnaires de réserves à qui l'on donnait la parole sur Radio Saint-Barth ou dans le *Saint-Barth Magazine*, en participation aux réunions régionales de l'UICN des Antilles ou du parc marin de Guadeloupe, en information du public îlien par des expositions, des films ou des conférences, en création et animation d'une association de protection de la nature, en réunions houleuses avec les pêcheurs, les plongeurs ou les adeptes du ski nautique, en allers-retours et validations dans les instances locales, régionales, nationales des textes de création, et bien d'autres actions encore, pour aboutir enfin à une réserve de statut national. Moyennant quoi, la réserve fut inscrite sur les cartes marines et dotée de moyens pour la surveiller - gardes et bateaux - et pour la gérer - local, personnel, bouées pour éviter l'ancrage dans les herbiers, matériel d'information du public, etc. Finalement, après une dizaine d'années, les zones sans aucune pêche étaient devenues des aquariums géants et toutes les baies de l'île et des îlots, avec un degré de protection moindre ou même sans protection, se trouvaient régénérées.

« Très peu d'années après la mise en application de la réserve naturelle de Saint-Barthélemy décrétée en 1996, ses effets sur la biodiversité étaient déjà spectaculaires, notamment dans la baie de Petit-Cul-de-Sac où toute pêche et ancrage étaient désormais interdits. Les lambis revenaient en nombre peupler l'herbier de phanérogames, quelques requins dormeurs se prélassaient sur les fonds sableux plus au large, les coraux corne d'élan repoussaient et abritaient de nombreux bancs de poissons multicolores et de bonne taille, pour la première fois depuis longtemps. Auparavant, les casiers à langoustes et à poissons parsemaient la baie sauvage, les pêcheurs lançaient l'épervier en bord de plage, puis ancraient leur canot dans l'herbier pour en collecter le contenu, et réappâter les casiers. La senne était régulièrement resserrée et rapprochée du bord, emplie de pisquettes ou de balaous, et les pêcheurs au fusil tiraient sur les poissons-perroquets ou les bonites. Désormais, tout cela était interdit et respecté dans certaines baies de l'île, comme le prouve jusqu'à ce jour toute cette vie retrouvée et foisonnante.

« En même temps, l'état de l'océan mondial, qui ne fait qu'un, s'est considérablement détérioré par l'industrialisation de la pêche, la surpêche et la pêche illégale, mais aussi par la pollution, le réchauffement ou l'acidification des eaux. Environ 90 % des stocks de poissons sont exploités au maximum ou surexploités. Le thon rouge du Pacifique par exemple a perdu 97,4 % de sa population en quelques années. Quelques États souhaitent réagir en décrétant de très vastes zones très protégées dans les zones économiques exclusives encore peu affectées par les activités anthropiques. Après les petites réserves côtières dont l'efficacité pour la biodiversité est prouvée (dès lors que toute extraction est interdite, même si d'autres zones sont ouvertes à une faible utilisation des habitants), il est temps de comprendre que les moyens satellitaires de surveillance et les réglementations internationales – permettant par exemple d'arrêter au port les pêcheurs illégaux – doivent encourager la création dans nos immenses outre-mer et les zones encore relativement épargnées, de très vastes réserves très protégées, dès que possible… et pour le plus grand bénéfice de l'océan, du climat, et des humains. »

The Blue Belt

C'est souvent la brusque prise de conscience des menaces pesant sur l'océan qui amène des passionnés à se mobiliser pour créer des sanctuaires, afin que l'océan puisse se guérir lui-même. C'est le cas du journaliste britannique Charles Clover, auteur d'un livre sur la surpêche qui a fait beaucoup de bruit, *The End of the Line* (*Surpêche*, avec comme sous-titre : *Comment la surpêche est en train de changer le monde et ce que nous mangeons*). Ce journaliste spécialiste de l'environnement, d'abord au *Daily Telegraph*, puis au *Sunday Times*, nous livre une description si effrayante du problème de la surpêche que son travail a donné lieu à un film éponyme, *The End of the Line*, sorti en 2009. Le public comprend alors que certaines espèces, notamment le thon rouge à cause du sushi, sont en risque d'extinction et que, si rien n'est fait, les hommes vont finir par vider la mer de tous ses poissons...

Fruit de ces constats alarmants et des bonnes énergies générées par le livre et le film, est née en 2010 l'ONG Blue Marine Foundation (BLUE), destinée à créer des réserves marines et à établir des modèles de pêche durable. BLUE s'inscrit dans une coalition plus large, Great British Oceans, au sein de laquelle on trouve également des « poids lourds » tels que Greenpeace UK, Marine Conservation Society, The Pew Charitable Trusts, RSPB (protection des oiseaux) ou la Société zoologique de Londres.

En quelques années, BLUE a activement participé à des campagnes pour la protection de plusieurs aires marines remarquables : l'atoll Turneffe au Belize (avec la Fondation Bertarelli), la réserve des Chagos dans l'océan Indien, l'agrandissement des aires protégées autour des îles Pitcairn, ou la protection de 52 % des eaux de l'île Ascension contre la pêche intensive (sur une surface grande comme deux fois le Royaume-Uni). Au sein de la coalition, de belles victoires ont été remportées, mais le grand projet, soutenu par le gouvernement du Royaume-Uni, c'est The Blue Belt (« La ceinture bleue »). Il s'agit d'une série d'aires protégées autour de 7 des 14 possessions britanniques d'outre-mer (île Ascension, territoire britannique en Antarctique, territoires de l'océan Indien, les îles Pitcairn, Géorgie du Sud et les îles Sandwich du Sud, Sainte-Hélène et Tristan da Cunha) qui, toutes ensemble, formeraient un fantastique réseau de biodiversité grand de 4 millions de kilomètres carrés. Songez un peu, cette « ceinture » à elle seule contient un tiers de tous les albatros, un quart de tous les pingouins et l'un des plus grands atolls coralliens du monde. Le rapport du Blue Belt a été élaboré avec la coalition Great British Oceans et rédigé par l'honorable Richard Benyon, membre du Parlement de Newbury et ancien ministre de la Pêche.

Ce projet a enthousiasmé le facétieux Boris Johnson, secrétaire d'État aux Affaires étrangères britanniques en 2017, qui en appelle à la création d'un « paradis marin » : « Aucun gouvernement britannique ne s'est jamais embarqué dans une politique environnementale plus ambitieuse que celle-ci – en termes de pure surface planétaire – et nous allons protéger une étendue d'océan de la taille de l'Argentine et du Chili combinés. J'adore le fait qu'un quart des pingouins de la planète sont britanniques. »

Blue Marine Foundation : www.bluemarinefoundation.com/about
Great British Oceans : www.greatbritishoceans.org/home
The Blue Belt, le rapport : www.greatbritishoceans.org/wp-content/uploads/sites/10/2017/10/Blue-Belt-2.0_October-2017-1.pdf

Haute mer : le plus grand défi

C'est peut-être le plus grand défi qui attend l'humanité dans un futur immédiat : gérer le plus vaste territoire de la planète, qui n'appartient qu'au vent et aux vagues, la « haute mer ». Cette appellation poétique reflète une réalité vertigineuse : en dehors des eaux territoriales, hors des juridictions, l'océan ne peut être revendiqué par aucun pays. Or cette étendue couvre quasiment la moitié du globe (45 %) et représente 64 % de la surface océane totale ! De fait, la haute mer est la première nation du globe de par sa taille, son volume et sa biodiversité.

Selon la fameuse convention de Montego Bay (Jamaïque) en 1982, lors de la Conférence des Nations unies sur le droit de la mer, la haute mer a été ainsi définie dans l'article 86 : « [...] toutes les parties de la mer qui ne sont comprises ni dans la zone économique exclusive, la mer territoriale ou les eaux intérieures d'un État, ni dans les eaux archipélagiques d'un État archipel. » À l'époque, on n'avait pas hésité à désigner les fonds marins de la haute mer comme « patrimoine commun de l'humanité », ce qui semble exclure toute « appropriation privative du territoire et de ses ressources ». Mais une génération plus tard, cette convention (pourtant très novatrice en son temps) ne correspond plus aux réalités du XXIe siècle, comme le fait remarquer Julien Rochette, de l'Institut du développement durable et des relations internationales (IDDRI) : « À l'époque, les États ne débattaient pas sur les hautes mers, tout simplement parce que aucune technologie ne permettait d'explorer ces zones lointaines que l'on croyait désertiques. Aujourd'hui, les activités dans ces zones ne cessent de croître et la richesse en termes de biodiversité est connue. »

Un avis partagé par Patricia Ricard : « La non-régulation de la haute mer constitue un énorme vide juridique qui menace l'ensemble de la planète. C'est dans ces zones qu'ont lieu la majorité des activités minières et des pêches illégales. Nous n'avons qu'une seule planète, mais un océan bien préservé peut constituer une deuxième chance. » Certes, il faut protéger cette immense haute mer, mais il n'est pas forcément simple de savoir par où commencer face à un tel défi, d'autant que de puissants intérêts économiques sont en jeu : les navires russes ou norvégiens ratissent de vastes quantités de krill dans les eaux internationales, quant aux Chinois et aux Japonais, ils y puisent des tonnes de thons, les Chiliens y ramassent bars et thons rouges, pendant que des nations telles que le Canada, l'Inde et la Chine mettent en œuvre d'énormes robots pour exploiter les minéraux du fond des mers internationales.

Il faut cependant prendre en compte que l'accès à ces contrées du globe demande des investissements énormes, industriels, ce qui n'est pas à la portée de toutes les nations. On peut ainsi espérer que le renforcement des lois, la baisse dramatique des stocks des poissons les plus recherchés, la chasse aux subventions qui alimentent la surpêche et le coût croissant de la pêche industrielle en haute mer vont progressivement décourager les pilleurs des mers, obligés de déployer une technologie de plus en plus complexe pour capturer des proies de plus en plus rares...

C'est pourquoi Peter Thomson, ambassadeur des îles Fidji, alors président de l'Assemblée des Nations unies, avait déclaré : « La haute mer est la plus grande réserve de biodiversité de la planète. Nous ne pouvons pas continuer sans gouvernance si nous souhaitons protéger la biodiversité et la vie marine. » Faute de quoi, estime Thomson, cet immense espace risque de devenir une « zone pirate ». Ce même Peter Thomson est depuis l'été 2017 le premier envoyé spécial auprès du secrétaire général des Nations unies pour l'océan. Toutes ces questions restent ouvertes depuis des années et demandent à être continuellement discutées avec les 193 pays membres de l'Assemblée, sachant qu'un nouveau traité remettra en question des droits de pêche, ce qui pèse lourd pour certains pays possédant un important domaine maritime, comme les États-Unis, le Japon, l'Espagne ou la France.

Une coalition de 35 ONG et de l'UICN (Union internationale pour la conservation de la nature) s'est regroupée au sein de la High Seas Alliance (Alliance de la haute mer), avec pour but de « faciliter la coopération internationale pour établir des aires protégées en haute mer, et pour renforcer la gouvernance de la haute mer ».

High Seas Alliance : www.highseasalliance.org

Le patrimoine mondial en haute mer

Mais en attendant de réussir à établir un statut mondial pour l'océan, certains proposent de commencer par protéger des sites exceptionnels situés en haute mer. C'est ce que propose un rapport du Programme marin du patrimoine mondial de l'Unesco, réalisé avec le soutien de la Fondation Khaled-bin-Sultan-Living-Oceans, l'Agence française des aires marines protégées, le fabricant suisse de montres Jaeger-LeCoultre et Nekton. Le rapport (intitulé : *Le Patrimoine mondial en haute mer : une idée dont l'heure est venue*) liste quelques lieux d'exception, tels qu'ils avaient été définis par la convention de Montego Bay (« Des biens du patrimoine culturel et naturel présentant un intérêt exceptionnel qui nécessite leur préservation en tant qu'élément du patrimoine mondial de l'humanité tout entière »). Cinq sites caractéristiques, parmi les plus emblématiques, ont déjà été choisis et baptisés avec des noms propices à l'imaginaire : le Dôme thermal du Costa Rica (grand carrefour de la biodiversité, migrations, frayères, terrain d'alimentation, causé par une remontée d'eau induite par le vent) ; le Café des requins blancs (habitat unique au grand large, entre la côte ouest des États-Unis et Hawaii, où se réunissent les grands requins blancs) ; la mer des Sargasses (« forêt tropicale dorée flottant à la surface de l'océan ») ; le Champ hydrothermal de la forêt perdue (élément géobiologique situé par 800 m de fond, édifice monolithique de roches carbonées, sans équivalent dans le monde) ; l'Atlantis Bank (première île fossilisée engloutie d'origine tectonique entre 700 et 4 000 m de fond, promontoires, falaises, cheminées, plages et lagons en eau profonde dans l'océan Indien)...

Rapport de l'UNESCO en français :
unesdoc.unesco.org/images/0024/002470/247098f.pdf
World Heritage in the High Seas, UNESCO :
whc.unesco.org/en/highseas

Save the High Seas

Comme l'exprime avec passion Rémi Parmentier, grand défenseur de l'océan depuis des décennies (p. 120) : « Ainsi, 64 % des océans se trouvent au-delà des eaux juridictionnelles des États et c'est dans cette haute mer – autour des monts sous-marins – que se trouvent les joyaux de la « couronne biodiversité marine », que nous commençons à peine à connaître. On parle beaucoup de biodiversité des forêts tropicales et c'est très bien. Mais celle des grands fonds est égale voire supérieure. Pour cela, nous avons impulsé la Coalition pour la conservation des fonds océaniques (Save the High Seas), afin que l'Assemblée générale des Nations unies adopte un moratoire sur le chalutage de fond en haute mer, mode de pêche non sélectif qui détruit sans distinction tout sur son passage, y compris les coraux d'eau froide millénaires, à l'aide d'immenses chaluts qui raclent les grands fonds comme des bulldozers. Les États ont recours à toutes sortes d'arguties pour éviter de mettre un terme à ce carnage sous-marin. C'est insensé. »

Save the High Seas : www.savethehighseas.org

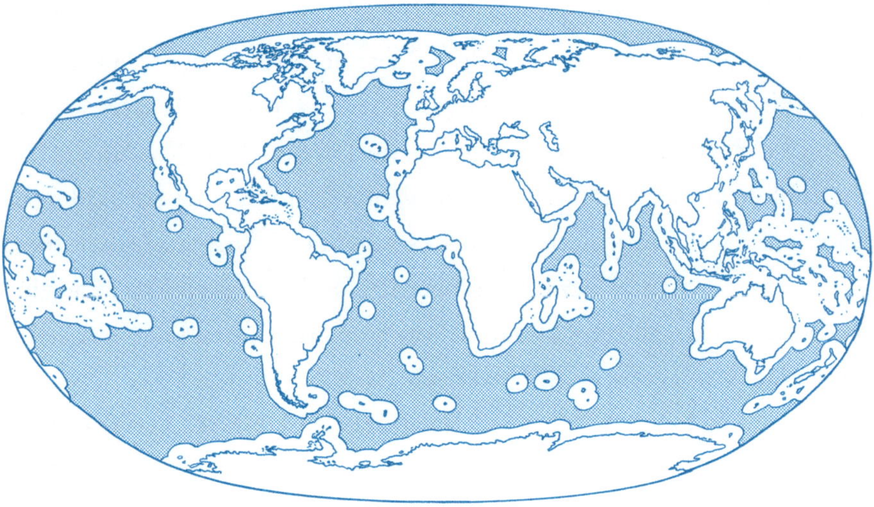

Cette carte montre la limite des eaux territoriales autour des terres et surtout l'immensité des eaux libres. En blanc : les terres et les eaux territoriales. En bleu : la haute mer, soit 64 % de l'océan et 45 % de la planète !

Sanctuaires, aires protégées, haute mer sous juridiction mondiale, ces buts sont nobles et nécessaires, mais la tâche est immense, à la mesure de la surface à surveiller. Cependant, nous disposons désormais de plus en plus d'outils de transmission et de communication sophistiqués, qui ne laissent aucun point de la planète caché. Radars, satellites, outils numériques, balises, tout cela peut être utilement couplé au travail opéré sur le terrain par les observateurs, navires, avions ou drones. Nous avons vu ainsi comment un programme d'envergure mondiale permet aux internautes de surveiller les bateaux de pêche qui rentrent illégalement dans des zones de pêche interdites, avec Global Fishing Watch (p. 164). Mais pour l'heure, l'océan n'est qu'une espèce de patchwork juridique avec des législations différentes d'un pays à l'autre. Selon Elizabeth Wilson, directrice de projet au Pew Charitable Trusts, c'est précisément « ce manque de coordination pour protéger et préserver [son] immense mais fragile biodiversité » qui laisse la haute mer ouverte au pillage dont elle est victime depuis longtemps.

Comment surveiller 71 % de la planète ?

Le paradoxe est là : plus une zone protégée est grande, plus elle est facile à surveiller, car les intrusions sont visibles. Dans une petite aire protégée, un bateau peut entrer et ressortir rapidement après avoir pêché illégalement. C'est pourquoi les systèmes de surveillance sont devenus l'arme essentielle pour donner à ces aires protégées tout leur sens. D'après Patrick Boissier, président du Groupement des industries de construction et activités navales (GICAN), le nombre de patrouilleurs de la marine nationale qui surveillent effectivement la ZEE française (soit plus de 11 millions de kilomètres carrés) « est à peu près l'équivalent de deux voitures de police pour surveiller le territoire de la France. [...] Nos moyens d'action de l'État en mer doivent nous permettre de surveiller et de faire respecter la souveraineté française sur cette vaste zone. À défaut, nous allons nous laisser piller nos ressources et contester notre souveraineté ». Ou, pour reprendre la formule du député du Tarn, Philippe Folliot, grand défenseur de l'îlot Clipperton (qui fut revendiqué par plusieurs nations) : « Sans surveillance, la souveraineté n'est que fictive. » Et le nombre des frégates de surveillance est censé diminuer dans le futur...

Mais d'autres moyens sont développés et déployés, comme l'explique en 2017 Michel Cabirol, journaliste à *La Tribune* : « Tout en rationalisant sa flotte, la marine est également en train de développer de nouveaux outils, dont le système satellitaire Trimaran qui fournit des informations aux préfets maritimes et aux commandants de zone maritime. C'est une nouvelle façon de surveiller l'immense ZEE. Ces informations, traitées et interprétées par les analystes images de Telespazio France (filiale commune de Thales et Leonardo) et d'Airbus Defence and Space, proviennent de divers satellites commerciaux AIS (système d'identification automatique), radar ou optique. »

Quand The Pew Charitable Trusts a promu la très grande réserve de Pitcairn auprès du pragmatique gouvernement britannique, celui-ci a exigé une preuve de surveillance suffisante. Ce qui fut fait, au moyen d'une *joint-venture* entre le gouvernement et une entreprise de haute technologie satellitaire, Catapult, qui permet de déterminer, par des algorithmes extrêmement sophistiqués, qui est en train de pêcher et où, et qui transborde ou ne fait que passer dans la ZEE de Pitcairn. Alors seulement, la réserve a pu être désignée.

Les drones font partie des outils prenant une place de plus en plus prépondérante dans la surveillance maritime, car ils permettent d'augmenter considérablement le rayon de surveillance des bateaux. L'armée travaille sur des drones encore plus performants, selon Hervé Guillou, PDG de Naval Group (anciennement DCNS) : « Nous allons continuer à innover pour que les drones puissent réaliser des missions de plus en plus complexes, plus loin et plus longtemps dans un environnement interopérable et de digitalisation accrue des moyens. »

Désormais il faut aussi compter avec l'avènement des sciences participatives et la possibilité donnée à tous les acteurs de l'océan quels qu'ils soient de communiquer à plus large échelle sur leurs observations en temps réel (pollutions, pêche illégale, activités industrielles, problème dans une AMP, etc.) pour devenir, à leur façon, des sentinelles de la protection océane.

Mais il n'est pas toujours facile de s'y retrouver dans la jungle des législations qui varient en fonction des pays, sans parler des projets de sanctuaires annoncés à grand renfort de déclarations dans les médias mais jamais finalisés. Or, il existe un outil permettant de visualiser toutes ces aires protégées sur l'ensemble de la planète, avec leur localisation, leur degré de protection, le détail des activités interdites, etc. C'est une série de cartes interactives élaborées et mises à jour par le Marine Conservation Institute, qui permettent d'accéder facilement à toutes ces informations sur les aires marines protégées (MPA en anglais, d'où le nom du site : MPAtlas) grâce à des séries de calques.

Carte interactive MPAtlas : www.mpatlas.org/map/mpas

Applications satellites Catapult :

www.sa.catapult.org.uk/our-focus/blue-economy

4.

Bateaux écolos et green surfing

« Nous ne sommes pas de simples passagers à bord du vaisseau spatial Terre. Nous sommes tous équipiers. Et la survie de l'humanité dépend de l'intégrité de l'individu. »

Buckminster Fuller, 1982

La voie maritime, voie royale

L'histoire de l'humanité s'est écrite sur la mer, dans le sillage des premiers navigateurs qui se sont lancés sur une mer inconnue à bord de frêles esquifs pour découvrir le reste du monde. Ceux que l'ingénieur et visionnaire canadien Buckminster Fuller appelait les « grands pirates », les premiers à s'être aventurés de l'autre côté de l'horizon, traçant ainsi les routes maritimes d'où tout allait découler, commerce, culture, trafics, colonisation, esclavage, voyages, uniformisation, mondialisation : « À mesure qu'ils poussaient de plus en plus loin leurs aventures océaniques, ils se rendaient compte que les eaux étaient un lien réel entre tous les peuples et toutes les régions du monde. *Mais personne d'autre, autour d'eux, ne le savait* », écrit Fuller.

Avec l'industrialisation, ces routes maritimes vont devenir cruciales, comme le pressentait l'un des fondateurs de la géopolitique, Friedrich Ratzel, en 1897 : « Il suffit qu'un pays possède une simple sortie sur la mer pour pouvoir atteindre n'importe quel point des côtes du monde. La mer est une voie de communication pouvant conduire facilement partout. » C'est peut-être une évidence, mais encore fallait-il l'énoncer, car c'est ainsi que de grands empires sont nés, parfois créés par de petites nations, comme les Provinces-Unies au XVIIe siècle, avec la Compagnie néerlandaise des Indes orientales.

Dès le XXe siècle, l'océan est devenu un vaste couloir de transit pour les migrations humaines, forcées ou volontaires. Les échos d'un nouveau monde, de l'autre côté de l'Atlantique, ont créé un fantastique appel d'air, évoqué ici par John Maxtone-Graham, historien des voyages maritimes. La ruée vers l'Ouest est passée par la mer. Songez un peu : « Après 1900, le trafic des transatlantiques vers l'ouest se mit à croître de façon phénoménale. Au cours des années 1840, on ne comptait que 150 000 passagers par an ; après 1905, plus d'un million effectuait le trajet chaque année. On estime qu'entre 1820 et 1920, 34 millions de passagers – incroyable total – ont traversé l'Atlantique vers l'Amérique, en majorité d'humbles émigrants en quête d'une vie nouvelle dans le Nouveau Monde. »

L'ère des voyages maritimes était alors à son apogée. C'est la grande époque des Messageries maritimes, le bateau devient synonyme de rivages exotiques et de mondes lointains, il symbolise le voyage de par sa lenteur et sa capacité d'aller au bout du monde, sur les traces des bourlingueurs mythiques, comme le poète voyageur Blaise Cendrars, ou l'un des pères de la « beat generation », Jack Kerouac. Mais après la Seconde Guerre mondiale, il faut se rendre à l'évidence, le sublime paquebot *Normandie* a beau s'essouffler pour traverser l'Atlantique en trois ou quatre jours, il ne battra jamais son nouveau concurrent des airs, l'avion, dont l'écrivain diplomate Paul Morand disait, dès 1944 : « Il n'en est pas moins vrai que l'avion-tramway, l'avion-taxi, l'aviontrain-de-plaisir, l'avion-fin-de-semaine, devront tôt ou tard entrer dans nos mœurs. » Entre les années 1950 et les années 1970, le trafic aérien est passé de 825 000 à 12 millions de passagers. La messe est dite.

Aujourd'hui, 90 % du trafic mondial de marchandises s'effectue par bateau, et le trafic des passagers est devenu presque exclusivement aérien. Mais les avions et leur kérosène représentent aussi une pollution majeure pour les terres et les océans qu'ils survolent (13 % des émissions de gaz carboniques, plus de 3 millions de tonnes d'oxydes d'azote par an et 166 millions de tonnes de CO_2 contribuant à diminuer la couche d'ozone) ; or, 60 % de l'aviation est consacrée au tourisme, qui n'est pratiqué que par un faible pourcentage de Terriens... Il est donc urgent de ralentir, de réinventer des modes de déplacement durables, en particulier dans le domaine du tourisme (considéré comme première industrie planétaire, avec un PIB de 12 %).

Réapprendre à voyager autrement fait partie du processus de guérison de la planète, et donc de l'océan. Se souvenir qu'étymologiquement, voyager signifie « parcourir le chemin » et non parvenir à destination. Ajoutons à cela la phrase de Stevenson bien connue des amateurs de voyages maritimes : « Voyager plein d'espoir est mieux que d'arriver » et nous obtenons une autre philosophie du voyage, bien éloignée de l'aller-et-retour-au-bout-du-monde-en-avion-pour-une-semaine-à-prix-cassé !

Voyager par voie de mer veut dire aussi retrouver le sens de la lenteur, savourer la découverte du paysage mètre par mètre, jour après jour, et surtout retrouver le lien sacré avec le corps bleu et arrondi de la planète, l'océan... *Slow is beautiful*... Dès les années 1970, l'aviation civile a pris un tel essor qu'elle a presque éliminé les voyages maritimes : il était alors devenu difficile de voyager à bord de cargos ; quant aux paquebots de ligne (lignes maritimes régulières pour les voyageurs), ils ont peu à peu cédé la place aux paquebots de croisière qui font des ronds dans l'eau et embarquent des vacanciers, non des voyageurs.

Je me suis moi-même heurté à cette réalité lorsque, fuyant l'avion-bétaillère et assoiffé de traversées océaniques, j'ai cherché des moyens de voyager par mer, seul ou en famille. À l'époque, il ne restait qu'un ou deux paquebots transatlantiques et les seuls cargos acceptant des passagers étaient les rares « bananiers » porte-conteneurs de la CMA CGM et quelques cargos allemands ou polonais. J'ai peu à peu exploré toutes les pistes, à une époque où Internet n'existait pas, et déniché ainsi d'étonnants voyages sur des paquebots à l'ancienne, des porte-conteneurs, des vraquiers, des rouliers... Mon goût immodéré pour les voyages maritimes s'était tissé autour de mes lectures, *Tintin*, Cendrars, Conrad, mais aussi les premiers navigateurs à voile de l'ère moderne, Joshua Slocum, Alain Gerbault, Bernard Gorsky et surtout Bernard Moitessier, pour son lien fusionnel avec l'océan, que j'ai eu la chance de pouvoir partager avec lui (p. 301).

Pour moi, aimer la mer, c'est l'aimer sous toutes ses formes, et chacun de mes voyages lointains s'est fait par voie de mer. Je rêvais même, en un temps, d'accomplir un « tour du monde en 80 bateaux ». Au fil de l'eau, j'ai découvert le lien du marin avec la mer hauturière, le grand large, là où temps et distance se diluent dans le roulis, le tangage, l'écume des vagues et le souffle des baleines. J'ai ressenti le bonheur de me dissoudre en mer et l'impression d'être triste lorsque se profilent la terre ou le port d'attache. De cet amour ultramarin est née l'idée d'écrire le premier *Guide des voyages en cargo* du monde (1992), première édition d'une longue série, qui a accompagné le formidable renouveau du voyage maritime (plusieurs éditions, traductions, émissions, conférences, création d'une agence spécialisée, puis du Cargo Club avec Catherine Domain, etc.). En une génération, la situation a évolué au-delà de mes espérances les plus folles. En effet, il est aujourd'hui devenu très facile de voyager par mer dans le monde entier sur une grande variété de navires et de bateaux, notamment grâce à l'utilisation d'Internet.

De nombreux cargos proposent de nombreuses destinations et la beauté de la chose, c'est que ces énormes navires, transportant de plus en plus de marchandises avec de moins en moins de membres d'équipage, ont de la place à revendre pour d'éventuels passagers. Avec ou sans nous à bord, ils navigueront de la même façon. C'est donc utiliser une place « perdue » que d'embarquer à bord d'un cargo avec un réel confort (grandes cabines avec larges hublots, trois repas par jour, petite piscine, accès au navire, etc.). Le succès de ces voyages, auquel je suis heureux d'avoir contribué, s'est traduit par une évolution de l'offre au point que certaines compagnies de navigation, telle la puissante CMA CGM (numéro 3 du transport mondial par conteneurs), font désormais construire certains navires avec des aménagements prévus pour les passagers. Le marché s'est également ouvert à d'autres types de navires, les « *small ships* » (navires de petites tailles) : brise-glace, rouliers, caboteurs, cargos mixtes, navires de recherche, trois-mâts, grands voiliers, clippers, bateaux de pêche reconvertis...

Le tourisme traditionnel ne concerne que les terres émergées, soit 28 % de la planète, desquels il faudrait défalquer les pôles et les déserts inaccessibles, tandis que l'océan, lui, représente les deux tiers du globe. Ainsi, le voyage maritime permet de connaître et d'apprécier cet immense domaine totalement méconnu de l'autre côté de l'horizon.

Quelques agences spécialisées dans le voyage maritime :

Paris, agence Mer et Voyages : www.mer-et-voyages.info
Marseille, compagnie maritime CMA CGM :
www.cma-cgm.fr/produits-services/voyage-en-cargo
Londres, The Cruise People (Kevin Griffin), grande expertise du voyage maritime : www.cruisepeople.co.uk
Berne, Suisse, Globoship : www.globoship.ch
New York et Montréal, Maris :
www.freightercruises.com/voyages.php
Cargo Club, réunion des amateurs de voyages en cargo et de livres de voyage, Librairie Ulysse, Paris :
www.ulysse.fr/-Cargo-club-

Bateaux écolos

On le voit, notre économie mondiale dépend étroitement de la mer, dans la mesure où 90 % du commerce planétaire s'effectue par bateau et qu'on ne compte pas moins de 90 000 cargos en circulation. En même temps, ces dizaines de milliers de navires, qui brûlent pour la plupart du fioul soute de très mauvaise qualité, sont responsables de nombreuses pollutions, comme les oxydes d'azote, NO_X, puissants gaz à effet de serre (de 18 à 30 % de la production) et surtout les oxydes de soufre, SO_X (9 % de la production), qui participent activement à l'acidification de l'océan et au blanchissement du corail. Mais paradoxalement, cette gigantesque armada de mastodontes des mers ne produit « que » 5 % des émissions responsables du changement climatique.

Restent d'autres perturbations engendrées par le bruit sous-marin des moteurs qui parasite la faune marine, des collisions avec des cétacés, des dégazages ou déballastages sauvages qui peuvent relâcher des polluants ou des espèces envahissantes ; d'après l'ONU, les espèces exotiques envahissantes, EEE (p. 181), sont devenues la deuxième cause de déclin de la biodiversité dans le monde.

Les technologies actuelles permettent de résoudre la plupart de ces effets négatifs ; dans la mesure où ces armadas de cargos sont devenues indispensables aux rouages planétaires, de nombreux chercheurs travaillent aujourd'hui sur des modes de propulsion non polluants, économiques et ayant le moins d'impact possible sur l'océan.

En 2016, l'Organisation maritime internationale (OMI) a adopté la généralisation du taux maximal de soufre à 0,5 % sur toutes les mers du monde dès 2020. Dans la mesure où le fioul lourd utilisé par les cargos est considéré comme le plus polluant des carburants fossiles, l'industrie maritime travaille à la reconversion des flottes actuelles. Et le numéro 3 mondial du transport par conteneurs, la compagnie française CMA CGM, a ainsi devancé l'appel en décidant de faire construire

9 porte-conteneurs en Chine, propulsés par le gaz naturel liquéfié (GNL), qui reste une énergie fossile donc transitoire, mais permet de réduire de 25 % les émissions de CO_2, de 85 % les oxydes d'azote et surtout de 99 % les oxydes de soufre et les particules fines. Pour le ministre de la Transition écologique et solidaire, Nicolas Hulot, il s'agit d'une « décision historique qui démontre l'ambition de l'industrie française au service de la transition écologique ».

Depuis le début des années 2000, bon nombre de projets ont éclos sur les tables des architectes navals, utilisant les nouvelles technologies durables et low-tech, moteurs électriques, énergie solaire, cerfs-volants, ailes, kites, éoliennes, turbovoiles, voiles rigides, hydrogène, foils, navigation à distance... Une chose est sûre : les cargos du futur seront plus propres, autonomes, avec des équipages de plus en plus réduits, voire pas d'équipage du tout, une option de plus en plus sérieuse (p. 285).

♦ *Race for Water* : des bateaux 100 % autonomes et 100 % propres

Des projets de navires solaires se sont succédé : dès 2009, un cargo de la compagnie japonaise NYK est muni de 238 panneaux solaires à titre d'essai. Puis en 2010, Le *Tûranor PlanetSolar* devient le plus grand bateau solaire du monde, conçu par Raphaël Domjan, avec pour capitaine Patrick Marchesseau. Pendant deux ans, ce prototype (35 m de long sur 23 m de large) fait de nombreuses escales autour du monde, servant de plate-forme scientifique et de vitrine au projet, démontrant que les énergies renouvelables sont parfaitement viables pour assurer la transition énergétique. Il réalise ainsi en 2012 le premier tour du monde en bateau solaire (60 000 km parcourus en 585 jours de navigation), tout comme Bertrand Piccard boucle en 2016 le premier tour du monde en avion solaire avec *Solar Impulse*.

En 2016, ce multicoque solaire intègre la fondation suisse Race for Water, dont il porte désormais le nom (p. 221). Cette fondation, créée par le Vaudois Marco Simeoni, a pour but de préserver l'eau et l'océan sur la planète, mais aussi de lutter contre la pollution des plastiques. Devenu navire amiral et ambassadeur de la fondation, le bateau a été repensé pour devenir un prototype révolutionnaire à propulsion mixte solaire-hydrogène-kite. Outre ses 500 m^2 de panneaux solaires, on lui a donc adjoint la technologie-hydrogène (par hydrolyse de l'eau de mer pompée directement), donnant au *Race for Water* près d'une semaine d'autonomie supplémentaire, ainsi qu'un kite ou cerf-volant dirigeable de 40 m^2 se déployant à 150 m d'altitude, ce qui lui permet de naviguer 24 heures sur 24 de manière totalement propre et sans la moindre dépendance aux énergies fossiles. Les solutions choisies pour ce bateau sont déjà commercialisées, ce qui signifie que ce modèle de navire pourrait être fabriqué en série. Comme s'en réjouit Bertrand Piccard lui-même : « Je suis heureux de pouvoir témoigner d'un autre projet suisse qui symbolise de manière concrète la transition énergétique. La propulsion du navire *Race for Water*, basée sur le mix d'énergie solaire, d'hydrogène et d'un kite à traction, fera exemple dans l'histoire de notre futur propre. Cette solution proposée par Race for Water est à la pointe de l'innovation, mais reste accessible à tous car ils ont fait le choix de la baser sur des technologies commerciales. »

Parti pour un nouveau tour du monde de plusieurs années, le navire abrite plusieurs programmes scientifiques et pédagogiques, et il a pour capitaine le navigateur Gérard d'Aboville.

Fondation Race for Water : www.raceforwater.com

Suivre le voyage du *Race for Water* sur le blog :

www.odyssey.raceforwater.org/category/le-blog

Energy Observer, bateau ambassadeur de l'hydrogène

Les énergies fossiles nous ont montré qu'elles ne sont pas viables pour satisfaire nos besoins énergétiques, car elles sont épuisables et rejettent des gaz qui empoisonnent la planète. L'idéal serait donc de trouver une matière inépuisable et non polluante ; or, elle existe partout dans l'univers, c'est l'hydrogène, l'élément le plus abondant et omniprésent qui soit. En partant de ce constat, les concepteurs du bateau *Energy Observer* ont travaillé pendant des années à la réalisation d'un bateau propulsé à l'hydrogène qu'il produit lui-même à partir de l'eau de mer. Comme l'exprime le navigateur Victorien Erussard : « Ce sera le premier bateau autonome en énergie qui avancera sans émission de carbone, sans particules fines et sans polluants. »

À l'origine du projet en 2009, un navigateur de course au large et technicien de haut vol, Frédéric Dahirel. L'idée est de reconvertir un trimaran de course (dessiné par Nigel Irens, anciennement *Tag Heuer*, puis *Enza New Zealand* de Peter Blake) en emblème des énergies renouvelables. D'abord orienté sur le solaire, le projet s'appelle Solar Odyssey, mais une rencontre avec les ingénieurs du Laboratoire d'innovation pour les technologies des énergies nouvelles et les nanomatériaux (CEA-Liten) de Grenoble va tout faire basculer. Cet institut de recherche, dirigé par Florence Lambert, travaille en effet sur les technologies de la transition écologique, notamment sur la production d'hydrogène par électrolyse.

Dès 2013, le projet s'oriente vers ce type de carburant, et le navire est rebaptisé *Energy Observer*. Cette année-là, un vieil ami de Frédéric Dahirel et complice de Saint-Malo rejoint l'équipe : Victorien Erussard, coureur au large détenteur d'un beau palmarès, officier de marine marchande. Souhaitant rejoindre une cause utile, Victorien s'associe à ce projet d'un navire autonome électro-éolien, principalement propulsé grâce à l'hydrogène couplé à d'autres sources d'énergies renouvelables. Le projet lui plaît d'autant plus que, comme il le dit : « *Energy Observer*, c'est une reconversion à double sens : recycler un catamaran de course, léger et fiable, recordman autour du monde et permettre ainsi d'investir dans la recherche et développement, plutôt que dans le composite. » En 2015, Jérôme Delafosse, plongeur, réalisateur et explorateur, rejoint l'équipe comme chef d'expédition. Pour lui aussi, l'amour de l'océan

Energy Observer est un trimaran de course reconverti en bateau ambassadeur des énergies renouvelables. Son mix énergétique est à base d'éoliennes, de solaire et d'un kite, mais surtout le bateau est capable de produire de l'hydrogène à partir de l'eau de mer pour se propulser.

s'est déclaré à Saint-Malo, par la navigation et la plongée. Inspiré par Cousteau, il devient scaphandrier professionnel et participe aux fouilles archéologiques sous-marines du palais de Cléopâtre d'Alexandrie, il fréquente aussi de près les grands requins blancs en Afrique du Sud, plonge en sous-marin à 1 000 m pour filmer les abysses, et devient même auteur de best-sellers. En 2015, il réalise pour Canal + un film dénonçant le massacre des requins, *Les Requins de la colère* (p. 135). Cette année-là, Jérôme reçoit un coup de fil de Victorien, et très vite il décide de rejoindre l'aventure Energy Observer.

Le bateau (30,5 m de long sur 12,80 de large) est mis à l'eau en avril 2017, prêt pour son grand tour du monde de plusieurs années dédié à la protection de l'océan et prouvant que la transition énergétique est faisable et applicable partout sur la planète. Le mix énergétique choisi pour *Energy Observer* comprend trois différents types de panneaux photovoltaïques sur 130 m^2, deux éoliennes à axe vertical, un kite ou aile de traction automatisée et intelligente (fournie par la start-up Beyond the Sea, du navigateur Yves Parlier) et toute la chaîne de production d'hydrogène à partir de l'eau de mer. Le tout accompagné d'un désalinisateur, de compresseurs d'hydrogène et d'une pile à combustible pour alimenter les deux moteurs électriques réversibles (permettant la production d'hydrogène). De cette façon, le bateau produit lui-même son hydrogène d'une manière décarbonée, et les logiciels qui pilotent le système peuvent coupler l'ensemble aux énergies renouvelables produites à bord. Vieil ami de Victorien Erussard, Nicolas Hulot est parrain du bateau, dont il dit : « *Energy Observer* est plus qu'un bateau, c'est un démonstrateur et un capteur de solutions. Il dessine un futur déjà présent. Un projet évolutif au long cours qui se veut créer une vague d'énergie positive. *Energy Observer* est un condensé d'énergies renouvelables qui donne envie de précipiter la transition énergétique. Je me reconnais dans l'état d'esprit de l'équipe, résolument tourné, non plus vers un constat, mais vers l'innovation. » L'autre parrain de ce bateau innovant est une marraine, Florence Lambert, directrice du CEA-Liten qui, elle aussi, croit en ce projet : « *Energy Observer* est emblématique de ce que seront les réseaux énergétiques de demain, avec des solutions qui pourront même être déployées d'ici cinq ans. »

Energy Observer **:** www.energy-observer.org

Energy Observer **au CeaTech Liten :** liten.cea.fr/cea-tech/liten/Pages/actualites/cea-energy-observer-architecte-energie-technologie.aspx

Eco Marine Power : la recherche du bon mix pour les cargos du futur

Parce que les écarts climatiques varient du tout au tout sur la planète, les solutions alternatives pour produire de l'énergie doivent forcément s'adapter aux conditions qu'elles rencontrent ; c'est pourquoi l'avenir est dans un mix de solutions qui se combinent et peuvent prendre le relais les unes des autres, comme c'est le cas avec *Race for Water*.

La compagnie internationale Eco Marine Power (EMP), basée à Fukuoka au Japon, travaille depuis des années à créer des navires de toutes tailles, ferries, tankers, cargos, navires de passagers, qui puissent se propulser grâce aux énergies renouvelables en utilisant les technologies les plus récentes et en réduisant au maximum leurs émissions de CO_2. Le choix des ingénieurs s'est essentiellement porté sur un mix de voiles rigides et de panneaux solaires, verticaux et pivotants, et ils développent simultanément plusieurs projets (Aquarius Eco Ship) impliquant des cargos vraquiers de la compagnie maritime Hisafuku Kisen.

Eco Marine Power : www.ecomarinepower.com
Recherche Eco Marine Power : www.ecomarinepower.com/research

La coque aile du *Vindskip*

Les matériaux composites, alliés à l'utilisation du numérique, ont libéré l'imagination des ingénieurs et des inventeurs. Tous les moyens sont mis en œuvre pour concevoir les navires du futur : zéro émission, zéro pollution et autonomie énergétique. Une fois de plus, l'aéronautique et le maritime se rejoignent avec un concept très original, consistant à utiliser les mêmes forces aériennes qu'un avion avec ses ailes, propulsé grâce à la portance aérodynamique qui permet aux aéronefs de se maintenir en l'air. Sauf que, dans le cas du projet *Vindskip* (*windship*) de la compagnie norvégienne LadeAs, c'est toute la coque du navire elle-même qui fait office d'aile ou de voile. La forme de cette coque incurvée, haute de 49 m, est conçue pour générer l'effet de portance qui propulse le navire en avant, assurant ainsi une importante économie de carburant. Là encore, un mix énergétique a été utilisé pour ce navire hybride, grâce à un propulseur Rolls-Royce au gaz naturel liquéfié (GNL), minimisant ainsi les rejets de gaz à effet de serre et les rejets de soufre. La route du navire est calculée par les ordinateurs de bord et leurs algorithmes, en lien permanent avec les données météo, afin de garder le meilleur angle de navigation, tout comme avec un grand voilier, d'autant que le bateau est conçu pour pouvoir remonter au vent jusqu'à un

En combinant le naval et l'aéronautique, la coque de ce navire norvégien, le *Vindskip* (Windship), a été conçue pour jouer le rôle d'une aile propulsive.

angle de 18°. Sur un trajet de 23 jours à la vitesse de 16 nœuds à travers le Pacifique, le *Vindskip* économiserait 60 % de la consommation de fioul d'un cargo traditionnel en rejetant 80 % de dioxyde de carbone en moins.

***Vindskip* et la compagnie LadeAs :** www.ladeas.no

Cargos à voiles, *Quadriga*, *Ecoliner*, *Neoliner*

Nos technologies ont suffisamment évolué pour qu'on puisse rêver de ressusciter les grands voiliers d'antan tout en les rendant aussi propres qu'efficaces. C'est ce que souhaite accomplir la société allemande basée à Hambourg, Sailing Cargo (avec l'appui du Lloyd's Register), en créant le plus grand cargo à voiles du monde : le *Quadriga*, un roulier (transporteur de voitures) long de 170 m, large de 25 m, et haut de 74 m de la quille aux mâts. Avec ses 5 000 m² de voilure « intelligente » sur quatre mâts DynaRig et ses moteurs hybrides diesel-électrique, ce navire nouvelle génération devrait pouvoir emporter jusqu'à 2 000 véhicules à son bord, à une vitesse de 12 nœuds et plus, tout en réduisant de 80 % ses rejets de CO_2.

Sailing Cargo: stage.sailing-cargo.de/innovation
Lloyd's Register: www.lr.org/en/news-and-insight/news/lr-joins-project-to-build-worlds-biggest-sailing-cargo-ship.aspx

Une vision similaire au *Quadriga*, un prototype de cargo à voile, très performant, l'*Ecoliner*, est mis en œuvre par un partenariat transeuropéen nommé SAIL, réunissant 18 partenaires maritimes de 7 pays européens (Allemagne, Pays-Bas, Belgique, Suède, Danemark, Royaume-Uni, France). Ce projet, d'abord conçu par le cabinet d'architecture navale néerlandais Dykstra (à qui l'on doit aussi le *Rainbow Warrior III* à voiles de Greenpeace), ambitionne de prouver que la voile high-tech est une véritable alternative, ce qui permettrait de construire une série de ces navires. Les quatre mâts de l'*Ecoliner* (qui peuvent également servir de grues) et leurs 5 000 m^2 de voilure seront équipés du gréement DynaRig, facile à contrôler depuis la passerelle, avec flexibilité des pieds de mâts pour une meilleure utilisation du vent. Tout comme le *Quadriga*,

Le retour des cargos à voiles n'est plus une utopie, comme le montre ce prototype, l'*Ecoliner*, soutenu par sept pays d'Europe.

ce cargo à voiles nouvelle génération long de 138 m sera équipé de moteurs auxiliaires hybrides diesel-électrique avec de très bas rejets en soufre. Son utilisation est prévue d'abord en Atlantique pour desservir l'Amérique latine et l'Ouest africain, en tenant compte des alizés.

Architecture navale Dykstra :
www.dykstra-na.nl/designs/wasp-ecoliner
Le projet *Ecoliner* présenté par SAIL : www.ecoliners.eu/wp-content/uploads/2014/06/ECOLINER-brochure-print.pdf

La France n'est pas en reste avec le beau projet de cargo à voiles de la start-up Neoline (composée pour l'essentiel de professionnels de la marine marchande). Le cargo à voiles *Neoliner* est un roulier long de 136 m, large de 24 m, muni de deux gréements duplex rabattables avec 3 850 m² de voilure et un moteur auxiliaire diesel-électrique. Ce navire a été conçu pour naviguer à 11 nœuds avec une diminution de carburant de 90 % et pour accueillir à son bord du fret industriel hors norme comme des pièces d'avions, d'usine, des bateaux…

Mais ce qui distingue le *Neoliner* au premier coup d'œil, c'est son élégance, qui le fait ressembler à un gigantesque monocoque racé de course au large. Et ce n'est pas un hasard, car la société Neoline a travaillé de pair avec le bureau d'architecture navale Mauric et le centre d'ingénierie Mer Forte, créé par le « professeur » Michel Desjoyaux (double vainqueur du Vendée Globe), qui dit à propos du *Neoliner* : « L'idée n'est pas du tout de faire un bateau révolutionnaire, mais plutôt de combiner des technologies qui ont fait leurs preuves ailleurs. Le gréement type "duplex" du *Neoliner* n'a rien de très nouveau, puisqu'il avait été expérimenté dès 1958. »

Ce projet, porté par le directeur général de Neoline Jean Zanuttini (et Michel Pery), vise à prouver que le transport maritime écoresponsable peut se montrer compétitif. Comme il l'explique, l'appui de Michel Desjoyaux permet de « valoriser l'expérience de la voile de compétition pour jeter des passerelles vers le monde maritime ». Du coup, tout a été pensé en termes d'efficacité comme pour un grand voilier moderne, avec le dessin de la carène, la conception des hélices pour réduire la traînée sous les voiles, les ailerons anti-dérive rétractables, et un gréement aussi efficace au près qu'au portant. Quant au routage météo, il sera comparable à ce qui se fait durant les courses au large en temps réel. Et si jamais le vent venait à faiblir, le moteur auxiliaire serait là pour garantir la ponctualité de la marchandise. Ce cargo du futur doit être construit en deux exemplaires et la volonté de ses concepteurs est de montrer que l'on peut être fiable, qualitatif, compétitif, et cela grâce au vent, une énergie propre, inépuisable, sans la moindre émission de gaz et surtout gratuite !

Neoline SAS : www.neoline.eu

Bureau d'études Mer Forte : www.merforte.com

Naviguer avec les courants de surface grâce à eOdyn

Quelle meilleure façon d'économiser du carburant et d'optimiser sa route que de pouvoir naviguer avec précision en fonction des courants de surface : être propulsé par eux, plutôt que freiné ? Une nouvelle technologie arrive dans le monde maritime, qui va changer les façons de naviguer. La start-up brestoise eOdyn (océanographie opérationnelle et analyse de données massives) propose en effet un algorithme unique au monde, qui analyse, en temps réel, les courants de surface grâce à la géolocalisation, la route et le mouvement des navires par l'intermédiaire de leurs balises AIS (Automatic Identification System). Ou, pour être plus précis, selon le descriptif d'eOdyn : « La technique innovante mise en œuvre peut à certains égards être comparée à l'IRM dans le domaine de l'imagerie médicale et l'analyse des flux sanguins, rendant pour la première fois la circulation océanique visible et quantifiable sur toutes les mers du globe simultanément... Grâce au développement de l'e-Navigation, eOdyn reçoit sur ses serveurs et traite en temps réel des données AIS émises par les navires, et peut s'appuyer sur un réseau de collecte d'information international constitué de récepteurs et d'antennes installés le long des côtes ou de satellites évoluant en orbites basses. L'étude du mouvement des navires et de leurs trajectoires permet de calculer avec précision en haute résolution la dynamique océanique 2.0, qui fournit par analyse numérique des données sur la circulation de surface des océans des zones où elle est souvent méconnue. »

Le fondateur d'eOdyn, Yann Guichoux, ingénieur en traitement de l'information et en télédétection appliquée à la sécurité maritime, décrit ainsi sa vision : « Les courants de surface sont méconnus. Ils circulent de manière permanente au sein des océans et répartissent sur la planète la chaleur emmagasinée par les masses d'eau. Les données que fournit eOdyn enrichissent la connaissance sur les courants et permettront de mieux cerner certains mécanismes liés au réchauffement climatique. C'est une véritable révolution numérique basée sur le *big data* maritime. » La portée de cette technologie est plus large qu'on ne pourrait le croire car, outre son intérêt pour économiser du carburant, elle peut aussi jouer un rôle crucial pour la sécurité maritime en cas de pollution, de naufrage, d'homme à la mer. Elle permet d'analyser le climat et d'assurer de meilleures routes maritimes. Les plus grandes institutions sont déjà clientes ou partenaires, comme l'IFREMER, la CMA CGM, Airbus Defence and Space ou l'ESA (Agence spatiale européenne).

Start-Up eOdyn : www.e-odyn.com

Rolls-Royce et Google Cloud : des cargos intelligents et autonomes

Une fois que l'on a drastiquement réduit la consommation de carburant et amélioré les navires pour les rendre plus performants, reste à réduire le poste le plus « sensible » et le plus coûteux, l'élément humain. Or l'on sait aujourd'hui fabriquer des vaisseaux intelligents qui vont sur Mars, des voitures sans pilote capables d'évoluer dans le trafic ou des drones obéissants qui parcourent le ciel et l'océan. Pour un armateur, pouvoir se passer du facteur humain à bord d'un cargo ne présente que des avantages et des allègements de charges : des bateaux plus légers, moins chers à construire, plus rentables (ils n'ont plus besoin des multiples infrastructures nécessaires à la vie à bord) et sans les onéreuses contraintes managériales liées à l'éloignement des marins. Des navires autonomes permettent également d'éviter l'erreur humaine, cause de nombreuses fortunes de mer. Ce projet, qui semblait fantaisiste ou futuriste il y a peu, devient réalité bien plus vite qu'on aurait pu le croire.

Deux solutions sont mises au point simultanément par les ingénieurs et les constructeurs : des navires pilotés à distance et d'autres 100 % autonomes, sans équipages ni pilotage à distance. De même que des drones sillonnent déjà le ciel au-dessus de nos têtes, il faut s'attendre à croiser sur les mers des vaisseaux intelligents inhabités qui voient tout, détectent tout, calculent leur route en fonction de la météo, du trafic, des courants, bien mieux sans doute que ne le ferait un humain. Dans cet esprit, les ingénieurs mettent au point une intelligence artificielle générant un système de conscience (*awareness*) capable de naviguer seul, en prenant en compte tous les facteurs liés au milieu marin. Au-delà des données Internet mondiales qu'ils reçoivent à tout instant, ces infatigables navires communiquent constamment entre eux, telles des voitures autonomes, grâce à l'Internet des objets connectés (IdO ou *IoT* en anglais), ce qui leur procure une réactivité suprahumaine.

La compagnie Rolls-Royce s'est alliée à Google Cloud de façon à pouvoir utiliser le *machine learning* du cloud de Google pour apprendre à cette intelligence artificielle un système d'identification et de classification destiné à reconnaître et suivre précisément le moindre objet que le navire peut rencontrer en mer. Généralisé à tous les navires, ce système renforcerait la sécurité du trafic maritime. L'ambitieux projet Rolls-Royce/Google Cloud est bien avancé, avec un navire électrique autonome long de 60 m, capable de naviguer tout seul sur 3 500 milles marins (6 500 km). Pour le futur, les ingénieurs visent des navires pouvant demeurer cent jours en autonomie complète, et capables de naviguer à plus de 25 nœuds (46 km/h)...

Deux prototypes de cargos drones conçus par Rolls-Royce.

De toute évidence, ce genre de navire présente un intérêt pour de nombreuses missions maritimes, militaires en particulier, puisqu'on peut ainsi annuler le risque humain pour les opérations dangereuses. De même, afin de répondre au besoin grandissant de surveillance de l'océan et du littoral (p. 267), de telles unités autonomes s'avèrent précieuses pour traquer sans répit la pêche illégale, la contrebande, la piraterie, les activités industrielles, les pollutions, ou pour ravitailler des îles lointaines. La marine américaine a déjà mis à l'eau un navire autonome en 2016, le *Sea Hunter*, conçu pour traquer les sous-marins ennemis. Long de 40 m, ce navire est capable de naviguer sans assistance, ni pilotage à distance, pendant trois mois d'affilée.

L'industrie navale japonaise s'est, elle aussi, déjà largement lancée dans la course, avec des navires pilotés à distance, mais dans la visée des ingénieurs il y a, d'ici 2035, la construction de 250 navires autonomes et intelligents destinés à naviguer sur les lignes maritimes les plus demandées. À présent que le « tabou » des transports sans pilotes est levé, les constructeurs navals se lancent de plus en plus nombreux dans cette nouvelle mutation technologique de la eNavigation. Avant de parvenir à ce stade, il faudra néanmoins répondre à de nombreuses questions de sécurité, surtout informatique, de façon que le système de navigation ne puisse pas être piraté ou victime d'une cyberattaque, ce qui pourrait engendrer de graves conséquences (accidents, collisions, terrorisme, rançons, etc.). De même, il faut imaginer toutes les avaries possibles pour que le cerveau du navire puisse y remédier, parfois par des systèmes redondants inspirés du monde de l'aéronautique.

En attendant les navires autonomes, arrivent déjà les navires pilotés à distance, qui permettent d'affiner ces technologies. Une expérience a été menée en 2017 par la compagnie finlandaise Wärtsilä. Pour marquer les esprits, on a installé l'opérateur à 8 000 km du navire qu'il devait piloter. L'ingénieur se trouvait en effet à San Diego en Californie, manipulant un joystick pour manœuvrer un cargo ravitailleur naviguant au large de l'Écosse.

Le projet Rolls-Royce/Google Cloud : www.rolls-royce.com/media/press-releases/yr-2017/03-10-2017-rr-joins-forces-with-google-cloud-to-help-make-autonomous-ships-a-reality.aspx

Les essais de la compagnie finlandaise Wärtsilä : www.wartsila.com/media/news/01-09-2017-wartsila-successfully-tests-remote-control-ship-operating-capability

La surprenante renaissance du transport à la voile

Loin, bien loin de l'intelligence artificielle des bateaux-robots, quelques passionnés ont mis en lumière un autre moyen vertueux de réduire drastiquement l'empreinte carbone du transport, tout en gardant vivants les vieux gréements de légende et le patrimoine maritime. Quel plus beau projet pour le transport par mer ? Des produits équitables haut de gamme transportés tranquillement en Atlantique à bord d'un schooner ou d'un brigantin digne des films de corsaires... Au label *Slow Food*, s'ajoute désormais le « *slow transport* », qui permet même de faire maturer le rhum à bord, avec l'action du roulis et du tangage ! Grosse cerise sur le gâteau, il est aussi possible d'embarquer pour une traversée sur certains de ces bateaux de fret qui font rêver comme stagiaire (passager payant, participant aux manœuvres et aux quarts).

Pour les trois Hollandais qui ont lancé l'aventure, tout a commencé en 2007 à bord du trois-mâts barque *Europa*, sur lequel ils se sont rencontrés. Émerveillés par la beauté et l'efficacité de ces anciens voiliers qui ne consomment aucun carburant et ne polluent pas, les trois gaillards, Arjen, Andreas et Jorne, décident alors de fonder, aux Pays-Bas, la première compagnie de navigation moderne transportant du fret avec « zéro émission », de façon écologique et équitable. Ainsi est née la compagnie Fairtransport. Deux ans plus tard, ils mettaient à l'eau le bien nommé *Tres Hombres* (« trois hommes », en espagnol), un très beau schooner de 32 m construit en 1943, entièrement rénové et adapté au projet Fairtransport, sans moteur. Depuis 2009, le brigantin *Tres Hombres* navigue régulièrement entre l'Europe, les îles de l'Atlantique (Canaries, Cap-Vert, Açores, Bermudes), les Caraïbes, le nord du Brésil et l'Amérique centrale, emportant à son bord jusqu'à 35 tonnes de cargaisons sympathiques : huile d'olive, vin, rhum, café, chocolat, le tout biologique et artisanal, ce qui rend ces produits plus écologiques encore. Il accueille également un équipage de 5 marins professionnels et 10 passagers-stagiaires pour des traversées allant de quelques jours à plus de trois mois.

Quelques années plus tard, c'est un ancien chalutier en bois construit en 1873 qui est rénové, puis mis à l'eau : le *Nordlys*, peut-être aujourd'hui le plus vieux navire de fret du monde encore en activité. C'est un ketch de 25 m conçu pour la pêche, qui navigue lui aussi sans moteur et qui a été rénové pour le transport des marchandises jusqu'à 30 tonnes, vin, huile d'olive, cidre et d'autres biens de qualité. Fairtransport met un point d'honneur à conserver ces bateaux sans moteur, bien que cela les empêche d'être immatriculés en Europe, d'où leur pavillon des Vanuatu, qui acceptent les navires de commerce sans moteur.

De toute évidence, ce transport simple, doux, lent et écologique apporte une forte valeur ajoutée aux produits qui voyagent ainsi, d'autant que ces extraordinaires bateaux attirent toujours la foule et les médias lorsqu'ils sont à quai, ce qui assure également la promotion des produits transportés. Mais les trois marins de Fairtransport voient plus grand encore, ils veulent financer un magnifique trois-mâts clipper, *The Spirit of Rotterdam*, qui serait l'emblème de Fairtransport.

Compagnie Fairtransport: www.fairtransport.eu

Voyager à bord (Caraïbes, Açores, de 9 jours à 3 mois): www.fairtransport.eu/sail-along

La belle aventure de TOWT

C'est en France que l'on trouve la compagnie la plus dynamique de transport à la voile. Le déclic est venu d'une enseignante et chercheuse colombienne, Diana Mesa, qui dit avoir été « transformée par la mer », en particulier lors d'une traversée à bord du brigantin *Tres Hombres* (voir ci-dessus), d'où l'envie de créer son entreprise de transport à voile. Son but: « Transférer une valeur ajoutée environnementale et logistique sur le marché, jusqu'à sensibiliser les consommateurs en bout de chaîne. » Cela lui vaut d'être nominée pour le prix de l'Entreprise prometteuse, Bretagne. En 2011, elle cofonde, avec le Brestois Guillaume Le Grand, ancien analyste financier passionné de navigation, une petite société: TOWT (TransOceanic Wind Transport) d'abord basée à Brest, puis à Douarnenez.

En quelques années, la demande s'intensifiant, TOWT a affrété plusieurs vieux gréements pour traverser l'Atlantique ou caboter en Europe. Ainsi, l'un des deux bateaux assurant la route transatlantique est le *Lun II*, une goélette de 20 m, galéasse norvégienne construite en 1914 et appartenant au charismatique Ulysse Buquen. Ce Lorientais capitaine du bateau et partenaire de TOWT est un marin dans l'âme, sans doute inspiré par son prénom mythique: « Depuis toujours j'ai voulu être marin, il faut croire que mon prénom m'y destinait... Après un début de carrière de marin (Antarctique, Norvège, Australie) en tant que capitaine de yacht, j'ai développé mes véritables centres d'intérêt: la véritable voile de travail, une activité commerciale qui ouvre des perspectives, le “sens marin”, c’est-à-dire la transmission des valeurs de la mer à un équipage dynamique, motivé et sérieux, l’expérience humaine authentique, tout en transportant à la voile des marchandises qui ont une vraie identité… C’est un projet de vie qui permet d’élever les âmes. »

Car les bateaux de TOWT, comme ceux de Fairtransport, ne véhiculent pas seulement des marchandises, mais aussi des valeurs, une éthique, un sens marin, en s’ouvrant à quelques passagers-matelots en mal de simplicité. C’est une expérience unique qui s’offre ici au public, l’occasion de naviguer sur certains de ces bateaux magnifiques, dans un but louable, le transport « zéro émission » de thé, café, ou chocolat ou rhum, au rythme des vents et des houles. Ces voyages exceptionnels peuvent se faire sur quelques jours en Manche, à bord du *Grayhound*.

Autre bateau sur la route transatlantique, le *Lenan Head*, navire écossais (20 m de long) de type Zulu, construit en 1906, gréé en ketch aurique.

Le trafic transmanche se fait avec le *Grayhound* (23 m de long), construit en 2010 par Marcus et Freya Pomeroy d’après les plans d’un ancien lougre trois mâts. Le *Grayhound* rallie souvent la Cornouaille bretonne aux Cornouailles britanniques, et accepte des passagers.

Pour le cabotage européen, c’est le magnifique *Avontuur*, une goélette des années 1920, longue de 44 m, avec 535 m^2 de voilure, et prenant jusqu’à 70 tonnes de fret à son bord. Le cabotage régional s’effectue avec le *Corentin* (qui fut parrainé par Éric Tabarly), un lougre de 32 m.

D’autres bateaux exceptionnels ont transporté du fret pour TOWT, comme le *Biche* (32 m), dernier thonier-dundée à la voile de l’Atlantique, la *Malouine* (25 m), brick-goélette construit en Pologne en 1968, le *Götheborg* (47 m), le *Michel et Patrick* (16 m), le *Notre-Dame de Rumengol* (21 m) ou la *Nébuleuse* (32 m), ancien thonier-dundée construit en 1949.

Forte de ses succès avec ces beaux bateaux qui revivent, et d’une activité en hausse, TOWT propose un plus, avec le label ANEMOS dont le statut juridique date de 2014 : « Transporté à la voile® ». Cela signifie qu’il faut répondre à un certain nombre de critères (concernant aussi bien les équipages que les livreurs ou les producteurs) pour obtenir ce

La compagnie française TOWT affrète de vieux gréements pour proposer un transport de marchandises de qualité, tout en apportant une haute valeur ajoutée, environnementale et humaine.

label innovant qui valorise les produits transportés. De cette façon, transporteurs et producteurs deviennent de véritables partenaires avec des valeurs communes liées à l'environnement, comme c'est le cas avec Biocoop. Grâce à ce système vertueux et durable, l'entreprise TOWT a transporté 250 tonnes dans l'année 2016 sans polluer. Elle vend aussi elle-même certains des produits qu'elle transporte, comme le thé, le café, le chocolat, des bières ou des spiritueux (dont le rhum). Comme l'écrit le journaliste du *Monde* Antonin Sabot : « Transportant à la fois des produits qu'il achète lui-même pour les revendre et pour compte de tiers (c'est-à-dire des commerçants qui lui demandent de leur livrer des produits), TOWT organise ce cabotage breton chargé de sel, muscadet, vins de Bordeaux ou conserves de poissons, mais aussi des traversées transatlantiques pour aller chercher du chocolat et du rhum à la République dominicaine ou du thé aux Açores, lesquels se retrouvent ensuite sur les étals de quelques boutiques bios françaises, anglaises ou danoises. Des navigations vers l'Angleterre permettent de partir chargé de vin, et de revenir avec de la bière. Ainsi, chaque déplacement est-il rentabilisé au maximum. »

Poussé par son succès, TOWT croit dans l'énergie vélique et voit plus loin en travaillant sur la construction d'un voilier-cargo long de 60 m, d'une capacité de 1 000 tonnes. Ce projet innovant est soutenu par l'ADEME (Agence de l'environnement et de la maîtrise de l'énergie) dans le cadre du Programme des investisseurs d'avenir. La beauté de TOWT, c'est la philosophie de l'existence qui en fait partie intégrante, ainsi que l'exprime son cofondateur, Guillaume Le Grand, au magazine *Rumporter* : « Nous trouvons des façons d'optimiser les chargements et de valoriser des produits par le fait qu'ils sont transportés différemment : grâce à la force du vent certes, mais en charriant toute une histoire en propre, et en permettant à chacun d'entendre cette histoire de navigation, de vents, d'hommes et de femmes, et... de bilan CO_2, pour le coup incomparable, même avec les plus gros navires de transport conventionnel. Nous sommes, comme toute « entre-prise » souvent sur le fil du rasoir, entre la prise de risque et l'innovation, la nécessité d'aller de l'avant, plus loin, mieux chargés, investir dans l'avenir, penser aux bateaux de demain... *Féconder le passé pour engendrer l'avenir, tel est le sens du présent...* »

Transport à la voile TOWT : www.towt.eu
Voyager à bord du *Grayhound* : www.towt.eu/grayhound
TOWT au journal télévisé de France 2 :
www.youtube.com/watch?v=Nd-FSJ7UamM

La route du Québec, Portfranc et l'*Avontuur*

Preuve supplémentaire, s'il en fallait, que ce mode de transport est en plein essor, une ancienne route transatlantique à la voile se rouvre entre le Canada et l'Europe, sur l'initiative de la maison de négoce québécoise Portfranc, avec le soutien du gouvernement du Québec. C'est d'abord le *Picton Castle* (55 m), splendide trois-mâts barque de 1928, navire-école canadien, qui a permis d'ouvrir cette route transatlantique à la voile en 2016, sur des trajets que la société Portfranc souhaite « carboneutres », sans émission de gaz à effet de serre.

C'est la goélette allemande *Avontuur* (p. 291), aussi équipée de panneaux solaires et d'éoliennes, qui assure désormais cette transatlantique décarbonée à destination du Québec. L'*Avontuur* est partie du bassin des chalutiers du Vieux Port de La Rochelle (partenaire du projet), à destination de Montréal, avec sa cargaison de produits de qualité issus de l'artisanat français : charentaises Rondinaud, cirés Guy Cotten, jeans de l'Atelier de la Venise normande, produits pour la table de la Manufacture de Digoin, caisses de champagne Nicolas Feuillatte, ou tissus français destinés aux costumes du Cirque du Soleil. Toute la chaîne logistique est décarbonée et le camion qui réceptionne le fret est lui-même propulsé au GNL (gaz naturel liquéfié).

La mission de Portfranc : www.portfranc.co/mission

La goélette *Avontuur* est aussi affrétée par la compagnie allemande Timbercoast (cargo under sail), un collectif de passionnés souhaitant faire revivre le cargo à la voile.

Timbercoast (cargo under sail) : www.timbercoast.com/en

Au Sénégal, le projet Fair Winds Trading Company a été lancé en espérant créer des liens équitables et durables entre l'Afrique (la Casamance au Sénégal) et l'Europe (l'Écosse). C'est un projet mené par Madadh MacLaine depuis 2000, passionnée de mer et de navigation, et par le cinéaste français Tristan Clamorgan, qui fait partie du réseau EcoNav (p. 295), pour créer un prao de 60 m de long, naviguant à la voile et capable de transporter du fret entre les deux continents, tout en encourageant l'artisanat local et la culture biologique. Le choix d'un bateau à très faible tirant d'eau comme le prao polynésien permet au bateau de s'aventurer sur les hauts-fonds et les eaux peu profondes de la Casamance.

Fair Winds Trading Company : www.fairwindstradingcompany.org

Et pour chapeauter tout cet ensemble (armateurs, propriétaires de bateaux, marins, courtiers, commerçants et producteurs), une alliance s'est créée, de façon à mieux synchroniser ces initiatives et leurs aspects vertueux, l'éthique, le durable, c'est le Sailing Cargo Alliance.

Sailing Cargo Alliance : www.sailcargoalliance.org

Plus vaste et fédératrice, l'International WindShip Association (IWSA) veut créer un réseau sur ce sujet. L'association de Gavin Allwright facilite et fait la promotion du transport maritime à la voile à grande échelle, réunissant les responsables du développement de ce secteur pour mieux harmoniser attitudes et réglementations des gouvernements et des industriels.

International WindShip Association (IWSA) :
www.wind-ship.org/en/grid-homepage
Voir aussi l'article du MAKERY, « Le média de tous les labs » :
www.makery.info/2016/12/20/
times-up-de-la-flibuste-au-commerce-equitable-22

Le réseau EcoNav et les clés de l'éconavigation

Depuis 2007, ce réseau de nautisme durable œuvre pour accompagner et encourager tous les acteurs du milieu maritime, de façon à aller vers une navigation de plus en plus responsable, qui n'impacte pas l'océan. EcoNav se définit ainsi : « Le réseau EcoNav a été imaginé en 2007 sous l'impulsion d'acteurs engagés, et fondé en 2009 par l'Agence des aires marines protégées et la Fondation Nicolas-Hulot. Aujourd'hui, EcoNav fédère des entreprises, des organismes de recherche et de formation, des collectivités, des associations et des particuliers impliqués dans le développement durable des activités maritimes et fluviales (nautisme, transport, scientifique...). EcoNav met son expertise au service des acteurs de l'éconavigation, s'engage à promouvoir les innovations techniques et sociales et les bonnes pratiques, conseille les parties prenantes et pilote des actions pour faire de l'éconavigation le fondement de la navigation de demain. » Soutenu, entre autres, par l'Agence des aires marines protégées, la région Bretagne, l'ADEME Bretagne, la ville de Douarnenez ou la Fondation de France, EcoNav a été présent au Grenelle de la mer, il est également membre du CORICAN (recherche et innovation navale) et du Pôle Mer Bretagne Atlantique.

Au fil des années, EcoNav, en collaboration avec les acteurs et les professionnels de la filière, a pu élaborer un « cahier des charges de l'éconavigation » divisé en trois cahiers techniques : « Bateaux et équipements », « Pratiques et comportements » et « Ports et abris », en lançant des passerelles entre les différents acteurs de la mer (pêche, plaisance, marine nationale, transport maritime, océanographie).

Parmi ses actions-pilotes, des opérations de collecte de bateaux en fin de vie, comment naviguer dans une aire marine protégée (p. 246), ainsi qu'un projet d'une plate-forme Internet mettant les outils d'EcoNav à disposition des éconavigateurs qui pourront ainsi interagir sur ces sujets via les réseaux sociaux.

Un guide pratique très complet et très bien fait, le *Guide EcoNav pour un bateau responsable* (téléchargeable), donne les clés de l'éconavigation, comme on le voit avec des thèmes relevés dans le sommaire : « Écoconception ; analyse du cycle de vie ; les composites ; les biomatériaux ; les colles, vernis et peintures ; le bois ; l'aluminium ; l'acier ; les matériaux d'intérieur ; propulsion ; le thermique, l'électrique, l'hybride ; l'énergie du bord ; l'éolienne, l'hydrogénérateur, les panneaux solaires ; les eaux usées ; les déchets solides ; le carénage ; les peintures antifouling ; la protection et le nettoyage ; les produits d'hygiène et d'entretien ; les écogestes ; le mouillage ; le partage de bateaux ; fin de vie des navires... »

Réseau EcoNav : www.econav.org
Guide EcoNav pour un bateau responsable :
www.bit.ly/guide-bateau-responsable
CORICAN (recherche et innovation navale) :
corican.demedicis.fr

Ailes, kites, cerfs-volants pour bateaux

En attendant de décarboner complètement les gros navires de commerce, certains imaginent des moyens de réduire drastiquement la consommation de carburant. L'un des moyens imaginés serait de leur adjoindre une aile, un « kite » suffisamment technologique et puissant pour pouvoir tracter partiellement les plus gros cargos de façon à économiser jusqu'à 20 % de carburant. Des navigateurs ont traversé des océans avec ce procédé, comme la navigatrice Anne Quéméré, et ce dispositif est expérimenté depuis des années par le navigateur Yves Parlier, qui est aussi ingénieur en matériaux composites. Pour la plaisance, ces ailes peuvent jouer le rôle de voile de secours.

Après avoir remporté de nombreuses courses au large et navigué autour du monde, après bien des records et des innovations, Yves Parlier s'intéresse depuis 2007 aux ailes ou cerfs-volants, ou kites, pour tracter les bateaux. Il crée ainsi deux sociétés, l'une pour adapter ce système à la marine marchande, l'autre pour la plaisance. Avec l'équipe de Beyond the Sea, il s'efforce d'installer ce système sur des cargos et des porte-conteneurs, en visant des économies de carburant et une diminution des émissions de gaz. Cette technologie, directement issue du kitesurf, est pilotée par un système informatique. La compagnie maritime CMA CGM a conclu un partenariat avec Yves Parlier pour l'expérimenter sur ses porte-conteneurs.

L'autre start-up créée en 1992 par Yves Parlier s'appelle Océa, et son objectif est de développer des projets nautiques novateurs. C'est lors de son démâtage en 2001 au large des îles Kerguelen, en course pour le Vendée Globe, qu'il prend conscience de l'utilité que peut avoir à bord une aile de traction : « Après mon démâtage, il m'est paru évident qu'il fallait trouver une solution. Amoureux de la nature, j'ai fait du vent mon allié pour créer une aile capable d'aider tout navigateur en cas de détresse. Je me suis dit qu'il pouvait aussi s'agir d'une façon écologique et économique de naviguer. LibertyKite est né. » Conçu avec

De nombreux projets voient le jour pour améliorer la propulsion des cargos et diminuer leur consommation de fioul grâce à des kites. Sky Sails est l'un des plus anciens.

Cousin Trestec et Porcher, commercialisé depuis 2017, le LibertyKite® convient pour les bateaux de plaisance de 4 à 18 m et peut améliorer la propulsion en allant chercher des vents en hauteur, il sert de dépannage en cas de démâtage ou de panne moteur, et peut également propulser des canots de survie.

Beyond the Sea : www.beyond-the-sea.com
LibertyKite et Océa : www.libertykite.com/ocea

Un autre projet se concrétise dans le sillage de ces innovations, mené par des ingénieurs d'Airbus regroupés sous le nom d'AirSeas. Ils ont mis au point une aile de traction pour gros navires, le SeaWing. Ce kite est composé d'une voile de 1 000 m^2 au bout d'un câble de 400 m fixé à la proue du navire. Ici, tout est automatisé, grâce aux mécanismes développés dans l'aéronautique par Airbus : le déploiement de l'aile tout comme son rangement s'effectuent de façon automatique, à la demande ; il suffit d'appuyer sur un bouton. Le président d'AirSeas,

Vincent Bernatets, explique : « Nous sommes des passionnés de la mer et nous avons la volonté d'innover en matière environnementale. On a identifié ce que pouvaient apporter les compétences d'Airbus pour développer l'automatisation d'une telle aile volante. »

Le SeaWing, en partenariat avec MaxSea, est livré avec un système d'aide à la décision qui s'occupe des différents paramètres de vents et de route pour décider quand déployer l'aile. Ce procédé, soutenu par l'ADEME et finalisé en 2017, est facile à installer rapidement sur la plupart des navires de commerce, mais aussi sur les bateaux de pêche, de passagers ou les navires de surveillance.

AirSeas : www.airseas.com

Ancestrale et innovante : la voile

Le père des navigateurs solitaires, Joshua Slocum

Dès lors qu'il fut démontré qu'un homme seul pouvait affronter toutes les mers du monde à bord d'un bateau à voiles, une nouvelle ère fut ouverte. Deux hommes, Joshua Slocum et Bernard Moitessier, incarnent cette mutation, ce changement d'époque. Le pionnier de cette aventure, père des navigateurs solitaires, s'appelle Joshua Slocum, un marin au destin incroyable, qui avait de l'eau salée dans les veines.

Né en 1844, issu d'une famille de marins et de pêcheurs, il travaille à bord des bateaux dès l'âge de 12 ans dans la baie de Fundy, en Nouvelle-Écosse (aujourd'hui au Canada) d'où il est originaire. Très vite devenu orphelin, il choisit de s'embarquer à bord des grands voiliers à 16 ans, et commence ainsi une vie passée en grande partie à écumer l'océan. À 21 ans il s'installe à San Francisco, devient citoyen américain, et obtient déjà le commandement d'une goélette dans le Pacifique nord. Il traverse plusieurs fois l'océan, gravit les échelons de la marine, et fonde une famille de sept enfants. Un événement marquant va contribuer à le faire connaître : son trois-mâts ayant fait naufrage sur une côte sauvage d'Alaska, Joshua, fort de ses talents de charpentier de marine, réussit à reconstruire une baleinière, ce qui lui permet de ramener son équipage à bon port. Cet exploit lui vaut une certaine notoriété et quelques années plus tard il devient propriétaire de grands voiliers aux fortunes diverses. Alors qu'il rentre d'Argentine (où sa femme vient de décéder) avec sa famille à bord de son petit trois-mâts barque, il s'échoue sur un banc de sable au Brésil. Il restera sur place plusieurs mois, le temps de construire un nouveau bateau d'une dizaine de mètres, à bord duquel il ramène sa famille à New York. Slocum raconte ce périple dans son premier livre, *Le Voyage du* Liberdade.

En cette fin du XIXe siècle, les grands voiliers perdent leur emprise sur les routes maritimes commerciales, face à la concurrence des premiers bateaux à vapeur, qui assurent des transports plus fiables et plus rapides. Désœuvré, comme de nombreux marins issus de la voile, Slocum se retrouve alors à Boston où un ami, capitaine d'un baleinier, lui offre une épave à l'abandon dans un champ, le *Spray*. Slocum s'attaque pendant plus d'un an à la rénovation du vieux sloop de pêche long de 11 m avec lequel il souhaite accomplir un exploit qu'aucun homme n'a accompli avant lui : un tour du monde à la voile en solitaire.

Joshua Slocum part le 24 avril 1895 de Boston pour un voyage qui marquera à tout jamais l'histoire de la navigation.

L'inspirateur de tous les navigateurs solitaires, Joshua Slocum, à bord du *Spray*, à la fin du XIXe siècle.

Comme beaucoup de grands marins, c'est plutôt un « taiseux », mais son livre célébrissime *Seul autour du monde sur un voilier de onze mètres* relate avec une concision aussi littéraire que savoureuse ses aventures et mésaventures au fil de ces trois années autour du globe qui l'ont mené, le 27 juin 1898, de retour à Newport, après 46 000 milles en solitaire. Son livre devient un best-seller et un classique du récit de mer. À l'âge de 65 ans, en 1909, il décide de repartir à bord du *Spray* pour un voyage vers le Brésil, mais il disparaît en chemin, dans cette zone énigmatique de l'océan qu'on appelle le triangle des Bermudes...

Bernard Moitessier et Joshua

Joshua, c'est précisément le nom qu'a donné Bernard Moitessier au voilier qui l'a rendu mondialement célèbre soixante ans plus tard... À lui seul, Slocum incarne le changement entre l'époque des grands voiliers et la mécanisation, mais il symbolise aussi, à l'aube du XXe siècle, l'avènement de l'exploit individuel. De même, Bernard Moitessier symbolise le passage du marin confiné sur son bateau sans mettre un pied dans l'eau, à l'ère des « *watermen* », ces hommes et femmes qui combinent les arts de la mer, pratiquant avec autant d'efficacité la navigation, la natation, la plongée, la pêche, le sauvetage, le surf, etc.

Bernard Moitessier n'était pas seulement le grand marin instinctif et surdoué que nous connaissons. Au-delà de ses formidables exploits de navigateur solitaire, il considérait l'océan comme un tout et le fréquentait sous diverses formes en véritable *waterman* avant l'heure : jeune champion de natation, il avait aussi pratiqué la pêche ou l'apnée sur les plages du Vietnam dans son enfance, ainsi que la chasse sous-marine avec un simple *patia* polynésien, ou encore, plus tard, il a vécu tel un Robinson sur des atolls polynésiens. À ses yeux, les bateaux les plus simples sont les meilleurs : il faisait l'éloge de l'Optimist pour s'initier à la voile et parlait de son ultime bateau, *Tamata*, comme d'un exemple de simplicité, où tout peut être réparé à la main (à condition d'avoir une bonne provision de caoutchouc de chambres à air, l'un des matériaux à tout faire qu'il affectionnait).

Après avoir beaucoup navigué sur des embarcations bricolées, et essuyé les pires tempêtes, menant ses bateaux de main de maître pendant de nombreuses années, Bernard s'est fait construire, en 1962, le voilier dont il rêvait pour accomplir le tour du monde en solitaire à la voile, comme son modèle, Joshua Slocum. Aussi Moitessier baptisa-t-il tout naturellement son ketch en acier de 12 m : *Joshua*. Pendant quelques années, il navigue avec sa compagne d'alors, Françoise, à travers l'Atlantique, jusque dans le Pacifique sud en Polynésie française. Après un long séjour sous ces latitudes, le couple décide de rentrer directement en Europe par le terrifiant cap Horn. Le passage du cap est homérique avec six longues journées de tempête et de vagues géantes, au cours desquelles il n'est pas question de dormir. Bernard racontera qu'il dormait à peine quelques secondes entre deux vagues. Mais au bout du compte, *Joshua* a fait la preuve qu'il peut affronter de très grosses mers et le voilier arrive fièrement au port d'Alicante le 29 mars 1966, après 126 jours de mer sans escale et 14 216 milles parcourus d'une traite. Le couple bat ainsi le record de la plus longue traversée à la voile sans escale.

Joshua a été le voilier légendaire de Bernard Moitessier, son véritable compagnon vivant, celui avec lequel il a parcouru la longue route.

Deux ans plus tard, Bernard se prépare à se lancer pour un tour du monde à la voile en solitaire et sans escale. Un journal anglais, le *Sunday Times*, informé qu'un autre navigateur vise le même projet, propose alors d'offrir un prix au gagnant de cette course baptisée le Golden Globe. Finalement ils seront neuf à s'élancer de Plymouth le 22 août 1968, dont des marins tels que Bill King, Loïck Fougeron et Robin Knox-Johnston. Cette traversée fut la plus épique que la voile ait jamais connue, avec des rebondissements incroyables, abandons, naufrages, disparition; l'événement fut planétaire. L'homme charismatique de cette course: Moitessier, qui fait corps avec son monocoque en acier, *Joshua*, et avec lequel il dialogue fraternellement. Pendant des semaines, un dénommé Donald Crowhurst est donné gagnant. D'autres concurrents tâchent d'aller plus vite et font naufrage. On découvrira plus tard que Crowhurst, encalminé en mer des Sargasses, n'a pas bougé du secteur, tout en envoyant de fausses positions par radio, pour faire croire qu'il menait la course; devenu fou, il se suicide en se jetant à l'eau, laissant son bateau vide, et une théorie philosophique hallucinée écrite dans les pages de son journal de bord.

Moitessier s'apprête donc à gagner brillamment la course en tête et il fait déjà la une de la presse; des journalistes du monde entier l'attendent à Plymouth. Mais, alors qu'il remonte l'Atlantique vers cette extraordinaire victoire, au large de Sainte-Hélène, un déclic se produit en lui à l'idée de rejoindre la civilisation et de se trouver sous le feu des projecteurs. Il décide alors de faire demi-tour: au lieu de boucler triomphalement son tour du monde sur l'Europe, Bernard repart vers le grand Sud pour une nouvelle boucle en direction de Tahiti ! Un exploit inouï, qu'on pensait alors impossible (plus de dix mois seul en mer sans escale sur un parcours de presque 70 000 km). Moitessier raconte ce changement de cap dans son livre lumineux, grand classique du livre de mer et bien plus encore, *La Longue Route*, qui montre, outre le parcours magnifique d'un marin et de son bateau, celui d'un homme à l'intérieur de lui-même. Le chapitre s'appelle « Le Tournant » : « Est-ce la sagesse de se diriger vers un lieu où l'on sait que l'on ne retrouvera pas sa paix ?... Il y a un risque à vouloir atteindre Tahiti sans escale. Mais le risque serait plus grand vers le nord. Plus j'approcherai, plus je deviendrai malade... Je n'en peux plus des faux dieux de l'Occident toujours à l'affût comme des araignées, qui nous mangent le foie, nous sucent la moelle. Et je porte plainte contre le Monde Moderne, c'est lui, le Monstre. Il détruit notre terre, il piétine l'âme des hommes. [...] Les choses violentes qui grondaient en moi se sont apaisées dans la nuit. Je regarde la mer et elle me répond que j'ai échappé à un très grand danger. »

Alors qu'il repasse, pour la deuxième fois au cours du même voyage, le cap de Bonne-Espérance en mars 1969, une vedette s'approche et Bernard lui lance un jerrycan contenant un message destiné à son éditeur ainsi qu'à Robert, du *Sunday Times* : « Cher Robert, le Horn a été arrondi le 5 février et nous sommes le 18 mars. Je continue sans escale vers les îles du Pacifique parce que je suis heureux en mer, et peut-être aussi pour sauver mon âme. » Cette incroyable décision a marqué les esprits du monde entier. Avec son geste pur et flamboyant, Bernard Moitessier s'est fait connaître bien plus qu'avec la plus grande des victoires. D'ailleurs peu de gens ont retenu le nom du gagnant de ce premier Golden Globe : Robin Knox-Johnston, un grand marin, fut en réalité le seul concurrent à boucler la course, après 313 jours de mer !

Moitessier a ainsi montré son vrai visage et marqué les esprits pour des générations. Entre la gloire du monde civilisé et la mer sauvage, il n'a pas hésité, et son aura n'en est, aujourd'hui encore, que plus lumineuse. Personnage multidimensionnel, Bernard était, certes, un homme de mer, mais aussi un homme de lettres. Il lui faudra deux ans d'écriture et de doutes pour achever son chef-d'œuvre, *La Longue Route*, où il explique le pourquoi de son incroyable renoncement, un livre dont la dimension dépasse très largement le récit de mer, pour s'ouvrir sur la condition humaine, la protection de la planète et la part mystique de l'océan. Dans son sillage, de nombreux marins – certains célèbres – ont trouvé leur voie, mus par ses exploits maritimes ou par la simple lecture de ce livre initiatique.

Avec sa nouvelle compagne, Ileana Draghici, Moitessier fonde une famille et devient père d'un garçon, Stephan. Au cours des années 1970, tous les trois s'installent en Polynésie et Bernard s'efforce de vivre en autarcie sur les atolls, d'y faire pousser des légumes avec de l'engrais humain, d'y préserver les arbres. C'est un guerrier pacifique, il rêve de planter des arbres fruitiers partout en France, plutôt que des platanes ou des marronniers qui ne nourrissent personne. Jusqu'à la fin de sa vie, Bernard, dont j'ai eu la chance d'être l'ami, sera passionné de jardinage et révolté par l'injustice. Il aura aussi lutté pour la dénucléarisation et la paix dans le monde.

Son dernier livre, *Tamata et l'Alliance* (publié en 1993, un an avant sa mort), couvre l'ensemble de sa vie, depuis l'Indochine où il a grandi, jusqu'à son retour en France, auprès de Véronique Lerebours, sa dernière compagne, avec laquelle il partageait une maison rustique en Bretagne (près du Bono, où il est enterré), ainsi que le voilier *Tamata* en Polynésie (*tamata* signifie « essayer », mais aussi « pourquoi pas ? »). C'est également un livre sur la maladie qui le ronge, et sur la résilience, suite aux dégâts collatéraux de la guerre en Indochine, car le frère de Bernard a tué, au combat, leur ami d'enfance vietnamien, et s'est suicidé plus tard. D'où l'une des grandes phrases du livre : « On ne se trompe jamais en pardonnant. » La force du personnage, c'est d'avoir fait à lui tout seul la transition entre deux mondes, le passé et le futur. Sa volonté de simplicité volontaire, d'autosuffisance, de décroissance, montre à quel point il a été un précurseur et un catalyseur du monde actuel qui recherche la simplicité, l'harmonie, l'alliance entre les plantes, les animaux et les humains. Après qu'un groupe de marins l'eut aidé spontanément à rénover *Joshua*, Bernard avait écrit sur le dos de son ciré : « Tout ce que les hommes ont fait de beau et de bien, ils l'ont construit avec leurs rêves. »

Le dernier voilier de Bernard, *Tamata*, se trouve en Polynésie et Véronique navigue régulièrement à son bord. Quant à *Joshua*, il est devenu monument historique, fidèlement restauré et bichonné par le Musée maritime de La Rochelle. Or, en 2017, les organisateurs du Golden Globe Challenge ont annoncé un renouveau de la course autour du monde en solitaire et sans escale, avec une « classe Joshua » (« *Class Joshua One Design* ») ouverte à une série de monocoques reprenant les caractéristiques du bateau originel, avec de légères modifications. Pour respecter l'esprit Moitessier, les nouveaux voiliers de la classe Joshua viennent d'un même chantier et les concurrents doivent utiliser les mêmes systèmes de navigation que Bernard, avec le régulateur d'allure d'origine. Un tel défi redonne à cette course autour du monde sa dimension mythique et aventureuse, dès 2022. Ce fantastique hommage à Bernard Moitessier montre bien la dimension planétaire et intemporelle du personnage.

Les deux livres essentiels de Bernard Moitessier :
– *La Longue Route, Seul entre mers et ciels*, Éditions Arthaud.
– *Tamata et l'Alliance*, Éditions Arthaud.

Loin des multicoques bourrés de technologie, juchés sur des foils, qui survolent l'océan à toute allure, le retour à des bateaux simples, low-tech et fiables, tels que *Joshua*, marque la volonté de nombreux navigateurs, non pas d'aller le plus vite possible, mais de ne pas polluer ou impacter l'océan, tout en voyageant à un rythme océanique tranquille, en méditant, au gré du roulis et du tangage, la belle devise de l'économiste britannique Schumacher : « *Slow is beautiful.* »

De ce point de vue, les bateaux de Moitessier sont des modèles et des précurseurs d'une nouvelle vague de voiliers low-tech au long cours que leurs équipages veulent « zéro déchet », construits avec des matériaux non polluants, voire 100 % naturels, de façon à voguer sur les flots sans les déchirer ou les souiller. Cette mutation est en route, comme on le voit avec le parcours d'une authentique navigatrice, Catherine Chabaud, qui, de championne de la course au large, est devenue une grande protectrice des océans.

Catherine Chabaud : s'attaquer aux solutions plutôt qu'aux problèmes

À elle seule, Catherine Chabaud cumule plusieurs vies bien remplies. D'abord journaliste diplômée, passionnée de voile et d'environnement, elle travaille dès les années 1980-1990, puis à nouveau au début des années 2000, dans plusieurs médias (revue *Thalassa*, RFM, Europe 1, France 5, Planète + Thalassa) et réalise des documentaires sur le développement durable à une époque où le sujet n'était pas encore dans l'air du temps.

En 1996, lors de son premier Vendée Globe, elle entre dans la cour des grands navigateurs en devenant « la première femme à avoir bouclé un tour du monde en solitaire, sans escale et en course ». Elle totalise 13 traversées de l'Atlantique, dont 4 en solitaire, un deuxième tour du monde en solitaire avec le Vendée Globe, ainsi que 2 courses de la Solitaire du *Figaro*, des tours d'Europe à la voile et une victoire au Fastnet en 1999... Beaucoup de marins se seraient largement contentés d'un tel palmarès pour se reposer sur leurs lauriers, mais Catherine Chabaud se métamorphose une nouvelle fois : en 2002, elle quitte la compétition, tout en continuant de naviguer, pour se consacrer corps et âme à la préservation de la mer et du littoral.

Cette puissante motivation lui est venue en partie pendant ses courses transocéaniques : « Ce sont les macrodéchets, que j'ai observés pendant mes traversées et le long de nos côtes, les nappes de dégazage, qui m'ont donné envie de me mobiliser. Je me suis sentie responsable Or, je ne suis pas seulement marin, je suis également journaliste. Aussi ai-je eu envie de m'impliquer en mettant la lumière sur ceux qui développaient des solutions concrètes, à l'époque où tout le monde ne parlait que des problèmes. J'espérais ainsi favoriser des spirales positives. C'est pourquoi la devise de mon blog est : *Mettre en lumière les bonnes pratiques et rapprocher les acteurs de l'environnement.* »

Telle est la vision de Catherine Chabaud : s'attaquer aux solutions plutôt qu'aux problèmes. Aussi, après avoir parcouru l'océan le plus vite possible, Catherine a souhaité naviguer autrement, et participer à la nécessaire mutation des industries du nautisme pour qu'elles ne nuisent plus à cette mer que chérissent tant les marins. Cette mer qui souffre des rejets venus des bateaux, de l'antifouling, des ancres, du bruit et de multiples pollutions liées à la navigation... L'idée serait de naviguer le plus respectueusement possible sur l'océan, avec des bateaux qui non seulement ne l'abîment pas, mais dont la construction et la propulsion polluent peu, ou pas du tout. D'où, à titre expérimental, l'écoconception d'un canoë fabriqué en matériaux composites biosourcés, véritable embarcation compostable (en fibre de lin et résine issue de la pomme de terre) mise au point avec l'université de Bretagne-Sud.

Depuis 2002, Catherine Chabaud enchaîne quantité de missions et d'engagements pour les ministères, pour le Pôle Mer Bretagne Atlantique, le Grenelle de la mer, avant de devenir membre du Conseil économique, social et environnemental de 2010 à 2015 (rapporteur de deux avis sur les océans et les matériaux biosourcés), coordinatrice de la conférence sur la gouvernance de la haute mer 2013.

En 2015, elle a porté, avec Julien Stone, l'ambitieux projet Voilier du Futur, pour lequel un travail a été effectué sur sept familles d'écotechnologies : écoconception (analyse du cycle de vie) ; biomatériaux, essentiellement composites (coque, pont, accastillage, cordage) ; énergies renouvelables (hydrogénérateur intégré à la coque, batteries spécifiques à la croisière, logiciel de route pour optimiser les performances, pilote automatique à faible consommation) ; propulsion électrique ; gréement « aile rigide » innovant ; déchets et effluents (peinture antifouling 100 % biodégradable, compacteur d'emballages, déchets) ; sciences participatives (capteur autonome de données océanographiques à l'usage des plaisanciers) ; sécurité à bord/dispositif « homme à la mer » : gilet de sauvetage du futur avec géolocalisation et alarme automatique intégrés.

Ayant fondé l'association Innovations Bleues (pour le développement durable des activités maritimes), Catherine Chabaud a organisé un tour de France des solutions pour le climat. Nommée administratrice du musée national de la Marine, puis de l'Agence des aires marines protégées, de la Fédération française de voile ou de la SNSM (Société nationale de sauvetage en mer), membre du réseau EcoNav (p. 295), elle est en outre membre fondateur de la plate-forme Océan et Climat, où elle a su faire entendre la voix de l'océan (à peine prise en compte) lors de la COP21 à Paris. Dès lors, Ségolène Royal, alors ministre de l'Environnement, lui propose le poste de déléguée à la Mer et au Littoral, un poste que Catherine Chabaud a occupé de février 2016 à novembre 2017. Son travail consistait à coordonner les sujets transversaux sur la mer et le littoral au sein du ministère.

Partout où elle va, Catherine porte haut et fort la voix de l'océan, comme aux Nations unies en juin 2017, fidèle à sa philosophie consistant à privilégier les solutions : « J'aime parler de ce que les gens font de bien, répercuter les initiatives positives, les aires marines protégées ou les ports de plaisance exemplaires, projet que j'ai piloté du temps de Borloo. » À travers ses engagements, Catherine sait fédérer et mettre en valeur les gens qui inventent de nouvelles solutions aux problèmes d'aujourd'hui : « Les travaux que nous avons menés, notamment avec le réseau EcoNav, m'ont permis de rencontrer des gens passionnants comme Sylvain Pioch, maître de conférences à l'université de Montpellier, expert dans l'écoconception d'infrastructures marines, il a créé des caissons servant de nurseries dans les digues et mène aussi une réflexion sur la biodiversité dans les parcs d'éoliennes offshore. »

Parmi les idées-forces qui la motivent, Catherine Chabaud aime citer le développement de l'économie circulaire dans les ports : « Les ports ne sont pas seulement des lieux de transit, ce sont aussi des espaces maritimes, avec leur biodiversité, leur culture, leur foncier, leur paysage. » Une telle démarche existe dans la ville portuaire de La Rochelle, avec la démarche « MER : matières, énergies rochelaises » qui encourage l'écologie industrielle, l'économie circulaire, et se donne les moyens d'identifier le flux de tout ce qui entre et sort de la zone portuaire.

En véritable ange gardien, Catherine Chabaud met en lumière les causes lui tenant à cœur et permettant de protéger l'océan. C'est, par exemple, le cas du beau projet de Maxime Prodromidès pour rendre autonomes et durables les « petites îles du monde ». L'association Small Islands Organisation (SMILO), créée en 2016, est ainsi décrite sur le site : « Elle a pour objet de mener des projets qui contribuent activement à un meilleur équilibre entre le développement humain et la gestion des ressources sur les îles. Elle exerce ses activités majoritairement sur les petites îles de la planète à travers plusieurs outils : promotion de bonnes pratiques et de solutions innovantes, mise en réseau et coopération entre pairs, accompagnement technique et institutionnel, investissement et certification. »

Pour faire partie du réseau « petites îles durables », une île doit répondre à ces critères : « Être d'une superficie inférieure à 150 km^2, sans pont vers le continent et clairement détachée à marée basse ; habitée ou non ; protégée ou non ; de toutes les mers. » Cette belle initiative est soutenue par diverses institutions ou associations, Conservatoire du littoral, Initiative pour les petites îles de Méditerranée (PIM), l'Agence de l'eau, le Global Island Partnership ou les Nations unies. Mais le concept que Catherine Chabaud aimerait faire entrer dans l'histoire, c'est que l'océan devienne « le bien commun de l'humanité ». Un colloque s'est tenu avec l'Institut français de la mer (IFM) sur ce sujet et des voix du monde entier commencent à s'élever pour que cette notion émerge à l'occasion des négociations internationales sur la haute mer. L'ambition serait que le concept de bien commun de l'humanité soit appliqué à l'ensemble de l'océan mondial.

Plus globalement, Catherine Chabaud partage avec d'autres l'idée que notre avenir est en mer, le potentiel est formidable, mais à condition d'y promouvoir une démarche durable.

Site de Catherine Chabaud : www.catherinechabaud.fr
Pôle Mer Bretagne Atlantique :
www.pole-mer-bretagne-atlantique.com/fr
Plate-forme Océan Climat : www.ocean-climate.org
Réseau EcoNav : www.econav.org

Institut océanographique, Monaco :
www.institut-ocean.org/index.php
Démarche MER, La Rochelle : www.umlr.fr/2017/01/25/demarche-mer-rencontre-avec-le-pole-des-eco-industries
Association des petites îles SMILO : www.smilo-program.org/fr
Institut français de la mer (IFM) : www.ifmer.org

La navigation la plus pure du monde des jumeaux Berque

Un éloge de la simplicité nautique ne saurait être complet sans la présence de jumeaux hors du commun. Inséparables et rebelles, Emmanuel et Maximilien Berque ont traversé le siècle en menant une vie aventureuse de surfeurs, de navigateurs, et restent trop méconnus, malgré le pari fou qu'ils se sont lancé et qu'ils ont si brillamment réussi. Un défi que personne n'a osé relever après eux.

Malgré leur allure de Vikings beach-boys, les deux frangins nés en 1950 sont férus de physique et de mathématiques ; tout jeunes, ils rêvent même de construire des bateaux ou des avions. Dans les années 1960, ils deviennent des pionniers du surf sur la plage de Contis, dans les Landes, où leurs parents possèdent une maison. Ce lieu magique restera leur port d'attache et le point de départ de leurs traversées. Après avoir été journalistes, scaphandrier, œnologue, photographes, shapers (fabricants de planches de surf), les jumeaux décident de s'attaquer à l'océan qu'ils aiment tant, l'Atlantique. Après plusieurs tentatives sur plusieurs versions de leurs minuscules embarcations baptisées *Micromégas* (hommage à Voltaire), ce sera un trimaran de 4,85 m, construit à l'œil, sans plan, dans un coin de leur maison, qui les mènera jusqu'aux îles Canaries, après une tempête mémorable dans le golfe de Gascogne.

En 1995, ils s'élancent à nouveau sur l'océan depuis leur plage de Contis à bord d'un bateau plus petit encore, le *Micromégas 2*, simple canot de 4 m, gréé à l'ancienne. Après 37 jours de mer, les jumeaux Berque arrivent en Guadeloupe et font la une des médias ; dès lors, ils sont inscrits au Guinness Book et reçoivent de nombreux prix et distinctions. En 1996, continuant le voyage, ils rallient la Floride, achevant ainsi un périple de 11 000 km. Mais la vraie beauté de leurs exploits ne tient pas seulement dans la taille et la simplicité de leur esquif, non, le plus beau reste à venir, car cette longue traversée a été effectuée sans aucune électronique, avec un simple sextant en plastique, sans balise de détresse, ni canot de sauvetage, ni moteur, ni assistance (et sans sponsor). Mais ce n'est là qu'une première étape avant le grand saut...

En 2001, ils publient leur livre *Les Mutins de la mer*, et les droits d'auteur servent à concrétiser leur exploit le plus beau, le plus pur, mais aussi le plus fou. Ils construisent *Micromégas 3* dans leur grenier, une pirogue pontée à balancier de type prao, d'inspiration polynésienne, en bois verni, longue de 6,5 m et gréée en lougre. C'est à son bord, en 2003, à 53 ans, qu'ils vont accomplir leur plus mémorable traversée de l'Atlantique en 27 jours. En effet, pour cette transatlantique-là, les frères Berque ne disposent d'*aucun* instrument de bord : ni boussole, ni sextant, ni montre (!), ni téléphone, ni radio, ni balise de détresse, ni électronique d'aucune sorte, ni canot de survie, ni assistance, ni pilote automatique, ni la moindre carte, ni instructions nautiques !

Cependant une telle prouesse n'a été possible qu'après une très longue préparation scientifique, avec une connaissance aiguë de la navigation astronomique. Pour les jumeaux, l'idée était de rendre hommage à leurs ancêtres navigateurs, Maoris, Phéniciens ou Vikings, en accomplissant une traversée authentiquement archaïque, sans trucage, qui les a menés jusqu'à la petite île antillaise de La Désirade, la destination qu'ils s'étaient fixée au départ ! Ils n'ont pas non plus embarqué de dessalinisateur, juste 90 litres d'eau, quelques boîtes de sardines, 4 kg de lait en poudre et 2 kg de sucre, ainsi que cette farine des Canaries qu'ils affectionnent : le *goffio*, avec, bien sûr, la traditionnelle réserve de Tabasco, toujours présent à leur bord pour pimenter l'ordinaire. Mais les jumeaux Berque ne disposaient de *rien* d'autre, excepté les poissons pêchés en cours de route. Alors comment fait-on, dans ces conditions,

Les jumeaux Berque, surfeurs et navigateurs, ont accompli un exploit hors du commun en traversant l'Atlantique sur une coque de noix construite de leurs mains, et sans aucun instrument de navigation, ni boussole, ni électronique, ni communication, ni même une simple montre...

pour trouver sa route au point de tomber pile sur une île à peine longue de 3 km, après une traversée océanique de 6 500 km ? Comme l'expliquent Emmanuel et Maximilien au magazine *Carnets d'aventure*, rien n'avait été laissé au hasard, en particulier la date de départ (31 mars), pour leur permettre de naviguer au mieux avec le soleil et les étoiles : « La traversée s'est déroulée en deux parties : nous sommes d'abord descendus vers le sud-ouest pour trouver la latitude d'arrivée, puis cap plein ouest pour atterrir à La Désirade. À cette époque, vers l'équinoxe, tout le monde sait que le soleil se lève presque à l'est et se couche presque à l'ouest. Au début, le matin, nous laissions le soleil à 45° sur notre bâbord arrière. Le soir, à 45° sur notre tribord avant. Vers midi local, c'était beaucoup plus difficile de s'orienter, car le soleil était tellement haut qu'on ne savait pas son azimut. Là, on se dirigeait par rapport au vent ou aux vagues. La nuit, c'était théoriquement plus facile, puisqu'il n'y a pas qu'un seul soleil, mais mille : les étoiles ! La meilleure dans l'hémisphère Nord, c'est évidemment la Polaire. Comme elle indique toujours le nord, on peut en déduire la direction de toutes les autres étoiles ou planètes. » Avec cet exploit formidable, qui suppose un très bon instinct, une grande expérience de l'océan, des connaissances en astronomie hors pair, et surtout beaucoup d'abnégation et de courage, les jumeaux Berque prouvent qu'on peut revenir à l'essentiel, retrouver une connexion sacrée avec la mer et le ciel, de façon à parvenir à bon port « à mains nues ».

Le livre des jumeaux Berque : *Les Mutins de la mer*, Emmanuel et Maximilien Berque, Robert Laffont.

Le film : *Huis clos sous les étoiles* d'Emmanuel et Maximilien Berque. Film de 58 minutes tourné pendant leur traversée de l'Atlantique en pirogue sans aucun instrument de navigation au printemps 2003. www.dailymotion.com/video/x5wyeio

Site des frères Berque : www.sansboussole.com

Voiliers low-tech et colibris des mers

La voile est le symbole même des énergies douces, non polluantes et renouvelables, c'est pourquoi toute une génération de voiliers low-tech a vu le jour, avec une formidable inventivité. Ils utilisent l'énergie solaire, éolienne ou hydrolienne, choisissent des matériaux durables ou naturels, certains cultivent un mini-jardin hydroponique sous le pont, d'autres abritent une poule pondeuse (comme le jeune navigateur Guirec Soudée et sa poule Monique), font des tours du monde « zéro déchet » (comme l'équipage breton de Sailing for Change, du bateau *Ekolibri*, ou le projet EcoSailing) et s'efforcent de ne rien rejeter de nocif à la mer. C'est ainsi que l'on peut retrouver la pureté de notre rapport à l'océan, en le respectant lorsqu'on vogue dessus ; une traversée devient alors une caresse plutôt qu'une déchirure.

C'est dans cet esprit qu'est né le beau projet d'un jeune ingénieur breton, Corentin de Chatelperron. En 2009, un voilier construit en partie en toile de jute (alternative à la fibre de verre), polyester, et des matériaux de récupération, sort du chantier naval d'Yves Marre au Bangladesh : c'est le *Tara Tari* (du nom du chantier naval). Ce voilier est inspiré des barques des pêcheurs bangladais et le succès de la toile de jute traditionnelle utilisée en matériau composite écologique peut jouer un rôle important dans l'économie locale. Le jeune Corentin va faire connaître ce bateau à la fois expérimental et primitif au monde entier, en le menant du Bangladesh jusqu'en France, par le canal de Suez (16 700 km en 186 jours).

Un peu plus tard, une navigatrice reprend la barre, Capucine Tronchet, qui va mener *Tara Tari* de La Ciotat jusqu'en Martinique. Dans son TEDx, elle explique l'esprit de cette aventure avec des mots que n'auraient pas reniés Moitessier ou les frères Berque : « La philosophie de navigation à bord de *Tara Tari* est basée sur la simplicité volontaire ou sobriété heureuse, une philosophie que résument bien quelques mots d'Antoine de Saint-Exupéry : "La perfection ce n'est pas quand on ne peut plus rien ajouter, mais quand on ne peut plus rien retirer." À bord de *Tara Tari*, il n'y a que l'essentiel. »

Le bateau suivant est le fruit d'une recherche menée avec une équipe de jeunes diplômés venus travailler (sur la recherche et les transferts de technologies) au Bangladesh trois années durant, au sein de l'association Watever d'Yves Marre et Marc Van Peteghem. C'est le *Gold of Bengal*, un nouveau voilier composite en jute, qui est mis à l'eau en 2013. C'est aussi le nom de l'association créée autour du projet.

Puis vient le catamaran *Nomade des mers* (2016), barré au départ par Roland Jourdain (p. 318), véritable projet de recherche collaborative, laboratoire flottant destiné à tester le low-tech et l'autonomie à bord d'un voilier : éoliennes, serre hydroponique, frigo sans électricité, poules pondeuses, culture de champignons, de spiruline, élevage de grillons comestibles, pédalier multifonction (avec perceuse), four solaire, four à bois, et bien d'autres pratiques ont été testés à bord. Le partage des infos se fait sur la plate-forme collaborative du Low-tech Lab.

Le *Tara Tari*, petit bateau en toile de jute parti des chantiers du Bangladesh, a d'abord été mené jusqu'en France par Corentin de Chatelperron, puis de France en Martinique par Capucine Tronchet.

L'idée de l'association Gold of Bengal est de promouvoir en open-source l'innovation low-tech : « Voilà notre philosophie : nous croyons que l'aventure peut être un réel levier pour aborder les grandes problématiques de notre temps différemment. Et notamment de façon positive et optimiste. Nous pensons également que la preuve par l'exemple est le meilleur moyen de démontrer le potentiel d'une solution et d'inspirer sa réplication. L'aventure comme catalyseur d'innovations, vecteur de sensibilisation et outil fédérateur. »

Livre de Corentin de Chatelperron :
L'Aventure de Tara Tari *: Bangladesh-France sur un voilier en toile de jute*, La Découvrance.
L'association Gold of Bengal, voyages, projets :
www.goldofbengal.com
Low-tech Lab : www.lowtechlab.org
Le TEDx de Corentin de Chatelperron : www.tedxbordeaux.com/2014/12/02/tedxbordeaux-2012-corentin-de-chatelperron

L'association française Watever est née en 2010, suite à la rencontre entre deux hommes : Yves Marre, « navigateur solidaire » qui cherchait, quelques années plus tôt, à mettre au point un hôpital flottant ou des ambulances flottantes au Bangladesh, ce qui l'a mené à rencontrer l'architecte naval renommé Marc Van Peteghem. Grâce à leur énergie conjointe, l'humanitaire et l'architecte se sont également associés à Gérald Similowski (commandant de bord à Air France, cofondateur d'Aviation sans frontières) et Alain Connan, ancien commandant de la marine marchande, l'un des piliers de Greenpeace France, qui fut aussi capitaine du *Rainbow Warrior*.

L'idée de Watever est de venir en aide aux populations défavorisées en milieu aquatique, comme dans les vastes estuaires du Bangladesh (pays où l'on dénombre le plus de bateaux dans le monde), et de promouvoir le bateau comme vecteur de développement. L'association, qui travaille en lien direct avec les populations locales, se définit ainsi : « Une association composée de professionnels et de passionnés de la mer, du transport et du développement et qui se donne pour mission d'améliorer les conditions de vie des populations vulnérables des rivages. » Et quel meilleur terrain, pour mettre cela en œuvre, que le Bangladesh, territoire où terres, fleuves et mer se mélangent ? (D'où le sous-titre de l'association : Solutions flottantes utiles). Grâce à son chantier naval, Watever a pu livrer plusieurs bateaux solidaires dans ce pays : 7 bateaux-navettes pour le ramassage scolaire (avec l'UNICEF), 60 bateaux insubmersibles pour les pêcheurs du golfe du Bengale (avec la FAO), etc. L'association développe en outre 4 programmes principaux au Bangladesh : le soutien à la création d'une société locale de sauvetage en mer (MSRS), un centre de formation à la fabrication de bateaux en matériaux composites (notamment à base de bambou), recherche et développement sur les biomatériaux pour la construction navale et l'accompagnement du chantier naval Tara Tari. Grâce à leurs connaissances navales, les membres de Watever participent aussi à la préservation du patrimoine naval du Bangladesh. L'un des projets de Watever est la conception d'un navire de charge pour le cabotage, inspiré des praos à propulsion mixte avec l'énergie éolienne, c'est le projet Éole marine colportage, destiné aux îles de Polynésie française.

Livre d'Yves Marre : *Navigateur solidaire*, préface d'Erik Orsenna, Éditions Isabelle Le Goff.
Association Watever (Solutions flottantes utiles) : www.watever.org

Lorsqu'on sait que 95 % des bateaux de plaisance sont construits en fibre de verre, que leur durée de vie moyenne est d'environ 23 ans, et qu'il y en a un bon million dans les eaux de l'Hexagone, cela signifie que des dizaines de milliers d'entre eux pourrissent dans des ports ou sur le littoral en polluant leur environnement. D'où l'intérêt des matériaux biosourcés, biodégradables, issus du milieu naturel, pour construire des bateaux durables, comme le fait le navigateur Roland Jourdain et son bureau d'études Kaïros.

En 2013, un petit trimaran (7 m) écoconçu a été mis à l'eau comme bateau test, c'est le *Gwalaz* (« herbe marine » en breton), composé à plus de 50 % de matériaux biosourcés (fibre de lin, liège, balsa), et la résine est à base de molécules végétales. L'idée est de le faire naviguer pour pouvoir mesurer la façon dont vieillissent ces nouveaux matériaux utilisés dans le cadre de la plaisance. En 2017, le *Gwalaz* a été équipé d'un nouveau système de propulsion avec, en guise de voile, deux mâts pour maintenir l'aile à deux volets mise au point par l'architecte naval Marc Van Peteghem (p. 316). Ainsi, le *Gwalaz* devient une vitrine flottante pour un renouveau écologique de la plaisance.

Kaïros, bureau d'études de Roland Jourdain :
www.kairos-jourdain.com/fr

Dans le sillage de ces voiliers à la fois traditionnels et innovants, une association française, Déferlante océane, ainsi qu'un chantier naval (Spano au Grau-du-Roi), ont décidé de lancer une course écologique pour attirer l'attention sur des voiliers performants, écoconçus et construits en matériaux composites (jute, lin, chanvre, basalte, bambou) avec des résines biosourcées.

L'EcoTransat est parrainée par deux grands navigateurs, Kito de Pavant, skipper de course au large, et Jérôme Poncet, navigateur des mers du Sud, qui dit de ce projet : « Construire un bateau n'a jamais été une légère entreprise, ni une œuvre écologique, lorsque l'on sait que la quasi-totalité d'entre eux finissent au fond des océans ou en débris sur les rivages, emportant avec eux les forêts les plus nobles, les mines de charbon et de fer, et récemment les produits directs de l'industrie chimique. Repartir sur une base écologique avec des produits renouvelables, en y mettant le savoir-faire, c'est certainement suivre un bon chemin ; mais combiné avec le choix d'un bateau de taille modeste, capable de courir les mers, de faire vivre l'Aventure, de prodiguer le plaisir, alors on ne peut que s'enthousiasmer pour le projet EcoTransat, et penser avec gêne et tristesse aux obscènes super-yachts. »

L'EcoTransat et la construction de voiliers en fibres naturelles :
www.ecotransat.com

Chantier naval Spano (Navigation, artisanat, passion) :
www.chantier-naval-spano.com

Dans les ports de plaisance aussi, se pose la question du « zéro déchet », alors que leurs eaux sont souvent souillées d'hydrocarbures et de déchets flottants. Parfois une petite invention toute simple trouve sa place dans le paysage et permet d'en éliminer une partie, en attendant que cette source-là se tarisse un jour, lorsque nous mènerons une vie « zéro déchet »... Ce sont deux surfeurs australiens, Andrew Turton et Pete Ceglinski, qui ont mis au point cette poubelle flottante et aspirante, le Seabin, permettant de débarrasser les marinas ou les plans d'eau d'une partie des déchets flottants, mais aussi des carburants ou détergents en surface. Ce système, qui fonctionne avec une simple pompe à eau, a séduit la société Poralu Marine (élue société maritime écologique de l'année 2016 en Asie Pacifique), devenue partenaire exclusif du Seabin Project pour « le développement, la fabrication et la distribution mondiale d'un nouveau collecteur de déchets plastiques flottants. Cette solution écologique, innovante, est destinée aux espaces portuaires, marinas privées, zones fluviales et lacs ». Le Seabin est commercialisé depuis 2017.

Seabin Project : www.seabinproject.com/#meet-the-team
Poralu Marine : www.poralumarine.fr/accueil_54.fr.html

Des bateaux intelligents

Drones au long cours : en avant pour l'océan digital

Les technologies développées pour le nautisme et l'aéronautique, ajoutées aux communications satellites, ont permis de créer de petits navires inhabités et téléguidés pour en faire des sentinelles de l'océan capables de naviguer partout, très longtemps, tout en récoltant un vaste nombre de données relatives à l'océan ou au climat. Ces tout petits bateaux intelligents (appelés USV, Unmanned Surface Vehicules, « véhicules de surface sans pilote ») sont autonomes et focalisent d'extraordinaires sources d'innovations qui les rendent capables de prouesses ahurissantes. En réalité, ces drones au long cours bourrés de technologie, de capteurs et de senseurs sont en train de devenir les meilleurs informateurs et surveillants maritimes dont nous puissions disposer désormais pour collecter le *global data* relatif à l'océan et au climat. Ces drones, qui n'ont rien d'anecdotique, soulèvent des intérêts et des enjeux colossaux, ainsi que des questions cruciales sur la maîtrise et la possession des données océaniques, littorales ou climatiques. C'est une vraie révolution qu'on n'a pas vu venir.

Qu'on en juge : la société californienne Saildrone, fondée en 2012, a mis au point un drone navigant sur lequel la voile est remplacée par une aile rigide en fibre de carbone ; haute de 4,50 m, elle est couplée avec un stabilisateur qui assure l'équilibre de l'embarcation en ajustant la position de l'aile plus vite qu'aucun marin ne pourrait le faire. Le Saildrone est long d'environ 7 m, d'un poids de 540 kg en charge, muni d'une voile haute de 4,30 m, naviguant à la vitesse de 3 à 8 nœuds, d'une autonomie de 12 mois et capable de parcourir à lui tout seul plus de 18 000 km ! Ces performances sont issues du travail de l'inventeur, Richard Jenkins, qui a battu le record de vitesse à la voile sur terre en 2009 (202 km/h).

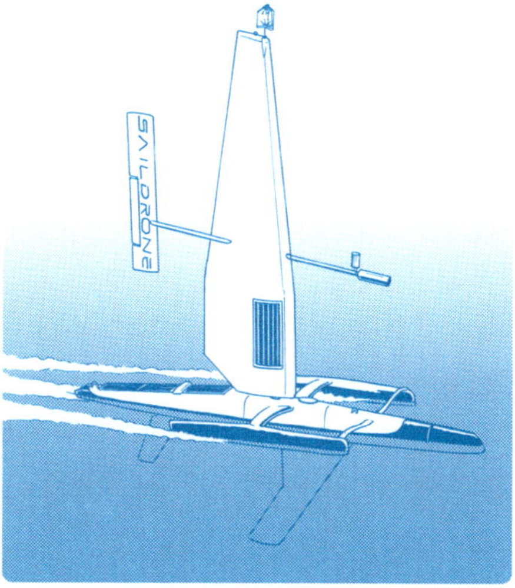

Long de 7 m, ce drone voilier de la compagnie Saildrone est capable de parcourir 18 000 km en autonomie sur douze mois, tout en collectant et transmettant des données cruciales pour l'océan et le climat.

Avec de telles performances, on comprend que les scientifiques (et les navigateurs, pêcheurs, etc.) du monde entier se passionnent pour ces infatigables éclaireurs de l'horizon. Ainsi, le Saildrone peut filmer l'endroit où il se trouve et transmettre en temps réel un grand nombre de données: vitesse et direction du vent, ensoleillement, température et pression de l'air, hygrométrie, hauteur et période des vagues, teneur en CO_2, champs magnétiques, radiations, température de surface, courants océaniques, coloration de l'eau, oxygène dissous, température de l'eau, salinité, acidité, présence de mammifères marins, détection des oiseaux de mer, biomasse des poissons, bathymétrie (profondeur et relief sous-marin)...

On comprend dès lors l'intérêt pour ces drones des grands instituts océanographiques comme la NOAA aux États-Unis, qui a déjà envoyé des Saildrone de San Francisco à Hawaii, en Arctique, en mer de Behring ou pour une mission de 6 mois sur l'équateur (étude du phénomène El Niño). D'autres Saildrone ont été, par exemple, utilisés par la NASA pour calibrer les satellites mesurant la salinité de l'eau depuis l'espace, et la marine américaine en même a utilisé pour repérer des sous-marins impliqués dans le trafic de drogue.

Le futur de ces drones réside sans doute dans leur nombre, car ils peuvent naviguer en flottille dans une zone précise, de façon à se connecter entre eux pour rendre une vision globale précise et en temps réel d'une région océanique. Comme l'explique le directeur général délégué de Saildrone, Sébastien de Halleux : « L'idée est qu'une flotte de Saildrone puisse rester en mer de façon quasi permanente, et étendre ainsi la frontière de ce que nous pouvons contrôler. Notre but est de déployer 1 000 Saildrone qui nous transmettraient en temps réel et en haute résolution le pouls de la planète. » De telles données peuvent complètement transformer notre façon de prédire le temps et de comprendre les fonctionnements climatiques. Ces informations permettent de sauver des vies ou de prévoir des catastrophes, ce qui peut faire des différences se chiffrant en nombre de victimes et en centaines de millions de dollars.

Voilà pourquoi on ne s'étonne plus que le projet Saildrone ait été aidé dès le départ par la fondation d'Eric Schmidt (ancien patron de Google) et de sa femme Wendy. Très vite, d'autres investisseurs sont arrivés avec un nouvel apport de 14 millions de dollars, et parmi eux Chamath Palihapitiya, l'un des anciens patrons de Facebook : « Arrêtons de discuter sur ce qui se passe, et effectuons des mesures. Une fois que nous disposerons de données statistiquement signifiantes et validées, alors nous pourrons passer à l'étape suivante, consistant à trouver quelles réformes structurelles sont devenues nécessaires. »

Un autre investisseur de Saildrone, Bilal Zuberi de Lux Capital, met l'accent sur la propriété des données, estimant qu'une telle entreprise a le potentiel de devenir plus importante que Google Maps ou même que le programme d'observation des satellites : « Lorsque vous êtes capable de collecter des données dont vous êtes le propriétaire, des informations dont personne ne disposait auparavant, alors cela crée de nouvelles clientèles. » Ne serait-ce que sur le plan des prévisions météorologiques, de telles données valent de l'or. Elles peuvent aussi être utilisées par des pêcheurs professionnels pour savoir où se trouve le poisson, ou au contraire pour surveiller des aires marines protégées, ou encore pour améliorer les routes maritimes, etc.

Saildrone : www.saildrone.com

Ce drone de surveillance à propulsion sous-marine, le Wave Glider, fonctionne grâce aux mouvements de la houle qui se répercutent sur un balancier sous-marin actionnant des pales. De tels drones ont déjà parcouru des milliers de milles et survécu à des ouragans.

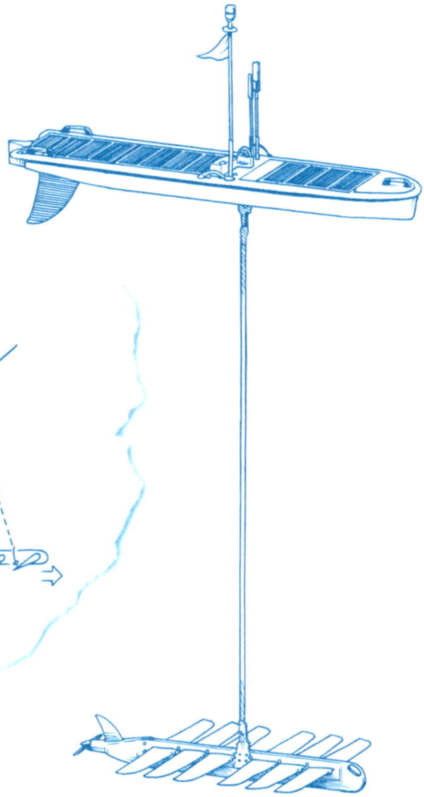

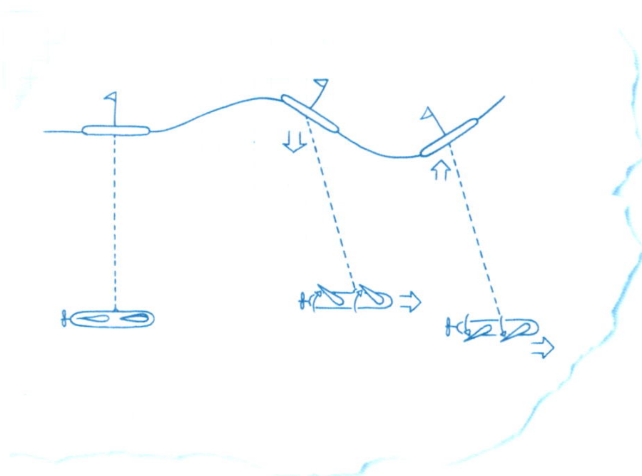

Une autre société californienne, Liquid Robotics (filiale de Boeing), a créé ce type de drone de surveillance, mais avec un mode de propulsion complètement différent et très original. Inventé par Roger Hine, le Wave Glider (« glisseur de vagues ») utilise la houle, les vagues et le solaire pour se déplacer, et non le vent. Les mouvements de l'embarcation à la surface font se balancer un contrepoids suspendu sous l'eau qui, dans son mouvement, actionne une série de pales propulsives, tels des avirons. Un simple mouvement de houle suffit à le mouvoir, et en cas de calme plat, l'énergie solaire assure le fonctionnement d'un petit moteur.

Cette embarcation en forme de planche de surf, totalement autonome, se déplace à 3 ou 4 km/h en portant 45 kg d'instruments, moyennant quoi elle peut naviguer et transmettre des données pendant un an sans escale. Les navigations cumulées des Wave Glider comptabilisaient plus d'un million et demi de milles nautiques en 2017 et ils ont survécu à des ouragans et à des attaques de requins. Les retombées de telles informations sont, comme pour le Saildrone, incalculables. Outre les multiples données mentionnées plus haut, ces drones de surface peuvent permettre de grandes avancées en matière de détection sismique, prévision de tsunamis, meilleure connaissance des ouragans et bien sûr, repérage des pêcheurs pirates ou des sous-marins.

Liquid Robotics et le Wave Glider: www.liquid-robotics.com

Voiliers océanographiques

Mais en attendant les flottilles de drones bourrés de capteurs, pourquoi ne pas utiliser les milliers de bateaux qui naviguent déjà ? Les voiliers s'y prêtent particulièrement, eux qui sont autonomes sur le plan énergétique et qui évoluent parfois dans des zones océaniques peu accessibles aux chercheurs. Une fois équipés de capteurs et de moyens de transmission, les bateaux à voiles deviennent des vaisseaux de surveillance écologique et climatique. Ce faisant, ils renouent – à leur humble niveau – avec la tradition des grands voiliers océanographiques.

Les premières expéditions autour du monde, entreprises dès le XVIe siècle, ne sont pas tournées vers l'océan, mais plutôt vers la recherche de terres inconnues et de nouvelles richesses. La mer n'est alors qu'un simple moyen permettant de se déplacer sur la planète, et non un but en soi. Pas encore. Il fallut attendre la fin du XIXe siècle pour voir le premier navire réellement dédié à l'océanographie, une corvette de 63 m, le *HMS Challenger*, armé par la marine anglaise sous l'impulsion du naturaliste Wyville Thomson, et qui accomplit le premier tour du monde consacré aux sciences océaniques (1872-1876). À son bord, parmi d'autres scientifiques, le marquis Léopold de Folin, océanographe et malacologiste (spécialiste des mollusques). Revenu de cette fantastique expédition, de Folin tente de convaincre l'État français d'investir dans la

Passionné d'océanographie, le prince Albert Ier de Monaco a ouvert ses yachts aux scientifiques : l'*Hirondelle*, l'*Hirondelle II*, *Princesse Alice* et *Princesse Alice II* (entre 1885 et 1915). Grâce à lui, 28 campagnes de recherche ont été menées en Méditerranée et en Atlantique nord.

recherche océanographique. En attendant, nommé capitaine du port de Bayonne, il affrète à ses frais des bateaux de pêche pour effectuer des dragages et observer la faune vivant dans « les abîmes insoupçonnés entre Capbreton et la pointe de Galice ». Fasciné par l'intrigant canyon sous-marin appelé « Gouf de Capbreton », de Folin en devient l'un des découvreurs et y identifie des espèces endémiques (il sera aussi l'inspirateur du musée de la Mer de Biarritz). En 1880, ayant enfin obtenu un bateau des pouvoirs publics (un aviso à roues, le *Travailleur*), le marquis embarque à son bord un jeune chercheur prometteur, Alphonse Milne-Edwards.

Fils d'un fameux zoologiste, ce dernier mènera plusieurs expéditions importantes en Atlantique, et ses travaux vont exercer une forte influence sur l'un des pères de l'océanographie moderne. En effet, Albert Honoré Charles Grimaldi (futur prince Albert Ier de Monaco) décrit ainsi l'origine de sa vocation : « C'est en 1884 que mes relations avec de hautes personnalités scientifiques, succédant à l'étude de certaines questions maritimes, dirigèrent ma pensée vers les recherches thalassographiques dont l'intérêt, primitivement signalé par Alphonse Milne-Edwards, avait grandi à chaque expédition nouvelle jusqu'à celle du *Talisman*. Peu à peu, le désir de contribuer à ces travaux me gagna, jusqu'au jour où il m'obséda.» Dès lors, Albert décide de transformer son yacht privé de 32 m, l'*Hirondelle*, en un navire océanographique spécialement équipé. C'est le début d'une grande aventure qui n'a jamais cessé, prolongée au XXe siècle par la *Calypso* de Cousteau, et qui a fait de Monaco l'un des pôles mondiaux de l'océanographie moderne.

Institut océanographique,
Fondation Albert-Ier-Prince-de-Monaco: www.institut-ocean.org
Musée de la Mer, aquarium de Biarritz:
www.aquariumbiarritz.com/fr

Grâce aux systèmes de détection et de communication actuels, tout bateau peut se transformer en annexe océanographique avec de simples capteurs transmettant leurs informations en temps réel, enrichissant ainsi la base de données mondiale sur l'océan. Il aura fallu une dizaine d'années à un consortium franco-allemand d'industriels et de scientifiques – CNRS, IFREMER, Météo-France, LOCEAN (Laboratoire d'océanographie et du climat: expérimentations et approches numériques, université Pierre-et-Marie-Curie) – pour mettre au point en 2016 un capteur adaptable à des voiliers, susceptible de collecter des données utiles à la compréhension de la machine climatique: c'est le système OSC (OceanoScientific System). Ces données sont d'autant plus précieuses dans les zones ayant souvent une couverture nuageuse trop épaisse pour que les satellites puissent y collecter quoi que ce soit, comme les latitudes australes.

Soutenu par l'Institut océanographique de Monaco, le navigateur Yvan Griboval, lui-même partie prenante du projet, a tout naturellement appareillé de Monaco, perpétuant ainsi la tradition des navires océanographiques. En 2016, il a bouclé le tour de l'Antarctique en solitaire, lors d'une mission d'essai longue de 23 000 km, à bord d'un monocoque tout carbone équipé du système OSC. Les capteurs du bateau ont relevé toutes les six secondes une douzaine de paramètres en lien avec l'air et la mer (température de l'air, pression, humidité, direction du vent, force du vent, humidité, CO_2, température de l'eau, salinité, pression partielle en CO_2, potentiel hydrogène, fluorescence...). Ces données étaient automatiquement transmises aux scientifiques toutes les heures par satellite.

OceanoScientific System OSC :
www.oceanoscientific.org

Autre exemple, le projet Diomedes, à bord de la goélette *La Sonate*, a permis de mettre au point et de promouvoir des techniques simplifiées, utilisables par tous, pour que les navigateurs puissent collecter des données en lien avec la pollution et la biodiversité. Des scientifiques de plusieurs pays ont mis au point une série d'instruments facilement utilisables pour diverses détections en mer : contaminants chimiques (pesticides, imperméabilisants, etc.) et physiques (micro-fragments de plastiques), mais aussi estimation de la présence de mammifères marins (grâce aux hydrophones) ou de plancton (par la bioluminescence).

Citoyens planctonautes

Tout comme il devient possible à un plaisancier de se munir de capteurs pour aider à suivre le changement climatique et la pollution, de même les navigateurs à la voile peuvent se procurer des kits d'échantillonnage avec lesquels récolter le plancton, de façon à l'envoyer aux différents centres de recherche. C'est le projet Plankton Planet, lancé par Colomban de Vargas (Station biologique de Roscoff) et mis au point au cours de l'expédition Tara Océans 2009-2013 (p. 195). L'idée est

La goélette océanographique *Tara*.

de générer une flotte de citoyens planctonautes au service d'un programme d'océanographie biologique visant à « créer un lien entre les milliers de citoyens parcourant à la voile les océans mondiaux, et des chercheurs en écologie qui décryptent la biodiversité planctonique grâce au séquençage en masse de code-barres ADN. Si notre Terre est un grand corps vivant, alors ignorer le plancton, c'est comme pratiquer une médecine qui ne tiendrait compte ni des poumons, ni du cœur, ni du système sanguin ».

Les kits sont simples d'utilisation, comme le confirme la navigatrice et présidente du WWF-France, Isabelle Autissier, après les avoir testés à bord de son voilier *Ada 2*, au large du Groenland : « C'est très facile à utiliser, nickel ! Tu fais ta petite tambouille avec le plancton. C'est rigolo et efficace. C'est une belle expérience de science participative. »

Plankton Planet, pour devenir planctonaute :
www.planktonplanet.org

Deux explorateurs du futur et leurs stations orbitales marines

Depuis des siècles, les expéditions destinées à connaître l'océan se concevaient comme des voyages d'un point à un autre. Désormais, explorateurs et scientifiques savent que, pour être complète, cette connaissance suppose que l'on séjourne sur la durée au cœur des éléments, à son rythme, à son écoute. Dans un monde liquide où tout bouge et se déplace sans cesse, parfois de façon très brutale, cela signifie se laisser flotter, dériver au gré des vents, des courants, des vagues, pour mieux appréhender cet élément vivant. C'est pourquoi deux grands océanautes et innovateurs français, Jean-Louis Étienne et Jacques Rougerie, ont choisi de construire deux vaisseaux océanographiques nomades et dérivants.

Le médecin navigateur et explorateur des pôles, Jean-Louis Étienne, a mis des années à élaborer son audacieux projet *Polar Pod*, un curieux navire vertical évoquant une énorme bouée dérivante. Remorqué à l'horizontale jusqu'à sa zone d'exploration, le *Polar Pod* se redresse, tel un phare flottant de 720 tonnes, long de 100 m, dont 75 m lestés en guise de quille, sous la surface ; la nacelle habitée se trouve perchée à 25 m de hauteur. Une fois stabilisé, le vaisseau se laisse dériver pendant des mois et des mois, telle une station orbitale, à moins de un kilomètre/heure, dans le vaste courant circumpolaire antarctique long de 24 000 km.

Sept personnes, marins et chercheurs, assurent le suivi des mesures en continu grâce à un arsenal de 49 équipements scientifiques. Ce projet novateur va permettre de mieux évaluer les échanges océan-atmosphère et les taux d'absorption du CO_2 par les eaux froides, mais aussi la densité de la faune, « du krill à la baleine bleue », notamment grâce aux instruments acoustiques comme les hydrophones ; *Polar Pod* doit aussi mesurer les degrés de pollution (y compris par les microplastiques) de ces eaux éloignées de toute civilisation. Ce projet unique et audacieux, qui passionne plus de 50 scientifiques venus de 12 pays différents, est officiellement soutenu par l'État français, comme cela a été annoncé lors du One Planet Summit à Paris, en décembre 2017.

Dimensionné et conçu pour résister aux vents surpuissants (jusqu'à 70 nœuds) comme aux vagues géantes des latitudes australes (jusqu'à 36 m), le *Polar Pod* va également permettre d'étudier pour la première fois *in situ* ces fameuses vagues scélérates, gigantesques et dangereuses, qui se forment de façon imprévisible, non linéaire, dans les mers agitées.

La recherche s'accomplit avec le projet Multiwave, au sein duquel travaille l'un des grands spécialistes de ces vagues (*rogue waves*), le professeur Frédéric Dias, qui rêve qu'on puisse un jour récupérer l'énergie fantastique de ces monstres de la nature, plus fréquents dans ces latitudes. Car ce sont les « cinquantièmes hurlants » que Jean-Louis Étienne et son équipe veulent explorer, sur la durée et en continu, cette portion d'océan mal connue qui entoure le continent antarctique.

Le site du projet *Polar Pod* :
www.jeanlouisetienne.com/polarpod/polarpod.cfm
Le film du projet *Polar Pod* :
www.dailymotion.com/video/xzlhi2
Le site de Jean-Louis Étienne :
www.jeanlouisetienne.com
Projet de recherche sur les vagues scélérates Multiwave :
www.ercmultiwave.eu

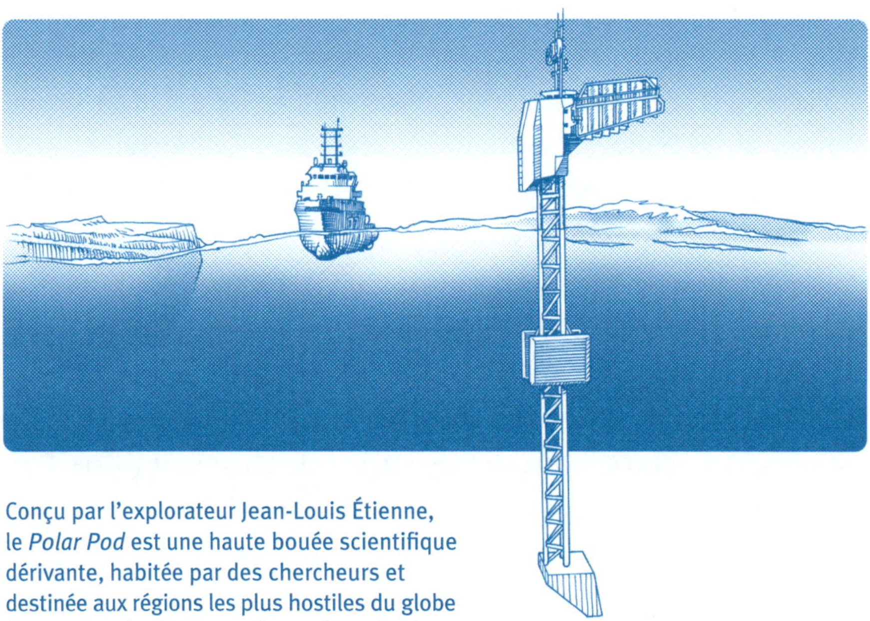

Conçu par l'explorateur Jean-Louis Étienne, le *Polar Pod* est une haute bouée scientifique dérivante, habitée par des chercheurs et destinée aux régions les plus hostiles du globe (Antarctique) afin d'y pratiquer des relevés sur le climat, la pollution, la faune ou les vagues géantes.

Océan, quand tu nous tiens... Depuis les années 1980, l'architecte Jacques Rougerie ambitionne d'habiter la mer, il rêve de fermes et de cités marines, mais aussi de voyages dans l'espace. Sa passion pour la mer et la plongée l'a amené à construire des habitats sous-marins ou des navires à fond transparent. C'est ainsi que nous nous sommes rencontrés, sur la Seine, à bord de sa péniche, car j'avais imaginé dans mon roman *Mermere* un peuple amphibie vivant dans la mer (p. 81), tandis que Jacques commençait déjà à dessiner des maisons subaquatiques inspirées des créatures marines. L'un et l'autre, nous rêvions d'une future génération d'êtres hybrides en harmonie avec l'océan, totalement adaptés à leur milieu, les « Mériens » pour Jacques, les « Noés » pour moi. Nous les avons appelés « Les Enfants du capitaine Nemo » dans un livre commun sur l'adaptation humaine à l'océan.

Plongeur et féru d'espace, Jacques a puisé son inspiration dans les deux domaines, il a séjourné à plusieurs reprises dans des habitats sous-marins et fréquenté de près les astronautes et les agences spatiales, pour des projets réunissant ses deux passions. Après de multiples réalisations architecturales connues dans le monde entier et après son élection à l'Académie des beaux-arts de Paris, Jacques s'est concentré sur son ambitieux projet, celui qui synthétisera à lui seul la somme de ses recherches et réflexions depuis des décennies concernant les habitats sous-marins, un objet dérivant, habité, inspiré des stations orbitales : *Sea Orbiter*. Ce grand vaisseau vertical de 1 000 tonnes mesure 58 m de hauteur, dont 31 m sous l'eau (avec une quille rétractable). Les quatre ponts supérieurs du vaisseau se trouvent au-dessus de la surface et les trois autres, en dessous, permettent d'observer le monde subaquatique. Le dernier niveau sous-marin est un laboratoire hyperbare pressurisé, pour que des plongeurs puissent séjourner de longues périodes sous l'eau grâce à un sas-plongeurs et à un hangar immergé. Ces aménagements pourront également servir de simulateur spatial lors de l'entraînement des astronautes.

Après avoir conçu des habitats sous et sur la mer, l'architecte « mérien » Jacques Rougerie, passionné d'océan et d'espace, a imaginé un vaisseau orbital flottant se laissant porter par les courants, le *Sea Orbiter*, station d'observation et d'exploration océanique aussi bien sur l'eau (27 m au-dessus de la surface) que sous l'eau (31 m immergés).

Cette station dérivante, sentinelle des océans, véritable laboratoire du futur, est prévue pour accueillir une vingtaine de personnes qui pourront vivre à bord en autonomie énergétique. Le *Sea Orbiter* se laissera dériver au gré des courants, permettant ainsi aux scientifiques et observateurs d'accomplir leurs recherches en immersion, au rythme de l'océan. En rêvant un peu, on pourrait imaginer qu'un jour, un vaisseau comme *Sea Orbiter*, installé au large, devienne l'ambassade mondiale de la haute mer (p. 234) et des eaux internationales (45 % de la planète), cet océan sans frontières qui n'appartient à personne et qui est notre futur.

Le site de *Sea Orbiter* : www.seaorbiter.com

***Sea Orbiter*, le film de la Fondation Jacques-Rougerie :**
www.youtube.com/watch?v=Rl5iRJaewZk

Fondation Jacques-Rougerie : www.fondation-jacques-rougerie.com

Green surfing

Nous sommes forcément nés de la vague, puisque toute vie vient de l'eau, cette eau éternellement animée dont l'âme, joueuse ou destructrice, s'exprime sous forme d'ondulations, charmantes vaguelettes ou impitoyables déferlantes. Ce sont donc des vagues, grandes et petites, qui ont jeté la vie sur les terres émergées, au point que je me demande parfois si nous ne sommes pas plutôt les enfants de la vague. Plus la science décode l'univers, plus elle révèle que des vagues, des ondes invisibles, nous traversent constamment à la vitesse de la lumière (voire plus), nous reliant les uns les autres, nous modelant au gré de leurs répercussions à travers l'espace-temps, à l'instar des ondes gravitationnelles débusquées par Einstein, surfeur de l'infini.

Depuis que les humains ont osé braver la mer, ils n'ont cessé de se lancer dans les vagues, nus ou juchés sur tout ce qui flotte, branches, troncs, planches... Il y a plus de 2 000 ans, les Péruviens tressaient déjà

L'art de glisser sur les vagues est peut-être aussi vieux que l'humanité elle-même. Il y a 2 000 ans déjà, les Péruviens tressaient des roseaux de totora pour en faire de petites embarcations capables de surfer les vagues.

des roseaux de totora pour construire de courtes pirogues sur lesquelles ils se tenaient debout, de façon à surfer les vagues. Les anciens Hawaiiens, eux, utilisaient le très léger bois de balsa, de séquoia ou de cèdre, pour leurs planches de surf royales. Voici comment l'explorateur James Cook décrit, en 1772, ce qu'il découvre à son arrivée aux îles Sandwich, aujourd'hui Hawaii, 50e État américain: « Vingt ou trente natifs, chacun muni d'une longue planche étroite, arrondie aux deux bouts, s'éloignent ensemble du rivage. Ils plongent sous la première vague qu'ils rencontrent, se laissant ballotter, et refont surface juste derrière, nageant vers le large. La deuxième vague se passe comme la première; la grande difficulté consistant à saisir le bon moment pour plonger dessous; en cas d'échec, la personne est prise dans l'écume, ramenée vers la rive avec grande violence et doit faire preuve de beaucoup de dextérité pour ne pas être écrasée contre les rochers. [...] Les vagues viennent en séries et la troisième est connue comme étant la plus forte et la plus haute, leur principale préoccupation est donc de se placer au sommet de la plus grosse houle qui les emmène à une vitesse surprenante vers le rivage. »

L'extase *hopupu* et Jack London

Le moteur même du plaisir entre l'humain et la vague naît de cette communion ludique toujours recommencée avec l'élément marin. Pour les Hawaiiens, le surf traduit leur lien sacré avec l'océan et fait partie intégrante de leurs rituels, quotidiens ou saisonniers. L'art de chevaucher les vagues sert aussi à désigner les meilleurs prétendants. Mais au-delà de l'aspect rituel ou culturel, le surf reflète avant tout l'expression du bonheur, de la joie partagée. Le poète hawaiien du XIXe siècle Kepelino Keauokalani chante déjà le plaisir extraordinaire que procure le surf, « sport des rois et roi des sports ». L'irrésistible contact des vagues déclenche cet état extatique que les surfeurs hawaiiens appelaient *hopupu*. Ainsi, écrit le poète, quand arrivent les grosses vagues d'hiver, les hommes abandonnent tout pour leur véritable maîtresse, la mer : « Lorsque les as du surf montent vers leurs champs dans la montagne et qu'à mi-chemin ils voient déferler la houle, ils abandonnent aussitôt leur travail, arrachent des feuilles de bananier et de gingembre et, après les avoir tressées et passées autour de leur cou, ils se mettront face à la mer, puis se précipiteront chez eux pour aller chercher leur planche. Toute pensée de travail s'éteint alors, seule celle du sport persiste. La femme peut avoir faim, les enfants et toute la maisonnée aussi, le chef de famille ne s'en préoccupera pas. Il est entièrement absorbé par le sport, c'est sa seule nourriture. Toute la journée, il n'y a que le surf. Beaucoup partent dès quatre heures du matin – hommes, femmes, enfants. C'est un sport qui, d'un plaisir innocent, se transforme en plaisir diabolique, et ainsi va la vie ! »

Les missionnaires qui se trouvaient alors dans l'archipel hawaiien ont pu, à leur tour, observer les effets spectaculaires des vagues sur la vie des Hawaiiens, comme le décrit William Ellis en 1831 : « Quand arrivent les grosses vagues, les huttes du village se vident. Les tâches quotidiennes, culture, pêche, sont abandonnées au beau milieu des activités par toute la communauté – hommes, femmes et enfants.

Les anciens Hawaiiens, vus par les explorateurs puritains du XVIIIe siècle, comme préférant les vagues au travail et se pavanant, nus et libres, sur leurs planches de surf.

On les retrouve s'amusant dans les vagues grossissantes et fonçant dans la mousse de l'écume. » Certains de ces missionnaires, choqués par tant de nudité et de joies si simples, se sont empressés de scier en deux les planches de surf pour les transformer en pupitres d'écoliers...

Et pour un peu, le surf aurait disparu d'Hawaii, sans l'intervention inopinée de Jack London. En escale là-bas avec son épouse Charmian, à bord de son voilier de 17 m, le *Snark*, l'écrivain voyageur découvre les beautés du surf. Émerveillé par ce sport inconnu, Jack London contribue à le sauver de l'oubli grâce à ses articles parus aux États-Unis, où il va transmettre aux lecteurs américains l'enthousiasme suscité par ce jeu sacré avec les vagues : « Quitte les vêtements qui te sont une gêne sous ces aimables climats. Va te battre avec la mer ; attache à tes talons les ailes de l'audace et de la force qui résident en toi, affronte les rouleaux, maîtrise-les et chevauche leur cime comme il convient à un roi. »

Quelques années plus tard, le champion olympique de natation d'origine hawaiienne, Duke Kahanamoku, personnage mythique dans l'univers du surf, va accomplir des tournées autour du monde et faire connaître le surf, en Californie (1912) ou en Australie (1914). Devenu nageur de compétition et sauveteur légendaire à Los Angeles, le « Duke » joue un rôle majeur dans la popularisation des sports aquatiques : natation, surf, bodysurf, sauvetage, water-polo, et il acquiert ses lettres de noblesse en étant le seul à surfer de grosses vagues ou en effectuant de spectaculaires sauvetages grâce à sa planche de surf.

Le Duke est le personnage hawaiien emblématique, champion olympique de natation, qui a fait connaître le surf au reste du monde.

Un jour, à Biarritz…

En Europe, au début du XIXe siècle, les activités balnéaires restent encore anecdotiques, mais certaines plages deviennent de plus en plus fréquentées. Sur la côte basque, vagues et courants venus du golfe de Gascogne causent parfois des noyades, aussi en 1836, à Biarritz, est décidée la création d'une « société humaine » composée de « guides-baigneurs » pour venir en aide aux nageurs en difficulté. Été après été, la passion pour les bains de mer va grandir, d'autant que les médecins les prescrivent désormais pour acquérir une meilleure santé. Les plages de la station se transforment et l'on vient de toute la France, mais aussi d'Espagne ou d'Angleterre, pour goûter à cette activité si bénéfique, mise à l'honneur par Eugénie de Montijo avant même son mariage avec Napoléon III. En 1854, lorsque le couple impérial prend ses quartiers d'été à Biarritz, l'impératrice, fervente nageuse, dispose de ses propres guides-baigneurs pour la porter jusqu'à l'eau dans un fauteuil d'osier, lui tenir son peignoir et la surveiller dans les vagues. Eugénie a été l'une

À ses débuts en Occident, le surf s'inscrivait dans l'esprit hippie, exprimant un refus de la société industrielle et un grand désir de se frotter à la nature.

des premières femmes de France à populariser les bains de mer et à oser braver les vagues, ce qui lui valut le regard admiratif de Victor Hugo.

Un siècle plus tard, sur cette même plage, une équipe de cinéma des studios Zanuck arrive de Californie à Biarritz pour préparer le tournage d'un film, l'adaptation du roman d'Ernest Hemingway, *Le soleil se lève aussi.* À sa grande surprise, l'équipe découvre sur la côte basque des vagues aussi majestueuses que celles qui déferlent en Californie, pour la joie des surfeurs. D'où l'idée de faire venir une planche de surf par avion, en même temps que le matériel cinématographique. C'est ainsi qu'est arrivée la première planche sur une plage française, en 1957, par l'intermédiaire du scénariste américain Peter Viertel. Cette fameuse « *board* » rayée va déclencher des passions chez les futurs pionniers de la discipline. Parmi eux, le tout jeune Joël de Rosnay, qui deviendra le premier champion de surf français ; parallèlement à sa grande carrière de chercheur et futurologue, Joël continuera à surfer toute sa vie durant.

J'ai, moi-même, goûté très tôt aux joies du surf sur les plages d'Hossegor et succombé, dès l'été 1965, à cette ivresse des vagues et de la glisse qui ne m'a jamais quittée. Pour transmettre cette passion nouvelle, et une vision inédite de l'océan à travers ses vagues tubulaires, j'ai écrit le premier livre sur le surf en France, *Cowabunga, Surf Saga*, à une époque, 1976, où bien peu de Français (hormis sur les plages du Sud-Ouest) connaissaient l'existence du surf, alors appelé « surfing ». Il a fallu attendre les années 1990 pour que le surf et la *beach culture* explosent, devenant d'abord un phénomène de société puis, au tournant du XXIe siècle, un sport de masse et un concept mondialisé.

Que de chemin parcouru… Avec l'apparition des mousses de polyuréthane et des résines synthétiques au XXe siècle, tout semble devenu possible, planches de toutes formes, kayaks, combinaisons, palmes, accessoires… Chaque année apporte désormais sa moisson de nouvelles glisses, d'engins inédits et d'exploits accomplis par des hommes et des femmes courageux, prêts à regarder l'océan dans le blanc des yeux. À la voile, en cerf-volant, en planche, en paddle, en canot à rames, en kayak, avec tout ce qui flotte et glisse, ou sur des foils, les nouveaux aventuriers du XXIe siècle se lancent à l'assaut de traversées impossibles ou de vagues géantes, comme celles de Nazaré au Portugal. En même temps, des millions de jeunes s'adonnent aux sports de glisse dérivés de la voile et du surf, sous des formes aussi multiples qu'innovantes ou fantaisistes.

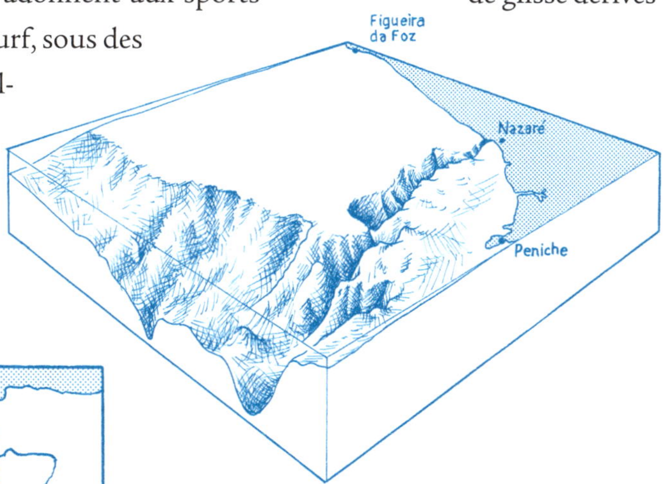

La ville de Nazaré, au Portugal, est en train de devenir la capitale mondiale des vagues géantes et du surf extrême. Grâce à un formidable travail d'équipe, des vagues de 30 m ont pu y être surfées. Leur présence est due à l'interaction d'un canyon sous-marin qui passionne scientifiques et surfeurs.

Le stand-up paddle (SUP) existait chez les anciens Hawaiiens, mais il n'a été remis au goût du jour qu'en 2004, par le *waterman* Laird Hamilton. Or, en quelques années, cet outil extraordinaire a largement supplanté la planche de surf classique : le SUP est à présent utilisé comme embarcation ultralégère pour les loisirs, le travail ou la sécurité, sur tous les plans d'eau du globe.

Il est loin, le temps où le monde de la mer demeurait cloisonné selon les activités de chacun. Le marin ne savait pas nager, le plongeur ne savait pas naviguer, le marin-pêcheur refusait d'aller à la plage, etc. Aujourd'hui, au contraire, la tendance est à la transversalité, c'est l'ère des *watermen* et des *waterwomen*, qui connaissent la mer sous toutes ses formes et la respectent, la protègent. Ils savent nager, surfer, plonger, pêcher, naviguer, sauver des vies. À la fin du XXe siècle, ils semblaient être des héros mythiques, mais une génération plus tard ils sont des milliers, jeunes ou moins jeunes, connus ou inconnus, capables de telles prouesses à force de vivre au contact de l'océan dès l'enfance. Ces hommes et femmes de l'eau incarnent le début d'un retour à la mer. Les limites humaines, sur l'eau et sous l'eau, sont constamment repoussées : il est devenu presque banal de traverser un océan en solitaire à la voile, de nager aux côtés des dauphins ou des requins, de plonger en apnée à grande profondeur, ou de surfer sur des vagues de 20 m de haut.

Surfeurs pollueurs ?

Les surfeurs portent en eux les paradoxes de notre civilisation. Au départ, le surf primitif semble tout simple : une planche de bois et une relation sacrée, fusionnelle, avec l'océan. Au cours des années 1960-1970, dans le tourbillon de la révolution hippie, le surf et la mer nous sont soudain apparus comme la dimension manquante de notre relation holistique avec Gaïa, la Terre-mère. Les grands mouvements de ces années-là, *Flower Power* et post-soixante-huitards confondus, avaient tout bonnement laissé de côté l'océan, les deux tiers de cette chère planète bleue.

Or, ces surfeurs aux pieds nus, toujours en quête de la vague parfaite, ne sont-ils pas l'incarnation de l'âge d'or qui flotte encore dans nos mémoires ? Souvenir archétypique du paradis perdu, d'une plage tropicale, en un temps où l'humanité nomade et cueilleuse, mi-aquatique, mi-terrestre, ne manquait de rien et vivait en paix et en harmonie avec la nature. L'image du surfeur solitaire en quête de l'insaisissable nous ramène vers ces temps immémoriaux.

Voyageant avec peu d'argent en pleine époque de boom économique, campant sur les plages désertes, les vagabonds du surf avaient coutume de rappeler qu'ils ne polluaient pas et ne pesaient que très légèrement sur le corps meurtri de la Terre : « Un surfeur ne laisse derrière lui que le sillage de sa planche et la trace de ses pas dans le sable. » Belle formule qui reflète déjà une forme de décroissance heureuse, face à une société de consommation dévorante. Il est vrai que, vu de loin, le surfeur n'a besoin que d'une simple planche et d'une plage, et qu'il semble évoluer en communion avec son élément, cet océan dont il adore tant les vagues...

Mais peu à peu le surf a tellement imprégné nos vies par les images, les films, la musique, le sport, la compétition, la mode, la publicité, le vocabulaire, l'art, le vedettariat, qu'il s'est mis à appartenir à tout le monde. Le mot « surf » ne désigne plus une seule catégorie d'individus, « ceux qui surfent », mais plutôt une activité pratiquée par toutes les catégories de populations (jeunes ou vieux, riches ou pauvres, sportifs

Surf, longboard, paddle, bodyboard, bodysurf, kayak, la glisse dans les vagues s'exprime aujourd'hui de mille façons.

ou handicapés). C'est pourquoi en ce XXIe siècle le surf n'a plus rien d'une activité primitive, élitiste ou dépouillée, car il est définitivement entré dans les mœurs et la culture, pour le meilleur et pour le pire. Du coup, le surf devient un outil, une image valorisante, naturelle et positive, utilisée comme vecteur de consommation, bien loin du cliché écolo du surfeur rebelle aux pieds nus. Le succès phénoménal du surf engendre sa propre contradiction : il transforme une activité pure et naturelle en un sport de masse dont l'impact sur l'environnement est loin d'être anodin.

Curieusement, le surfeur se perçoit comme « écolofriendly » et se proclame « contre les plastiques », alors qu'en réalité il dépend étroitement de la plasturgie et des polymères pour avoir le privilège de pratiquer sa passion. Lorsqu'on regarde ce qui rend le surf possible, planches en mousse et résine, fibre de verre, combinaisons en néoprène, wax et autres accessoires issus de la pétrochimie et non recyclables, en y ajoutant les crèmes solaires polluantes, les nombreux voyages en avion, etc., on constate que l'empreinte carbone du surfeur est bien supérieure à celle du non-surfeur. En d'autres termes, les surfeurs contribuent, malgré eux, à détruire l'environnement sur lequel ils évoluent, comme l'a montré, dès 2011, le projet de Tobias Schultz, The Surfboard Cradle-to-Grave (l'analyse du cycle de vie de la planche de surf et des surfeurs). On y découvre ainsi que chaque surfeur émet plus de 10 tonnes de CO_2 par an, uniquement dans la pratique de son sport favori ; un simple vol en avion longue distance aller-retour peut produire jusqu'à 5 tonnes de CO_2, soit la moitié de ce que produit le citoyen lambda en une année entière. La fabrication classique d'une planche demeure, en soi, un processus très polluant et toxique pour les gens qui y travaillent. Selon Rick Lomax, de Surf Science, l'empreinte carbone d'une planche en résine polyester représente 180 kg d'émissions de CO_2, et 450 kg pour une planche en époxy.

The Surfboard Cradle-to-Grave, Tobias Schultz : www.bit.ly/surfboard-cradle-to-grave

Surf Science, Rick Lomax : www.surfscience.com/topics/surfing-lifestyle/life-as-a-surfer/environmental-impact-of-surfing-surfboards/#

En même temps que le surf se démocratise à outrance, les mentalités évoluent et d'autres portes s'ouvrent pour que ce beau sport ne soit plus un produit de consommation polluant pour la planète. Idéalement, les surfeurs seraient autant de sentinelles sur l'eau, participant à la protection des plages et de l'océan, comme cela se fait déjà à travers bon nombre d'ONG. En attendant, le premier pas consisterait à inventer des planches qui ne soient plus des sources de pollutions pendant leur fabrication, leur utilisation, et même après.

Rappelons, à cette occasion, que la glisse originelle d'où est issu le surf lui-même, c'est le bodysurf, l'art de glisser dans les vagues avec le corps, sans aucune planche. Les anciens Hawaiiens l'appelaient *kaha nalu*, sport sacré comportant une douzaine de techniques différentes. Or, le bodysurf est le seul sport de glisse au monde qui puisse se pratiquer sans accessoire ni vêtement. On peut se jeter nu dans les vagues et s'y amuser beaucoup grâce au bodysurf. Toutes les autres glisses ont besoin de planches ou d'accessoires (certes, une paire de palmes et un maillot de bain peuvent être néanmoins utiles pour le bodysurf), ce qui fait du bodysurf, avec 0 % d'émission de gaz à effet de serre, la glisse la plus écolo du monde !

L'écosurf de Notox

En France, dans le Sud-Ouest, une marque s'est créée autour de l'écoconception des planches et du surf : le Lab Notox, installé à Anglet, « spécialiste de la planche de surf 100 % lin made in France ». L'un de leurs produits phares est la planche GreenOne en fibre de lin, lancée en 2018. Pour Notox, l'objectif futur est de réaliser des planches « contenant 100 % de matière recyclée, une résine époxy haute performance biosourcée et 100 % française, une stratification sous vide pour plus de légèreté, de résistance et de dynamique, ainsi qu'un "sourcing" localisé pour un meilleur bilan carbone ».

Le déclic est venu en 2005, lorsqu'un Bordelais ingénieur en robotique, Pierre Pomiers, accompagné de son futur associé Benoît Rameix, visite l'atelier d'un fabricant de planches de surf. Pierre se déclare « sidéré par les conditions de travail déplorables et l'utilisation de matières dangereuses sans précautions environnementales ». Et en effet, en 2011, une thèse de la médecine du travail sur le sujet dit bien : « De la salle de ponçage s'échappent les très fines poussières de matières plastiques et fibres de verre, qui vont directement dans les alvéoles des poumons : c'est-à-dire la même dangerosité que l'amiante. »

D'où la volonté de Pierre Pomiers et son équipe de produire des planches respectueuses de l'environnement et de la santé. Outre la fibre de lin, Notox a créé une gamme en liège (gamme Korko) 100 % made in France, des planches solides et efficaces, résistant remarquablement bien aux chocs, faciles à réparer et ne nécessitant pas de « wax », la cire antidérapante indispensable et polluante pour le milieu marin.

Quant au Squid Project de Notox, c'est la concrétisation du projet consistant à fabriquer une planche à partir d'une variété de déchets recyclés. De nouvelles pistes s'ouvrent ainsi pour produire des planches compétitives avec d'autres matériaux de recyclage, comme le carton en nid-d'abeilles.

Notox : www.notox.fr

Des planches en paulownia, en algues, en carton…

Bien sûr, on pourrait vouloir retourner aux sources et construire des planches en bois, mais vu les millions de planches de surf qui sortent chaque année des usines, il faudrait des forêts entières d'arbres précieux pour satisfaire notre plaisir dans les vagues. Cela n'empêche pas de fabriquer quelques modèles expérimentaux, artistiques ou historiques pour l'intérêt de la culture surf, comme le fait par exemple le shaper-bois Gaël Le Thellec, tel un sculpteur et artisan pour lequel chaque planche possède une âme et une personnalité. Sur son site, il expose sa vision : « Redonner les lettres de noblesse au bois, revenir à ce matériau originel simple, en associant à la fois pureté des lignes et sensations de glisse *old school*. En excluant au maximum les procédés chimiques, on réduit considérablement l'impact environnemental de la fabrication des planches de surf. On obtient ainsi des planches propres, shapées dans du bois de paulownia, évidées, puis recollées à la résine époxy. Enfin, elles sont simplement vernies ou huilées. »

Pour ce qui est du bois de paulownia, il semble qu'il possède toutes les qualités d'un matériau parfaitement adapté au surf, tout en étant renouvelable : « Sa croissance de 1 mètre cube en 7 à 8 ans classe le paulownia parmi les espèces d'arbres ayant la plus rapide croissance de la planète. Avec une densité de 0,28, il se place aussi dans les bois les plus légers ! Les pièces faites avec ne se déforment pas à l'humidité, car il n'absorbe pratiquement pas l'eau. Pour chaque arbre abattu que j'utilise, un arbre est replanté. Le paulownia est l'un des bois d'avenir : il capte rapidement le CO_2 et le transforme en un matériau de grande qualité. Et comme dit Tom Wegener (pionnier de la *board* en paulownia) : "Une planche en paulownia huilée dure pour 'toujours' et sera toujours réparable." »

Un prototype de planche de surf à base d'algues a également été fabriqué par des étudiants de l'université de Californie à San Diego. « Une planche à base d'algues correspond parfaitement aux aspirations de la communauté des surfeurs et à notre connexion avec l'océan et le surf», explique le chercheur et surfeur Stephen Mayfield, porteur du projet. Deux groupes d'étudiants ont ainsi réussi à créer un précurseur du polyuréthane servant pour les planches de surf, à partir d'une huile extraite des algues. Un pain de mousse a ainsi été obtenu et une planche de surf classique a pu être «shapée» (mise en forme). Preuve qu'il est possible de fabriquer une planche performante avec des matériaux 100 % naturels, durables et recyclables.

Là encore, comme toujours, celui qui tient les manettes, c'est... le consommateur (vous, en l'occurrence) qui peut, par exemple, décider de ne plus s'équiper avec des produits issus de la pétrochimie et influer ainsi sur les fabricants et les tendances. L'enfant terrible dans ce domaine, c'est François Jaubert, un jeune architecte français, maître de conférences (et fou de surf), qui a décidé de tout plaquer pour se mettre en quête de ce graal: fabriquer soi-même et surfer sur une planche quasiment gratuite, conçue en déchets recyclés et non polluants. Repéré par la marque californienne Vissla, François Jaubert crée des prototypes à partir de cartons dénichés dans les poubelles, qui épatent la galerie par leur esthétique et la pureté de leurs lignes. Dans son atelier californien, on pouvait lire un graffiti ironique (quoique...): «*He jeopardizes the foam industry*» («Il menace l'industrie de la mousse»).

Architecte de formation et surfeur dans l'âme, François Jaubert est un enfant terrible parmi les concepteurs de planches, car il parvient à en faire des œuvres d'art et d'excellentes planches de surf, à l'aide de matériaux recyclés, vieux cartons, cagettes...

Conscient du paradoxe qui hante tout écosurfeur (il aime la nature, mais son activité la pollue), François se lance corps et âme dans cette noble bataille et fabrique de très belles planches avec un cœur en carton. Ce fan de la matière noire chez le peintre Pierre Soulages parvient à leur donner un look à la fois brut et artistique, tout en les rendant performantes dans les vagues. Peu à peu, les planches de François deviennent de plus en plus solides et légères au fur et à mesure qu'il affine sa technique, y ajoutant du bois de cagettes. L'idée étant de récupérer de la matière première provenant de l'industrie du packaging à usage unique : mousse, carton, palettes... « Tout ce qui flotte peut se transformer en planche de surf », dit-il en rêvant d'expérimenter de nouveaux matériaux de récup : bouchons de liège, bouteilles en plastique, tuyaux, pneus... Sa philosophie : « Redonner vie à des matériaux obsolètes en les faisant surfer, plutôt que de les laisser traîner dans les poubelles ! ;) »

Les grandes marques lorgnent avec incrédulité ces planches innovantes, mais François Jaubert va de l'avant, à la vitesse d'une comète, vivant en nomade surfeur (Biarritz, Hossegor avec une « installation » artistique à la Surf Church, Peniche au Portugal, San Clemente en Californie, Baja...), fonctionnant par l'échange et la débrouille, filmant sa propre aventure initiatique, vendant ses peintures et cherchant l'alchimie suprême pour que des planches 100 % écolos nous permettent enfin de surfer en paix avec l'océan.

Gaël Le Thellec, Gawood surfboards :
www.gawoodsurfboards.com
François Jaubert, Facebook et Instagram : French_da_Kid
Mail : jaubertfrancois@gmail.com

Mégots, rouleaux, 3D

Une fois la boîte de Pandore ouverte, on peut imaginer des planches de surf dans les matériaux les plus éclectiques. Ainsi, on a vu une planche composée de mégots ramassés sur les plages, projet fou d'un shaper californien, Taylor Lane, qui, à force de participer à des ramassages de déchets sur le littoral, a eu l'idée de collecter 10000 mégots de cigarettes (avec filtres) pour en faire une planche de surf. Son modèle a été primé à un concours d'innovation. Quant au jeune surfeur girondin Marceau Pegon, c'est à partir de 600 rouleaux de papier toilette qu'il a construit sa planche.

Mais le prototype fabriqué par un surfeur, doctorant à l'Imperial College de Londres, Nate Petre, ouvre peut-être la voie à un nouveau concept. Après avoir récolté des bouteilles en plastique dans les poubelles de son campus, il a utilisé l'impression 3D, ainsi qu'un composant issu d'une algue prélevée dans des lacs américains (algue invasive menaçant la biodiversité). Résultat : une planche de surf dont on peut modifier le design sur mesure et qui est à la fois recyclable et biodégradable. Nate Petre se prend à rêver : « L'utilisation de cette technologie n'a pas de limites. On pourrait ramasser des déchets dans la Tamise et, en une heure à peine, les transformer en planche de skate ou de surf ! »

La première combi écolo, équitable, sans néoprène

Il ne suffit pas de s'occuper des planches pour régler le problème, car les surfeurs sont également de gros consommateurs d'accessoires, et en particulier de la combinaison en néoprène, sans laquelle la plupart des activités nautiques et aquatiques actuelles deviendraient tout simplement impossibles. Le néoprène est un polymère inventé en 1934 par DuPont de Nemours, sorte de caoutchouc synthétique qui demande une phase de vulcanisation où sont utilisés des produits toxiques, faisant du néoprène un matériau polluant, non recyclable et non biodégradable. Une alternative a bien été proposée, un néoprène à base de calcaire, le géoprène, mais cela n'en suppose pas moins une extraction minière, ainsi que des processus de pulvérisation avec des composants produisant de l'acétylène, etc.

C'est pourquoi la compagnie californienne Patagonia, fondée par Yvon Chouinard, a créé la surprise en 2016 avec, enfin, la première combinaison au monde sans néoprène, ni dérivé de la pétrochimie, conçue à base de bio-caoutchouc. Ce résultat est le fruit d'une collaboration de plusieurs années avec l'entreprise Yulex, qui extrait et transforme du latex au Guatemala, à partir de plantations d'hévéas bien gérées et socialement équitables (provenant d'une forêt écologiquement certifiée par le Forest Stewartship Council et la Rainforest Alliance). Ces combinaisons de surf ont été testées par deux professionnels dans les vagues glacées d'Islande (l'eau était à 6 °C) avec d'excellents résultats, comparables, voire supérieurs, à ceux des combinaisons en néoprène, et présentant divers avantages, dont celui de sécher beaucoup plus vite. Dans ces conditions, on espère que la tendance va se répandre à toutes les grandes marques de surf pour encourager le green surfing.

Patagonia : eu.patagonia.com/fr/fr/home
Yulex Corporation : www.yulex.com
Accessoires de surf, boutique « écosurfshop » en ligne :
www.ecosurfshop.eu/fr

Écosurfeurs

Le surf et ses dérivés expriment avant tout une relation intime et physique avec cet élément qu'est l'océan. C'est pourquoi bon nombre de surfeurs se regroupent pour des causes diverses liées à la protection du milieu dans lequel ils évoluent. On défend toujours mieux ce qu'on aime et ce qu'on connaît, l'important étant de rester dans l'esprit « Agir localement, penser globalement ».

Ainsi, l'ONG californienne Save The Waves (« Sauver les vagues ») se mobilise sur divers sujets qui touchent le littoral, terrestre ou marin, et plus particulièrement les zones de surf, qui sont souvent remarquables et d'une riche biodiversité : « Save The Waves protège les écosystèmes côtiers autour du monde par des stratégies innovantes, en partenariat avec les communautés locales. En utilisant une combinaison de facteurs - aires protégées, économie et action directe sur le terrain - Save The Waves est devenu partenaire des populations locales pour préserver leurs ressources côtières et renforcer leurs communautés. » Les principaux focus concernés sont : le développement du littoral, la qualité de l'eau et des bassins versants, la montée du niveau de la mer et l'érosion côtière, les débris marins, les récifs et les accès au littoral.

Save The Waves, Californie : www.savethewaves.org

Au Royaume-Uni, les surfeurs se sont unis de la même façon pour protéger leurs plages, leur littoral et la biodiversité, tout en luttant contre diverses pollutions, le tout en lien avec les communautés locales. Lassés de voir leurs eaux sales et les plages jonchées de détritus, des surfeurs, mais aussi des nageurs ou des marins, ont fondé Surfers Against Sewage (« Surfeurs contre les eaux polluées ») au début des années 1990. Leurs nombreuses actions au fil du temps ont participé à une nette amélioration de la qualité des eaux de baignade sur le littoral britannique.

Aujourd'hui, leur principal but est de « libérer » le littoral de la pollution des plastiques. En 2017, Surfers Against Sewage a organisé plus de 420 nettoyages de plages impliquant au moins 30 000 personnes sur l'année.

Surfers Against Sewage, Royaume-Uni : www.sas.org.uk

Une petite victoire mène parfois vers de grandes campagnes, comme ce fut le cas pour l'association Surfrider, dont l'histoire a commencé par la défense d'une plage de Californie en 1984. Voyant avec désolation leur spot de surf préféré de plus en plus menacé par diverses pollutions et par la pression immobilière, trois surfeurs (Glenn Hening, Lance Carson et Tom Pratte) ont alors décidé de se regrouper pour sauver cette plage de Malibu nommée Surfrider Beach. À force d'obstination et de ténacité, les surfeurs ont fini par gagner leur cause, et c'est ainsi qu'est née Surfrider. En 1990, l'ONG a ouvert des branches dans d'autres pays, en Europe, mais aussi en Australie, au Japon ou au Brésil (1993).

Forte de ses 50 000 membres et de ses 80 antennes dans le monde, la Fondation Surfrider est devenue un acteur incontournable des questions d'environnement liées à l'océan. Elle s'est implantée en France sous l'impulsion d'un légendaire surfeur californien, amoureux des plages du Sud-Ouest, Tom Curren. Tom raconte les débuts du projet : « À l'origine, nous étions cinq-six personnes autour d'une table, à nous demander pourquoi Surfrider Foundation n'était pas encore présente en France. Comme partout, il y avait ici des problèmes de qualité de l'eau. Des surfeurs qui participaient aux compétitions ici tombaient malades et l'on ne comprenait pas bien pourquoi. Nous avons alors décidé de créer Surfrider Foundation Europe en 1990, qui a notamment été lancée avec la compétition de surf de Meñakos en Espagne. En presque trente ans, je suis très heureux de voir tout le travail accompli par les équipes qui ont su développer une véritable expertise, tout en conservant les valeurs et la vision d'origine du projet. » En 2017, pour les 14 pays d'Europe, on comptait 36 antennes locales et 1 700 bénévoles.

Surfrider Foundation, Californie : www.surfrider.org
Antenne France de Surfrider Europe : www.surfrider.eu
Beachapedia, petite encyclopédie interactive (wiki) des plages et du littoral par les experts de Surfrider (en anglais) : www.beachapedia.org/Main_Page

Un futurologue américain du XXe siècle, Alvin Toffler, avait pressenti dès 1970 que les surfeurs étaient de véritables « indicateurs des temps futurs ». Ils annonçaient ce siècle qui est le nôtre, à la fois débordant d'exploits individuels, de sublimation personnelle, mais aussi de sensibilité à l'environnement. Peu de sports comme le surf supposent un tel corps à corps avec les éléments. La relation entre le surfeur et « sa » vague est aussi intime que fusionnelle et il perçoit, mieux que personne, la personnalité ou l'âme des vagues qu'il fréquente.

La légendaire vague de Chicama au Pérou, première vague au monde à être protégée.

C'est pourquoi, lorsqu'il a été question de construire une promenade en dur directement sur une certaine plage du Pérou, la population des surfeurs, rejointe par d'autres citoyens, s'est battue pour protéger une vague très célèbre. Avec ses 3 000 km de littoral, le Pérou est un pays pionnier du surf, grâce au businessman surfeur Carlos Dogny, fondateur en 1942 du premier club péruvien, le Waikiki Surf Club de Lima. La vague menacée par la bétonnisation, située entre Lima et la frontière de l'Équateur, s'appelle Chicama, et c'est sans doute la plus longue vague du monde. Chaque année, plus de 45 000 visiteurs viennent la contempler, car elle déroule sur près de 4 km, ce qui a permis à un surfeur de battre le record du nombre de virages sur une seule vague : 34.

Il aura fallu treize années de combats et de négociations pour parvenir enfin, en 2016, à faire de Chicama la première vague protégée au monde. Victoire qui donne des ailes aux surfeurs pour protéger les vagues qu'ils aiment, partout sur la planète. L'initiateur de ce mouvement, le surfeur Karin Sierralta, patron de la fédération péruvienne de surf, sait lui-même ce qu'il doit aux vagues : « Je suis asthmatique. Quand j'étais jeune, nous n'avions pas de sprays de Ventoline... Le surf, activité qui développe la cage thoracique, m'a fait beaucoup de bien. » Le souhait de Sierralta est de démocratiser le surf au Pérou, d'autant que « cette pratique ne coûte pas cher. Il suffit d'une planche, qu'on peut même acheter à plusieurs. Et la mer est gratuite ».

Smartfin, l'aileron intelligent

L'explosion des sciences participatives s'étend donc aux surfeurs, présents dans l'eau toute l'année, qui peuvent, potentiellement, collecter bon nombre d'informations climatiques sur les eaux du littoral, un secteur pas toujours facile à évaluer, notamment à cause... des vagues. D'où l'intérêt d'équiper des surfeurs, qui sont souvent les seuls à évoluer dans certaines zones agitées et dangereuses. En outre, les mesures satellitaires ne sont pas toujours suffisamment précises sur le littoral, en particulier concernant la température de l'eau, qui se modifie à proximité du rivage. Quant aux bouées destinées aux mesures près du bord, elles sont souvent malmenées par les vagues, voire fracassées contre les rochers.

Une équipe du Plymouth Marine Laboratory (Royaume-Uni), menée par le chercheur Bob Brewin, a récolté les températures de l'eau dans les vagues proches des côtes, et prouvé ainsi qu'on y observait fréquemment une différence de un degré avec les mesures des satellites ou des bouées, ce qui peut avoir une incidence sur des zones sensibles écologiquement ou économiquement. Ainsi est née l'idée de créer un aileron de planche de surf capable d'enregistrer quantité de données océanographiques pour les transmettre aux scientifiques. Cet aileron, le Smartfin, a d'abord été imaginé par l'Américain Andrew Stern, professeur en neurologie et fondateur de l'ONG Lost Bird, dont la devise est: « Se connecter à la Terre par l'art. »

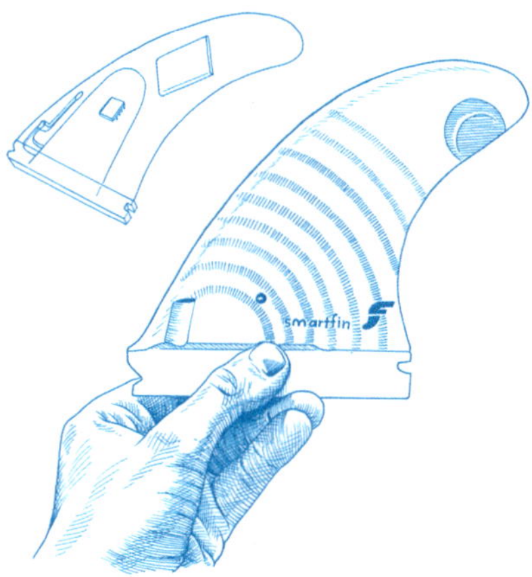

Cette dérive de planche de surf, le Smartfin, est aussi une surface munie d'un GPS et de capteurs mesurant des données liées à l'eau (température, salinité, taux d'oxygène, etc.), le tout se connecte à une appli smartphone permettant de transmettre ces données aux centres de recherche.

Dans un premier temps, la conception de l'objet est assurée en 2015 par l'ingénieur Phil Bresnahan et le biochimiste côtier Tyler Cyronak, de l'Institut océanographique Scripps en Californie. Haut de 13 cm, ce petit accessoire indispensable au surf est muni de senseurs et de capteurs, d'un GPS, le tout afin d'enregistrer la température, la salinité, l'acidité, le taux de chlorophylle et d'oxygène, autant de données utiles aux chercheurs pour évaluer la bonne santé des eaux avoisinantes. L'aileron est facile à installer ou à retirer de la planche, et on le connecte à une appli sur smartphone qui transmet directement les données aux chercheurs. L'idée serait de pouvoir distribuer un grand nombre de ces ailerons connectés à travers le monde, c'est pourquoi le programme Smartfin a été développé dès 2016 avec la Surfrider Foundation (p. 226).

Scripps Institution of Oceanography : www.scripps.ucsd.edu

Smartfin : www.smartfin.org

Lost Bird : www.lostbird.org

À la Réunion, de nombreuses attaques de requins ont eu lieu sur des surfeurs, ce qui a entraîné de vives polémiques entre ceux qui veulent « prélever » (tuer) les requins jugés dangereux, et ceux qui considèrent que les requins sont chez eux dans l'océan et que nous n'avons pas à les éliminer pour le simple plaisir de jouer dans les vagues. De nombreux surfeurs estiment que, même s'ils sont tués par un requin, nous ne devrions jamais les tuer en retour. D'où l'initiative d'un surfeur, Mike Coots, qui a été attaqué par un requin au point d'y laisser une jambe. Mike a fait graver sur l'aileron de sa planche la phrase suivante : « Si ma vie est prise, ne prenez pas la leur », cela afin d'éviter toute revanche sanglante en son nom.

C'est le projet Fin for a Fin (« Un aileron pour un aileron »), à propos duquel son initiateur déclare : « L'océan est la maison des requins. C'est leur domaine. Nous en connaissons les risques. Pourtant, lorsqu'une attaque se produit, nous cherchons la vengeance. Si vous estimez que les requins doivent être protégés, alors nos ailerons vous donneront une voix. Ils signaleront au monde que si jamais vous êtes attaqué, vous ne voulez pas que des requins soient tués en votre nom. »

Fin for a Fin : www.finforafin.com

Avec la prise de conscience des dangers qui nous guettent, liés au climat ou à l'océan lui-même, les surfeurs peuvent devenir une formidable armada de sentinelles qui aident les scientifiques à innover et à réunir des données, ce qui est bon pour la planète, tout en participant à l'éveil des consciences face à des sujets aussi urgents qu'inquiétants. On ne peut plus, aujourd'hui, aimer l'océan, ni jouer avec lui, ou même dépendre de lui, sans chercher simultanément à le protéger par tous les moyens. Or les sciences participatives nous proposent de ne plus rester simplement des surfeurs passifs ne voulant rien savoir de la qualité des eaux tant qu'il y a de bonnes vagues (et c'est là le problème : même lorsqu'une eau est gravement polluée, cela n'empêche pas la formation de belles vagues pour le surf).

Ocean Living Lab, le campus des vagues au Pays basque

Heureusement, les surfeurs responsables sont de plus en plus nombreux, et de plus en plus souvent surf rime avec innovation durable. C'est le cas sur la côte basque, au cœur du pays de la glisse, avec l'ambitieux projet transfrontalier Ocean Living Lab (labellisé French Tech), lancé à Hendaye en 2016, et porté par Manuel de Lara. Son objectif : « Créer, depuis Zarautz (Pays basque espagnol), jusqu'à Hossegor (Landes), le centre de référence mondial pour la conception numérique de produits et services de la filière océan, glisse et sports aquatiques. » Élu local au Pays basque, Manuel de Lara est aussi expert conseil dans le management de l'innovation territoriale, ainsi que directeur du Cluster Gaïa, présent à San Sebastian et à Bilbao (association des technologies électroniques et informatiques au Pays basque, composée de 260 entreprises).

Au sein d'Ocean Living Lab, l'ancien fort de Socoa (sur la baie de Saint-Jean-de-Luz) doit devenir un campus de recherche et de formation en lien avec des universités françaises et espagnoles. À Saint-Jean-de-Luz, c'est une « halle créative » de 6 685 m² (ancien site de Quiksilver) qui s'ouvre aux start-up innovantes, avec un FabLab équipé de moyens de prototypage numérique. Outre ces deux pôles, l'Ocean Lab est aussi partenaire de Tribord (marque nautique de Décathlon), qui sert de laboratoire à ciel ouvert dans les eaux d'Hendaye (baie de Txingudi) pour les essais ou les prototypes. En 2017, une convention a également été signée avec l'île de la Réunion dans l'océan Indien, pour « le rapprochement des écosystèmes thématiques du Pays basque et de la Réunion ».

Ocean Living Lab : www.ocean-livinglab.eu

Surf Prévention : thérapie et environnement

Même en matière de santé, le surf s'inscrit comme vecteur d'innovation. Bien sûr, sa pratique peut mener à divers maux (mal de dos, effets de l'eau de mer, problèmes de peau, d'oreilles ou d'yeux), mais surtout il apparaît comme un formidable « médicament » dans de nombreuses pathologies, physiques ou mentales. Pour faire le tour de ces questions, aussi variées que passionnantes, Guillaume Barucq, médecin surfeur bien connu de Biarritz, s'est spécialisé dès 2008 dans les maux propres au surf, mais surtout dans la guérison par le surf, au point de pouvoir même rédiger des ordonnances recommandant sa pratique dans certains cas.

Au-delà de ces questions, Guillaume Barucq tient un blog incontournable, très fourni, sur la galaxie surf, avec de nombreuses informations sur la protection de l'environnement marin. Comme l'explique Guillaume : « Par son mode de vie et sa philosophie, le surfeur adopte le plus souvent une hygiène de vie saine au contact de la mer. À une époque où les gens ne savent plus vivre et ont perdu le contact avec la nature, le surfeur apparaît comme un épicurien qui sait encore ce qui est bon pour sa santé. Je surfe moi-même aussi souvent que les conditions le permettent pour tenter de garder la forme. C'est dans une triple démarche de promotion de la santé, de prévention, et de sensibilisation à l'environnement marin que je m'engage au quotidien bénévolement en bloguant sur ce site ; avec l'ambition de développer les connaissances, l'éducation et la recherche sur le surf et l'influence de la mer sur notre santé. »

Le blog Surf Prévention : blog.surf-prevention.com
Le site médical Surfez sur votre santé :
www.guillaume-barucq.com
Le livre *Surf Thérapie* : www.surf-therapie.fr

Clin d'œil : la preuve, s'il en fallait, que le surf peut rendre *hopupu*, c'est-à-dire heureux, avec les ébouriffantes vidéos d'une surfeuse youtubeuse en mode « Indiana Jones », qui parvient à rester drôle et charmante en surfant dans les endroits les plus inattendus de la planète (les catacombes de Paris, la Seine, un volcan en éruption à Hawaii, au milieu de déchets flottants, en compagnie des dauphins, etc.) avec ses planches toutes roses ! Ses planches sont écolos, fabriquées avec des dérivés du soja ou avec des gobelets de café recyclés, et son bonheur est contagieux !

Alison Teal, « Alison's Adventures » :
www.youtube.com/channel/UCjYiM-YLuOQN-4SoI7PfgVg

Gaza, Iran, Bangladesh, Durban : *peace and surf*

L'océan est un élément si sauvage et immense qu'il remet instantanément tous les humains au même niveau. La politique, l'idéologie, la religion, tout cela vole en éclats une fois qu'on se jette dans les vagues. Lorsqu'on a pour tout vêtement un maillot ou une combi de plongée, nous nous retrouvons tous sur un pied d'égalité, sans costume ni marques distinctives, tout petits et égaux face à l'océan.

Dans divers pays du monde où règnent la violence, la dictature religieuse ou la guerre, le surf, à son modeste niveau, peut jouer un rôle de modérateur ou d'émancipateur, et réunir les individus dans la passion de ce sport directement lié à l'océan. Peu à peu, au gré des rencontres avec des surfeurs voyageurs, puis au gré des images et des films, des clubs de surf s'implantent un peu partout où déferlent de belles vagues, même dans les endroits les plus inattendus. Au Liban, par exemple, le surf s'est développé dans le sillage de ses pionniers, comme Mostafa Al-Hajj, qui raconte comment il s'est initié au surf: «J'avais l'habitude de regarder *Alerte à Malibu* avec mes amis; ils regardaient tous Pamela Anderson, mais ce qui m'intéressait moi, c'était les planches, comment les surfeurs les portaient, et comment attacher son leash.» Depuis, les surfeurs libanais se multiplient et commencent de plus en plus jeunes.

Plus flagrant encore, le surf apparaît sur la bande de Gaza, qui comprend 40 km de côte sur la Méditerranée, une terre déchirée par la guerre et les conflits internes, souvent appelée «prison à ciel ouvert», avec pour seule échappatoire la plage, la mer. Un film, *Gaza Surf Club*, évoque l'essor du surf palestinien, offrant à quelques jeunes téméraires une porte entrouverte sur un autre monde que celui de leur quotidien en ruine. Comme le dit l'un des protagonistes: «Quand je surfe, j'oublie tout. Sur les vagues, je suis dans un autre monde.»

En Israël, le pionnier du surf s'appelle Dorian «Doc» Paskowitz, un juif américain qui a apporté la première planche en Israël en 1957, c'est-à-dire en même temps que la première planche atterrissait à Biarritz (p. 338), et il a contribué au développement du surf dans ce pays. Conscient que le surf permet de transcender les clivages, Paskowitz s'est d'abord efforcé de le développer parmi la communauté arabe d'Israël, puis, dès 2005, avec le soutien de son ami Arthur Rashkovan («Dr Surf»), légende du surf et *beach boy* emblématique de la scène surf à Tel Aviv, il a organisé l'expédition de plusieurs planches à destination des surfeurs palestiniens de la bande de Gaza.

En 2007, les deux surfeurs créent un mouvement, une communauté de passionnés: Surfing 4 Peace (avec David Paskowitz, le fils du Doc, et le soutien du plus grand champion de surf de tous les temps, l'Américain Kelly Slater). Le but est d'aider au développement de la petite communauté des surfeurs de Gaza (y compris les femmes), en lien avec les autorités des deux pays. Cependant, leur mission ne se limite pas à surmonter les clivages au Moyen-Orient, et Surfing 4 Peace participe aux manifestations de leur équivalent européen, Surfer pour la paix, que ce soit à Paris (sur la Seine, le canal Saint-Martin) ou à Marseille. Leur devise est une phrase de Doc Paskowitz : « Les gens qui surfent ensemble peuvent vivre ensemble. »

Surfing 4 Peace : www.surfing4peace.org

Un même dépassement des limites religieuses ou politiques apparaît dans le beau film de la réalisatrice française Marion Poizeau tourné en Iran, *Into the Sea*, primé et acclamé dans le monde entier. Marion Poizeau et Easkey Britton, jeune championne de surf irlandaise, entreprennent un premier voyage en 2010 dans une région d'Iran considérée comme très dangereuse, y compris par les Iraniens eux-mêmes : le Balouchistan, dans le sud-est du pays, où Easkey espère pouvoir surfer les vagues du golfe d'Oman. Jusque-là, aucune planche n'est arrivée sur ces plages. Il faut dire que cette multichampionne a le surf dans le sang, car elle a été initiée par son père dès l'âge de 4 ans. En plus d'être une grande championne irlandaise, Easkey est titulaire d'un doctorat en environnement et société, et travaille aussi pour le TBTI (Too Big to Ignore), réseau de chercheurs de 81 pays qui défendent la pêche artisanale et s'efforcent de mieux la faire connaître. Easkey Britton est également ambassadrice de la campagne européenne « Inséparables » en faveur du poisson durable.

En Iran, Marion et Easkey s'étaient préparées à un accueil hostile, voire à des ennuis avec les autorités civiles ou religieuses, dans ce pays où, quelques mois plus tôt, une femme avait été jetée en prison parce qu'elle avait été surprise en train de regarder un match de volley-ball masculin à la télévision. Aussi furent-elles bouleversées en découvrant qu'elles étaient accueillies avec enthousiasme sur ces plages iraniennes et que de nombreux hommes, femmes et enfants venaient à elles avec l'envie d'apprendre. À partir de ce premier voyage, Marion a réalisé un petit film qui a été vu plus d'un million de fois sur Internet. Elle reçoit alors de nombreux messages d'Iraniens et d'Iraniennes qui lui demandent si Easkey et elle pensent revenir. De là est né le projet du film *Into the Sea*, tourné par Marion Poizeau trois ans plus tard avec Easkey, accompagnée de deux sportives iraniennes : la snowboardeuse Mona Seraji et la plongeuse Shalha Yasini.

Le film suit ces trois sportives qui vont accomplir un acte à la fois dérisoire et catalyseur : introduire le surf en Iran, sur les magnifiques plages du Sistan-Balouchistan. Des locaux par centaines sont venus les voir surfer ou apprendre le surf ; là encore, comme le montre le film, nombreux ont été celles et ceux qui se sont émerveillés, rêvant d'apprendre à leur tour, au-delà de toutes les barrières.

Le film de Marion Poizeau a été projeté à Téhéran avec l'accord des autorités. Depuis, les touristes iraniens voyagent dans cette région méconnue pour découvrir ces 100 km de côte avec des vagues régulières d'un mètre cinquante. Tous viennent pour apprendre le surf ! Depuis 2013, Easkey et Marion œuvrent à créer une école de surf sur

La passion du surf parvient à surmonter les barrières, morales, sociales et religieuses, pour permettre à des femmes de connaître le bonheur de glisser dans les vagues de leur pays.

place avec la communauté iranienne. De jeunes locaux, regroupés sous le nom We Surf In Iran, ont fondé le premier surf club. Le but est de pouvoir donner des cours, de rendre le spot accessible à tous (village de pêcheurs de Ramin), d'enseigner la sécurité, le sauvetage, la fabrication des planches, et d'encourager les événements sportifs ou les échanges interculturels. D'où le soutien d'une association de surfeurs basques, Surfeurs solidaires, qui utilisent le surf pour rassembler dans la diversité, par des projets et des échanges. Comme le dit Marion Poizeau : « Je crois que la chose la plus puissante quand on surfe, c'est de pouvoir partager cette passion et de se connecter aux autres. C'est incroyable. Une fois dans l'océan, toutes les règles que l'on impose au sol disparaissent. Ça permet de s'oublier, et ça fait du bien de s'oublier. »

Site de Marion Poizeau : www.marionpoizeau.com
Le film *Into the Sea* : www.x-tremevideo.com/films/into-the-sea
We Surf in Iran, Surfeurs solidaires :
www.facebook.com/Surfeurs.Solidaires
Réseau TBTI, Too Big to Ignore : www.toobigtoignore.net

Au Bangladesh, ce sont quelques jeunes filles d'une station balnéaire du pays qui ont amorcé une petite révolution. Tout commence en 2013 sur une plage de sable considérée comme l'une des plus longues du monde, à Cox's Bazar, sur la baie du Bengale. Dans ce pays, le statut des fillettes les mène très vite au travail forcé ou au mariage arrangé. Sur cette plage, huit d'entre elles étaient chargées de vendre des snacks ou des bijoux d'artisanat local aux touristes de passage. Or elles ont aussi eu la chance d'y rencontrer Rashed Alam, un jeune nageur-sauveteur qui a monté son club de surf local avec sa femme, Venessa Rude, d'origine américaine. Très vite, Rashed leur propose des leçons de surf gratuites, tandis que Venessa leur apprend quelques mots d'anglais. Une photographe américaine, Allison Joyce, signe alors un reportage sur ces jeunes surfeuses qui défient les coutumes de leur pays. Leur histoire, reprise par les médias, va faire le tour du monde. Afin que ces jeunes filles envisagent un avenir plus prometteur, Rashed leur a inculqué le sauvetage, ce qui leur permettra, si elles le souhaitent, de devenir à leur tour sauveteuses professionnelles. Grâce à ce nouveau statut, ces filles ne sont plus harcelées, mais au contraire respectées.

En 2015, Allison et Venessa ont lancé une opération de *crowd-funding*, The Surfer Girls, qui a largement dépassé leurs espérances, grâce à leur médiatisation. Cela a permis d'envoyer les filles à l'école, mais aussi de les faire voyager ou participer à des ateliers, notamment avec Microsoft. Aujourd'hui, l'une d'entre elles souhaite devenir médecin, d'autres rêvent d'être surfeuses pros ou se voient bien sauveteuses sur les plages.

The Bangladesh Surf Girls and Boys :
www.bangladeshsurfing.com

Les pouvoirs du surf sont, en effet, extraordinaires. Il rend heureux les plus grincheux et accomplit des miracles sur des malades ou des handicapés. Rien n'arrête les vrais passionnés de mer et de glisse, ni la cécité ni les prothèses. Ainsi, des surfeurs ayant perdu une jambe à la suite d'une attaque de requin sont remontés avec un enthousiasme redoublé sur leur planche de surf, comme Éric Dargent ou Baboo Bourdenx, deux êtres extraordinaires qui ont littéralement transcendé leur accident grâce à des prothèses conçues pour les sports extrêmes. Les effets bénéfiques du surf sont tels que de nombreuses études sont entreprises pour en mesurer les bienfaits sur des personnes mal-voyantes, mal-entendantes, autistes, handicapées moteurs, et même sur des militaires, blessés de guerre en Afghanistan ou au Mali. Le blog du doc-surfeur Guillaume Barucq est, à ce titre, un bon reflet de l'évolution des consciences (p. 356).

Il y a les accidents physiques et physiologiques, mais il y a aussi les accidents de la vie, après lesquels certains êtres démunis se retrouvent livrés à eux-mêmes, à la rue, dès leur plus jeune âge. C'est le cas dans les

Après avoir été attaqué par un requin à la Réunion alors qu'il surfait, Éric Dargent a perdu une jambe, et on lui a dit qu'il ne pourrait plus jamais surfer. À force de volonté, d'acharnement et de courage, Éric a conjuré le sort : aidé par un spécialiste, il a contribué à mettre au point une prothèse permettant de pratiquer des sports extrêmes (surf, VTT, snow-board...).

rues de Durban en Afrique du Sud. Là encore, le surf a pu jouer un rôle déterminant avec des résultats inespérés. Certes, ce ne sont que quelques gouttes d'eau dans un vaste océan tumultueux, mais ne sous-estimons pas la force de l'exemple, de ces petites ondes qui se répercutent et en engendrent d'autres...

L'association britannique Surfers Not Street Children a été fondée par Tom Hewitt, qui s'occupe depuis de nombreuses années des enfants des rues en Afrique. Ce brillant universitaire, né en Grande-Bretagne, a fait ses études en Californie, puis déménagé en Afrique du Sud. C'est un surfeur dans l'âme et un promoteur actif du stand up paddle. Lui et son épouse Bulelwa ont créé des structures pour aider les déshérités à Durban, et en 2011 Tom Hewitt a été fait « membre de l'Ordre de l'Empire britannique » par la reine Élisabeth II, pour son travail auprès des enfants des rues.

L'année suivante, Tom a fondé Surfers Not Street Children avec l'un de ces enfants revenus à la vie par le surf, Ntando Msibi. Le club de surf qu'il a ouvert en 2013 à Durban est devenu le « hub » pour de nombreuses activités destinées aux enfants des rues. En 2014, l'un de ces jeunes repentis surfeurs, Sihle Mbutho, est même allé en Australie pour tourner une courte vidéo évoquant son propre parcours, d'enfant des rues à prof de surf. Le tout en compagnie du grand champion de surf sud-africain, un homme à la fois impliqué et empathique, Jordy Smith, qui estime que c'est grâce au surf qu'il est lui-même sorti de la rue quand il était gamin. Le résultat est un film lumineux de quatre minutes, *Today Is Perfect*, qui ne peut laisser indifférent. Surfers Not Street Children a reçu la visite du prince Harry à Durban en 2015, avant que Tom Hewitt et Sihle soient à leur tour reçus par le prince en 2016 à Kensington Palace.

Surfers Not Street Children : www.surfnotstreets.org

***Today Is Perfect*, Jordy Smith et Sihle Mbutho, le film :**

www.vimeo.com/96182076

5.

L'eau, l'amour, l'océan

Longtemps ignoré, profané, l'océan se réveille, il gronde et menace même de nous submerger. L'élévation du niveau marin s'avère bien plus rapide que ne le redoutaient les climatologues, mais l'océan monte aussi (enfin !) dans les consciences. Il ne se passe plus un jour sans que s'écrive une nouvelle page de sa relation tumultueuse avec les humains. La simple existence de ce livre en est une preuve flagrante ; face à l'urgence, les initiatives positives pour l'océan se multiplient à un rythme tel qu'il devient même impossible d'être exhaustif. Et ça, c'est une sacrée bonne nouvelle !

Après des millénaires d'oubli, son influence est palpable et les forces neptuniennes gagnent du terrain dans les esprits. La marée monte… D'autant que l'état alarmant de l'océan ravive nos sentiments à son égard, tout en décuplant notre motivation pour agir, chacun à notre niveau, comme autant de millions de colibris, petites gouttes d'eau qui vont dans le bon sens du courant. Face à une telle immensité, aucun geste, fût-il minuscule, n'est ici inutile ou dérisoire. Ainsi le mouvement est-il double : d'un côté l'océan vient à nous par pulsions, vagues, tempêtes, submersions, tsunamis, et de l'autre nous sommes de plus en plus nombreux à vivre près de lui ou à nous tourner vers lui pour y trouver des ressources durables ou pour plonger, naviguer, surfer, sur et dans ses flots. Ce lent télescopage entre l'océan et l'humanité est un moment clé de notre relation avec la planète. Comme si, tout ce temps-là, l'océan était demeuré la face cachée de la Terre, et que soudain nos yeux s'ouvrent sur lui, le véritable maître de cette planète, celui qui nous rassemble au-delà des nations, des idéologies ou des croyances. Face à l'océan, nous redevenons tous égaux. Dans une fascinante accélération de l'histoire, les occurrences et les synchronicités en lien avec le monde marin se multiplient, les données s'enrichissent mutuellement, le savoir se transversalise et les sciences participatives sont à l'œuvre à travers un maillage de plus en plus vaste et ramifié.

Pendant des siècles, nous nous sommes penchés de loin sur l'océan, depuis nos falaises, nos plages, nos digues, depuis les ponts de nos bateaux, avec l'œil des ordinateurs, des avions ou des satellites. Mais il est si intensément vivant qu'on ne peut le connaître sans s'y plonger un peu, beaucoup, passionnément. Les jeunes générations l'ont bien compris, qui profitent des innombrables outils à leur disposition pour s'y lancer corps et âme. Or, pratiquer la mer, c'est l'aimer, et l'aimer, c'est la protéger. À lui seul ce syllogisme exprime la force du mouvement qui enfle, de la vague qui se lève.

Après avoir été le grand absent de notre histoire, l'océan reprend donc sa place légitime dans notre monde composé d'eaux et de liquides (tout comme le corps humain), ce monde dont les maigres 29 % de terres émergées rétrécissent chaque jour un peu plus, monde surpeuplé dont la majorité des habitants se masse le long du littoral. Le grand retour à la mer a commencé et, par la force des choses, le XXIe siècle sera océanique.

Tant qu'il n'a pas renoué avec sa part d'océan, l'être humain n'est pas complet, et sa relation avec la planète est amputée des deux tiers. Un proverbe hawaiien le rappelle clairement : « Ne tourne jamais le dos à la mer. » Aujourd'hui enfin, l'humanité daigne se tourner vers son élément originel pour faire face à sa destinée. Que l'on « aime » ou pas la mer, que l'on vive au cœur d'une mégalopole, d'une forêt, ou au fin

L'océan est une source inépuisable d'énergies renouvelables.

fond des montagnes, nous dépendons tous étroitement de l'océan, le plus grand organisme de la planète, sans lequel aucune vie n'est possible sur Terre.

Au lieu de récolter en douceur ce que la mer nous offre, nous l'avons pillée. Au lieu de profiter de ses multiples sources d'énergies renouvelables, nous avons déchiré ses entrailles avec nos puissantes machines pour y puiser cette énergie fossile qui nous a tant empoisonnés, elle et nous. Alors que tout se trouve là, à portée de nos mains, comme l'avait si bien vu l'amoureux de l'océan et visionnaire qu'était Victor Hugo :

Réfléchissez au mouvement des vagues,
Au flux et reflux, au va-et-vient des marées.
Qu'est-ce que l'océan ? Une énorme force perdue.
Comme la terre est bête ! Ne pas employer l'océan !

Ce qu'on appelle aujourd'hui les énergies marines renouvelables (EMR, anagramme de « mer ») pourrait largement suffire à fournir une bonne partie de l'énergie dont nous avons tant besoin. N'en déplaise aux réfractaires ou aux grincheux, de nombreux systèmes existent de par le monde, qui fonctionnent efficacement depuis des décennies en fournissant de l'électricité (et parfois même de l'eau douce) grâce à l'énergie des courants, des houles, des vagues, des vents, grâce aux différences thermiques, ou même au sel contenu dans l'eau. Une importante étude de l'Institut Carnegie publiée en 2017 nous apprend que les éoliennes offshore recèlent un potentiel beaucoup plus important (trois à cinq fois plus) que celles situées à terre, où les vents sont freinés par les reliefs et la présence d'autres éoliennes, ce qui n'est pas le cas en pleine mer. L'Atlantique nord, en particulier, est balayé par des vents 70 % plus puissants que les vents terrestres. Pour rendre sa démonstration plus frappante, l'étude d'Anna Possner et Ken Caldeira établit qu'une seule ferme éolienne géante (de la taille de l'Inde !) implantée en Atlantique nord suffirait à fournir de l'électricité pour la planète entière.

Or ces turbines flottantes, ancrées sur le fond marin, constituent accessoirement des récifs artificiels sur lesquels la vie vient s'implanter. D'où le travail mené en 2017 par l'Institut des recherches côtières en Allemagne, afin d'évaluer l'impact sur la biodiversité des éoliennes

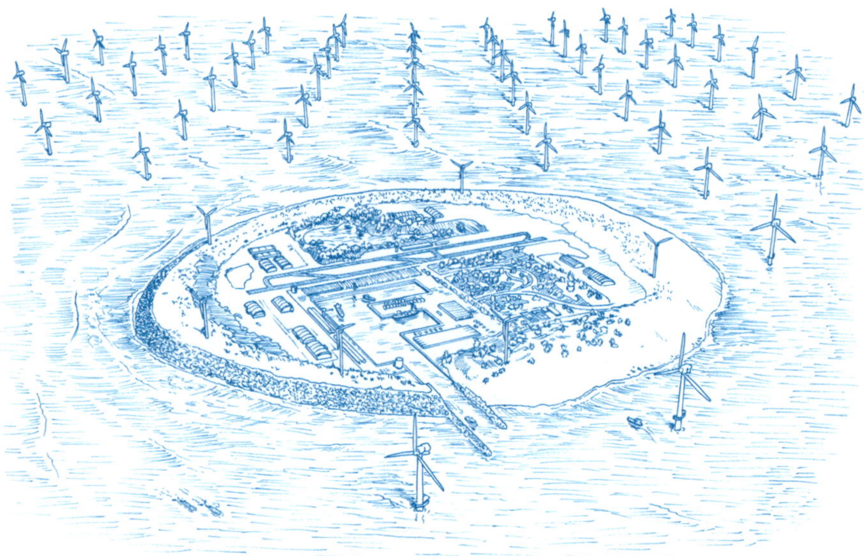

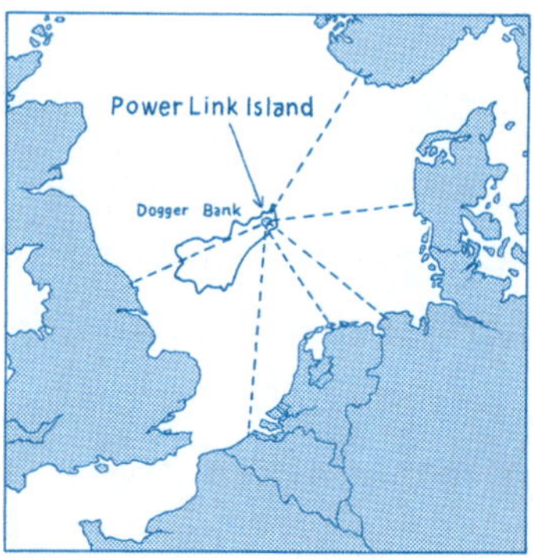

Les éoliennes étant plus efficaces en mer, et y créant de la biodiversité, le projet Power Link Islands (mené par le Danemark, les Pays-Bas et l'Allemagne) prévoit l'installation de champs d'éoliennes autour d'îles artificielles de 6 km² servant de « hubs » pour des parcs éoliens offshore. Le tout installé sur le grand banc de sable peu profond de Dogger Bank, à un peu plus de 100 km au large de l'Angleterre et du Danemark.

offshore installées en mer du Nord. Les résultats montrent sans ambiguïté que leur présence génère l'apparition d'une importante population de moules (jusqu'à 4 tonnes métriques par éolienne), un biotope qui engendre « de façon bénéfique » de riches écosystèmes dans des lieux auparavant désertiques, en recréant la chaîne du vivant : plancton, crustacés, mollusques, poissons, mammifères marins... Là où le cercle devient plus vertueux encore, c'est lorsqu'on sait que ces champs d'éoliennes offshore tiennent lieu d'aires marines protégées, dans la mesure où toute forme de pêche y est strictement interdite. Accessoirement, cela explique pourquoi la population de phoques s'accroît à proximité des éoliennes au large du Danemark.

Grâce aux énergies renouvelables, les îles les plus isolées peuvent enfin devenir autonomes (et donc arrêter leurs très polluantes centrales au diesel), c'est le cas de Ta'u, « l'île solaire de Tesla » dans le Pacifique sud. Et c'est l'addition de ces myriades d'innovations, low-tech ou high-tech, qui donne une réalité à la transition énergétique, avec l'abandon progressif et définitif des énergies fossiles ou radioactives.

Une simple petite invention peut parfois radicalement transformer la vie des habitants n'ayant pas accès à l'électricité, comme l'extraordinaire trouvaille de cette jeune ingénieure des Philippines, Aisa Mijeno, qui a mis au point un outil domestique de production d'électricité à partir de l'eau de mer. C'est la lampe SALt (Sustainable Alternative Lightning – éclairage alternatif durable). Cette lampe est grande comme un mixeur de cuisine, et il suffit d'y verser un simple verre d'eau salée pour obtenir de l'électricité ! Par un simple processus d'électrolyse, la lampe diffuse alors huit heures d'éclairage avec des lampes de type LED, ainsi que la possibilité de recharger un smartphone sur une prise USB. Très simple de conception et d'usage, la lampe SALt ne produit aucun polluant dans son fonctionnement. Cet outil génial et low-tech permet en outre d'éviter l'utilisation des lampes à kérosène toxiques dans les endroits reculés, comme de nombreuses îles des Philippines (plus de 7 000, dont la plupart n'ont pas l'électricité). Mais Aisa Mijeno voit plus loin, car ce procédé devrait être appliqué à grande échelle, dans des usines d'eau de mer susceptibles de produire de l'électricité pour tout un pays.

Grâce à cette invention « lumineuse » et peu coûteuse, utilisable quasiment partout dans le monde, Aisa Mijeno a été invitée au sommet Asie-Pacifique de 2015, aux côtés de Barack Obama et de Jack Ma, fondateur chinois du site Alibaba, géant du commerce en ligne. Elle s'est adressée au public en rêvant qu'on puisse un jour éclairer toutes les îles de la planète grâce à l'eau de mer. Obama a dit d'elle : « Je pense qu'Aisa est un parfait exemple de ce qu'on voit maintenant dans beaucoup de pays : des jeunes entrepreneurs qui inventent des technologies permettant de passer d'un seul bond à l'énergie renouvelable. »

Potentiel géophysique des éoliennes offshore :
www.pnas.org/content/114/43/11338.abstract
SALt, éclairage alternatif et mouvement social : http://salt.ph

L'océanisation en marche

Depuis que mes yeux d'enfant se sont ouverts sur les plages sauvages d'Hossegor, la mer et ses vagues ont dirigé, voire bousculé, mon existence, mes écrits, mes voyages, mes rencontres, mes amours, et même mes choix de vie. Ce sont elles qui ont fait de moi l'homme que je suis et qui écrit ces lignes après une trentaine de livres dont les couvertures sont, pour beaucoup, ornées de vagues.

Je m'identifie pleinement au poète Paul Valéry décrivant son extase marine dans les vagues de Sète : « Je m'accuse d'avoir connu une véritable folie de la lumière, combinée avec la folie de l'eau. Mon jeu, mon seul jeu, était le jeu le plus pur : la nage… Il me semble que je me retrouve et me reconnais quand je reviens à cette eau universelle. Je ne connais rien aux moissons, aux vendanges… Mais se jeter dans la masse et le mouvement, agir jusqu'aux extrêmes, et de la nuque aux orteils ; se retourner dans cette pure et profonde substance, c'est pour mon être le jeu comparable à l'amour… »

J'ai coutume de dire que les bains de mer me réinitialisent. J'en sors toujours régénéré, renouvelé, rafraîchi. Dans ces moments d'immersion joyeuse, je sens vibrer en moi une plénitude sans égale, mon existence entière me semble justifiée, en phase avec ce fameux « infini vivant » qui m'accueille. Jamais je n'ai regretté de suivre les chemins de la mer et des vagues. Ils m'ont mené là où je voulais aller sans même le savoir. Que ce soit pour surfer les vagues vierges des Landes, défendre les dauphins ou les baleines, naviguer sur des voiliers, pêcher, plonger, vivre sur une île, traverser les océans à bord de cargos, côtoyer les cétacés dans leur élément, glisser encore et toujours dans le tube des vagues les palmes aux pieds, ou faire connaître le Gouf de Capbreton, ce fantastique canyon sous-marin si proche de chez moi,

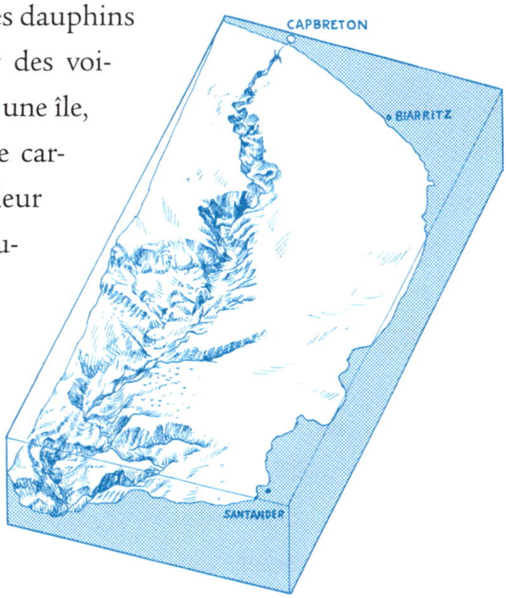

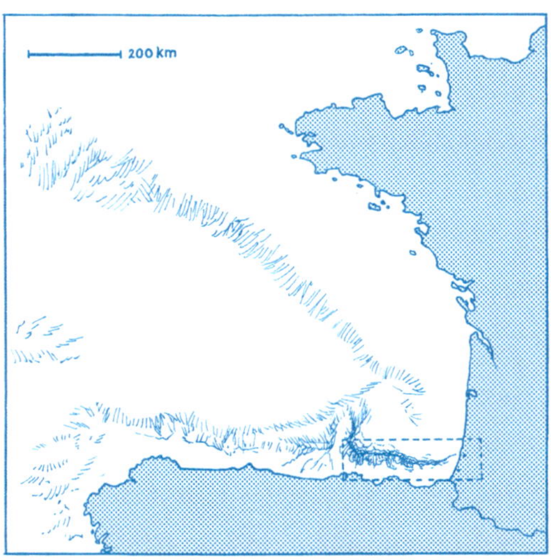

C'est l'un des canyons sous-marins les plus remarquables au monde : le « Gouf » de Capbreton, car il est encore connecté au littoral et recèle une très riche biodiversité sur ses 270 km de long.
Il donne lieu à des « Journées du Gouf » à Capbreton, ainsi qu'à des rencontres scientifiques et grand public ayant pour thème les canyons sous-marins, la biodiversité, le golfe de Gascogne.

j'ai toujours suivi la piste océane, guidé par ma boussole intérieure, celle-là même qui m'a poussé à écrire sur mon sujet de prédilection.

Ainsi, pour mon premier roman, *Mermere*, je n'avais qu'un début en tête : l'histoire d'un peuple vivant en pleine mer, sur le cratère d'un volcan surgi des profondeurs et n'ayant pas atteint la surface. Les Noés évoluent en parfaite harmonie avec le milieu marin, et leurs enfants n'ont jamais vu la terre. Or, une nuit, l'un d'eux fait un affreux cauchemar : un monstre griffu, énorme, se balance dans le vent… En réalité, le jeune Horn vient de rêver d'un arbre, lui qui n'en a jamais vu, et ce choc va déterminer sa quête. J'avais alors imaginé des êtres presque amphibies, pacifiques, évolués, en symbiose avec leur mère la mer, et cultivant des algues sur les terrasses du volcan, les Noés, des êtres en contact avec les forces sacrées de l'océan, et capables de communiquer par télépathie avec les dauphins. Roman de science-fiction, légende moderne inspirée des Atlantes, ou simple prémonition ?

Chaque jour un peu plus, l'adaptation humaine et l'innovation low-tech nous ouvrent les portes du monde marin. Depuis des décennies, ingénieurs et architectes s'efforcent d'imaginer les moyens de vivre sur et sous l'eau, de construire des îles artificielles ou des cités sous-marines. Mais la première règle, concernant l'océan, c'est d'éviter à tout prix de le bétonner et d'y reproduire les erreurs commises sur terre. Nous ne pourrons cohabiter avec lui qu'en le respectant, en le protégeant farouchement, et en nous inspirant de ses propres formes de vie, par ce biomimétisme en milieu marin si cher à Idriss Aberkane (essayiste qui prône l'économie de la connaissance).

Ce qui semblait utopique à la fin du XXe siècle est donc devenu une évolution plausible, tant s'accélère l'océanisation de nos sociétés. Les jeunes, en particulier, montrent la voie avec leur forte motivation pour tout ce qui touche la mer, les vagues, le grand large, la biodiversité marine, la plongée, la glisse… Ils sont capables d'exploits dès leur plus jeune âge et la pratique assidue des sports nautiques leur enseigne les valeurs essentielles, respect et humilité, comme on le voit, par exemple, chez deux jeunes *watermen* hawaiiens parmi les meilleurs surfeurs du monde : John John Florence et Kai Lenny. D'autres se sont donné pour mission de défendre l'océan depuis leur adolescence, comme le regretté Rob Stewart (p. 144) ou l'ingénieux Boyan Slat (p. 215).

L'Internet, le digital et les sciences participatives ouvrent de nouvelles perspectives à une connaissance globale de l'océan, transformant les passionnés en sentinelles. Nous avons vu, au fil de ces pages, à quel point d'innombrables initiatives éclosent de par le monde pour protéger l'océan, et apprendre à fonctionner en symbiose avec lui. La vague qui se lève ne s'arrêtera plus, c'est pourquoi il faut la surfer, et croire en cette « économie bleue » générant des cercles vertueux. Protéger l'océan, c'est nous protéger nous-mêmes.

Le Gouf de Capbreton : www.capbreton.fr/le-gouf.html

Le site d'Idriss Aberkane : www.idrissaberkane.org/index.php/fr

L'océan, maintenant

Le tableau ne serait pas complet si l'on n'évoquait pas ici la vraie nature de l'eau, cette matière étrange que les chercheurs ne comprennent pas encore, elle qui peut prendre tant de formes disparates, et dont on dit qu'elle est la condition *sine qua non* à l'apparition de la vie. L'eau détient les réponses aux grandes questions que nous nous posons, car elle est la clé universelle, l'eau *est* la vie. Des fortunes sont dépensées chaque jour pour la débusquer sur d'autres planètes, alors qu'on commence tout juste à déchiffrer l'eau qui nous entoure, et dont nous sommes tous composés.

Une légende soufie raconte l'histoire des aveugles partis à la découverte d'un éléphant ; l'un a touché sa trompe, l'autre sa patte, un autre encore une défense, et un dernier son ventre. De retour au village, chacun revient avec sa propre version de l'animal et une description totalement différente. Tous se disputent et se contredisent ; ils ignorent qu'ils ont touché le même animal et que c'est l'ensemble qui constitue un éléphant. Il en va de même avec l'océan. Nous en avons chacun une perception différente, limitée à notre minuscule expérience, mais nous peinons à le percevoir comme un ensemble, c'est-à-dire un organisme sensible au sein duquel tout se mêle et communique.

Dans les années 1980, un célèbre immunologiste français, Jacques Benveniste, émet l'hypothèse que l'eau possède une mémoire. Ses travaux montrent qu'une eau ayant été en contact avec une substance en garde l'empreinte caractéristique, voire ses propriétés (dans le cas de l'homéopathie), et cela même lorsque la substance n'est plus présente et que l'eau a été plusieurs fois diluée. Pour cette théorie, appelée « mémoire de l'eau », Benveniste fut critiqué et raillé, mais ses travaux furent poursuivis après sa mort par le Prix Nobel de médecine 2008, Luc Montagnier. Si l'eau possède bien une mémoire, alors les conséquences en sont vertigineuses, tant par ce qu'elle pourrait receler de révélations sur nos origines, que par d'inquiétants effets-mémoire dus à nos pollutions multiples...

Au début des années 2000, ce sont les travaux d'un universitaire japonais, Masaru Emoto, qui vont redonner corps de façon spectaculaire aux théories de Jacques Benveniste. En effet, Emoto a employé un moyen technique pour rendre visible la cristallisation d'une goutte d'eau, grâce à la résonance magnétique (MRA). Là où son expérience devient extraordinaire, c'est lorsqu'elle nous permet de visualiser qu'une eau pure, une eau de source, par exemple, présente des formes géométriques remarquables, harmonieuses, ressemblant à des vitraux, des mandalas ou des cristaux de neige, tandis qu'une eau polluée ou malade ne parvient pas à manifester de formes harmonieuses ou géométriques, et se présente de façon informe. Cet outil a permis à Masaru Emoto de mieux sonder l'âme secrète des eaux qui nous composent. L'énergie vibratoire, que Chinois et Japonais appellent le « chi », est ici appelée « hado ». Grâce au procédé de cristallisation sensible, le chercheur a pu matérialiser le fait que l'eau garde aussi en mémoire des informations, des émotions ou des énergies auxquelles elle a été exposée.

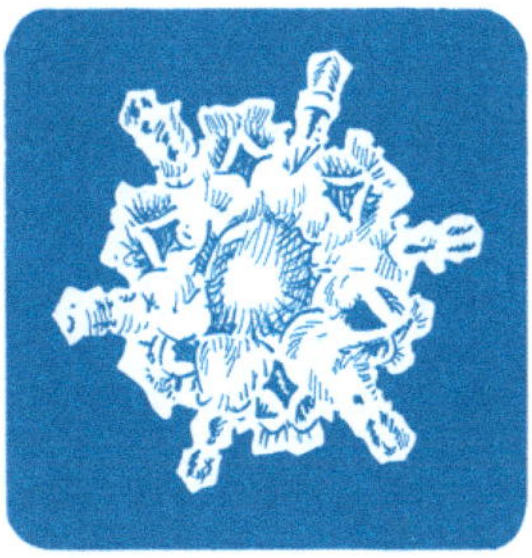

1. Eau de source
récoltée au pied d'une montagne

2. Eau exposée à la chanson
« Imagine » de John Lennon

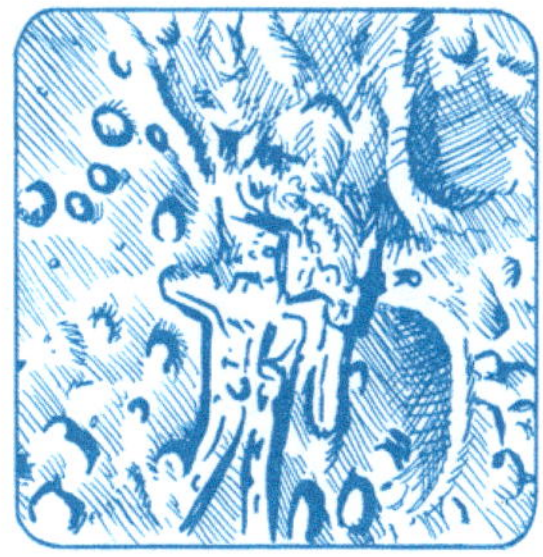

3. Eau exposée à des cris de haine

4. Eau récoltée en Antarctique

5. Eau du robinet, Tokyo

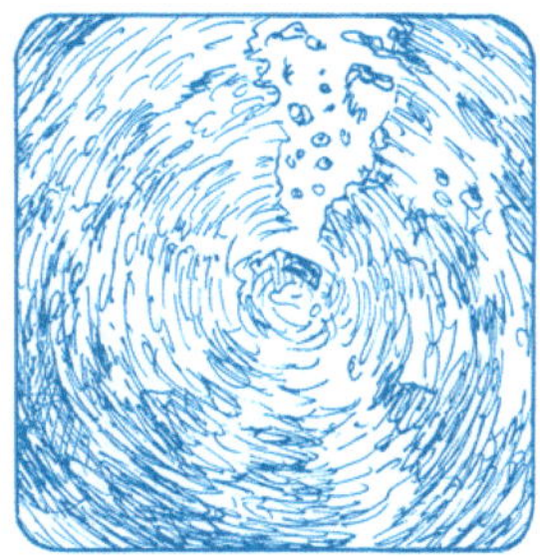

6. Eau exposée à de la musique
« heavy metal »

7. Eau de Lourdes

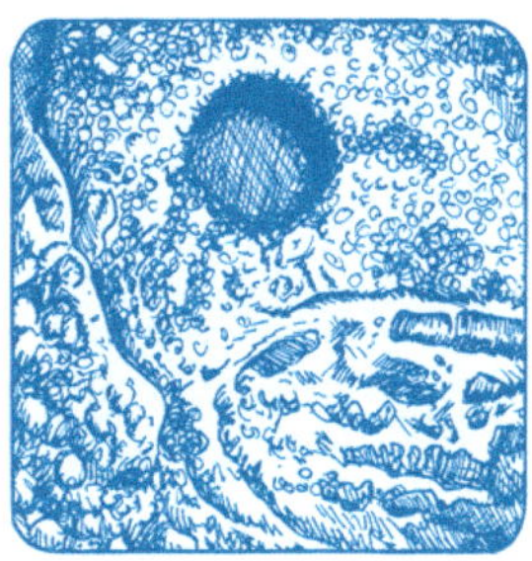

8. Eau du fleuve Yodo, qui se jette
en baie d'Osaka après avoir
traversé plusieurs grandes villes

Selon le chercheur japonais Masaru Emoto, l'eau garde en mémoire les émotions ou événements auxquels elle a été exposée, et cela se reflète dans la structure de la moindre goutte, harmonieuse ou éclatée. On peut le constater grâce à la résonance magnétique, comme dans ces huit gouttes d'eau d'origines très diverses.

Les livres, conférences et photos de Masaru Emoto ont fait le tour du monde, pour expliquer comment les champs vibratoires, nos émotions, influent directement sur l'état de l'eau que nous observons. Exposée à des énergies négatives, des mots agressifs, de la musique violente, l'eau va perdre son pouvoir de cristallisation ou carrément se décomposer. Au contraire, exposée à de l'amour, de la bienveillance ou du Mozart, elle va réagir pour former des cristallisations de plus en plus belles et harmonieuses. Comme dans la physique quantique, il faut bien admettre que chaque observateur modifie différemment la structure de l'eau qu'il regarde. Si l'on prend en compte le fait que notre corps (en particulier notre cerveau) est essentiellement constitué d'eau, on peut dès lors imaginer les effets des énergies négatives ou positives sur les fluides de notre organisme ou de notre esprit. On comprend donc que le plus important dans le miracle de Lourdes, c'était *l'eau* elle-même.

Masaru Emoto's Hado World:
www.hado.com/ihm

Face à un animal sauvage, chacun réagit différemment, ce qui va déclencher des situations différentes: peur, agressivité, confiance. Et s'il en était de même avec les eaux de l'océan? Imaginez que ce soit vrai... Que l'eau garde en mémoire des énergies et des informations depuis la nuit des temps. Que l'océan soit bel et bien un organisme mémoriel vivant et conscient, *open source*, à l'intérieur duquel tout circule éternellement. Imaginez, enfin, que l'eau de la mer puisse ressentir vos émotions, vous reconnaître, réagir à votre présence, voire tenter d'échanger avec vous... Cette impression, je la vis pleinement lorsque je nage en mer, dans les vagues. Chaque fois que je me mets à l'eau, moi qui ne suis pourtant pas religieux, je ressens quelque chose de l'ordre du divin, comme si, en m'immergeant, je célébrais une communion intime avec quelque chose de beaucoup plus grand que tous les êtres vivants réunis.

S'ouvrir à la spiritualité de l'océan, c'est aussi retrouver nos racines aquatiques, redevenir des humains plus complets, plus proches de nos cousins dauphins – eux qui viennent d'acquérir le statut de « personnes non humaines ». Ils nous montrent la voie avec leur éternel sourire. Leur philosophie, c'est l'amour. L'eau + l'amour, voilà donc les ingrédients magiques, l'ultime formule alchimique pour construire notre futur. Il ne tient qu'à nous de renouer avec l'océan, *maintenant*, pour son bien, pour le nôtre, de façon à aller plus loin, ensemble. C'est ce que propose ce livre.

hugo@hugoverlomme.com

Index

A

C

D

E

F

G

H

I

J

K

N

O

P

Q

R

S

T

U

V

W

Y

Z

Du même auteur

Cowabunga ! Surf Saga, Le Chêne, 1976.

Détour (récit), Le Dernier Terrain Vague, 1976.

Mermere (roman), JC Lattès (prix Fiction), 1978, 1989.

Larima Baie (roman), JC Lattès, 1985.

Les Enfants du Capitaine Nemo (avec Jacques Rougerie), Arthaud, 1986.

Fous de glisse (coauteur Alexandre Hurel), Albin Michel, 1990.

Le Manuel du jeune Robinson (jeunesse, 4 vol.), Fleurus, 1992.

L'Homme des vagues (roman), Gallimard Jeunesse, 1992 (prix Versele, prix Pithiviers, prix Saint-Exupéry, prix de la Ville de Marseille).

Le Guide des voyages en cargo, JC Lattès, (cinq éditions) 1993, 1995, 1996, 1998, 2000.

Les Indiens de la Ville Lumière (roman), Gallimard Jeunesse, 1995.

Cent pages de vagues (anthologie), Pimientos, 2001.

Le Livre des dauphins et des baleines (coauteur Brigitte Sifaoui), Albin Michel, 2001.

Bodysurf, Aux origines du surf (album) (coauteur Laurent Masurel), Atlantica, 2002.

Sables, Les Enfants perdus de Mermere (roman), JC Lattès, 2003.

L'eau est là (roman), JC Lattès, 2005,
(Grand Prix de la Mer Adelf, Prix Corail du livre, Antibes).

Le Guide des voyages en cargos et small ships, Les Équateurs, 2006.

Coups de folie en mer, Histoires extraordinaires (essai),
Arthaud, 2006.

La Guerre du pochon, Paradoxes pour un écocitoyen (essai),
Éditions Yago, 2006.

Les Sept Couleurs de Monsieur Gris (roman), Éditions Yago, 2008.

Passion bodysurf, Le corps et la vague (coauteur Marc Muguet)
(album), Yago, 2008.

Îles tragiques, Histoires terribles et magnifiques (essai)
(coauteur David König), Arthaud, 2009.

Le Secret du capitaine Killian (roman),
Gallimard Jeunesse, 2009.

Le Guide des voyages en cargo et autres navires
(coauteur M.-A. Bombail), Les Équateurs, 2011.

Samouraï Océan (roman), Gallimard Jeunesse, 2013.

Vagues, Mode d'Emploi, Éditions Pimientos, 2014.

199 citations de surf, Éditions Pimientos, 2016.

Hossegor, The place to be (photos J.-P. Plantey),
Éditions Pimientos, 2016.

Impression : Pollina en avril 2018
Éditions Albin Michel
22, rue Huyghens, 75014 Paris
www.albin-michel.fr
ISBN : 978-2-226-32682-9
N° d'édition : 22615/01 – N° d'impression : 84732
Dépôt légal : mai 2018
Imprimé en France